HISTOIRE MUNICIPALE

DE

VERSAILLES

VERSAILLES
CERF ET FILS, IMPRIMEURS
59, RUE DUPLESSIS

HISTOIRE MUNICIPALE
DE
VERSAILLES

POLITIQUE — ADMINISTRATION — FINANCES

(1787-1799)

PAR

LAURENT-HANIN

Archiviste de la Mairie
Ancien Adjoint au Maire, ancien Juge au Tribunal de Commerce de Versailles
Président annuel de la Société des Sciences naturelles et médicales
de Seine-et-Oise

PUBLIÉ SOUS LES AUSPICES DU CONSEIL MUNICIPAL

TOME PREMIER

VERSAILLES
CERF ET FILS, IMPRIMEURS-ÉDITEURS
59, RUE DUPLESSIS, 59
BUREAU A PARIS, RUE DE MÉDICIS, 13

—

1885

A MONSIEUR DEROISIN

MAIRE DE VERSAILLES

MEMBRE DU CONSEIL GÉNÉRAL DE SEINE-ET-OISE

Mon cher Maire,

Ce livre n'est pas le fruit d'une longue préméditation, mais de circonstances occasionnelles que vous avez fait naître ; vous le savez très bien, mais il est juste que nos concitoyens le sachent aussi, et si mon travail répond à un besoin réel du temps présent, il est, à mon sens, nécessaire que j'explique comment je l'ai compris et comment j'ai entrepris d'y satisfaire.

Les accidents de la vie y sont pour une bonne part ; je n'ai pas à rappeler les plus anciens ; mais il en est un, dont quinze années déjà nous séparent, qui m'est entièrement commun avec vous, et que vous et moi n'avons garde d'oublier : c'est celui qui nous a si cruellement éprouvés lors de l'occupation allemande. Animés alors de la même passion, qui était aussi celle de nos collègues, nous avons collaboré à l'administration de la grande ville de Versailles et partagé les périls attachés à nos fonctions, plus inquiets encore des maux de la patrie que des nôtres propres. On ne vit pas ainsi côte à côte, en temps de crise si violente, sans ressentir de vives émotions et sans éprouver le besoin de s'en expliquer entre soi. Ces communications de vous à moi ont été presque permanentes. Plus cruellement atteint que vous encore, je n'ai point oublié que c'est de vous que j'ai reçu les premiers témoignages de sympathie, le 26 janvier 1871, quand une personne inconnue a apporté dans mon cabinet, alors si voisin du vôtre, l'affreuse nouvelle de la mort de mon gendre regrettable et à toujours regretté. Cette mort l'avait surpris le 1ᵉʳ janvier, au moment où, suivant les documents du temps, « il remplissait doublement son devoir en défendant sa patrie et en distribuant des secours aux malheureux affamés ». Tel était le régime auquel nous avait réduits le siège de Paris, que le bruit de cette fin cruelle mit un mois presque entier pour franchir l'espace qui sépare Paris de Versailles... De pareils souvenirs ne s'effaceront jamais de notre mémoire !

Vous voyez, mon cher Maire, comment je suis amené à rattacher ce lointain passé au présent, et pourquoi je désire rappeler en tête de mon livre que l'accord de nos sentiments d'autrefois, même sans remonter plus haut que 1871, n'a pas cessé de subsister. Ne l'avez-vous pas dit le premier, très clairement, à la ville de Versailles, en me confiant la garde de ses précieuses archives? C'est de vous que je tiens la faculté d'avoir pu tirer de ces archives l'œuvre que sans vous je n'aurais eu jamais, selon toute probabilité, la pensée ni les moyens d'entreprendre. N'est-il pas de mon devoir de la placer sous votre patronage pour la présenter à nos concitoyens versaillais et au public? Le peu qu'elle sera, après qu'elle aura vu le jour, n'en aura pas moins été la plus grande œuvre de ma vie. Je me consolerai de n'avoir pas fait mieux, en demeurant persuadé qu'elle conservera au moins la valeur de simples notes, c'est-à-dire d'un recueil de matériaux où les chercheurs pourront puiser, en s'épargnant de plus laborieuses investigations. Dans cette limite même, j'ai la persuasion de travailler à une œuvre utile à plusieurs points de vue, et c'est pour cela que j'ai soigneusement entretenu la pensée de vous la dédier.

Mais ce n'est pas encore toute la reconnaissance que je vous dois. Sur votre proposition, le Conseil municipal a bien voulu voter, le 17 décembre 1884, une subvention en faveur de ce premier volume. J'en ai été et j'en demeure profondément touché; je vous prie d'être, auprès de cette assemblée, l'interprète de mes sentiments de gratitude pour l'approbation qu'elle a donnée, je ne dirai pas à mon livre, puisqu'il n'est pas encore connu, mais à l'idée de le faire; je n'ai à désirer qu'une chose, c'est qu'il ne soit pas jugé indigne d'un si honorable concours.

Versailles, le 20 août 1885.

LAURENT-HANIN.

PRÉFACE

Deux siècles se sont écoulés depuis que le nom de Versailles a commencé à se faire jour dans l'histoire nationale. La Révolution de 1789 partage cet espace en deux parties sensiblement égales, mais de fortunes bien différentes. A la vérité, la première n'est remarquable par aucun fait intéressant l'existence morale de la ville nouvelle, en dehors de la royauté. Absorbée par ses affaires privées, ne prenant part à rien de ce qui se fait au-dessus et autour d'elle, elle reste à l'état absolu de minorité.

La cité, cependant, continue de grandir et de s'étendre ; elle atteint ainsi, vers 1787, un des chiffres les plus élevés de sa population, essentiellement instable. C'est alors que Louis XVI croit opportun de la tirer de sa situation toute passive en lui octroyant une sorte de représentation avec des attributions aussi étroites que mal définies ; ce n'est guère, en effet, qu'une ébauche d'émancipation.

Mais l'heure de sa grande majorité est proche ; la Révolution vient mettre Versailles en possession de droits municipaux élargis au-delà de toute mesure connue.

Comment s'est constituée la municipalité de Versailles, et ce qu'elle a fait en des circonstances si nouvelles et si délicates, il est très intéressant de l'examiner, et cet intérêt, qui ne manque à aucune des grandes communes de France, est d'une intensité incomparable dans la ville qui était le siège de la royauté. J'en ai fait sur manuscrits l'objet d'une étude attentive et patiente. Je me suis senti fortement attiré vers cette étude, d'abord par la beauté du sujet, puis par la perspective d'avoir à mettre en lumière des faits d'histoire locale dont la tradition est déjà perdue ou en voie de se perdre ; la tâche était séduisante. Il m'a semblé que, par mes études et aussi parce que j'ai pu m'approprier des dures et éloquentes leçons du passé, je pouvais me considérer comme ayant quelques aptitudes à la remplir. Si c'est une témérité de parler ainsi, elle aura peut-être son excuse dans le vif désir que j'ai ressenti, en présence des archives de la ville, d'utiliser mon passage près d'elles. Telle est, du moins, la raison de ce livre, que je me propose de continuer aussi longtemps qu'il me sera donné de suivre la commune de Versailles dans son développement, dans ses actes, en un mot dans son histoire. Et pour expliquer plus nettement encore les dispositions d'esprit que j'ai voulu apporter à mon travail, il me suffira de citer ici les quelques lignes que j'ai retenues d'une conférence faite, il y a quelques années, à la Sorbonne, par M. Ernest Renan, de l'Institut ; l'éloquent académicien disait :

« Le culte des ancêtres est de tous le plus légitime ;
» les ancêtres nous ont faits ce que nous sommes.
» Un passé héroïque, des grands hommes, de la gloire
» (j'entends la véritable), voilà le capital social sur
» lequel on assied une idée nationale. Avoir des
» gloires communes dans le passé, une volonté commune dans le présent, avoir fait de grandes choses
» ensemble, vouloir en faire encore, voilà la condition
» essentielle pour un peuple.

» On aime en proportion des sacrifices qu'on a faits,
» des maux qu'on a soufferts.

» Avoir souffert ensemble..... ! Oui la souffrance
» en commun unit plus que la joie. En fait de souve-
» nirs nationaux, les deuils valent mieux que les vic-
» toires, car ils imposent des devoirs, ils commandent
» l'effort commun ».

Réduisons à la proportion d'une commune la portée de cette mélancolique définition de la patrie et de la solidarité qui relie le présent au passé, et nous reconnaîtrons aisément que ce sont les mêmes liens qui unissent les citoyens d'un même groupe municipal, les générations présentes devant à celles qui les ont précédées, le culte et la reconnaissance qu'elles ont mérités par leurs services et leurs souffrances ; voilà du moins le point de vue où je me suis placé dans cette étude en la commençant, et où je reste en appelant sur elle l'attention de mes contemporains.

Ici, où tout est relativement récent, nous n'avons pas à remonter bien haut dans le passé pour trouver les premiers titres de nos ancêtres au culte de leurs descendants. Il n'y a pas cent ans que Versailles est née à la vie politique ; mais cet avènement s'est fait si à propos que les habitants de cette ville les premiers investis des fonctions municipales, se sont vus tout à coup mêlés aux grands événements de notre histoire nationale, et qu'un grand nombre d'entre eux y ont honorablement marqué leur place. Quelques-uns y figurent aux premiers rangs de ceux que le monde admire comme des hommes exceptionnellement doués en possession méritée d'une gloire immortelle. Quant à ceux qui ont agi dans une sphère moins élevée, « qui ont fait de grandes choses, de grands sacrifices, et qui ont beaucoup souffert » pour leur commune, l'histoire générale, qui ne peut enregistrer tous les noms et tous les faits mémorables, a forcément omis de les inscrire dans ses tablettes. N'est-il pas juste que les annales locales essaient d'y suppléer ? Dans le temps présent, où la publicité se met si complaisamment à la discrétion de tant de notoriétés dont quelques-unes semblent si peu le mériter, il y aurait ingratitude et déni de justice à laisser dans l'oubli ceux de nos précurseurs qui, de concert avec les glorieux privilégiés dont nous parlions tout à l'heure, ont contribué de tout leur pouvoir, au prix des plus durs et des plus longs sacrifices, « à nous faire ce que nous » sommes, à amasser le capital social sur lequel est » assise notre unité nationale », et, par conséquent, à fonder l'autonomie municipale et démocratique de la cité versaillaise ! Voilà un passé qu'aucune période, depuis un siècle, n'a pris plus à cœur et n'a été plus en mesure qu'au temps présent, de remettre en mémoire.

Cela admis, sous quelle forme et sous quel titre convenait-il de résumer mes notes ? Versailles, depuis deux siècles, a fourni la matière à des travaux très variés, mais aucun dans les conditions des miens. Parmi les plus récentes publications qui s'éloignent le moins de mon plan, j'ai dû compter l'*Histoire de Versailles, de ses rues, places et avenues*, par M. J.-A. Le Roi, laquelle a déjà eu trois éditions. La priorité du titre d'*Histoire* semblait acquise à cet auteur ; mais, en poussant plus loin mon examen, j'ai vu qu'il avait résolu contre lui-même la question, et voici comment :

En annonçant, en 1868, la troisième édition de son œuvre, M. Le Roi disait que la forme qu'il avait choisie « répondait le mieux au désir de chaque habitant, parce qu'il y trouvait tout d'une pièce la chronique de son quartier, de sa rue, de sa propre maison ».

Sept ans plus tard, en 1875, en publiant une autre de ses œuvres, bien moins volumineuse mais non moins recommandable, savoir : le *Catalogue des livres de la Bibliothèque relative à l'histoire de la ville*, M. Le Roi commençait sa préface par cette déclaration :

« Jusqu'à ce jour, Versailles n'a pas eu son historien ».

Depuis cette époque, la situation n'a pas changé, et s'il entrait dans mes vues et dans mes moyens de faire l'*Histoire* de Versailles, à partir de son origine, je ne serais pas gêné par les précédents et j'aurais la certitude de ne blesser aucun droit antérieur au mien. Mais mon ambition ne va pas jusque-là. Ce qu'a voulu faire M. Le Roi, c'est écrire l'histoire anecdotique des maisons de Versailles, sans s'assujettir à aucune condition de temps et sans autre règle que ses préférences pour le choix des anecdotes. Ce que je veux raconter, à mon tour, dans l'ordre chronologique, c'est ce qu'il y avait au dedans de ces maisons, à partir du moment où Versailles est devenue une ville municipale. J'ai pris les hommes qui les habitaient tels qu'ils étaient à leur entrée dans la vie publique, et je me suis attaché à dire la part qu'ils ont eue aux choses de leurs temps. Je les laisse parler et agir autant que cela est nécessaire, pour qu'ils se révèlent en tout ce qu'ils ont de bon. Je crois que mes lecteurs ne me blâmeront pas d'avoir négligé ou omis de retenir longtemps leur attention sur ce qu'ils pouvaient avoir de mauvais, à condition de n'avoir point blessé la vérité historique. Les hommes des rangs supérieurs, ceux qui jouissent de la gloire, qui sont les favoris de la fortune, doivent être mis en pleine lumière; ils ont besoin d'être connus sous toutes leurs faces. Ce n'est que par exception que les autres sont jugés individuellement. Ils sont groupés dans des masses qui ont acquis des droits indivis à notre reconnaissance. Si la part n'est pas égale pour tous, il nous est impossible de la faire juste pour chacun, et après ceux que nous aurons pu désigner nominativement, quoique nombreux, il restera toujours une masse compacte de citoyens auxquels nos hommages ne s'adresseront qu'au nom collectif de Versailles, qu'ils ont honorée par leur patriotisme et leurs vertus.

Il y avait donc un grand charme à observer, dans Versailles, les hommes de la Révolution et j'en ai pleinement joui. J'y ai vu assurément des faiblesses et même des défaillances. On peut s'en affliger, mais on n'a pas à déplorer de brutalités, de violences et d'atrocités dont on puisse faire remonter la responsabilité à la population versaillaise, ce qui n'est pas un mince mérite pour une ville si voisine de Paris et si exposée aux invasions des doctrines et de la plèbe démagogiques. Il y a eu des fautes; elles ne seront pas dissimulées; c'est un minimum de celles qui pouvaient être commises en des temps si agités. On ne peut, en bonne conscience, demander plus d'innocuité à la nature humaine.

Quand j'ai eu à rapporter des citations textuelles, il m'a bien fallu transcrire des expressions, des qualifications, des dates et des formules qui étaient celles du temps; mais en respectant les prédécesseurs jusque dans leur langage, c'est à la vérité que j'ai voulu rendre hommage et non manifester une préférence pour des locutions que les mœurs modernes ne se sont pas appropriées encore. De cette réserve, toutefois, il faut excepter le nom de *commune*, qui résume l'ensemble de tous les organismes municipaux et de la population groupée autour du même centre communal; c'est une dénomination qui tire de l'antiquité romaine ses titres de noblesse, qui n'a pas cessé d'être grande et noble, malgré les avaries qu'elle a subies de notre temps et même sous notre grande Révolution. La Commune versaillaise, d'ailleurs, non tout à fait exempte de quelques fautes mais pure de tout excès, est demeurée toujours honorable, et c'est avec un sentiment de réelle vénération que nous saluons en elle l'image réduite de la Patrie.

Personne n'a dit cela de Versailles, parce que, sans doute, personne n'a pris la peine d'y regarder ou n'a jugé à propos de le dire. Je l'ai entrepris, par le motif exposé au commencement de cette préface, et parce qu'il est juste qu'on le sache, ou, du moins, qu'on ait le moyen de l'apprendre sans avoir besoin de mettre, comme je l'ai fait, cinq années d'investigations pour un travail qui est loin encore d'être fini.

Indépendamment de l'intérêt pour Versailles de connaître son passé, il semble singulièrement opportun d'évoquer en ce moment les souvenirs qui se sont attachés aux débuts de sa vie municipale. Nous touchons au centenaire de 1789 ; ce sera la fête nationale par excellence. Où cette fête serait-elle célébrée plus à propos, plus à sa vraie place qu'à Versailles, le berceau de la Révolution et de la liberté ! Il n'est pas trop tôt d'exhumer des noms trop vite oubliés des Versaillais qui ont composé les assemblées, les corps administratifs et judiciaires, les sociétés de bienfaisance, les sections généreuses et infatigables, les volontaires héroïques ; les faits de quelques-uns de ceux dont l'héroïsme s'est élevé jusqu'à la hauteur de ce qu'on connaît de plus admirable dans l'antiquité grecque et romaine ; les actes de générosité de la population riche et de la population ouvrière ; l'admirable élan de tous, jeunes et vieux, se mettant au service de la patrie pour autant que leurs forces le permettaient ; des dames et des jeunes filles versaillaises livrant leurs économies aux ambulances, travaillant à la confection d'uniformes pour les volontaires dont le nombre s'est élevé à plus de 1,800 en septembre 1792 ; enfin, ce prodigieux mouvement que les sections activaient et entretenaient sur tous les points de la ville et qui se traduisait en enrôlements, en collectes pour les enrôlés, pour leurs parents privés de leur aide et pour leurs enfants délaissés ; en secours, indemnités, dotations, rentes, quand le malheur le voulait, en faveur des veuves, des orphelins ; en actes de bienfaisance, dans tous les cas voulus, sous toutes les formes, de dévouement le plus délicat, le plus absolu, le *plus universel*, oserai-je aussi le dire ? dont un peuple ait donné l'exemple. Combien ces souvenirs sont pénétrants, et comme ils réchauffent le cœur du patriote ! Je n'ai pas la prétention de dire qu'ils sont particuliers à Versailles, au contraire ; je viens de lancer le mot *universel*, qui ne peut s'appliquer qu'à toute la France, à peu d'exceptions près : et en effet, c'est à la France qu'il faut rapporter le mérite de cet incomparable mouvement, qui nous remue si fortement encore après un siècle d'émotions sans nombre ; pouvons-nous être étonnés des grandes et glorieuses choses qu'il a produites ? Si quelque sentiment nous oppresse à la réminiscence de ce lointain passé, c'est devant le devoir de donner à cette commémoration l'éclat et la solennité dont il est digne, et si la part de Versailles est grande dans ce capital sur lequel, suivant l'expression de M. Renan, nos souvenirs reposent, ce n'en est pas moins à la patrie française qu'il appartient et que nos hommages seront adressés.

Je ne puis me flatter, vu le grand nombre d'années qui se sont accumulées sur ma tête, sans affaiblir, je le crois du moins, mon admiration pour les temps héroïques de la fin du siècle dernier, que je pourrai assister de ma personne au spectacle que donneront au monde la France, et en particulier Versailles, en cette année 1889, pour en glorifier les actes principaux; je voudrais au moins, en me hâtant d'achever mon travail historique, laisser, avec une légende pour chacun ou pour chaque groupe, la liste des citoyens de cette mémorable période, qui, par leurs actes et leurs services, méritent d'être compris dans la solennelle commémoration déjà en voie de préparation à Paris et ne devant pas tarder, pour Versailles, à devenir le sujet d'une pieuse étude. Ce sera peut-être un mérite pour mon livre, et son mérite principal; je me contenterais à moins de l'avoir fait.

D'un autre côté, je crois que mes concitoyens y trouveront ce que j'ai tâché d'y mettre, toute l'impartialité dont un homme est capable, avec les moyens de faire entre le passé et le présent des rapprochements utiles au bien de l'avenir; je les fais quelquefois moi-même, mais plus habituellement je me contente d'en fournir les données à mes lecteurs, en leur laissant le soin de conclure.

Il y a un peu de tout dans ce travail : de la politique, de la science économique, à petite dose bien entendu, avec des déductions et des aperçus que j'ai quelquefois regretté de ne pas rencontrer chez des historiens devant lesquels je n'ai point, cependant, cessé de me croire très humble. Je n'aurais mis aucune intention à faire ces rapprochements, qu'ils seraient venus d'eux-mêmes. L'histoire ne conclut pas à la reproduction servile ou exacte des faits qu'elle rapporte, mais à l'utilisation des enseignements qu'ils contiennent. La reproduction est impossible, puisque les milieux sont en transformation incessante; mais il reste la faculté et le pouvoir d'imiter en y faisant concourir

**

les moyens du temps présent, et c'est en cela que le génie de l'imitateur peut n'être pas inférieur à celui du créateur. Voilà à quoi sert l'histoire, indépendamment des sentiments qu'elle éveille ou qu'elle remue dans le cœur de l'homme. J'ai donc conclu que les générations présentes avaient grand profit à tirer de la connaissance des anciennes, en ne s'arrêtant pas à l'étude des surfaces, mais en pénétrant au plus profond des masses, ce qui a été très facile pour la Révolution, puisque les sections ont laissé les procès-verbaux de leurs assemblées. A cette considération, la politique de mon livre devait être douce et tolérante, la science économique des plus simples ; je ne sache point d'ailleurs qu'on puisse faire aimer l'une et l'autre à d'autres conditions.

Quand on voudrait réduire l'histoire de Versailles à celle de ses intérêts purement locaux, on serait obligé de faire de temps en temps quelques incursions sur le domaine de l'histoire nationale. Combien de faits connexes entre Versailles et la patrie, combien d'hommes issus de Versailles ou ayant résidé en cette ville, ont laissé des souvenirs propres à confirmer ou modifier ce que le monde sait de leur rôle dans les événements !

En réalité, c'est l'histoire de Versailles que j'aborde à partir du moment où Versailles a commencé à s'appartenir, histoire que je voudrais conduire jusque vers la fin du XVIIIe siècle, ce qui est déjà une tâche bien grande, en comparaison de mes forces. J'ai fait précéder ce travail d'un chapitre qui n'est qu'un exposé rapide de la situation où la ville était parvenue, à partir de son origine jusqu'au moment très voisin de la Révolution, où son administration est passée des mains du roi en celles de la municipalité. Cet exposé me dispensera d'interrompre le cours de mon récit pour expliquer, quand il y aura lieu, l'état présent de

Versailles comparé à l'ancien; il ne comportait point une application des lois de la chronologie, mais au-delà, ces lois, puisqu'il s'agit d'une succession de faits historiques, sont scrupuleusement respectées.

Louis XVI était Versaillais et s'en souvenait dans les bonnes occasions; il avait avec la ville, indépendamment de ceux de son origine, des liens qui n'étaient communs avec aucune autre ville de France. S'il lui avait fallu recevoir de chacune autant d'adresses et de députations que Versailles lui en a expédiées dans le cours de trois années à peine, comment aurait-il pu y suffire? Il faisait un gracieux accueil aux envoyés de Versailles, mais c'était tout. Il disait qu'il était le père de tous ses sujets, et qu'il ne pouvait faire pour l'un ce qu'il ne faisait pas pour tous, sans songer qu'il venait de mettre Versailles au monde, sans dot, sans patrimoine, dans les conditions du dénuement le plus absolu, ce qui blessait singulièrement le sentiment de paternelle tendresse qu'il se disait déterminé à partager équitablement entre tous, quand on le sollicitait de réparer, en faveur de Versailles, les torts d'une naissance anormale. Il ne comprit pas ce qu'il devait exceptionnellement à Versailles, non plus que la nécessité de rester sincèrement dans la Révolution à laquelle il s'était donné avec une apparence de loyauté[1] qui avait entraîné beaucoup de ses anciens serviteurs.

Mais pouvait-on raisonnablement attendre d'un roi, tel même que Louis XVI, gâté par l'enivrement que produit l'exercice du pouvoir despotique, qu'il se convertirait tout d'un coup à la foi constitutionnelle; c'était une soumission qu'on ne pouvait obtenir que

---

[1] Discours du 4 février 1790.

d'une énergie plus qu'humaine, et le faible monarque était à peine un homme[1].

Dans sa lamentable destinée, les uns ont voulu apercevoir la main de la providence, les autres l'aveugle fatalité. Laissons-là ces grands mots qui n'expliquent rien et qui servent de refuge aux gens déterminés à fermer systématiquement les yeux devant les vérités les plus éclatantes. Ce qu'il fallait voir, c'était la rédemption du peuple français, et avec lui et par lui celle des peuples qui s'étaient mis en marche à sa suite, en s'éclairant et s'échauffant tous les jours un peu plus à la lumière de la science. Le monde entier, celui du moins qui n'est pas entièrement rebelle à l'observation, voyait bien l'imminence du péril pour le vieil ordre de choses. L'explosion s'est produite, comme celle d'un volcan, quand il y eut assez de forces accumulées pour faire sauter, non pas la croûte géologique du globe terrestre, mais ce qui était à sa surface, la croûte féodale qui comprimait les sociétés en travail de reconstitution; il n'y avait vraiment d'inconnu, dans cette explosion, que l'heure précise à laquelle elle éclaterait.

Quand cette heure a sonné, la royauté pouvait-elle encore être relevée des ruines étalées autour d'elle? Elle s'y prêta peu. De son côté la municipalité versaillaise, de création toute récente, n'y pouvait absolument rien. Elle ne savait pas, pour ainsi dire, le premier mot du rôle qu'elle allait avoir à remplir; elle était absorbée par les soins qu'elle avait à donner sur

---

[1] Il n'est pas dans la nature d'un souverain de se convertir. Tous ceux qui ont occupé le trône dans le cours du XIXᵉ siècle, au lieu de céder à la pression des événements, ont persisté obstinément dans leur résistance et ont succombé. Quelques-uns ont pris la fuite juste à temps pour profiter de la dernière heure où leur salut personnel était encore possible. Louis XVIII seul est mort sur le trône : mais moins de dix ans auparavant, il avait opéré une retraite prudente devant Napoléon ramené de l'île d'Elbe.

la demande et au nom du roi, à la bonne réception d'une partie des députés aux États généraux. Lorsqu'elle put revenir à sa vraie place, elle ne trouva ni instructions, ni chefs capables de guider ses premiers pas dans cette voie nouvelle et inconnue. Elle ne pouvait considérer comme guides compétents ni le baron de *Ville-d'Avrai*, consul de la ville, qui ne se montra que pour changer son titre en celui de maire, et se hâta de retourner au garde-meuble du roi; ni le prince de Poix, son président, qui n'était déjà plus un magistrat municipal en concordance avec l'esprit de la ville, ni même avec celui de la municipalité, d'origine monarchique pourtant, mais déjà loin dans la voie révolutionnaire où elle croyait être à la suite du roi. Abandonnée à elle-même elle ne vit, à son horizon, que le travail et les affaires arrêtées sur tous les points de la ville, le nombre des oisifs s'accroissant tous les jours, la disette probable, des insurrections possibles, toutes calamités à l'apaisement desquelles elle ne savait comment opposer des moyens efficaces; sans ressources, sans police, sans force armée à sa disposition. Pour comble d'embarras, la loi martiale lui faisait la dure condition de maintenir l'ordre sous sa responsabilité. Elle eut alors la sagesse de penser qu'à cause de son origine, elle pouvait paraître suspecte dans son patriotisme; elle remit ses pouvoirs au peuple qui ne fut ni moins sage ni moins avisé, en les lui rendant par un vote unanime et solennellement délibéré des huit quartiers de la ville. Retrempée dans cette manifestation populaire, très politique, elle se donna un président à la place de Thierry de Ville-d'Avray; sur l'initiative de quelques-uns de ses membres auxquels se joignit d'abord le prince de Poix, elle créa une milice bourgeoise bientôt transformée en cette belle garde nationale qui, malgré quelques vices d'organisation, resta la plus sûre et la plus solide garantie de l'ordre dans la ville, et même au loin, dans les campagnes, puisqu'on s'en servait pour y apaiser les émeutes. Les membres compétents de la municipalité se mirent à la recherche des subsistances, des blés surtout, dont la rareté et le prix coïncidaient malheureusement avec les rigueurs d'un hiver exceptionnellement froid.

On arriva cependant, sans accidents bien graves, au mois de mars 1790, époque à laquelle il fut possible, après des élections générales, d'organiser la première commune constitutionnelle de Versailles. Les nouveaux élus ne se crurent pas moins que leurs prédécesseurs, appelés à concilier les intérêts de la royauté avec ceux de la Révolution. Tous leurs efforts ne devaient aboutir qu'à une amère déception. Leur chef, Coste, le maire intelligent, énergique et éloquent, n'y put rien. Richaud, son successeur, vint juste à temps pour voir également échouer les plus courageux efforts tendant à épargner à Versailles l'horrible spectacle du massacre des prisonniers d'Orléans.

Après Richaud, qui ne conserva sa magistrature que pendant l'année 1792, vint Huvé, dont le nom est trop peu connu, qui mérite d'être honoré comme un homme doux, modeste, mais inébranlable dans sa foi politique, et dévoué à son pays. Il n'était plus question alors de fidélité au roi; sa déchéance, sa mort, coïncidaient avec la plus terrible convulsion de l'intérieur, en face des plus grands périls menaçant la patrie sur toutes les frontières. La Constitution républicaine venait d'être proclamée, et presque aussitôt suspendue, pour laisser le jeu libre au gouvernement révolutionnaire et la facilité de recourir aux moyens extrêmes de salut, sans être gêné par la constitution ni les lois.

On vit paraître alors à Versailles, comme émissaires

de ce gouvernement, deux membres de la Convention, représentants du peuple investis de pouvoirs illimités, mais très aptes, comme ils le prouvèrent, à remplir la tâche qui leur avait été assignée. L'un d'eux, J.-M. Musset, avait été curé d'une paroisse de la Vendée. L'autre, qui tint le premier rôle dans la mission de Seine-et-Oise, c'était Charles Delacroix, homme d'une singulière énergie, aussi intelligent qu'énergique, devant lequel tout céda sans la moindre résistance; qui renouvela de fond en comble les administrations de la ville, depuis le département jusqu'à la commune ; qui ne fit cependant aucun acte de rigueur contre les personnes; qui, au contraire, s'appliqua avec une adresse infinie à modérer l'ardeur des fonctionnaires qu'il venait de nommer et, en un mot, à faire à Versailles tout le bien qu'il était en son pouvoir ou qu'il lui a été demandé d'y faire[1], contraste étonnant de vigueur et de modération qui mérite d'être étudié tout particulièrement.

A partir de ce moment et longtemps encore après,

[1] Charles Delacroix est de tous les membres de la Convention en mission extraordinaire à Versailles, celui qui s'y fit le plus remarquer par son mérite et la haute portée de ses actes. Agent du gouvernement révolutionnaire, il a, vers la fin de septembre 1793 et en quelques jours, destitué successivement les trois corps administratifs, en commençant par le département et finissant par la municipalité, et reconstitué ces trois corps avant que personne fût informé de ses desseins. Investi de pouvoirs illimités, il en usa avec une grande fermeté, mais avec discrétion et sans rigueurs non justifiées par la nécessité : il a joui à Versailles d'une grande estime et d'une autorité morale illimitée comme ses pouvoirs.

Qu'était donc Charles Delacroix dont les documents contemporains ne nous disent rien en outre de ces appréciations ? C'était, ont dit quelques vieux biographes, un champenois originaire de Sedan ou des environs. Or voici ce qu'on lit dans le *Temps* du 15 avril 1885, et ce que j'ai recueilli avec empressement.

« Berryer et Eugène Delacroix étaient cousins. La grand'mère paternelle de Berryer était fille de M. Varoquier, bailli de Givry en Argonne, dont une sœur avait épousé le sieur Delacroix, ou de Lacroix suivant l'orthographe qu'a toujours employée Berryer, en parlant du grand-père du peintre. Celui-ci était fils de Charles Delacroix, ancien premier commis du contrôle des finances sous l'administration de Turgot, et qui, plus il n'y eut d'élections à la municipalité, pas plus d'ailleurs qu'au département et au district. Charles Delacroix fut de fait le grand électeur de la ville et du département. On ne peut pas dire que les choix faits par les représentants du peuple furent mauvais ou même médiocres. Mais on put s'apercevoir, dans le temps, et on reconnaît encore aujourd'hui, en prenant connaissance de leurs actes, que les hommes promus aux magistratures départementales ou communales, n'avaient ni l'aptitude, ni l'esprit d'initiative des élus remplacés : il y eut réellement baisse sensible de la moyenne, non du patriotisme, mais des lumières qui éclairaient celui des devanciers et les guidaient sûrement dans leurs résolutions. Les nouveaux n'eurent pas toujours le tact nécessaire, et ils en manquèrent

» tard, membre de la Convention, devint tour à tour ministre des Relations » Extérieures, ambassadeur de Hollande, préfet des Bouches-du-Rhône et » de la Gironde. » Charles Delacroix avait reçu avec la plus grande bienveillance le père de Berryer, l'avait sauvé de l'échafaud, et avait fait les plus louables efforts pour sauver aussi l'aïeul Varoquier.

On verra, dans le cours de cette histoire, que les deux représentants du peuple, Delacroix et Musset, furent les fondateurs et les organisateurs à Versailles, de deux établissements : 1° des ateliers de fabrication et de réparation d'armes installés au Grand Commun; 2° de l'école centrale qui subsista, dans la partie méridionale du Palais, jusqu'au moment de la création du lycée dans les bâtiments où il est toujours.

Charles Delacroix, qui fut un patriote d'une grande sévérité, exempt de tout excès sous la Convention, très modéré sous la Terreur, et, en un mot, un républicain modèle, a pris du service sous l'Empire; ce n'est pas le moment de le juger. Attendons d'avoir appris tout ce qu'il a fait à Versailles. Ce qu'il importait de savoir c'est que les Berryer et les Delacroix sont originaires par les femmes, non de Sedan ni des environs, mais de Givry en Argonne, canton de Sainte-Menehould, département de la Marne. Il ne manqua pas d'hommes éminents dans ces familles ni dans ce petit coin de terre si voisin de Valmy, où Givry ne figure encore à présent que pour quelques centaines d'âmes (598). Berryer fils, le plus grand avocat du siècle, Eugène Delacroix, un de ses plus grands peintres, sont restés attachés l'un à l'autre jusqu'à la mort. Le premier, que les légitimistes ont compté dans leurs rangs, est honoré de tous les partis; le second dont les opinions politiques se sont effacées devant la gloire artistique, aura prochainement sa statue, déjà mise au concours, et dont les frais d'érection seront couverts par une souscription nationale à laquelle tous les partis auront aussi participé.

surtout dans les circonstances où apparurent comme suspects un assez grand nombre d'anciens administrateurs qui méritaient assurément un traitement moins sévère. Delacroix le vit bien et ramena sagement les fonctionnaires de son choix à une ligne d'horizon d'où l'on voyait mieux et l'on jugeait moins sévèrement hommes et choses.

Les sections ne perdirent rien au change : avant le mois d'août 1792, elles n'avaient guère qu'une existence nominale. On peut remarquer même que sous l'administration de Coste on faisait, autant qu'on pouvait, opposition à leur assemblée. Mais après le 10 août, appelées à concourir au salut de la patrie déclarée en danger, elles n'eurent d'autres règles à suivre que celles qui leur étaient tracées par leur patriotisme qui fut admirable. Elles ont été séduites quelquefois, peut-être, par des idées que la froide raison n'approuvait pas ; qu'est-ce que cela, en présence de tout le bien qu'on leur doit, sans qu'elles aient fait sciemment ou volontairement de mal à personne ? Elles ont tiré, chaque jour et sol à sol, de leur bourse, des petites sommes qui ont soulagé tant de misères ! Ceux qu'elles n'ont pu secourir de leur argent, elles les ont aidés de leur appui, de leur témoignage, avec tant de chaleur et de persévérance, qu'elles ont le mérite d'avoir exercé vis-à-vis de tous la fraternité sans limites. Il y a je ne sais quel charme à les suivre en tous leurs actes ; on revient heureux de les avoir vues donner leurs soins aux volontaires, à leurs familles, aider les campagnes à rentrer leurs moissons, travailler à la recherche du salpêtre pour la fabrication de la poudre, quand il était à craindre que l'armée en manquât, se mêlant à tout ce qui avait un intérêt national et s'y adonnant avec une ardeur d'autant plus tenace qu'on disait plus grand aussi le péril qui menaçait la patrie. Quand on voit ces choses, on sent bien que la patrie, en de telles mains, ne pouvait périr. Ce mouvement dura jusqu'à la fin de 1794, époque à laquelle la patrie était sauvée. Mais, alors, la population de Versailles était bien réduite ; elle ne comportait plus une division de la ville en treize sections. Après avoir fait aussi facilement leur liquidation qu'elles avaient fait leur devoir de patriote, elles se retirèrent dignement. On les réduisit à neuf avec des circonscriptions modifiées en conséquence.

Les plus grandes crises touchaient à leur fin ; à partir de ce moment la vie municipale devint plus calme ; elle fut absorbée, pour la plus grande partie, par des soins que réclamaient les choses de l'intérieur. Celles-ci, d'ailleurs, aussi bien que toutes les affaires qui intéressaient Versailles, qu'elles aient été traitées par le Conseil général de la commune, par le Conseil municipal, par le Bureau municipal ou enfin par les sections, ont été consignées en des procès-verbaux qui témoignent d'un travail facile et d'une grande lucidité d'esprit de la part de nos ancêtres : il sera toujours aisé de remonter de ce que nous en aurons dit aux documents dont nous avons tiré nos récits et nos jugements.

Si nombreux que soient les sujets auxquels nous avons consacré les lignes qui forment cet avant-propos, il en est deux que nous avons dû réserver pour la fin, et sur lesquels nous avons au moins un mot à dire ; telles sont l'émigration et les affaires de religion.

De l'émigration, nous ne dirons que quelques mots. Lorsqu'on a le malheur de conspirer et de porter les armes contre sa patrie, il semble qu'on est assez puni de savoir que cela ne peut se passer dans l'ombre ni tomber dans l'oubli : l'histoire qui le rapporte est une grande justicière dont la sentence est d'autant plus sévère qu'elle est au plus près de la vérité. Les coupables le jugent d'après d'autres doctrines et se mettent à l'abri derrière d'autres considérants ; ils n'en sont pas moins vulnérables ; le simple énoncé du fait les blesse et les punit ; c'est l'arme dont l'historien doit se contenter, quand le fait n'est pas contestable et qu'il n'a pas besoin de démonstration.

En ce qui touche la religion, j'ai tâché de me tenir dans une grande réserve, afin de ne pas blesser trop vivement les consciences ; mais il m'a bien fallu aussi mentionner tous les événements où se sont trouvés engagés les intérêts dits religieux, les manifestations fanatiques et séditieuses, les dispositions prises pour les réprimer, et les interdictions du culte à l'extérieur suivies de la fermeture des temples.

La religion ne pouvait pas prendre sans péril pour elle-même la défense de la contre-révolution, c'est-à-dire favoriser par tous les moyens dont elle disposait, le retour au monstrueux ordre de choses qui subsistait avant 1789. Il n'est pas supposable que le clergé voulait le retour absolu à ce régime ; il se serait contenté d'un certain minimum. Mais il était dangereux d'en manifester le désir pour si peu que ce fût, quand les souvenirs du temps regretté étaient encore si récents dans la mémoire du peuple. Si donc le peuple a commis ou toléré des violences et des brutalités condamnables, il a au moins le bénéfice des circonstances atténuantes devant le tribunal de l'histoire.

La lutte entre le clergé et la Révolution, entre l'esprit ancien et l'esprit nouveau, persiste toujours. L'issue de cette lutte n'est incertaine pour personne. Mais on ne peut pas se dissimuler que sa durée soit pernicieuse à la tranquillité de beaucoup d'esprits qui s'accommodent peu des subtilités produites dans la lutte par chaque parti. En dehors de ceux qui se glorifient d'être des *croyants*, il est un grand nombre d'hommes moins ardents, mais animés d'un sentiment religieux, qui se soucient peu de s'en prévaloir, ni d'en expliquer la source, la nature et l'intensité. Sans intérêt de prosélytisme, ils ne demandent qu'à vivre libres avec ce sentiment mystérieux. Mais les fervents s'alarment plus de cette placidité que des déclamations violentes ; ils y voient un danger pour la prépondérance de l'autorité théocratique dans l'avenir, et un échec pour l'implacable dogme de l'*immutabilité*. Théocratie et révolution sont en réalité deux principes inconciliables. Mais le monde ne vit-il pas de transactions ? Tandis que la majorité du clergé se montre réfractaire aux doctrines du monde nouveau et repousse absolument les conséquences de la Révolution, une autre partie de ce même clergé tente de grands efforts pour faire vivre les deux principes côte à côte sans troubler la paix publique. On ne peut qu'applaudir à ces efforts et souhaiter qu'ils se généralisent. La pacification des esprits, c'est le gage de la grandeur nationale et de la liberté ; quel serait le but de la vie sociale, si ce n'était pas cela même !

HISTOIRE MUNICIPALE

DE

VERSAILLES

CHAPITRE PREMIER

VERSAILLES AVANT LA RÉVOLUTION

DE SON ORIGINE A 1787

Sommaire : Versailles village. — Louis XIV. — Développement. — Eglise Notre-Dame. — Chapelle du château. — Hôtels et maisons. — Mort de Louis XIV. — Administration de la ville. — Quartiniers. — Bailliage. — Parc. — La Taille. — Avenues et rues pavées. — Lanternes. — La Craie. — Baux. — Forme et protocole des édits. — Dépopulation. — Le Régent. — Louis XV. Accroissement de la population. — Hôtel de Conty. — Mouches de la police. — Baraques. — Le Serdeau. — Marché Notre-Dame. — Marché neuf. — Eglise Saint-Louis. — Développement de la ville au sud et au nord. — Insalubrité. — Helvétius le médecin. — Etang de Clagny comblé. — Quartier des Prés. — Aqueduc ou mur de Montreuil. — Château de Clagny. — Les Ecrouelles. — Maison mystérieuse du Parc-aux-Cerfs. — Port de Marly. — Denrées exotiques. — Octroi. — Pavage. — Place d'Armes. — Roulage traversant Versailles. — Population au maximum. — Annexion de Montreuil. — Caractère des habitants. — Gens de Cour. — Leur suite. — Les tumultueux. — Les enfants de Versailles. — Infirmerie. — Pauvres. — Fabriques et Marguilliers. — Mlle Montansier et le théâtre. — Eaux de Versailles sous Louis XIV et ses successeurs. — Canalisation. — Eaux pluviales et ménagères. — Récollets. — Révocation de l'Edit de Nantes. — La Montespan. — Les Missions. — Industrie et Commerce. — Ecoles. — Augustines. — Collège d'Orléans. — Ordonnance royale du 18 novembre 1787. — Elections et organisation de la première municipalité. — Les élus.

> « Voulant faire participer les habitants de Versailles aux avantages dont elle a fait jouir tous ses sujets et étant informée que cette ville n'a pas de corps municipal, Sa Majesté a ordonné d'y pourvoir. »
> (*Ordonnance royale du 18 novembre 1787.*)

Avant de dire ce que fut Versailles après son émancipation ébauchée de 1787, il convient d'examiner comment elle y avait été préparée par ses précédents et par la royauté dont elle était la créature. Etait-ce une ville, une commune, ou quelque chose qui avait un nom connu et indiscutable parmi les agglomérations plus ou moins importantes de l'Isle de France ou même des autres provinces de la monarchie? Non, Versailles n'était rien, sinon une sorte de colonie obéissant au roi comme à son maître, presque sans intermédiaire, et concourant à l'exécution de ses volontés, sans jouir d'aucune franchise.

Remarquons toutefois qu'un règlement du roi, en date du 8 juillet 1787, relatif à la formation d'assemblées provinciales en l'Isle de France, laissait entendre qu'il pouvait se trouver d'autres localités qui, aussi bien que Versailles, n'étaient pas encore pourvues d'institutions municipales [1]. Mais de quelles localités se serait-il agi? Aucune n'est assimilable à cette grande ville et le roi le déclare lui-même en disant que les prescriptions qui visent les autres communautés, ne peuvent être appliquées à cette cité, sans avoir reçu les appropriations que son importance exige.

Il faut donc bien considérer Versailles comme formant une grande exception à laquelle aucune autre n'est compa-

---

[1] Locution banale n'impliquant rien. Quand Louis XVI s'est déterminé à prendre son ordonnance du 18 novembre 1787, il dit : « ...étant informé que Versailles n'a pas de corps municipal... », dont on pourrait induire qu'il venait seulement de l'apprendre et qu'il allait se hâter de réparer cette omission déjà plus que séculaire.

rable, et n'ayant rien du régime, très varié et souvent bizarre, sous lequel vivaient les autres villes du royaume, vers la fin des temps féodaux.

Simple village, paroisse ou communauté, comme il y en avait au xvii° siècle, le vieux Versailles a été absorbé par son château qui lui a pris d'abord son église et son cimetière, puis, de ses autres maisons, autant qu'il en a fallu pour son extension du côté droit, au sud. Quant au tracé de la ville nouvelle, voici ce qu'il fut : d'un point central fixé à la place même où est la statue équestre de Louis XIV, sont partis vers le levant les axes de trois immenses avenues divergentes, qu'on a poussés en ligne droite, aussi loin que l'ont permis les dispositions naturelles du sol, embrassant des espaces en éventail, sous forme de secteurs, qui se sont bientôt trouvés couverts d'hôtels et de maisons, sauf les places et les larges avenues réservées à la circulation, auxquelles on a rattaché, à droite et à gauche, des rues secondaires, larges aussi pour la plupart et tracées de façon à faire bonne figure avec les parties principales du plan.

L'église Saint-Julien du vieux Versailles, disparue, a été relevée à l'est et tout près du lieu où fut élevée, un peu plus tard, l'église Notre-Dame; elle a été connue longtemps sous le nom de Vieille-Eglise. La paroisse a donc survécu; mais il n'est rien resté de la communauté civile ancienne, et rien n'en apparut pendant plus d'un siècle.

De 1684 à 1686, Louis XIV fit construire l'église Notre-Dame : deux années suffirent pour son achèvement; à la fin du xvii° siècle vint le tour de la Chapelle du Château. Les travaux étaient poussés, dans ce temps, avec une prodigieuse activité. Le roi qui n'avait mis que vingt années, de 1662 à 1682, à bâtir son château avec la plupart de ses accessoires, à planter ses parcs et à les couvrir de statues, était trop habitué à la célérité dans l'exécution, pour supporter les lenteurs qui n'étaient pas imposées par l'absolue nécessité.

Les maisons et les hôtels poussaient vite aussi, et, pour

ainsi dire, comme en serre chaude; à sa mort[1] on en comptait déjà plus de *neuf cents,* mais elles étaient d'une médiocre hauteur. Le roi, qui était le maître, non seulement par son titre royal, mais aussi comme donateur à titre gracieux des places à bâtir, fixait les alignements, dictait les principales dispositions du plan, n'admettait pas une hauteur dépassant le premier étage ; car il fallait toujours laisser, aux constructions des autres, un semblant d'humilité devant la royale majesté du Palais. A peine avait-il permis que la Chapelle, la maison de Dieu, fût plus élevée que la sienne; par un caprice singulier, il n'avait pas voulu laisser monter vers le ciel les tours de Notre-Dame, qui restèrent comprimées au dessous du niveau de la nef, ce qui donne à l'ensemble de l'édifice la tenue d'un être accroupi, avec des membres grêles et une attitude de gêne et presque de souffrance, faisant souffrir aussi quelque peu son voisinage, qu'il assourdit par le son de ses cloches émis de trop bas. Il faut pénétrer à l'intérieur de l'édifice pour revenir de cette bizarre impression, qu'on oublie vite, en effet, en présence des belles dispositions du surplus.

Qu'allait devenir Versailles, quand disparaissait celui qui l'avait créée et vivifiée, laissant sa lourde succession à un enfant de cinq ans, et la tutelle de cet enfant à un homme qui s'estimait assez peu pour autoriser et, plus que cela encore, pour favoriser les manifestations indécentes dont les Mémoires de l'époque ont parlé? Il y eut un arrêt

---

[1] « La maladie du Roi, qui avait commencé le 10 août, augmenta et, pendant les différentes variations, quand il allait un peu mieux, tous les courtisans qui avaient été en foule chez le duc d'Orléans s'abstinrent de s'y présenter : quand la maladie empirait, ils y retournaient avec empressement : ils restaient bottés jour et nuit pour être plutôt prêts à partir, aussitôt que Louis XIV serait mort. Le 1er septembre, il mourut. Aussitôt le maréchal de Villeroy conduisit Mme de Maintenon à son carrosse : elle se retira à Saint-Cyr où elle est morte le 15 avril 1719, âgée de quatre-vingt-trois ans ; elle avait gouverné le Roi et le royaume despotiquement depuis 1683 jusqu'à 1715. On fit des réjouissances à la mort du roi : les violons jouaient de tous côtés. Il y eut un bal au Palais-Royal où tout le monde était admis moyennant un écu d'entrée. La cour resta à Versailles jusqu'au 9 : ce jour-là, le corps du Roi fut transféré à Saint-Denis. » (*Mémoires de Narbonne,* septembre 1715.)

subit dans l'essor des constructions. La nouvelle Cour se tint, pendant sept années, absente de Versailles, d'où s'étaient également retirés un grand nombre d'industriels, troublés dans la prospérité de leurs affaires, à raison du vide qui s'effectuait dans les rangs des courtisans.

L'administration de la ville était exclusivement royale et affaire personnelle du roi : elle s'exerçait par un intendant qui, indépendamment d'autres titres, avait celui de premier valet de chambre du monarque, comme on l'avait vu de Bontemps, sous Louis XIV, comme on le verra plus tard de Thierry, dit de Ville-d'Avray, sous Louis XVI. Toute action sur la ville était entre les mains du roi ; nul habitant ne prenait part, de près ou de loin, à la gestion de ses plus minces intérêts. Nul, avons-nous dit? Expliquons cependant ce qui semblerait être une exception.

Il existait une institution, créée sous Louis XIV, aux termes d'un règlement du 28 mai 1694[1] ; elle était composée de seize quartiniers avec un syndic pour chef.

« Sur ce qui a été représenté par le procureur du roi,
» disait ce document, que le nombre des habitants de Ver-
» sailles s'étant considérablement augmenté par le séjour
» que Sa Majesté y fait depuis plusieurs années, il est im-
» portant, non seulement d'établir parmi eux une police
» exacte et telle que le demande la présence de Sa Majesté,
» mais même d'apporter les précautions nécessaires pour
» y conserver, autant qu'il est possible, les avantages que
» la situation du lieu donne pour la santé, en éloignant ce
» qui peut être contraire à la pureté de l'air, qui n'est
» ordinairement altéré dans les villes où le peuple abonde,
» que par la corruption que cause le mauvais air et la con-
» fusion.

» ... Nous, après avoir été informé par M. Bontemps,
» premier valet de chambre du roi, de l'intention de Sa
» Majesté, nous avons ordonné qu'il sera fait une assem-

[1] Règlement arrêté par Georges Legrand, seigneur des Alluets, conseiller du Roi, prévôt de Saint-Germain-en-Laye, bailli, juge ordinaire, civil et criminel de Versailles, etc.

» blée des habitants de la ville de Versailles, en notre
» présence et celle du procureur du roi... dans laquelle
» assemblée sera nommé un syndic et seize quartiniers
» du corps desdits habitants, dont les fonctions seront,
» savoir,

» *Du syndic,* de provoquer à l'avenir, sous l'autorité du
» sous-intendant de Versailles, les assemblées des habi-
» tants quand besoin sera, de gérer et administrer leurs
» affaires communes et diriger leurs actions en nom col-
» lectif, suivant les délibérations qui auront été arrêtées
» en présence des officiers du bailliage, le tout à l'instar
» des autres syndics des villes et communautés du royaume
» sans qu'ils puissent s'assembler sans en avoir obtenu la
» permission ;

» *A l'égard des quartiniers,* ils seront chargés du soin
» chacun dans le quartier qui leur sera marqué, de faire
» allumer les lanternes aux heures réglées, nettoyer les
» rues, enlever les boues, tenir le pavé net, suivant l'or-
» donnance du juge de police. »

Après, viennent quelques prescriptions pour les cas d'incendie, pour l'enregistrement de ceux qui voudront s'établir dans la ville, et pour les pénalités encourues à raison d'infraction au Règlement.

Les quartiniers avaient encore pour devoir d'assister les médecins dans les maisons des bourgeois et habitants pour recherches, lorsqu'il y aura soupçon de petite vérole ou d'autre maladie contagieuse.

Ces dispositions, toutes rudimentaires, semblaient révéler une tendance à demander le concours des habitants dans certains cas spéciaux. On pouvait en conclure pour une participation plus grande, dans l'avenir, et une sorte d'acheminement vers une action communale ; mais les rapports des quartiniers étaient faits isolément ; ils allaient droit au premier valet de chambre du roi ; que devenaient-ils ensuite ? On le devine bien ; timides et adulateurs, comme l'étaient les documents de ce genre, ils confirmaient et fortifiaient le roi dans son idée qu'il était tout et qu'il devait bien se garder de laisser affaiblir ce dogme aux yeux de son peuple.

Que sont devenues aussi les dispositions du Règlement qui se recommandaient de celles dont jouissaient les autres villes du royaume ? On pouvait y voir une idée embryonnaire d'une action municipale à développer plus tard; mais cette idée venait d'un simple bailli. Si l'intention du roi avait été d'assimiler Versailles à ces villes, il n'aurait pas laissé à ce fonctionnaire le soin de le décréter; il l'aurait décrété lui-même, et rien de semblable ne s'est vu.

Aussi l'institution des quartiniers, qui subsista jusqu'à la Révolution, ne sortit-elle pas du rôle tout infime qui lui avait été assigné dès son origine, et ne donna-t-elle un peu de lumière et de propreté à la ville, pendant sa longue et obscure existence, qu'en soignant les lanternes d'éclairage et l'enlèvement des immondices de la ville; ce qui n'exigeait pas de diplômes d'une haute portée académique.

Il n'y a réellement aucune ressemblance entre l'administration de la ville sous la royauté, et celle de notre temps; les règles hiérarchiques n'existaient point ou n'étaient pas mises en pratique; et comment aurait-on pu y voir un peu clair, quand il y avait des personnages qui étaient chargés d'attributions qu'il était difficile de concilier ou qui s'excluaient même très clairement; ainsi du bailli, par exemple, comme nous l'avons déjà vu, juge *civil*, juge *criminel*, et *lieutenant-général de police*, trois titres réunis en la même personne, auxquels répondaient trois fonctions distinctes. Les attributions des commissaires de police devaient se réduire à ce qui était du ressort et de la compétence du tribunal de police; mais, par le fait, ils se mêlaient un peu de tout; on les verra intervenir là où, par leur titre, ils semblaient aussi étrangers que possible à la nature des choses à régler, et, d'ailleurs, ils agissaient pour la police militaire, sous l'autorité du Gouverneur, premier magistrat politique.

Quand le roi réunissait à son domaine de Versailles des fiefs qui appartenaient à des seigneurs du voisinage, et qui, par conséquent, dépendaient d'une autre juridiction, il déclarait plus ou moins solennellement que ces fiefs passaient sous la juridiction du bailliage de Versailles, et, par voie de conséquence, les appels des causes d'entre les nouveaux justiciables dudit bailliage, se trouvaient rattachés au parlement de Paris.

Mais, quand il s'agissait de terrains d'une moindre étendue, appartenant à des particuliers, anciens habitants du vieux Versailles, le seigneur n'y mettait pas tant de façons : il faisait élever tout simplement le mur d'enceinte de son Petit Parc et tous les terrains compris dans le périmètre se trouvaient forcément annexés à la propriété royale ; on n'avait pas imaginé alors les formalités de l'expropriation ni l'obligation de l'indemnité préalable. Cette indemnité a-t-elle été même jamais considérée comme étant réellement due et payée? Rien ne nous donne lieu de le penser. Voici ce que nous trouvons sur ce point intéressant :

Des lettres patentes d'août 1706 nous éclairent sur le procédé : pour l'exécution de ce que Louis XIV appelait le dessin de son Petit Parc, il eut à englober des héritages appartenant à des habitants de sa ville, qui furent privés ainsi de la faculté d'accéder à leurs propriétés respectives. Le roi les exonéra, pour l'avenir, de l'imposition de la taille, à la charge « de faire par corvées les foins dudit
» Parc, remplir les glacières, nettoyer les cours de son
» château, de se trouver aux chasses du Parc quand ils y
» seraient mandés, à la réserve de celles des chasses dé-
» signées par arrêt du Conseil, du 8 novembre 1666, et
» de fixer pour l'avenir leurs taille, taillon et autres impo-
» sitions y jointes à la somme de 600 livres à imposer par
» chacun an sur ceux desdits habitants qui se trouve-
» raient compris dans le Rôle qui fut lors fait et arrêté, et
» sans que ceux qui viendraient habiter à Versailles pus-
» sent jouir de cette décharge et modération. »

Ce qui paraît clair en tout cela, c'est que Louis XIV paya les terrains qu'il avait trouvés à sa convenance en compensations dont on peut négliger d'apprécier la valeur et en y mettant des conditions qui nous semblent avoir aggravé plutôt qu'allégé la situation des expropriés.

Dès 1698, les grandes avenues et un certain nombre de rues étaient pavées, non avec le profil d'aujourd'hui, mais à deux revers s'inclinant l'un vers l'autre à partir du pied de la façade des maisons et se rencontrant vers l'axe de la voie, où les eaux se réunissaient en un ruisseau selon la pente longitudinale. Mais cet écoulement avait besoin d'être aidé ; autrement les surfaces seraient restées couvertes d'immondices désagréables à la vue et à l'odorat.

Un arrêt du Conseil, du 28 novembre 1698, rappela, à ce propos, que « l'établissement des lanternes fait dans » la ville de Versailles, depuis longtemps, et si utile aux » gens de la cour et aux bourgeois, ne pourrait se sou- » tenir si l'autorité de Sa Majesté n'intervenait pour faire » exécuter les jugements de police contre les concierges » des hôtels et des maisons occupées par les principaux » officiers de Sa Majesté, qui négligent ou refusent impu- » nément de fournir les lanternes et d'allumer les chan- » delles aux heures prescrites. » L'impunité tenait à ce que les concierges ne possédaient rien, et la solution de la difficulté à ce qu'ils possédassent quelque chose et eussent une certaine et réelle responsabilité. L'arrêt dit encore que « dans le délai d'un mois, les propriétaires des » hôtels et principaux officiers seront tenus, suivant les » faces de leurs bâtiments et clôtures, d'avoir nommé des » concierges solvables et domiciliés en la ville de Ver- » sailles, lesquels auront à faire leur soumission au greffe » du bailliage, pour l'entretien et nettoiement des chaus- » sées et fournitures de lanternes avec chandelles, sur les » peines de droit ». La place de concierge devait être alors bien rétribuée, puisqu'elle entraînait une pareille responsabilité ; ils avaient, en outre des lanternes, à répondre de l'entretien des pavés sur les revers correspondant à la longueur de façade sur la rue.

Parmi les immunités promises à ceux qui pouvaient se livrer à la spéculation sur les constructions, on insistait

surtout sur l'*exemption de la craye*. Une première ordonnance de 1693 avait fixé au 1ᵉʳ janvier 1696 le temps à partir duquel les maisons de Versailles pourraient être marquées de la craye pour servir au logement de ceux de la cour et suite. « Sa Majesté a considéré que plusieurs de
» ceux qui y ont fait bâtir lesdites maisons n'en ont pas
» encore joui longtemps, et, voulant les traiter favorable-
» ment, a ordonné que lesdites maisons ci-devant bâties
» et celles qui le seront ci-après, seront et demeureront
» exemptes de logement jusqu'au 1ᵉʳ janvier 1699 auquel
» temps elles pourront être sujettes audit logement en la
» manière accoutumée. »

Il y avait encore d'autres éventualités à courir : la royauté, nous l'avons déjà vu, n'était pas pénétrée d'un respect profond pour la propriété privée ni pour le droit du propriétaire d'en user à son gré. Les maisons à élever avaient été favorisées sous quelque aspect ; mais quand elles étaient élevées et qu'il s'agissait de les donner à bail, les règlements mettaient les bailleurs à la raison, par le procédé le plus radical, en déclarant nuls et résolus de plein droit les baux, qu'ils fussent consentis soit par les propriétaires, soit par les principaux locataires. Ainsi arriva-t-il à la mort de Louis XIV pour les conventions antérieures. Louis XV, enfant âgé de six ans, « *de sa certaine science, pleine puissance et autorité* », comme il est écrit en sa déclaration du 23 juin 1716, dit « que tous les baux et *sous-baux* de maisons, portions de maisons, appartements, chambres, boutiques, caves, greniers, écuries et autres lieux situés dans la ville de Versailles, qui subsistaient encore au jour de la mort du feu roi, son très honoré seigneur et bisaïeul, soient exécutés seulement jusqu'au premier janvier de la présente année, duquel jour il veut, — le jeune maître, — qu'ils soient nuls et résolus de plein droit. Du 23 juin 1716 au 1ᵉʳ janvier précédent, il y a effet rétroactif, ce qu'ignorait apparemment l'enfant royal, et ce dont il se souciait fort peu assurément ; mais il admet des tempéraments pour les propriétaires ayant des locaux loués à des termes réduits, et il veut une gradation dans les réductions en proportion de la durée des termes fixés dans les baux.

Au fait, les locataires, artisans ou commerçants, délaissés par leur clientèle que le départ du jeune roi et de la cour avait mis en goût de déserter Versailles, étaient dignes d'intérêt et il y avait quelque chose à faire pour eux ; mais était-il juste que cela fût fait si radicalement et à coup d'autorité ?

Voici, en tous cas, une explosion de volonté ou de caprice en sens contraire. On était au 27 mai 1721 : le roi avait une dizaine d'années, une volonté propre, ou du moins subordonnée seulement à l'avis du duc d'Orléans, régent, car il n'est plus question de ses amés oncles et cousins :

« Sa Majesté, voulant donc en toute occasion donner des
» marques de la protection particulière qu'elle accorde à
» la ville de Versailles, a résolu de donner ses ordres pour
» que les habitants de tous états qui la composent, y
» jouissent de toute la tranquillité que l'exercice d'une
» exacte police y peut procurer,
» Ordonne que tous ceux qui voudront s'y établir seront
» tenus de faire enregistrer leurs noms, prénoms et qua-
» lités... faute de quoi ils seront réputés vagabonds : et
» ceux qui leur loueront des maisons et appartements,
» d'en faire leur déclaration à peine de 50 livres d'amende :
» Tous mendiants qui seront réfugiés dans ladite ville,
» seront tenus d'en sortir huitaine après la publication de
» la présente ordonnance : défend à toutes personnes de
» leur donner retraite sous les mêmes peines. »

Viennent ensuite les prescriptions qui obligent les hôteliers et logeurs à certaines déclarations et les quartiniers à des visites chez les mêmes industriels. Il est interdit, par la même ordonnance, de porter des armes défendues et d'en fabriquer sous les mêmes peines de cinquante livres d'amende.

Ainsi que nous l'avons vu plus haut [1], on comptait 900 maisons et hôtels élevés à Versailles sous le règne du

---

[1] Page 4.

feu roi, ce qui attestait une prodigieuse activité dans la bâtisse. Les constructeurs nouveaux avaient eu l'espérance de jouir des immunités promises aux anciens quant à la taille, mais il avait été fait sur ce point quelques réserves assez obscures et, en tous cas, assez embarrassantes dans leur application. Il ne s'agissait, au surplus, que d'une petite somme de 600 livres, ne méritant guère la peine qu'on prenait pour sa perception, ni de faire une distinction entre les anciens et les nouveaux constructeurs. Le jeune roi l'abolit et fit bien ; ce qui nous occupe ici, c'est la forme ; voici le langage qu'on place dans la bouche d'un enfant de cinq ans :

« Depuis que nous sommes sortis de Versailles, où nous
» avons cessé de faire notre demeure ordinaire, disait le
» jeune roi, la plus grande partie des marchands, artisans,
» ouvriers et autres qui vivent à la suite de notre cour et
» de nos Conseils, ne possédant aucun fonds dans cette
» ville, s'en retirent enlevant leurs effets ; cette ville, rem-
» plie ci-devant d'un peuple nombreux, devient de jour en
» jour un lieu désert : ceux mêmes des dits habitants qui
» se trouvent les plus engagés à y demeurer par d'anciens
» établissements et par les dépenses considérables qu'ils
» ont faites pour la construction de leurs maisons, seraient
» contraints d'en sortir et de les abandonner pour chercher
» en d'autres lieux leurs subsistances et celles de leurs
» familles, s'ils n'étaient soutenus par les espérances que
» nous voudrons bien accorder quelques privilèges à une
» ville où Nous avons pris naissance.
» A ces causes, voulant traiter favorablement les dits
» habitants de notre ville de Versailles et leur donner
» moyen de subsister commodément, de l'avis de notre
» très cher et bien amé oncle, le duc d'Orléans, régent ;
» de notre très cher et très amé cousin le duc de Bourbon ;
» de notre très cher et très amé oncle, le duc du Maine ; de
» notre très cher et très amé oncle le comte de Toulouse [1]

[1] Ces deux derniers, nés de Louis XIV et de la Montespan.

» et autres pairs de France, grands et notables person-
» nages de notre royaume, nous avons accordé... l'exemp-
» tion pleine et entière de la taille et taillon et autres
» impositions à commencer en l'année 1716 ; voulons qu'ils
» soient et demeurent affranchis et déchargés perpétuelle-
» ment et à toujours du paiement de la somme de 600 livres
» à laquelle la taille de la dite ville avait été modérée et
» fixée par lettres-patentes du feu roi notre très honoré
» seigneur et bisaïeul, etc.,

» Car tel est notre bon plaisir. Et afin que ce soit chose
» stable et à toujours nous y avons fait mettre notre scel.

» Donné à Vincennes, au mois de novembre de l'an de
» grâce 1715 et de notre règne le premier.

» *Signé :* Louis. »

C'était, en réalité, une bien minime somme que cette taille de 600 livres à répartir entre les habitants de Versailles, nombreux encore : on s'étonne de voir pour si peu l'évocation de personnages intervenant si solennellement pour couvrir un enfant de leur responsabilité, ce qui étonne plus encore, c'est que dans l'esprit de ces personnages il y ait eu de si graves conséquences attachées à la destinée de Versailles, à raison de la libéralité dont on usait en cette occasion ; avec un roi enfant ne peut-on se défendre d'un peu d'enfantillage ?

L'édit, dont nous venons de faire connaître l'esprit, était daté de Vincennes : la population de Versailles était déjà fort réduite et continuait de diminuer. Cependant, on faisait quelques efforts pour la retenir et pour remplacer les absents. Blouïn, gouverneur de la ville, avait obtenu de faire jouer les eaux, le dimanche de chaque quinzaine. Cela indiquait bien que le public avait ses entrées libres dans les jardins et le parc. Bien mieux encore, Narbonne dit, dans ses Mémoires, que des logements, dans les ailes du château, au Grand-Commun et aux Ecuries, ayant été accordés par le gouverneur à tous ceux qui lui en faisaient la demande, ces avantages et l'exemption de la taille firent que beaucoup de bourgeois de Paris vinrent habiter Ver-

sailles; de sorte que dès 1717, « la population se trouva
» formée d'une grande quantité d'honnêtes gens, qui y
» jouissaient de beaucoup d'agréments en raison de la
» beauté des promenades et de la salubrité de l'air.

» C'est en cette année, 1717, que Pierre-le-Grand, le
» czar de Moscowie, vint visiter Versailles, puis Marly. »

A la même époque, on trouve sur l'hôtel actuel de la Mairie, les renseignements que voici :

« L'hôtel de Conty, avenue de Paris, fut laissé, par le
» comte de Vermandois, à Mlle de Blois, sa sœur. Elle
» offrit cet hôtel pour 70,000 livres en 1718, et le vendit,
» en 1719, à Bosc, 100,000 livres en billets de banque. Bosc
» revendit en bâtiments détachés de cet hôtel, places, bois,
» plombs, fers, pour 250,000 livres en deniers comptants.
» Le 28 décembre 1723, il vendit le grand hôtel avec son
» jardin très vaste, au duc de Bourbon, alors premier mi-
» nistre, qui l'acheta 100,000 livres pour le compte du roi
» et pour en faire l'hôtel du Grand-Maître. »

Le roi rentra à Versailles en juin 1722 : la ville commença à se repeupler et, bientôt même, les logements ne suffirent plus.

Le Régent ne tarda pas beaucoup à succomber : ce fut le 2 décembre 1723, il avait trop vécu pour son pupille et pour Versailles; pour son pupille[1] qui ne vit dans son

---

[1] « Le maréchal de Villeroy venait d'être exilé : arrêté dans l'appartement du régent, on le fit descendre par l'escalier de l'orangerie, placer
dans une chaise et mener à Villeroy, puis à Lyon, escorté par un détachement de mousquetaires. Villeroy était le gouverneur du Roi qui ne
parut pas être fâché de la disgrâce infligée à son instituteur. Par suite, le
jeune Louis XV, qui était alors un adolescent, passa tout son temps à la
chasse, à la pêche, à la promenade. Les mieux avisés regardèrent l'éloignement du maréchal comme une vraie perte pour cet adolescent, « qui
s'est depuis conduit selon ses volontés ». — On croit que la disgrâce du
maréchal vint de ce qu'un jour le Roi, se promenant dans le jardin de
Versailles avec le duc de Bourbon, chargé de son éducation, et le maréchal de Villeroy, l'heure de l'étude approchant et une petite pluie
étant survenue, le maréchal lui dit qu'il était temps de rentrer pour ses
exercices. Mais le duc dit au maréchal qu'il fallait laisser le Roi se pro-
mener et qu'il n'avait rien à commander à Sa Majesté quand lui, duc de
Bourbon, se trouvait avec le Roi dont l'éducation lui était confiée. Le
maréchal n'en voulut pas démordre : il prit le Roi par la manche et le fit

tuteur qu'un débauché, un homme de mauvais conseil ; pour la ville, dont il troubla, sans profit pour personne, le développement calme et régulier, en la privant de la présence de la Cour, pendant sept années, après lesquelles elle reprit un mouvement plus vif d'agrandissement, souffrant presque autant de cette violente reprise que du recul dont elle avait été victime par un des caprices du Régent.

En ce temps-là, 1722-1723, les gens de toute espèce affluaient à Versailles; on ne trouvait plus à s'y loger. Quand il s'agissait d'un homme de cour, on n'y allait pas par quatre chemins pour mettre à la porte le premier occupant. On faisait arrêter, par le Conseil d'Etat, la faculté, pour les propriétaires, de disposer de leurs maisons par nouveaux baux et en un *délai compétent*. Telle est la portée de l'arrêt du Conseil d'Etat du 15 avril 1722, et le délai compétent, ce qui est d'une précieuse invention, était limité au premier mai suivant. Pour le locataire évincé, c'était court, mais pour les officiers de Sa Majesté, c'était encore trop long. Tel était, du moins, l'avis du Régent sur lequel la décision s'appuie, et dans la prévision où le propriétaire essayerait de forcer son prix, vu la rareté de la chose, Sa Majesté se réservait d'y mettre bon ordre par une taxation qu'elle ferait elle-même. Le cas était urgent, elle fit porter au bailli notification de l'arrêt, avec la formule ordinaire d'exécution.

La police avait alors beaucoup à faire. On comptait au moins quatre cents logements en garni, et il n'y en avait pas cinquante du temps de Louis XIV. Le jeu des eaux attirait une énorme quantité de curieux ; plus de deux cents cabarets étaient ouverts. Les règlements tombaient en désuétude, les moyens de surveillance ordinaire étaient devenus insuffisants. On imagina d'établir un essaim de

---

» retourner au château : le duc de Bourbon se plaignit au Régent : l'un
» et l'autre furent peut-être bien aises de trouver cette occasion d'éloigner
» le maréchal. D'ailleurs on disait qu'au mois de mai précédent, le duc
» d'Orléans, étant ivre, avait voulu parler au Roi en particulier et que le
» maréchal s'y était opposé. Pareille chose était arrivée le matin du 10 août.
» Le Régent, cette fois, n'hésita plus : on voit comment il se débarrassa
» d'un importun ». (*Narbonne*, 10 août 1722.)

mouches qu'on habillait différemment chaque jour et qu'à un moment donné, on lâchait sur la foule ; en même temps, on en avisait les seigneurs, les officiers et les étrangers, en leur suggérant qu'il était de leur intérêt et de leur sécurité, de ne point gêner les *mouches* dans leur service et, au contraire, de les aider à butiner pour le mieux.

Mais, sous Louis XV, maniant la matière des loyers selon ses caprices, on va de surprise en surprise ; en 1725, les choses avaient encore une fois changé de face, les logements étaient devenus nombreux, et les loyers trop chers. Le roi a pris le goût des excursions et des villégiatures. Quand il s'y livre, sa cour le suit, les commerçants qui font partie de cette suite, ne peuvent avoir deux loyers à payer, ou du moins payer plus de moitié de celui qui a cours à Versailles. Alors intervient l'arrêt du Conseil du 13 juin 1725, pour dire qu'en pareil cas, le bail passé à Versailles, ne sera valable que pour moitié du prix du loyer pendant les absences du roi, excepté pourtant quand cette absence serait motivée par son séjour à Meudon ou à Marly ; les difficultés, s'il en surgit, étant toujours réservées au jugement de Sa Majesté. Ces réserves étaient faites à propos. Les propriétaires exposèrent que leurs immeubles, pendant l'absence du roi, de 1715 à 1722, n'avaient presque rien produit et que, néanmoins, il avait fallu les entretenir, ce qui avait encore aggravé la perte des loyers. La plupart des baux n'avaient d'ailleurs subi aucune augmentation sur ceux du feu roi. En réponse à ces affirmations, le Conseil ordonne que son arrêt du 13 juin sera exécuté selon sa forme et teneur, et prenant acte de ce qui a été dit des baux du temps du feu roi, il admet qu'ils seront, pour le temps présent, ramenés aux taux où ils étaient pendant les trois dernières années du règne précédent, auquel cas les propriétaires demeurent déchargés de la diminution ordonnée par l'arrêt précité du 3 juin : en définitive on donnait raison aux réclamants, mais après combien de détours !

C'est à la suite de ces péripéties en sens si divers, que les baraques sont devenues de mode, sinon de première nécessité. Il faut bien reconnaître que leur origine remonte au temps de Louis XIV, et même aux plus beaux jours de son règne : il y en avait une longue file à partir de la rue Gambetta, en descendant le long de la rue de la Chancellerie jusqu'à la rampe de la rue Satory; elles avaient une singulière destination. On trouvera dans l'histoire de M. Le Roi, tome II, 3ᵉ édition, page 389, une savante dissertation sur les *Baraques du Serdeau*, nom qu'on leur donnait alors et sous lequel elles sont devenues historiques :

« On appelait ainsi, dit M. Le roi, la desserte du roi et
» la salle du *Serdeau* était placée au Grand-Commun. Il
» paraît que, sous Louis XIV, les gentilshommes servants
» qui devaient manger cette desserte, ne le faisaient plus
» ou que les plats nombreux de la table du roi étaient trop
» considérables pour leur appétit ; toujours est-il que l'on
» prit l'habitude de vendre à l'extérieur, dans quelques
» baraques adossées à l'aile des Ministres, le surplus de la
» table du Serdeau. Cet usage s'étendit bientôt à tous les
» autres services de la Maison, ainsi qu'à ceux des princes
» de la famille royale ; en sorte que les plats à vendre,
» provenant de la desserte de la Maison royale, devinrent
» si considérables qu'il s'établit tout le long de la rue de la
» Chancellerie des baraques dans lesquelles les habitants
» de Versailles trouvaient, après l'heure du dîner du roi,
» tout ce qui leur convenait en rôtis de toute espèce, volailles, poissons, etc., à des prix très modérés ; c'est ce
» qu'on appelait alors *acheter au Serdeau*.

» La caserne des Gardes françaises et les baraques de la
» rue de la Chancellerie ont été détruites, quand on fit la
» contre-allée bordant la place d'Armes de ce côté. »

Quand, au retour de Louis XV, la population prit un rapide accroissement, les baraques poussèrent partout. Les marchands surtout, qui n'avaient pas le temps d'attendre la construction de boutiques luxueuses, en dressèrent dans toutes les rues qui comportaient plus ou moins ce genre d'installation, le long de la rue Satory. Il en fut adossé une longue file au mur du Potager ; dans le pourtour du château, à l'entrée des grandes avenues, il n'y avait pas un petit coin qui ne fût couvert de baraques.

Autour du marché Notre-Dame, de la Geôle, intérieur et extérieur, on en compta 511 [1]. Il reste des registres de l'époque où l'on trouve les numéros, les dimensions et la description de chacune d'elles avec les noms et l'industrie des occupants, et la redevance à laquelle ils étaient assujettis.

Mais c'est surtout sur la grande place du Parc-aux-Cerfs, dont le nom sinistre fut changé depuis en celui de place du Marché-Neuf, que l'on trouva un vaste champ à baraques, à spéculation de tout genre, et même à revenus royaux. Le roi, par lettres-patentes des 14 juin 1735 et 20 juin 1736, fit à deux entrepreneurs, Bully et Bruneteau, moyennant la redevance annuelle de 15 livres par chacune, la concession du droit d'établir 416 baraques, disposées en lignes parallèles aux côtés de la place, en laissant vides les espaces pour les rues qui s'y croisaient. On eut ainsi un carré inscrit dans le grand et divisé lui-même en quatre autres qui prirent des noms distincts [2]. Les baraques répondaient à la description suivante : longueur, 12 pieds ; largeur, 8 pieds et demi ; hauteur, 8 pieds ; cave, cheminée sur le derrière ; construction en maçonnerie et couverture en ardoises [3].

En 1736, quand intervint le deuxième des actes cités plus haut, il y avait déjà un grand nombre de baraques construites et occupées. L'espace restant vide fut affecté pour partie à l'établissement de simples échoppes, ou halles ouvertes, pénétrables à l'air et réservées aux substances alimentaires qui n'auraient pu s'accommoder de séjourner en lieux clos.

---

[1] En 1832, il y en avait 596.

[2] Premier carré, à l'Avoine ; deuxième, à la Terre ; troisième, à la Fontaine ; quatrième, au Puits.

[3] Il subsiste encore aujourd'hui une partie de ces baraques, plus ou moins agrandies et améliorées, conformément aux délibérations que le Conseil municipal a prises, de 1874 à 1878, après une longue instruction. La ville est devenue propriétaire d'un certain nombre de ces baraques ; elle en a fait démolir quelques-unes dans le pourtour et loue les autres à des commerçants. Cet état de choses semble devoir se continuer longtemps encore.

Mais baraques ou échoppes, tout ce qui était à la superficie appartenait aux entrepreneurs ou à leurs sous-traitants ; le fond était au roi. Les possesseurs étaient tenus, outre la redevance, à divers travaux pour l'entretien des chaussées pavées chacun en droit soi, des puits, de la propreté et de la salubrité compatible avec l'exiguïté des locaux [1]. Aujourd'hui, avec d'autres notions sur le milieu et les proportions des éléments constitutifs de l'air nécessaire à l'entretien de la vie animale, on ne permettrait plus cette extrême concentration à laquelle se soumettaient les anciens habitants des baraques, concentration aggravée encore par la présence de marchandises de natures bien diverses, et par d'autres causes non moins énergiques et redoutables.

La ville avait pris un large développement du côté du Midi ; des rues nombreuses occupaient ce qui, naguère encore, était le Parc-aux-Cerfs ; il n'en restait plus rien pour rappeler que ce quartier avait été réservé aux plaisirs du roi, sinon un petit coin dont nous aurons à dire ci-après quelques mots.

La population qui était venue s'établir dans le quartier du Parc-aux-Cerfs, se trouvant trop éloignée du marché Notre-Dame, eut le sien propre, comme nous venons de le voir, dans l'installation des baraques, et d'ailleurs dans l'institution d'un marché spécial pour la paille, les fourrages et autres marchandises qui furent distraites du marché Notre-Dame au profit du Marché-Neuf ; cela ne s'était pas fait sans résistance ; il avait fallu recourir à la

---

[1] Ces opérations donnèrent lieu à la création de titres de rentes perpétuelles, dont le Trésor public fut mis en possession à une époque ultérieure et sans doute quand le roi Louis XVI, en 1790, abandonna ses revenus et la gestion des revenus publics, en échange d'une liste civile. Plus tard encore, quand on eut à indemniser des établissements charitables qui avaient été, en vertu des événements et des besoins de la patrie, dépouillés de leurs propriétés et de leurs revenus, le Ministre des finances fut autorisé à aliéner différents titres de rentes que le Trésor possédait ; c'est ainsi que ceux des baraques passèrent aux hospices de Vire (Calvados) qui perçurent les 15 livres de rentes dont chaque baraque était grevée. Ces rentes ont été rachetées par la Ville, à mesure de ses acquisitions ; mais peut-être existe-t-il encore aujourd'hui des baraques qui n'en sont point exonérées.

ruse et presque à la force pour obliger des produits qui avaient l'habitude d'aller au marché du Nord, à prendre le chemin du nouveau marché du Midi.

Il y avait encore d'autres besoins dans le Sud, c'étaient ceux du culte ; on y pourvut par l'érection de l'église Saint-Louis ; commencée en 1742, elle fut achevée en 1748, sur les dessins de Mansard. A cette époque, et même à l'époque antérieure où l'église Notre-Dame fut construite, il n'y avait plus de raisons de préférer, pour les églises chrétiennes, le style et la forme des vieilles cathédrales du moyen âge et de l'art ogival. Mais le style grec, plus sévère, plus élégant et surtout plus correct, rend bien plus mal le mysticisme dont l'art chrétien du xiie siècle s'était fait l'interprète et le traducteur ; ne le regrettons point ; le retour à l'art grec, même dans les monuments religieux, annonçait qu'il s'était fait dans les esprits un mouvement de conversion vers des idées moins ascétiques ; que les générations d'alors avaient une autre conception de la beauté et de la force, et par conséquent de la solidité et de la durée ; en un mot, que l'art de l'architecture s'était laissé pénétrer par la philosophie et la science, dégagées de l'influence du mysticisme ancien ; la société allait bien sûrement et rapidement à un certain réalisme et tendait à y conformer les productions de son génie. La révolution, née déjà depuis plusieurs siècles, poursuivant sa carrière à l'état latent, singulièrement aiguillonnée par les travaux de l'esprit, dans le xvie et le xviie siècles, était alors animée d'un mouvement impétueux, si bien qu'on prévoyait, pour un avenir prochain, qu'il romprait ses digues.

Louis XIV ne croyait vraiment pas à la révolution, quoique personne n'y eût travaillé plus efficacement que lui ; mais il croyait à l'immortalité de son nom et voulait assurer la durée aux monuments destinés, pour une certaine part, à l'éterniser ; il préféra le plein-cintre ou l'arc de cercle à l'ogive ; Versailles ne possède aucun monument de l'art ogival, que la Renaissance avait d'ailleurs abandonné.

Du côté du Nord, l'élargissement de la ville se faisait sur une grande échelle, par le dessèchement de l'étang de Clagny. Cet étang avait été pris à peu près pour récipient des eaux d'égout qui venaient du château et des quartiers d'amont. Quant le niveau des eaux baissait, il se produisait, sur le périmètre de la pièce d'eau, une zone de fond qui était découverte et qui, sous l'action du soleil, dégageait des miasmes infectant l'air ambiant ; il y eut, à plusieurs reprises, des explosions de maladies, comme la petite vérole et la rougeole qui tirèrent de là leur origine. On poussa même l'incurie jusqu'à laisser se dessécher à la longue, sur les bords de l'étang, des vases qui en avaient été extraites ainsi que des égouts affluents. Helvetius[1], médecin de la reine, le fit remarquer et n'hésita pas à conclure qu'il y avait là un danger à conjurer. L'étang fut condamné à être comblé; au nord, se trouvait aussi un petit bois assez mal famé, sur une butte dite des Glacières ; on arracha le petit bois et on culbuta le tertre dans la place où était l'étang. Cela ne se fit pas aussi vite qu'on le voulait, tant on était pressé d'éloigner le danger de fièvres paludéennes, et aussi d'agrandir la ville ; mais on ne commit pas la faute de bâtir immédiatement des maisons sur l'emplacement de l'étang ; on se borna à l'ouverture d'une seule rue qui, partant de la rue Duplessis, se dirigeait le long du quai Notre-Dame, jusqu'au point où elle rencontrait l'extrémité de la rue des Bons-Enfants; ce fut la rue *Neuve*. Elle fut pavée, à revers, d'ordre du roi, par les soins du duc d'Antin. L'étang, contenant environ cinquante arpents, fut semé en foin, puis vendu par lots au prix de rentes foncières envers le Domaine; on devait livrer ces lots à la culture maraîchère ; mais, quelques années après, les besoins d'agrandissement se manifestèrent de nouveau ; on ouvrit le boulevard de la Reine, et à cette grande artère on rattacha une suite de rues qui, en venant y aboutir presque perpendiculairement, for-

---

[1] Jean-Claude-Adrien, médecin qui avait soigné et sauvé Louis XV d'une dangereuse maladie.

mèrent, avec celles qui y étaient parallèles, un quartier tracé en échiquier qu'on appela et que l'on désigne assez rarement aujourd'hui du nom de *quartier des Prés*. Les rues de ce quartier furent baptisées de noms empruntés à des princesses qui existaient alors à la cour de Louis XV ; à d'Angeviller qui était inspecteur des bâtiments du roi ; à Berthier, ingénieur distingué, qui avait construit l'hôtel de la Guerre et celui des Affaires étrangères, rue de la Surintendance [1] qui devint la rue de la Bibliothèque et qui est aujourd'hui la rue Gambetta.

Le château de Clagny, où Louis XIV avait installé la Montespan, demeure princière qui n'avait réussi à plaire à la favorite, qu'au troisième essai de construction, était assez mal vu à la cour de Louis XV, où cependant ce n'était pas le puritanisme des mœurs qui dominait ; le duc du Maine, fils de cette femme altière, bâtard de Louis XIV, habitait à cette époque le château ; il y mourut. La démolition du château fut résolue, et en même temps celle d'un aqueduc que Louvois avait fait construire, en apparence, pour des conduites d'eau de la butte de Picardie à celle de Montbauron, mais en réalité pour masquer à la Montespan la vue de son château, petite malice qui avait coûté des sommes folles et dont on ne tira presque rien [2]. Ce mur de Montreuil, portant à son extrême hauteur de cent pieds, un canal métallique qui ne reçut jamais aucun courant d'eau, et ne fut humecté que par les eaux qu'il recevait direc-

---

[1] Alexandre Berthier, qui fut le prince de Wagram, était son fils.

[2] « Louvois, pour se venger de la Montespan, dont il était l'ennemi, imagina de faire venir des eaux au moyen d'un aqueduc dont l'élévation masquerait la vue de son château. Cet aqueduc fut construit entre les buttes de Picardie et de Montbauron ; il avait dans les fondations quatorze pieds de largeur, douze pieds au rez-de-chaussée, cent pieds de hauteur et sept sous tablettes de pierre de taille, la longueur était de cinq cent vingt-huit toises. Il y avait, au haut, une auge ou conduite de plomb. La dépense n'avait pas été moindre de 600,000 livres. Quand l'ouvrage fut terminé, on trouva le moyen de mettre les réservoirs en communication de façon plus simple et par des tuyaux souterrains. La construction de Louvois devint inutile. Le duc d'Autin fit ôter les plombs, qui avaient coûté 100,000 livres. On vendit, à démolir, l'aqueduc ou mur de Montreuil, et on en tira 45,000 livres. » (*Narbonne*.)

tement du ciel, était le fruit du caprice d'un ministre, comme le château de Clagny l'avait été de celui d'un roi. Quand roi et ministre se donnent de si ruineuses satisfactions, est-il surprenant que l'histoire nous dise que de leur temps, les populations mouraient de faim et que leur misérable sort n'avait pas même le mérite de ralentir le courant des dépenses superflues.

Le château de Clagny et le gros mur de Montreuil ont laissé nettes les places où ils ont existé quelques années, mais non le souvenir des causes qui les avaient fait naître; ces souvenirs, si odieux qu'ils soient, c'est de l'histoire; il faut qu'à côté des faits, qu'on dit glorieux, elle enregistre ceux qui ne le sont pas, au contraire, afin que la postérité puisse juger si la gloire, en de telles conditions, vaut réellement ce qu'elle a coûté [1].

Il est resté de Narbonne, un des commissaires de police les plus intelligents du règne de Louis XV, un volumineux recueil d'observations qui sont, pour une bonne partie, fort curieuses et les autres plus ou moins futiles, mais toutes instructives suivant la nature des objets; chaque année, il constate la présence du roi aux processions de la Fête-Dieu, du 15 août, quelquefois même des Rogations. La première fois que le roi manque à venir à l'église de Notre-Dame pour y toucher les écrouelles, à l'occasion des fêtes de Pâques, il le dit avec soin; c'était en 1739; l'année suivante, il fait la même remarque, et à partir de là, le

---

[1] « Quand le château de Clagny fut achevé, il se trouva qu'on avait dépensé en achat de terres, en constructions, en marbres, sculptures, peintures et dorures, en orangers, jardins et potagers, une somme de *trois millions et demi de livres* de ce temps, soit dix-sept ou dix-huit millions de francs. » (*Le Château de Versailles*, L. Dussieux, t. II, p. 302.)
M. Dussieux a inséré dans le chapitre intitulé *Clagny* de très minutieux et de très curieux détails sur la place qu'occupait le château avec ses dépendances : au prix que tout cela avait coûté on peut admettre comme vrai ce qu'en ont dit les contemporains ; c'était très beau ; Louis XIV y avait son appartement : il faisait payer à la Montespan 3,000 louis d'appointements par quartier, soit 12,000 louis par an. Et l'entretien ? Il n'était assurément pas à la charge de la maîtresse. Cela dura jusqu'en 1685, époque à laquelle eut lieu le mariage du roi avec Mme de Maintenon : mais, alors encore, tous les frais d'établissement de Clagny n'étaient pas payés; ils ne furent soldés qu'en 1786. — Voir l'ouvrage cité.

roi, n'ayant plus foi sans doute en ses propres reliques, selon une expression vulgaire, ne parut plus à la maladrerie et il n'y eut plus à tenir compte des miracles opérés par le mérite de sa royale intercession ; mais Narbonne ne l'observa pas moins dans ceux de ses actes qui répondaient mieux aux faiblesses humaines ; il continua d'énumérer les nuits que le voluptueux monarque passait hors de Versailles ; elles étaient plus nombreuses que celles qu'il réservait à sa bonne ville. Pourquoi cette notation ? Que devenait la reine pendant ces absences si souvent renouvelées ? On ne le devine que trop aisément. Louis XV aurait, croyons-nous, perdu, dans ces excursions multipliées à ses châteaux royaux, la vertu qu'il tenait de son prédécesseur de guérir des écrouelles, si elle avait survécu aux abominables turpitudes dont le souvenir est inséparable du nom de *Parc-aux-Cerfs*, où on ne tenait pas captives que des bêtes pour les plaisirs de Sa Majesté [1].

C'était par la Seine et par le port de Marly que le commerce de Versailles s'alimentait de marchandises exotiques ; cela donnait lieu à des conflits de juridiction entre la prévôté de l'hôtel et le bailliage, ce qui nuisait à *la liberté* des marchandises et à l'approvisionnement général. Une ordonnance du roi [2] intervint pour faire cesser ces conflits, en se référant aux tarifs antérieurs, et « déclarant

---

[1] M. Le Roi a mis beaucoup de soin à retrouver la maison du Parc-aux-Cerfs où se faisait cet infâme élevage : c'est, a-t-il dit, dans la troisième édition de son histoire, t. II, p. 260 et 261, la maison Cremer, rue Saint-Médéric, n° 2, achetée de Vallet, qui était un prête-nom. Voici ce qu'ajoute M. Le Roi :

« Quelle maison pouvait mieux convenir que celle de Cremer ? Placée dans un quartier retiré, au fond d'une impasse n'ayant de voisin que la maison construite par la veuve Cremer, dont toutes les fenêtres regardaient la rue des Tournelles, et n'avaient point vue sur celle du fils. »

Il serait peut-être, au premier moment, difficile d'admettre le n° 2 pour vrai, parce que les statistiques ne donnent pas ce numéro et qu'elles ne donnent le n° 3, côté des impairs, qu'au delà de la rue d'Anjou : cela tient à ce qu'il y a peu d'habitations privées dans la première section de la rue Saint-Médéric et que le côté gauche en est entièrement occupé par une caserne qui doit porter le n° 1.

[2] 27 décembre 1726.

» que le port et les droits en dépendant faisant partie
» du domaine de Versailles, le bailli, juge ordinaire dudit
» lieu, continuera de connaître de l'arrangement des ba-
» teaux sur le port, du débardage des marchandises qui y
» arrivaient et des contestations qui pouvaient y naître, à
» l'exclusion des officiers de la prévôté de l'hôtel. »

Il se commettait dans le débit des vins, de nombreux abus, on débitait clandestinement cette marchandise dans les hôtels, chez les concierges, suisses, domestiques, etc.; Nicolas Desboyes, adjudicataire des fermes générales de Sa Majesté, n'y trouvait plus son compte; cela se pratiquait dans les hôtels appartenant au roi, aux princes et princesses, aux seigneurs et dames de la cour. Les fraudeurs avaient ainsi des complices haut placés [1]. L'arrêt du Conseil autorisa des perquisitions, interdit la vente irrégulière du vin, et prononça même des pénalités et amendes contre ceux qui se refuseraient aux visites et perquisitions ordonnées comme moyen de vérification.

Le commerce des farines méritait, encore plus que celui des vins et des denrées coloniales, d'être moralisé ou purgé des abus dont il était vicié. Le Poids-le-roi n'était que très médiocrement garni, parce que, disait-on, les regrattiers achetaient des meuniers particulièrement les farines bises, aussitôt qu'elles arrivaient sur la place et avant l'ouverture du marché; d'où résultait pour les boulangers la nécessité de passer par les mains de ces spéculateurs, ce qui réagissait sur le prix du pain.

Fresson, qui était alors conseiller du roi, bailli, etc., fit en trois articles un règlement [2] pour obvier à ces abus. Les dispositions principales interdisaient aux regrattiers d'acheter avant l'heure réglementaire et l'approvisionnement des boulangers; il réglait, avec un soin très minutieux, les opérations permises dans les cas spéciaux, quand il s'agissait, par exemple, de farines pour les nourrices et les établissements charitables; il était difficile d'être plus

---

[1] Arrêt du Conseil du 29 juin 1734.
[2] 28 mars 1738. (*Narbonne*, volume XXI, p. 272.)

humanitaire que le bailli ; alors, la fine fleur de froment jouait un grand rôle dans l'alimentation, l'industrie n'ayant pas encore inventé les pâtes alimentaires qu'elle a livrées depuis au commerce, sous tant de noms différents, sans l'avoir peut-être remplacée.

C'est aussi à cette époque que Narbonne lui-même commença à élaborer un système d'octroi approprié aux besoins du temps ; l'octroi fonctionnait déjà en 1683, mais par l'intermédiaire d'un fermier. Les prévisions de Narbonne étaient modérées ; il était dit que l'octroi ne pourrait jamais être augmenté sous quelque prétexte que ce fût, et que les deniers à en provenir, ne seraient employés qu'à la sûreté et aux affaires publiques de la ville.

Les receveurs devaient percevoir les droits aux entrées et en verser le produit à la fin de chaque quartier dans la caisse du receveur général des *aydes* [1].

Les travaux neufs de voirie exigeaient, dans des conditions si extraordinaires, des sommes énormes et ne pouvaient être entrepris que successivement. Cette immense place d'Armes, qui est pour la plus grande partie en terre, aujourd'hui encore, a présenté longtemps des difficultés, sinon de véritables obstacles à la circulation ; on se figure bien ce qu'en étaient les passages principaux par les temps de pluies et de dégel.

C'est en 1765, que le bailli Regnier fit faire sur cette place les plus notables améliorations. Il relia les deux quartiers par un beau trottoir, et la petite place à la grille du château, par une voie pavée. Il fit également paver l'avenue de Sceaux, la rue de Noailles, afin de donner des facilités de circulation aux voitures chargées pour Paris. Suivant les souvenirs du temps, le roulage suivait la rue des Récollets, le long du Grand-Commun, où il mettait en danger la vie des passants. On se rappelle, qu'à cette époque, ce qui subsista jusqu'en 1822, les jardins de l'hôtel de Conty,

---

[1] L'édit qui a créé l'octroi est de 1745 : les droits ont été portés, dans les derniers temps, à 15 livres par muid d'eau-de-vie, 6 livres par muid de vin et de 3 livres par muid de cidre ou de bière. (Arch. antér. à 1790, HH. 13-31.)

devenu l'hôtel du Grand-Maître, barraient la rue Royale dans son prolongement de l'avenue de Sceaux à l'avenue de Paris, c'est-à-dire, que celle nommée aujourd'hui avenue Thiers, n'existait pas. Le roulage et les voitures de marchandises qui venaient par Saint-Cyr, avec Paris pour destination, pouvaient aborder l'avenue de Sceaux par plusieurs rues, sans danger pour personne, et accéder à l'avenue de Paris, par la rue de Noailles ; au surplus le roulage s'était servi longtemps et se servait encore de la route qui conduisait à Paris par le pont Colbert et le plateau de Villa-Coublay.

La mort de Louis XV livrait le trône à un prince qui n'avait point les vices de son prédécesseur, ni le goût effréné de Louis XIV pour la dépense, mais qui, avec toutes les vertus d'un excellent bourgeois, d'un mari et d'un père de famille honoré, ne fut qu'un roi des plus médiocres, faible, irrésolu et prédestiné, pour ainsi dire, à l'expiation des fautes accumulées de la royauté, dans les temps antérieurs.

Avec le nouveau roi qui s'était allié, en 1770, à la famille régnante d'Autriche, en la personne de Marie-Antoinette réservée aussi à un rôle romanesque, avant de tourner au tragique, nous arrivons jusqu'en 1786, époque à laquelle la ville reçut une grande extension, par l'annexion de Montreuil, son troisième quartier. En superficie, c'était une forte conquête, mais d'une importance moyenne en population, laquelle, en effet, ne s'élevait guère au delà de 3,500 âmes. Elle ne dut même compter pour rien dans les statistiques plus ou moins imaginaires des publicistes ou auteurs de Mémoires dans ces temps anciens ; car Montreuil passait bien à leurs yeux et dans leurs écrits, pour faire partie du groupe versaillais avant d'y être incorporé, et, quand ce fut une chose administrativement accomplie, leur évaluation n'y gagna et n'y perdit rien.

Cependant avant 1786, en droit et en fait, la ville ne s'étendait pas, du côté de l'est, plus loin que la rue de Noailles; à chaque extrémité, des barrières étaient élevées d'un côté, en travers de l'avenue de Paris et de l'autre, en travers de la rue des Chantiers. La rue Montbauron limitait Versailles du côté gauche et, au carrefour de Montreuil, il existait aussi une grille derrière laquelle était le grand Montreuil. A droite et au delà de la barrière des Chantiers, c'était le petit Montreuil, les deux ne faisant qu'une seule paroisse, avec une église qui avait été construite, telle que nous la voyons aujourd'hui, en 1777, et un cimetière, qui fut reporté plus tard hors de l'enceinte de la ville, à l'extrémité de la rue de la Bonne-Aventure.

L'annexion de Montreuil était commandée par la juxtaposition des deux groupes et la coexistence d'intérêts qui se contrariaient et demandaient à être régis par une administration unique ; mais la même raison d'agir s'imposait vis-à-vis du Chesnay ; on ne fit rien de semblable de ce côté ; au contraire ; on a agrandi le territoire de cette commune aux dépens de celui de Versailles, mais à une date bien postérieure à la Révolution.

La population de Versailles, éparpillée sur l'étendue que nous venons de décrire, fut certainement très instable et peu facile à recenser. Après Louis XIV, et pendant la régence du duc d'Orléans, elle fut en décroissance continue ; elle tendit depuis à se relever. Le régent était mort en 1723. L'éducation qu'il avait fait donner à son pupille et l'impulsion que celui-ci avait reçue de son tuteur, n'avaient réussi qu'à hâter l'explosion des passions grossières dont ce jeune monarque donna des exemples précoces. Il est triste d'avoir à dire que c'est, pour une grande part, à ces exemples et à la perspective des amusements malsains dont la cour donnait ainsi les prémices, qu'on vit alors grossir rapidement la foule des courtisans venant s'établir à Versailles. Logiquement aussi, celle des industriels grandit et se développa. En 1732, un recensement accusa 24,995 âmes. Depuis des recensements assez nombreux ont été tentés, mais sans donner de résultats exacts ou certains, à cause de l'incertitude même des bases du travail et des façons de procéder. Les hôtels, les maisons et les baraques contenaient une population, pour une grande partie, nomade, que les recenseurs eurent beaucoup de peine à saisir et à distinguer des gens sédentaires, ce qui faussait toutes les données. Une année, on distribuait des imprimés avec des instructions et des cadres que les propriétaires et principaux locataires devaient remplir et qui furent relevés après huit jours. Mais on y trouva tant d'interprétations différentes et tant d'erreurs, qu'il fallut se résigner à les laisser sans emploi utile. La population augmentait toujours ; ce que voyant, des publicistes, nous ne disons pas des statisticiens, l'évaluèrent, à tout hasard, à 70,000 et même à 80,000 âmes. Notre opinion est qu'au plus fort de sa prospérité, elle ne dépassa pas 50,000 âmes [1].

Cette population de Versailles, produit d'une immigration ou d'un envahissement précipité, pour une grande part, par des gens de noblesse et des abbés qui venaient faire cortège au roi, et pour une plus grande part encore, par des spéculateurs qui épiaient l'occasion de tirer profit de cette affluence ; la population de Versailles, disons-nous, n'était en définitive, qu'un composé de gens attirés par l'appât de la faveur ou du gain, de tous les points cardinaux, de toutes les provinces, méridionaux, gens du centre, du nord, Bretons, Alsaciens, Auvergnats ; terrassiers, tailleurs de pierre, maçons, charpentiers ; gens de tous métiers, industriels, commerçants, tous séduits par le bruit que faisait dans le monde la naissance de Versailles et son élévation merveilleuse au niveau des cités les plus fortunées de la

[1] Nous n'admettrions pas même cette approximation si nous ne faisions un peu la part des deux conditions suivantes, savoir : 1° au XVIII° siècle on se logeait beaucoup plus à l'étroit qu'aujourd'hui ; 2° il y avait dans les baraques un certain nombre de gens formant un contingent notable dans le chiffre de ceux qui vivaient *intra muros*, d'une densité bien autrement grande que pour ce qui concernait les maisons bâties et habitables. On s'explique ainsi pourquoi la population du temps présent, en y comprenant la garnison, les écoles, en un mot, la population flottante, qui jouit de locaux habitables deux fois plus spacieux, est si peu en concordance avec les chiffres quasi fantastiques du siècle dernier. La différence de densité est tout à l'avantage du temps actuel. Versailles offre à l'habitant de toutes les classes, relativement, plus d'espace, plus d'air, et, par conséquent, les premières conditions d'une bonne hygiène plus largement assurées qu'au dernier siècle, ce qui est très digne de remarque, même dans une ville renommée par la salubrité de son site.

France. Tous les nouveaux venus au travail, à l'industrie et au commerce n'y sont pas restés, mais un grand nombre y a fait souche; et aujourd'hui encore que l'origine de ce mouvement de migration, compte à peine deux siècles, c'est pour un ethnologue plaisir à observer des noms et des types devenus versaillais, mais portant distinctement le cachet et les lignes originelles au moyen de quoi il reconnaît la province dont est sorti l'émigrant acclimaté à Versailles. Qu'on regarde aux enseignes ou aux registres de l'Etat civil, on y trouvera la pleine confirmation de ces observations; mais, on ne retrouvera plus, sinon dans les nouveaux venus, l'accent natif qui décèle cette origine.

La population qui s'est abattue sur Versailles est donc le produit d'une sorte de sélection spontanée et composée d'hommes d'une grande énergie physique et morale, comme l'a été celle des Etats-Unis d'Amérique, s'il est permis de comparer les petites choses aux grandes. En Amérique, c'est, en effet, le mélange de toutes les races venues d'Europe qui a fait la force et l'aptitude de ce grand peuple à fonder un Empire, et à l'amener, en si peu de temps, à l'état florissant qui n'a pas un second exemple dans le monde. C'est également de cet apport commun des volontés et des connaissances propres à chacun, qu'est résulté une moyenne d'intelligence, d'instruction et de patriotisme qui est si fort au dessus de la même moyenne chez les nations vieillies d'Europe, avec moins de sommités peut-être, mais aussi avec beaucoup moins de ces dégénérescences qui annoncent une sorte d'épuisement des indigènes non régénérés et leur tendance au crétinisme.

Versailles a le ressort des pays nouveaux venus à la vie politique, et c'est par le même motif qu'aux Etats-Unis, que la moyenne du développement intellectuel de ses habitants se maintient au rang distingué où l'ont élevé les générations du dernier siècle.

Versailles, si près de Paris, a été souvent infesté de malfaiteurs traqués par la police parisienne, qui venaient chercher ici, comme dans les autres centres de la banlieue, un refuge momentané, sauf à retourner au lancé quand ils croyaient avoir dépisté les agents à leur trousse. Versailles a été visitée par des invasions plus nombreuses, animées de desseins moins dissimulés et non moins condamnables, mais sans laisser trace persistante de cette contamination passagère et sans atteinte à l'honorabilité du bon et solide noyau qui fournit les hommes d'élite dans toutes les branches des connaissances humaines.

Qu'avons-nous à dire des gens de cour? Ils n'étaient point Versaillais, ni par l'origine, ni par le droit, ce droit qui se livre si libéralement à qui se soumet aux charges communes et veut vivre sous le régime de la communauté civile ; nous avons peu de bien à en dire, et pour le mal qui pouvait en être dit, des pamphlets, des mémoires, des écrits de toute sorte ne nous ont laissé rien à faire ; il n'y a qu'à opposer ces publications à celles qui ont parlé avec impartialité de la population versaillaise d'avant la Révolution.

Il nous faut cependant relever ici une appréciation que Narbonne, ordinairement très circonspect en ses jugements, a faite d'une certaine partie de la population versaillaise, qu'il a qualifiée de turbulente parce qu'elle occasionnait fréquemment des mouvements tumultueux. Narbonne, qui a été imité en ceci par M. Le Roi, parlait d'un temps antérieur à 1743, puisque ses Mémoires ne vont pas plus loin ; M. Le Roi a soin d'ajouter que parmi les insubordonnés, on comptait pour une grande part les laquais. Or, ceux-ci étaient véritablement de la catégorie des gens de cour, car c'est de cette qualité qu'ils excipaient pour se soustraire au paiement des impôts qui frappaient les autres habitants ; et en effet ils dépendaient absolument de leurs maîtres ; n'avait-on pas à la cour les moyens de les rendre plus polis ou plus calmes ? M. Le Roi fait enfin remarquer que la population qui n'était pas de la cour continua toujours à s'accroître jusqu'à la Révolution et en tire cette conclusion : « Cela explique
» pourquoi, malgré la présence de la cour et les intérêts
» des habitants de la conserver dans son sein, Versailles

» avant 1789 fut souvent le siège de tumultes populaires.[1] »

Ces observations nous semblent passablement risquées. Il suffit d'ouvrir les archives du temps et on y verra que les grands seigneurs, à quelques rares exceptions près, ont fourni beaucoup d'émigrés et les petits commerçants, beaucoup de citoyens qui se sont honorés en défendant leur patrie, qui ont fait en même temps honneur à la France par leur talent et leur patriotisme dans toutes les carrières. Ces carrières étaient ouvertes par la Révolution, non à leur ambition personnelle, car cette passion n'apparut et ne corrompit les caractères que plus tard, mais à l'ardeur très désintéressée et très naïve qu'ils mirent à seconder le passage du vieux temps au nouveau ; ce n'est pas leur faute s'ils se heurtèrent à des machinations ourdies avec la perfidie qui a fait tant de dupes et de victimes ; pour eux, ils y allaient de franc jeu.

D'ailleurs, il y avait déjà plus d'un siècle que Versailles offrait aux hommes actifs et intelligents de tous pays l'attrait du travail et des moyens de spéculation à l'aide desquels ils pouvaient tendre honorablement à leur but. Le nombre de ceux qui y étaient parvenus était déjà grand. Les archives publiques et les études des notaires possèdent des titres attestant que la majeure partie des maisons de la ville passa de bonne heure entre les mains des immigrants, soit qu'ils les eussent fait bâtir eux-mêmes, soit qu'ils les eussent achetées des grands seigneurs ou gens de cour, concessionnaires primitifs et directs du roi. Les propriétaires de ces maisons, les fondateurs des maisons de commerce qui prospéraient aussi dans la ville, avaient été des gens sages, économes et prévoyants ; ils avaient employé une partie de leurs économies à donner à leurs fils une forte et solide instruction. Ce sont ces fils d'artisans et commerçants devenus bourgeois, membres du Tiers-Etat si dédaigné, que nous trouvons, quand la Révolution éclate, prêts à se mêler au mouvement et à coopérer, dans une

[1] Le Roi, t. I, p. 287.
« Le 10 mai 1775, un valet de chambre du comte d'Artois, pris dans l'émeute, fut condamné à être pendu. » (Bachaumont, t. X, p. 260.)

large mesure, à la régénération de la société française. Quant aux petits commerçants, à ceux qui n'étaient que de simples ouvriers, il n'y avait qu'à leur laisser le temps de devenir à leur tour et à l'exemple de leurs devanciers, propriétaires et bourgeois.

Les laquais, les gagistes, comme on a dit depuis, avaient suivi leurs maîtres à l'étranger ou dans leurs terres, mais non pas tous ; il en était resté à Versailles un bon nombre encore, sans paye et sans pain, classés parmi les plus nécessiteux ; ils ont été secourus sans autre considération que celle de leur détresse, et peut-être même avec un empressement plus charitable, à raison de l'urgence et des causes de leur misère.

Oui, il s'est trouvé des groupes quelque peu remuants et houleux, dans cette partie de la population versaillaise qui vivait au jour le jour, mais c'était quand le pain manquait et qu'il était à *huit sols* la livre, comme cela est arrivé assez souvent dans le cours du XVIIIe siècle, sous la royauté imprévoyante, toute à ses plaisirs ou impuissante à prévenir de telles calamités. A qui s'en prenait-on, alors? Sinon à quelques misérables de la catégorie des plus turbulents, et, le cas échéant, au laquais même d'un prince de la famille royale, lequel expiait par le gibet, sa participation aux troubles suscités par la faim. Etait-il donc du nombre des affamés, ce malheureux laquais? Peut-être ; il y avait des princes bien près du trône qui payaient assez bien leurs maîtresses et fort mal leurs serviteurs.

Nous avons vu que le roi, en qualité de seigneur féodal, avait vis-à-vis de la population attirée à Versailles, des droits spéciaux et aussi quelques devoirs ; les infirmes et les malades étaient à sa charge. En juin 1720, sous la régence, un hôpital avait été fondé ; ses premiers hôtes furent naturellement ceux de l'infirmerie royale, qui se composaient des serviteurs du roi et des gens de la cour. Les bâtiments de cette infirmerie avaient été acquis du temps de Louis XIV, qui avait déjà, en 1698, posé les bases d'un règlement statutaire. L'hôpital royal de Versailles conserva cette dénomination pendant assez longtemps, puis on ne lui donna plus que celle d'Infirmerie, même dans les actes assez nombreux qui intervinrent à l'effet de venir à son aide par agrandissement de ses locaux et de ses revenus.

En 1720, il fut placé sous l'autorité de l'archevêque de Paris pour le spirituel et pour le temporel, du bailli Bloüin, du procureur du roi, assistés de trois bourgeois renouvelables tous les trois ans. C'étaient cinq administrateurs qui choisirent un receveur, et qui avaient, avec d'autres attributions encore, autorité pour accepter les dons et donations dont l'établissement devenait l'objet. La Grande Chambre de la cour avait juridiction sur l'hôpital. Pendant plus de cinquante ans, et jusqu'aux approches de la Révolution, il survint un grand nombre de lettres patentes, déclarations royales, arrêts du Conseil, règlements, qui répondaient successivement à des besoins nouveau-nés dans un établissement en voie croissante d'agrandissement et toujours gêné dans ses mouvements par la pénurie de sa caisse ; on fit beaucoup de règlements, mais cela ne suffisait point. La générosité, celle du moins dont l'homme est instinctivement saisi, à la vue d'une grande misère, n'a pas fait défaut aux personnes royales, et quand Versailles a été visitée par des maladies avec apparence épidémique, on ne faillit point au devoir que ces accidents imposaient ; mais il fallait une organisation toute prête pour l'accomplissement de ces grands devoirs sous leur forme pratique. Les sœurs de charité et des médecins spéciaux en furent chargés ; personne ne s'étonnera d'apprendre qu'en ces temps éloignés, quoique bien différents des temps actuels, on trouvait dans ce personnel le dévouement qui est, pour ainsi dire, son patrimoine ou son apanage inaliénable, sous n'importe quel régime.

La longue série des mesures prises, annulées, remplacées et reprises sous la royauté, avec des modifications qui devaient améliorer le sort de l'établissement, fut couronnée par celles que Louis XVI adopta le 16 mai 1787, suivant une inspiration qui lui fut suggérée et qui, peut-être, fut personnelle, lorsque songeant à tirer l'établissement de l'Infirmerie de l'état précaire où il se trouvait, il lui fit une dotation de 150,000 livres de rente à prendre sur les revenus du domaine de Versailles. Les termes mêmes de cette affectation indiquaient bien la qualité de seigneur en vertu de laquelle le monarque pensait agir; mais quels étaient ces revenus ? là était le nœud de la difficulté. Le domaine de Versailles, presque tout entier consacré *aux plaisirs du roi,* ne paraissait pas susceptible de produire des revenus bien nets et appréciables en *écus sonnants,* selon une expression vulgaire ; en ce temps-là comme aujourd'hui, on aurait eu de la peine à en tirer un revenu de 150,000 livres. Le roi percevait, il est vrai, le produit des aides dont les habitants de la ville se trouvaient taxés à titre de charges locales, taxes primitives assez bénignes en apparence, mais arrivant à la caisse avec un cortège de sols additionnels qui alourdissaient singulièrement leur marche quand elles n'étaient pas écrasées en route. Le nom d'aides, qu'on avait donné à ce cortège, souriait peut-être au fisc, mais pour les assujettis, c'était une amère ironie; de plus elles ne devaient, aux termes de l'ordonnance fondamentale, être détournées sans félonie de leur affectation, qui était le service des habitants, pour un autre qui incombait à la seigneurie, ou, en d'autres termes, à la royauté.

Louis XVI, peu familier avec ces distinctions et, en général, avec les règles de l'économie politique, incapable aussi de résister à un bon mouvement sollicité par la bienfaisance, donnait sans compter, au risque de troubler davantage encore un état financier que toute la science de Necker ne parvenait pas à remettre en équilibre.

Aussi, quand la ville dut, par suite des événements, prendre la gestion de l'établissement, on vit que les bases de sa dotation étaient mal assurées et même que certains terrains annexés à l'hôpital, pour un agrandissement reconnu nécessaire par le roi, étaient encore dus pour partie au vendeur [1]; cet état de confusion fut cause de nombreuses difficultés par la suite.

[1] Archives de la ville avant 1790, GG. 535.

En dehors de la population infirme ou malade, il y avait les pauvres valides ou ceux qui n'étaient pas incapables de tout travail ; ils formaient le lot, toujours trop grand, des établissements de bienfaisance dont les curés des paroisses, les marguilliers et les sœurs de charité avaient la gestion. Longtemps Versailles n'eut qu'une seule paroisse ; elle n'en eut deux qu'après l'achèvement de l'église Saint-Louis, au milieu du xviiie siècle, et la troisième, après l'annexion de Montreuil, en 1786. Les ressources tirées des fabriques et appliquées au soulagement des malheureux ont été considérables, mais difficiles à évaluer. Les dons faits aux églises et destinés aux pauvres de la paroisse, par les membres de la famille royale, les seigneurs, les legs des commerçants devenus riches, les quêtes des paroisses, dans les églises et à domicile, permirent d'orner les églises avec un grand luxe et d'administrer aux indigents des secours réellement importants. La charité était surexcitée par les sermons, les exercices religieux que le clergé paroissial multipliait pour occuper les oisifs, pécheurs et pécheresses qu'il faisait contribuer à ses aumônes. Le bruit que cela portait au loin tentait, on se l'imagine bien, ce qu'il y avait au dehors d'indolents, de parasites et de misérables. Versailles, si on avait laissé faire, eût été bientôt envahie par ces gens qui se pressaient aux barrières, en faisaient le siège pour se ruer ensuite dans la ville et la prendre en détail. On s'explique ainsi les mesures nombreuses que la police a dû provoquer, pour obtenir l'expulsion des mendiants ou prévenir l'obsession de ceux qu'on ne pouvait se dispenser de garder. Ceux-ci étaient surveillés et réprimés par une milice spéciale à laquelle on avait donné le nom significatif d'*Archers des pauvres,* avec consigne d'empêcher que les mendiants ne devinssent, dans les rues, importuns pour les passants, et, dans les églises, incommodes pour les fidèles, et en tous cas, des sujets de scandale dans les cérémonies religieuses ; ils étaient entretenus aux frais des fabriques.

La royauté n'avait pas négligé les plaisirs du théâtre ;

elle en faisait jouir la cour avec une grande largesse [1]. La salle de l'opéra du château, construite sous Louis XV, fut livrée souvent aux troupes d'élite appelées de Paris, pour représenter les chefs-d'œuvre de la scène française. Mieux que cela encore, on avait représenté des pièces féeriques auxquelles Molière, dans les temps plus anciens, n'avait pas dédaigné d'attacher son nom, en certains bosquets du Parc qui se prêtaient à ces divertissements et auxquels on ajoutait les décorations destinées à compléter les illusions du spectateur. Quant au théâtre propre aux amusements du populaire, on n'y avait même pas pensé; jusqu'en 1776, Versailles resta absolument dépourvu de spectacles publics un peu relevés.

Louis XVI se laissa persuader qu'un théâtre, affecté aux représentations agréables au public, pourrait bien ne pas déplaire à la reine, et s'entendit avec Mlle Montansier [2], directrice à la suite de la cour, pour la construction d'une salle, celle que possède aujourd'hui la Ville, rue des Réservoirs. Thierry, colonel de dragons, premier valet de chambre du roi, fut l'intermédiaire entre le roi et la comédienne. Au mois de novembre 1777, tout était prêt; moins de dix-huit mois avaient suffi pour cette construction qui avait coûté 351,264 livres, laquelle somme ne fit pas, comme on peut bien le penser, un grand vide dans la caisse de la directrice; le roi avait d'ailleurs fourni le terrain qui fut pris sur celui qu'il avait primitivement destiné à la construction d'écuries pour Monsieur, comte de Provence [3].

---

[1] « Il y avait une salle au fond de la cour des Princes; elle fut détruite par Dufour. » (Dussieux, t. II, p. 69.)
« Sous Louis XIV on jouait régulièrement la comédie, mais il n'est pas possible de savoir où se trouvait la salle qui servait à ces représentations. » (*Ibid.*, p. 119.)

[2] Montansier Marguerite Brunet, dite Mademoiselle, née à Bayonne en 1730, érigea trois ou quatre théâtres en province et deux à Paris dont l'un porta son nom et l'autre, qui fut l'Opéra. L'administration s'empara de celui-ci par peur d'incendie de la Bibliothèque.

[3] La ville est devenue, en 1829, propriétaire de la salle pour l'avoir acquise du cessionnaire de Mlle Montansier; salle convenable à tous égards, mais avec un défaut capital, celui d'être trop loin du centre de la cité, défaut qu'elle partage d'ailleurs avec plusieurs autres édifices communaux d'origine

La jeune reine, un peu blasée sur les fades réjouissances de la cour, désirait goûter de temps en temps à celles un peu plus piquantes du peuple; elle s'était fait ménager un couloir par lequel elle pouvait, du château, se glisser avec le roi ou quelques personnes de la cour, dans la salle publique de la Montansier : il est permis de croire que quand cela arrivait, elle y avait été précédée par des curieuses qui ne venaient pas toutes des rangs du peuple.

Quand Louis XIV s'est déterminé à élever un château et une ville sur le plateau un peu déprimé vers son centre, où est Versailles, et un peu ébréché de deux côtés opposés, au sud-est et au nord-ouest, il avait été séduit par la perspective de jouir, à cette altitude, d'un air très pur et de maintenir facilement les lieux habités en un état d'assainissement aussi complet que cela était désirable. Mais l'eau manquait, non celle des étangs qui étaient alors fort nombreux, mais l'eau vive et courante qui convient aux besoins de l'existence, et qui forme une des conditions principales d'une bonne hygiène.

Par une des circonstances géologiques qui se rencontrent assez souvent, l'eau du terrain versaillais existant à une petite profondeur, en nappes assez abondantes ou dans les sables aquifères du sous-sol, n'est pas alimentaire; c'est de l'eau dure, c'est-à-dire de l'eau chargée de sulfates et de carbonates, ne dissolvant que très mal le savon et ne cuisant pas les légumes[1]. On en connaissait bien, du temps

semblable; elle n'avait pas, comme on le voit plus haut, pour but unique de procurer des amusements aux seuls gens du tiers, ce qui explique le choix de l'emplacement adopté.

[1] L'eau de puits est à Versailles d'une grande abondance, mais fort discréditée et presque partout délaissée. Il y a des exemples d'abondance de cette eau vraiment extraordinaires; nous avons vu une seule pompe élevant par jour trois à quatre cents hectolitres à la hauteur d'un deuxième étage sans épuiser les deux puits auxquels elle correspondait, et qui sont creusés à moins de 30 mètres l'un de l'autre. C'est une richesse qui pourrait être exploitée sur différents points de la ville, économiquement selon toute vraisemblance, quand il s'agira de besoins qui n'exigent point les qualités alimentaires, et, par exemple, pour le lavage ou l'arrosement des rues. Il sera peut-être à propos de s'en souvenir, quand la science aura pratiquement résolu le problème de la transmission des forces électriques.

de Louis XIV, l'impropriété en face des premiers besoins de la vie, et, d'ailleurs, elle n'aurait pu compter que pour un très léger appoint dans l'immense consommation que réclamaient la population du château, celle de la ville, le jeu des eaux dans les Parcs, l'entretien de la vie végétale qui animait ces lieux enchanteurs. On a donc songé à les prendre dans le voisinage, et on donna à cette expression une singulière amplitude, quand on se décida à aller jusqu'à la rivière d'Eure. Les ruines de l'aqueduc de Maintenon attestent qu'on avait commencé très sérieusement l'exécution de ce plan, quand on a jugé qu'il en coûterait moins de temps, — nous ne disons pas moins d'argent, car le fondateur de Versailles ne se sentait pas retenu par de telles considérations, — pour amener les eaux des étangs du plateau de Trappes, celles de la Seine, à l'aide d'une machine élévatoire à établir à Marly. Voilà dans quelles circonstances furent construits, dans Versailles, les réservoirs de l'étang Gobert, des buttes de Picardie, de Montbauron, de la rue des Réservoirs, et hors de Versailles, les canaux adducteurs de la plaine de Trappes, de celui de Buc, et du côté opposé la célèbre machine de Marly, l'aqueduc de Louveciennes, etc.

Louis XIV fut un prodigue, et sa prodigalité coûta cher à ses peuples ; mais ce qui caractérise aussi son règne, c'est la grandeur de ses conceptions ; de quelque côté qu'on porte les regards, elle se révèle en tout ce qui a été fait sous son inspiration. Cela ne suffit pas pour le rendre indemme de toutes les souffrances que le peuple a endurées comme suite de cette intempérance dans la passion du beau ; mais on ne peut méconnaître que sans cette intempérance, Versailles n'existerait pas et l'enfantement de Versailles, qui, en définitive, tourne au profit du peuple, ne pouvait pas se faire sans douleurs.

Sous la régence et sous Louis XV, c'est tout le contraire que l'on voit ; c'est la petitesse des idées qui apparaît. Sauf l'église Saint-Louis, qui est une imitation de Saint-Roch, apportée ici par un des Mansard, Louis XV n'a su faire que des baraques, dans le sens le plus trivial du mot ;

il en a rempli les rues et les places magistrales de la cité de son bisaïeul, sans le moindre souci de sa magnificence, et, ce qui est bien autrement grave encore, au mépris de la propreté de la Ville et des conditions les plus indispensables à l'entretien et à la conservation de son état de salubrité. Ceux qui vivent à Versailles aux alentours des baraques qui, trois fois par an, sont installées pour quelques jours seulement, sur deux de ses grandes avenues, savent quels inconvénients sont inhérents à ce voisinage.

Nous verrons ci-après que Louis XIV, malgré tout son désir de faire de Versailles un lieu salubre par excellence, avait omis quelques mesures essentielles à la réalisation de ses intentions, et que, de son côté, Louis XV avait trouvé le moyen d'aller partout à l'encontre de ces vues. Aussi longtemps que la Ville n'a été que partie intégrante ou simple accessoire du château, dépourvue de toute force automotrice et sans âme, pour ainsi dire, elle n'avait qu'à laisser faire son seigneur et maître ; mais cet état tout passif n'est plus. Versailles étant devenue, par le jeu des événements et la toute-puissance du temps, une commune semblable à toutes les autres communes de France, il doit lui sembler dur d'avoir à reconnaître qu'elle n'est, à l'égard de ses eaux, que simple tributaire, à titre plus ou moins gracieux, recevant ce qu'on veut bien lui donner, « ne pou- » vant rien [1] changer à l'état de choses actuel soit pour

---

[1] Notice présentée en 1878, à l'Exposition universelle, par M. Ruelle, ingénieur-voyer de la ville, p. 26 et 27, in-4°.

Ce point de vue n'est vraiment pas admissible : ce serait avouer que l'administration municipale de Versailles est dépouillée d'un de ses devoirs les plus nobles et les plus chers, celui de veiller à ce que la population reçoive les eaux nécessaires à sa consommation, non seulement quant au volume, mais encore quant à leur qualité. Il a été dit et écrit, il est vrai, par de très bons esprits, que Versailles n'a pas un intérêt financier à modifier les conditions actuelles dans lesquelles la Ville est approvisionnée d'eau ; mais c'est là le côté qui doit la toucher le moins ; la question économique peut être résolue de plusieurs façons, et il n'y en a qu'une pour ce qui concerne la salubrité des eaux d'alimentation. Depuis près d'un an que s'agite dans les réunions de savants et dans les assemblées de l'Académie des Sciences la question de savoir quelle est l'influence de l'eau en cas d'épidémie, il apparaît clairement aujourd'hui qu'elle joue le premier rôle comme moyen de propagation ; il s'en faut peu qu'on ne soit arrivé à con-

» augmenter notablement le volume des eaux publiques,
» soit pour améliorer la qualité de celles livrées à la con-
» sommation. »

Examinons maintenant l'état de choses ancien, tel qu'il est sorti des mains de la royauté, non pas seulement pour la distribution des eaux saines, dans les différents quartiers de la ville, mais aussi pour l'écoulement des eaux pluviales et de celles qu'on appelle ménagères. On n'avait rien épargné pour les besoins du Parc; l'admirable spectacle de leur jeu, offert tous les quinze jours au public, en exigeait un énorme volume; mais ce qui était réservé aux

clure que c'est uniquement par l'eau et les voies humides que l'épidémie se propage, et que, par conséquent, si l'on peut obtenir la non-contamination des eaux au foyer où l'épidémie aura éclaté, on aura tout simplement supprimé la cause du mal en son lieu d'origine. Est-ce possible? Qu'importe! il ne peut se faire qu'une municipalité, la seule sans doute, ait les mains liées devant le concours qui sera demandé à toutes pour isoler absolument les sources et les courants d'eaux alimentaires de tout contact avec les eaux contaminées; c'est vers ce régime que la science pousse les pouvoirs publics; il ne faut pas dire que Versailles, quand le moment sera venu, se retranchera dans l'impasse où la Ville a été placée, pour ses eaux, par la royauté.

Quoi qu'il en soit, on comprend si bien l'importance de la question des eaux, que, depuis un siècle surtout, les savants et les administrations qui se sont succédé en cette ville, n'ont jamais manqué, chacun en son temps, d'en faire l'objet de leurs études et de leurs plus vives préoccupations. Nous voudrions pouvoir rendre hommage à tous ces travaux, en les rappelant ici nominativement; mais la liste en serait presqu'interminable; qu'il nous suffise de citer les plus nouveaux, non pas parce qu'ils témoignent de plus nobles efforts, mais parce qu'ils contiennent presque tout ce qui a été observé par les anciens, et qu'ils sont, en outre, en conformité plus complète avec les découvertes modernes.

Si donc il arrive, comme il est à propos de le prévoir, qu'il faille bientôt passer du rôle contemplatif à l'action, voici la série de travaux, mémoires, études, conférences, qui nous semblent devoir être consultés avec fruit : en premier lieu, la *Collection des mémoires de la Société des sciences naturelles et médicales de Seine-et-Oise*, où la plus grande partie de ces travaux, depuis un demi-siècle, ont été insérés, bénéficiant ainsi de la publicité acquise aux œuvres de la Société.

Le tome XII° et dernier, qui a paru à la fin de 1883, contient, à lui seul, les intéressantes notices dont voici la brève énumération, savoir :

M. le docteur REMILLY, ancien président de la Société des sciences naturelles et médicales, etc., etc. :

    1° Les eaux de Versailles, histoire, distribution et conservation, 1880 ;

habitants était plus que chétif ; voici la description des dix fontaines qui étaient censées débiter ce qui leur était nécessaire ; il y avait donc :

Place du Marché, du côté du Mouton-Rouge, une fontaine qui ne fournissait plus d'eau depuis longtemps ; deux puits creusés, l'un dans le marché aux herbes, l'autre dans le carré de la boucherie, devaient y suppléer ;

Place Dauphine, deux fontaines ;

Petite-Place, une ;

Rue des Réservoirs, une au coin de l'hôtel de Trémoille ;

Quartier du Bel-Air, point ;

Rue de la Chancellerie, au coin de la rue Saint-François, une ;

> 2° Infection de la Seine, son influence en Seine-et-Oise et les projets d'assainissement de la ville de Paris ;
> 3° La qualité des eaux de Versailles.

M. GÉRARDIN, docteur ès sciences, agrégé de l'Université :
> 1° La qualité des eaux de Versailles en 1879 et 1880 ;
> 2° L'altération de la Seine en 1880 ;
> 3° Maladies des eaux potables, conférence du 15 janvier 1882 ;
> 4° Caractères physiques des eaux, conférence du 18 juillet 1882 ;
> 5° Influence des phénomènes météorologiques sur les eaux, conférence du 3 décembre 1882 ;

M. GAVIN, inspecteur du service des eaux de Versailles :
> Qualité des eaux de Versailles.

M. RABOT, docteur ès sciences, pharmacien de 1re classe, vice-président du Conseil d'hygiène de Seine-et-Oise, etc. :
> 1° Les eaux d'alimentation de Versailles, analyses et quantités ;
> 2° Hygiène des villes, conférence.

M. Emile RICHARD, inspecteur du service des eaux :
> Filtrage domestique des eaux destinées à la consommation privée.

M. le docteur YOT, secrétaire général de la Société des Sciences naturelles et médicales de Seine-et-Oise :
> Rapport au nom de la commission chargée de l'examen du système de M. E. Richard.

M. le docteur BÉRIGNY, membre correspondant de l'Institut :
> La pluie à Versailles, résumé des observations faites à son observatoire météorologique, de 1847 à 1882, inédit, travail du plus grand mérite et très volumineux, dont le savant docteur a fait hommage à la Société des Sciences, œuvre qu'elle considère comme la première et la plus précieuse de ses archives et qu'elle a déposée à la Bibliothèque municipale en un meuble tout spécial.

Au coin de la rue Satory et de l'Orangerie, une ;
Au coin de la rue du Potager, une (établie en 1734).

Tel est le régime auquel la Ville s'est résignée pendant la plus grande partie du xviiie siècle. « Il n'y avait pas » moitié de ces fontaines qui donnassent de l'eau, dit la » chronique du temps, et celles qui n'étaient pas entière- » ment taries en donnaient à peine comme une saignée. »

Du temps de Louis XIV, il y avait des robinets qui permettaient de conserver la nuit l'eau pour le jour ; mais on les avait supprimés, sous prétexte qu'on les volait ; les officiers du bâtiment, ceux du roi, les grands seigneurs accaparaient la plus grande partie de l'eau disponible ; il n'en restait plus pour le public.

Les habitants souffrirent beaucoup de cette disette d'eau; dans le cours des étés où l'état de sécheresse persistait, c'était intolérable; ils se plaignaient au ministre. « La ville » de Versailles, disaient-ils en l'un de leurs Mémoires, est » d'une vaste étendue et remplie d'habitants ; il n'y a que » dix fontaines pour tous, et encore l'une d'elle ne fournit » rien depuis longtemps. En ce qui touche les neuf autres, » la plupart sont arrêtées alternativement et celles qui en » débitent, c'est en si petite quantité qu'il faut être un temps » considérable à la fontaine pour en avoir un seau. Les » habitants ont été obligés d'acheter, pendant le cours de » l'été, la voie d'eau, composée de deux seaux, jusqu'à dix » et douze sols. Les indigents, ne pouvant y mettre ce prix, » avaient recours à l'eau du bassin du jardin du château » et pièce d'eau des Suisses, quoique ces eaux, presque » croupies, fussent peu propres « à boire ». Les écuries du » roi, les officiers de Sa Majesté, des princes et Seigneurs » de la cour, n'ont pas été exempts de la disette d'eau. »

C'était le temps des mémoires, heureux quand ils avaient la chance d'être lus ; cette fois, le premier valet de chambre du roi présenta au cardinal de Fleury, celui dont nous avons extrait les lignes qui précèdent, et dans la journée même, le duc d'Antin fut chargé de faire venir à Versailles de l'eau de Seine par les conduites de la machine de Marly.

Une telle pénurie d'eau saine et alimentaire ne laissait guère de marge pour l'arrosement des rues, leur lavage et l'enlèvement des immondices qui échappent au balayage. Les eaux ménagères, dans les rues pavées, se rendaient au ruisseau de l'axe de la voie et étaient entraînées à ciel ouvert, les unes vers le rû de Marivel où elles tombaient dans le courant, car il n'y avait point encore d'aqueducs sur ce versant ; les autres du côté de Gally, où elles avaient la chance de trouver quelques puisards, puis des aqueducs qui se déversaient dans une sorte de collecteur traversant le parc en souterrain, et se continuant à ciel ouvert au delà du mur d'enceinte. Avant l'étanchement de l'étang de Clagny, les eaux qui provenaient de la rue des Réservoirs d'un côté et de l'autre de la rue des Bons-Enfants, étaient déversées dans l'étang lui-même, ou dirigées du côté de Saint-Antoine. Quand on fut pénétré d'idées plus justes sur ce qu'il y avait à faire des eaux vannes ou contaminées, on construisit des égouts souterrains, dont voici la courte description, avec l'indication des noms des propriétaires qui avaient parfois participé à cette construction.

Rue de l'Etang [1]. — Un aqueduc appartenant aux propriétaires de cette rue et de la rue de Bourbon [2]. Une sentence avait réglé les différends et réparti les frais de construction et d'entretien, intéressant plusieurs propriétaires de la rue de Paris [3], qui avaient des jardins donnant sur ladite rue, et celles de l'Etape, de la Geôle, de l'Hôpital [4], etc.

Rue Dauphine. — Aqueduc commençant à l'avenue de Paris et se déchargeant à l'étang près de l'hôtel de Mlle de Charolais [5] ; *il appartient au roi.*

Rue de la Pompe. — Pour étancher leurs caves, les propriétaires de cette rue ont fait construire un aqueduc

---

[1] Rue Duplessis.
[2] Rue Richaud.
[3] Rue de la Paroisse, partie en amont de la place du Marché.
[4] Cité des Trois-Passages.
[5] Vers l'extrémité de la rue Neuve.

à partir du Pavillon-Royal, appartenant à Delaroche, où il est très bas, continuant jusqu'à la place Dauphine et communiquant à l'aqueduc du roi, au tampon mis sur le carré près de la chaussée.

Avenue de Saint-Cloud. — Pierrée construite par le roi, prenant au milieu de l'avenue, continuant vis-à-vis le tambour, passe par dessous les bâtiments du grand Prévôt, se jette dans l'aqueduc des bourgeois de la rue de la Pompe et par conséquent dans l'aqueduc du roi.

Rue de la Paroisse. — Aqueduc appartenant aux particuliers commençant vers la maison Lejeune et se déchargeant dans l'aqueduc du roi, au coin de l'hôtel Salvatory.

Rue des Bons-Enfants. — Aqueduc construit par le roi : on ne sait pas où il commence ; il se décharge dans l'étang au bout de la rue.

Château d'eau. — Aqueduc passant sous les bâtiments du pavillon d'Orléans, gagnant la rue des Réservoirs, et se déchargeant dans l'étang du côté de l'Abreuvoir.

Rue de l'Orangerie. — Aqueduc prenant son origine dans les petites Ecuries, passant sous les rampes de Satory, aux Quatre-Bornes, de là le long des maisons à gauche, sous le logement des Suisses, grille de l'Orangerie, pour se décharger dans la pièce puante près du Mail.

Cet aqueduc prend l'autre partie de la rue de l'Orangerie, et depuis les Quatre-Bornes, en remontant son cours, continue le long des maisons à gauche, jusque vers la maison Brunet, passe sous le jardin de l'hôtel de Rohan et va se *terminer* dans l'avenue de Sceaux, vis-à-vis de la maison Roger, où existe une embouchure fermée de barreaux de fer, recevant les eaux superficielles d'une partie du Parc-aux-Cerfs et de l'avenue de Sceaux qui tombent en définitive aux *Quatre-Bornes*. (Ce paragraphe emprunté aux rapports du temps indique une direction en sens inverse de la pente et de l'écoulement des eaux.)

Rue Royale. — Pierrée construite par Naudin, Villonne et autres propriétaires du voisinage, depuis le coin de la rue des Tournelles pour les eaux se dirigeant vers l'aqueduc de l'avenue de Sceaux.

Place Saint-Louis. — Aqueduc construit par le roi, du Parc-aux-Cerfs, dans la direction de la rue Saint-Honoré et se déchargeant aux *Quatre-Bornes*.

Tel est l'ensemble de la canalisation qui sous le régime de la royauté, avant la Révolution, a été ouverte en souterrain, partie par le roi, et partie par les propriétaires pour le drainage des eaux ménagères de la ville de Versailles. Sur quelques lignes, et principalement sur celle de l'Orangerie, on s'aperçut, à un certain moment, que les fosses d'aisance de plusieurs maisons étaient mises en communication par des pierrées, avec l'égout qui longeait cette rue pour déboucher finalement dans une mare du Mail ; on comprend du reste ce que ces affluents apportaient en contingent infectieux à cette mare déjà si mal famée ; on fit fermer les pierrées et combler le récipient qui était, suivant les mêmes documents « presque sous les fenêtres du roi [1] ».

L'éclairage des rues fut l'objet de divers tâtonnements. Les lanternes avaient d'abord été posées, en les alternant, des deux côtés de la voie ; mais on remarqua qu'elles feraient meilleur effet dans le milieu qui était fréquenté par les carrosses, cavaliers et gens de pied. Les passants pou-

---

[1] Il serait très intéressant de rapprocher les quelques données que nous venons de rapporter de celles que nous fournit le service si actif et si intelligent des travaux publics de la Ville, dans les temps récents ; on les trouvera, pour peu qu'on le désire, dans la notice déjà citée que M. Ruelle, ingénieur-voyer, a préparée pour l'Exposition universelle de 1878, à l'article *Canalisation*, p. 19 (in-4°, imp. Aubert, 1878).

A cette époque, 1878, l'ensemble des voies de communication ouvertes à la circulation dans la Ville présentait 55,380 mètres de développement, dont 31,833 mètres, c'est-à-dire près de 8 lieues, étaient déjà canalisées, de sorte qu'il ne restait plus environ que 22 kilomètres encore dépourvus d'égouts ; il faut ajouter qu'un grand nombre de ces dernières voies sont d'une très faible importance et qu'il ne sera de longtemps nécessaire de les canaliser jusqu'à la dernière. L'œuvre de canalisation est donc en très bon chemin, ce qui a permis à l'ingénieur de la ville de dire en tête de son chapitre : « Malgré l'étendue considérable de ses voies publiques, Versailles est peut-être, parmi les grandes villes, l'une des plus avancées sous le rapport de la canalisation souterraine des eaux pluviales et ménagères. » — Rien ne dit plus éloquemment le sage et profitable emploi que la ville a fait de ses ressources, pourtant bien modestes, en regard de ses charges. (*Loco citato*.)

vaient ainsi voir les aqueducs pratiqués dans l'axe de la rue, et si par hasard il en était resté d'ouverts, éviter d'y tomber. Cet arrangement avait été fait dans toutes les rues où il y avait des chaussées, excepté dans celle de l'Orangerie où l'aménagement devait avoir lieu pour l'hiver de 1715 ; mais la mort de Louis XIV le fit ajourner et il s'en suivit que les lanternes publiques cessèrent d'être allumées. Cette suppression dura jusqu'au 15 juin 1722, date du retour du jeune roi ; on commença à s'occuper de tirer la ville de son obscurité ; cela fut difficile ; le travail n'était pas terminé pour l'hiver suivant. Les lanternes n'étaient pas de même calibre ; on ne trouva moyen de les garnir qu'avec des chandelles de dix à onze pouces, au lieu de treize à quatorze pouces qu'elles auraient dû avoir pour ressembler à ce qu'on faisait à Paris. Enfin le mémoire nous révèle aussi cette intéressante amélioration qui consista à couvrir les lanternes et à les garnir de portes, au moyen de quoi et quelque temps qu'il fît, on avait la chance de les tenir allumées jusqu'à trois heures du matin.

Le commerce et l'industrie donnent aux grandes villes une animation propre, et, avec le mouvement, les ressources qui profitent à la communauté et qui entrent pour une part considérable dans les moyens de l'administrer. Ici, aucune industrie, aucun commerce, sinon pour ce qui était nécessaire à la consommation locale. Tout ce qu'il est utile d'en connaître se déduit très bien de ce que nous avons dit de la ville, sous les autres aspects, et nous en donnons, pour ainsi dire, le résumé, dans une liste qu'on trouvera à la fin de ce volume et qui présente l'ensemble de 25 corporations existantes au moment de leur suppression.

On ne peut guère compter comme industrie sérieuse les essais tentés par Law en 1718, pour la fondation d'une école d'horlogerie dans l'hôtel Deslouits, rue de l'Orangerie ; cette école, qui commença avec un certain nombre d'ouvriers amenés d'Angleterre, n'eut aucun succès, pas plus, du reste, que le système financier qui porte le nom du fameux Écossais et fit, en peu de temps, un si grand nombre de dupes.

Parmi les institutions religieuses qui avaient pris pied dans la ville, il n'y en eut pas qui fût plus en évidence que celle des Récollets. Cet ordre était de création récente, puisqu'il tenait sa règle de saint Vincent de Paul, à peine béatifié, quand Louis XIV résolut d'établir à Versailles un monastère de cet ordre ; il mit cette résolution en pratique en décembre 1685 ; l'année précédente, 1684, était celle de la révocation de l'Edit de Nantes.

Pendant l'exode qui appauvrissait la France de toutes les richesses exportées à l'étranger, voici à quoi s'occupait Louis XIV, la quarante-troisième année de son règne, de complicité avec Colbert, ce qui est attesté sur parchemin par la signature de l'un et de l'autre, à la date du mois de décembre 1685 [1].

Le grand roi se félicitait d'avoir appelé, dans la ville qu'il avait choisie pour son principal séjour, plusieurs prêtres pour l'administration du spirituel et le service divin dans la chapelle de son château ; mais ce n'était pas encore assez. « Outre ces secours, ajoutait-il, nous sommes
» bien aise d'avoir audit Versailles un couvent de reli-
» gieux, d'une piété exemplaire, nous y aurions établi des
» religieux Récollets de la province de France, fait bâtir
» de nos propres deniers une église, sous l'invocation de
» saint Louis, et un couvent avec tous les lieux réguliers
» dont nous avons posé la première pierre et fourni tous
» les vases sacrés et ornements nécessaires pour ladite
» église, et les meubles et ustensiles à l'usage desdits reli-
» gieux, etc. »

[1] L'acte original de l'institution du monastère des Récollets à Versailles est, en effet, aux archives de la ville, avec les signatures du roi, de Colbert, plus des personnages du temps qui ont enregistré cet acte, et ont achevé de lui donner le cachet d'authenticité qu'il comportait : il est accompagné, en outre, d'un énorme cachet en cire vert foncé, de douze centimètres de diamètre, représentant d'un côté une forme humaine assise entre deux anges, et, de l'autre, une autre figure et deux anges également de chaque côté.

Vient ensuite le protocole habituel où l'on voit que le roi, « de son propre mouvement, grâce spéciale, pleine » puissance et autorité royale..., » donne et octroie, aux Récollets de la province de France, ladite église, couvent monastère et enclos d'icelui, et « avec aumône, ajoute Sa » Majesté, de 8000 livres et à la condition qu'ils seront » vingt-cinq au couvent, dont deux iront les fêtes et di- » manches, célébrer la messe au château de Trianon et à » la Ménagerie, et en tout autre lieu qu'il nous plaira ; de » faire aussi célébrer en ladite église, tous les dimanches » et fêtes de l'année, une grande messe avec les Vêpres et » le Salut, et de faire les prières pour nous à la fin de cha- » cune de ces cérémonies ; de dire tous les jours la messe » conventuelle pour notre personne et notre famille » royale, à la fin de laquelle messe et de toutes celles qui » seront célébrées chaque jour par lesdits religieux, ils » diront l'oraison pour nous et à condition que lesdits re- » ligieux ne pourront quêter tant que nous ou nos succes- » seurs rois, leur feront distribuer ladite aumône de huit » mille livres. Si donnons en mandement, etc., etc.......
» CAR TEL EST NOTRE PLAISIR, afin que ce soit chose » ferme et stable à toujours, etc., etc. Donné au mois de » décembre l'an de grâce 1685.

» Signé : Louis.

» Par le roi : *Signé :* COLBERT. »

Le saint homme que Louis XIV ! Pendant qu'il prenait un si grand souci de son âme et que par les fournitures qu'il avait faites si à propos aux Récollets, il s'assurait du nombre et de l'efficacité de leurs prières, il avait aussi fourni de l'autre côté de la ville, à la Montespan, un château resplendissant de luxe, qui scandalisait jusqu'à son ministre Louvois, assez peu scrupuleux pourtant en d'autres matières. Ses successeurs, le régent et Louis XV plus abaissés encore dans leurs mœurs, se sont hâtés de le détruire jusqu'en ses fondements ; le luxe chez les Récollets fut du moins assez économique, le luxe de la prière ! Leur fondateur imagina, avec une étonnante prodigalité, et décrivit les cas, assez nombreux, où il fallait prier pour lui; mais une aumône de 8,000 livres par an à vingt-cinq hommes qui avaient cette charge, ce n'était pas les payer bien généreusement. La prière du pauvre était plus écoutée que celle du riche, voilà ce qu'au fond, le roi feignait de croire, et, vraiment, il n'a rien négligé pour nous ranger à son avis. Ainsi, et alors que, de l'autre côté de la ville, dans le château de la Montespan, on péchait sans le moindre souci de la damnation éternelle, il s'élevait de ce côté-ci vers le ciel, psalmodiées par de pauvres reclus, des prières sans fin, destinées à faire équilibre aux suites de ces damnables excès. N'était-ce pas heureusement trouvé? et pour presque rien! à moins que l'on ne mît en ligne de compte l'abaissement continu de la majesté royale et la colère que ses débordements accumulaient dans l'esprit du peuple [1].

Près de l'église Notre-Dame d'abord, ainsi que Louis XIV. le rappelait dans son acte d'institution des Récollets, et plus tard près de celle de Saint-Louis, avaient été installées, sous le titre de Missions, des congrégations de prêtres qui venaient en aide aux paroisses pour l'administration des Sacrements et les exercices du culte. Nous n'avons pas exactement la composition de la mission Saint-Louis; mais celle de Notre-Dame comprenait vingt-deux prêtres, trois élèves, six frères et six domestiques.

Le couvent des Célestins [2] est quelquefois mentionné dans les documents, mais son siège était à Paris. Il ne comptait guère à Versailles que pour une rente de 300 livres qui lui avait été léguée, dans les temps antérieurs, sur le domaine de Porchefontaine, et pour le nom des

---

[1] Il est peu d'exemples, dans l'histoire, de pareils rapprochements; aujourd'hui on trouverait très peu de personnes qui pourraient indiquer avec certitude la place où fut le château de la Montespan. Est-ce assez éloquent?

« ... *et quæsivi eum et non inventus ejus locus.* » (Bible.)

« ... Je n'ai fait que passer, il n'était déjà plus. » (J.-B. Rousseau.)

[2] Archives de l'Hôtel-de-Ville avant 1790, GG. 246.

Célestins qui est resté à un bois occupant une partie du coteau au midi de ce domaine.

C'est dans les écoles surtout, les écoles populaires, qui n'avaient encore ni nom caractéristique, ni programme bien arrêté, qu'on trouve les congrégations en possession de distribuer l'instruction. Lire, écrire, compter, voilà le *nec plus ultra* du programme, et le troisième terme était même exclu, pour une grande partie des justifications qui étaient demandées à certaines congrégations parmi les femmes ; c'est du moins ce qu'elles ont déclaré plus tard, lorsque les concours sont devenus de règle pour remplir les places d'institutrices communales. Quant aux livres classiques, ils manquaient absolument ; on faisait lire les enfants dans les livres *Sapientiaux*, c'est-à-dire, dans des Psautiers à l'usage du diocèse, qui contenaient en latin, et en français, les offices des dimanches et fêtes [1].

L'enseignement était donné aux garçons par des frères de la doctrine chrétienne, et aux filles par des religieuses de divers ordres ; il y avait alors seize écoles gratuites ouvertes dans la ville, dix dans le quartier du Nord et six dans le quartier du Sud ; dix de ces écoles étaient affectées aux garçons et six aux filles ; elles comptaient ensemble douze à quinze cents élèves.

La plus importante des institutions consacrées à l'enseignement des jeunes filles existait depuis 1772 ; c'était le couvent des Ursulines ou Augustines, car on lui donnait indifféremment ces deux désignations. Il était là où est aujourd'hui le lycée, et avait été fondé par Marie Leckzinska, femme de Louis XV, princesse assez malheureuse

---

[1] Après 1789, nous voyons encore figurer cette catégorie de livres de lecture, à côté du catéchisme de la Constitution, dans un règlement rédigé par une commission municipale composée du maire, de deux membres du conseil et des curés des trois paroisses : c'est le règlement du 1er mai 1791. approuvé par le Conseil général de la commune. Il contenait d'excellentes choses, mais il atteste clairement la pénurie des bons livres didactiques à mettre entre les mains des maîtres. (Voir, à la dite date, le procès-verbal des délibérations du Conseil général et aussi, carton P., Instruction, grande salle.)

en ménage, qui cherchait des consolations dans la création d'œuvres pies, et fit servir à l'édification de son couvent, une grande partie des matériaux provenant de la démolition du château de Clagny.

Les Ursulines ou Augustines tinrent dans le principal corps du bâtiment un pensionnat de deux prix différents, le premier de 500 livres, le second de 300 livres, et celui-ci, « pour les demoiselles issues de père et mère attachés à » une fonction quelconque de la cour ».

Sur le côté de cette maison il y avait aussi cinq classes dont chacune contenait cent élèves externes choisies dans les familles indigentes.

Ainsi les Ursulines enseignaient à sept cents filles y compris 200 pensionnaires.

L'enseignement comprenait la lecture, l'écriture, le calcul, la religion, la couture, le tricot et la broderie.

En résumé, et au moment où nous sommes arrivés, l'instruction était distribuée en cette ville, à environ trois mille enfants, en y comprenant quelques institutions privées qui ne furent que médiocrement prospères.

Mais nous avons laissé en dehors de cette statistique le collège d'Orléans, institution d'enseignement secondaire qui mérite une mention spéciale.

Il avait été fondé en 1740 par Louis d'Orléans, fils du régent ; de là son nom. Auparavant, il y avait, au même endroit, un petit collège dépendant de la Mission, entre l'ancienne église qui avait remplacé celle de Saint-Julien, et l'église Notre-Dame. Le petit collège fut absorbé par le grand. Indépendamment d'une rente de 3,266 livres que le donateur affecta à la fondation, il concéda aussi des terrains sur lesquels on éleva de grands bâtiments pour rattacher le collège à la vieille église. Ce collège fut placé sous la haute direction de l'archevêque de Paris ; le curé de Notre-Dame en était l'administrateur avec la qualité de *principal*, mais celui-ci se déchargeait effectivement de son administration sur un des professeurs, comme *sous-principal* ou *procureur*.

Chaque année les comptes présentés par le procureur

étaient transmis par le curé de Notre-Dame à l'archevêque.

L'enseignement était donné par six professeurs et trois maîtres de quartier qui devaient être au moins tonsurés, tous tenant leur promotion de l'archevêque. Il était gratuit pour les externes de la ville « à l'instar, disait-on, des collèges de Paris ». Il comprenait la langue latine, la langue française, l'histoire, la géographie, la religion, les éléments divers de littérature.

La pension était de 500 livres et la demi-pension de 250 livres.

Quant à la nourriture, il n'y avait qu'une table pour les professeurs, maîtres de quartier et pensionnaires. Les aliments étaient les mêmes pour tous ; seulement, les professeurs et maîtres de quartier avaient une chopine de vin à chaque repas et l'on ne servait aux autres que de l'*abondance*.

Le collège d'Orléans comptait environ cent cinquante élèves.

En dehors des petites écoles, si nombreuses pour une seule où l'élève pouvait faire *ses humanités*, il n'y avait plus d'institutions sérieuses à noter ; les sciences, les arts ne comptaient pas un seul établissement à Versailles.

Cet état de privation est difficile à justifier de la part du roi Louis XIV qui, quoique peu lettré, avait au moins le sentiment des belles choses et tenait à s'en faire le patron. Il n'est resté de lui, dans la ville qu'il a créée, aucun monument attestant sa sollicitude pour les hautes études ; ses successeurs portaient ailleurs leurs vues. Le peu qu'on a trouvé, après un long siècle, si remarquable pourtant par les productions de l'esprit humain, est l'œuvre d'un prince fils du régent, qui ne fut secondé par personne ; œuvre qui, comme on vient de le voir, resta petite comme l'étaient les moyens. Comment la compagnie des Jésuites, qui alors, puissante et très riche, fonda, dans un si grand nombre de villes, des établissements d'instruction restés célèbres, a-t-elle oublié ou négligé Versailles ? Elle n'était pas, dit-on, très sympathique à Louis XIV qui, d'ailleurs, ne laissait pas faire par d'autres ce qu'il ne jugeait pas à propos de faire lui-même ; ses successeurs eurent sans doute d'autres soucis. Paris, si voisin, devait, en attendant mieux, suppléer à ce qui manquait à Versailles.

En résumé, à la date où ils étaient parvenus, les habitants de cette ville semblaient indifférents à tout ce qui n'intéressait pas leur commerce, leurs loyers, leurs revenus. Aucun ne réclamait la moindre modification à l'état de choses subsistant. Louis XVI était, dans ses mœurs et dans sa vie intime, si différent de ses prédécesseurs, qu'on s'était épris pour lui d'une profonde et solide affection. On se laissait aller, dans le monde des affaires, à l'idée qu'on ne pouvait faire mieux que lui. Le roi, qui était le maire de fait, n'aurait pas été éloigné de partager la quiétude de ses administrés, s'il n'avait été travaillé à son intérieur par des appels incessants à sa caisse, et s'il n'avait entendu gronder au loin l'orage. Versailles qui, en fait de droits, n'avait rien, ne demandait rien cependant, tandis que partout ailleurs où le régime établi en comportait déjà quelques-uns, on s'agitait pour avoir tous ceux d'un peuple libre. La difficulté était double et immense. Si peu clairvoyant qu'eût été le roi, il vit bien néanmoins qu'il n'était pas en état de dénouer seul cette difficulté ; il crut bon d'appeler les provinces à son aide ; il créa des assemblées provinciales, mais avec des attributions mesurées aussi parcimonieusement que possible. En poussant plus loin son examen, il reconnut que Versailles, une grande ville de 50,000 âmes, n'avait pas la moindre institution municipale, tandis que les autres villes de France, des bourgades, de simples villages constitués, non pas en communes parfaites, mais en paroisses et communautés, selon les coutumes provinciales, s'administraient eux-mêmes, sous la surveillance de leur Généralité, avec une apparente indépendance et une faculté d'initiative auxquelles les populations étaient très attachées, ne demandant qu'à étendre davantage leurs privilèges. Alors, avec un semblant de *motu proprio*, dont personne ne devait lui contester le mérite, il rendit, le 18 novembre

1787, une ordonnance dont voici le sens et la portée :

« Sa Majesté, est-il dit dans le préambule, voulant faire
» participer les habitants de la ville de Versailles aux
» avantages dont elle a fait jouir tous ses sujets, par la
» composition des différentes natures d'assemblées qu'elle
» a établies en exécution de l'Edit portant création des as-
» semblées provinciales; et étant informée que cette ville
» n'a point de corps municipal et que, d'un autre côté,
» les dispositions du règlement du 8 juillet dernier rela-
» tives à la formation des assemblées municipales dans les
» différentes villes de la province de l'Isle de France où
» il n'en existait point, ne pourraient recevoir leur appli-
» cation sans quelques modifications à l'égard d'une ville
» aussi considérable et aussi peuplée que l'est celle de
» Versailles, Sa Majesté a ordonné d'y pourvoir et ordonne
» ce qui suit [1] :

» ART. 1. — La ville de Versailles sera divisée en huit
» quartiers, suivant le tableau annexé au présent rè-
» glement.

» ART. 2. — Tous les habitants demeurant dans l'une
» des trois paroisses de la ville, âgés au moins de vingt-
» cinq ans et payant 20 livres au moins d'impositions
» foncières ou personnelles auront droit de suffrage pour
» l'élection de quatre représentants de chacun des huit
» quartiers; les pères pourront être substitués par leurs
» fils âgés de vingt-cinq ans.

» ART. 3. — Parmi les dits habitants ayant droit de
» suffrage, tous ceux vivant noblement, les procureurs,
» les notaires, les chirurgiens et ceux des cultivateurs
» qui paieront plus de cent livres d'impositions foncières
» ou personnelles, enfin les marchands des quatre prin-
» cipaux corps de commerce pourront être élus repré-
» sentants. »

Les articles 4, 5, 6 et 7 décrivent les opérations et la manière de les conduire.

[1] Dans la liste ci-après, on trouvera les noms des élus de chaque quartier, avec l'indication de leurs demeures respectives, ce qui désignera suffisamment la position topographique de chacun de ces quartiers.

L'article 8 prévoit pour 1792 des opérations de renouvellement que les événements ultérieurs ont rendues inutiles.

Les élections prescrites par l'ordonnance du roi du 18 novembre 1787 ont dû avoir lieu sous la présidence du bailli, à raison d'un quartier par jour, en sorte qu'il n'a pas fallu moins de huit jours pour former la liste voulue des représentants.

Aux termes de l'article 9, une assemblée générale a été convoquée et composée ainsi qu'il suit : du gouverneur, président ; du bailli ou lieutenant au bailliage ; du procureur de Sa Majesté audit bailliage ; des curés des trois paroisses ; des quatre représentants de chacun des huit quartiers ; du greffier de l'assemblée. Cette assemblée dut se tenir, cette année 1787, avant le 31 décembre et les années suivantes, avant le 15 septembre.

Les articles 10 et 11 disposent que dans ladite assemblée il y aura trois scrutins : le premier pour l'élection du syndic du corps municipal ; le second pour le choix d'un député à prendre parmi les quatre représentants de chaque quartier ; le troisième pour la nomination du greffier, dont les fonctions seront d'écrire et d'enregistrer les délibérations de toutes les assemblées, sans voix délibérative, et révocable.

L'article 12 dit textuellement : « Le syndic et les huit » députés de quartier formeront le conseil municipal et » seront autorisés à faire dresser les rôles des impositions » royales et autres qui seraient autorisées dans ladite ville » pour l'illumination, le nettoyage, l'enlèvement des im- » mondices et autres dépenses locales. »

Le reste du règlement ne traite que de choses de détail concernant les remplacements à venir, la prépondérance de la voix du syndic, en cas de partage, et les conditions à remplir en cas de réélection, toutes choses dont les événements ont eu raison avant la survenance des circonstances prévues.

Les premières élections ont eu lieu suivant les prescriptions de l'ordonnance réglementaire dont nous venons de rapporter les principales dispositions. Celles des représentants des quartiers ont donné les résultats suivants :

Premier quartier : 39 votants. — 1° Thierry, baron de Ville-d'Avray (Marc-Antoine), mestre de camp, premier valet de chambre du roi ; 2° Tavernier père, marchand mercier, rue de la Paroisse ; 3° Meslin, épicier, rue de la Pompe ; 4° Bougleux, mercier, rue Duplessis.

Deuxième quartier : 34 votants. — 1° Clausse (Georges-Nicolas), doyen des procureurs du bailliage, rue Neuve ; 2° Chambert fils, bijoutier, rue de la Paroisse ; 3° Chapuy, épicier ; 4° Méroger, commis des Affaires Etrangères.

Troisième quartier : 12 votants. — 1° Deslandes, épicier, rue Saint-Pierre ; 2° Remy, chapelier ; 3° Vignon, ingénieur, rue du Chenil ; 4° Genty, épicier en gros, avenue de Saint-Cloud.

Quatrième quartier : 17 votants. — 1° Thibault (Pierre-Mathieu), ancien notaire, contrôleur de rentes ; 2° Loustannau, conseiller d'Etat, chirurgien du roi, boulevard du Roi ; 3° Forestier, docteur en médecine, boulevard de la Reine ; 4° de Bagneux, officier des Cent-Suisses, boulevard de la Reine.

Cinquième quartier : 16 votants. — 1° Verdier (Georges-Pierre), conseiller du roi, contrôleur de rentes à l'Hôtel de Ville de Paris, avenue de Paris, n° 4 ; 2° Fontaine (Antoine), bourgeois, ancien entrepreneur de roules des chasses, rue de Noailles ; 3° Chanteclair, négociant en gros, rue des Chantiers ; 4° Marjou (Pierre-François), ancien officier du roi, rue de Noailles.

Sixième quartier : 50 votants. — 1° Dupont de Beauregard (Antoine), chirurgien de Monsieur, frère du roi, rue Saint-Louis ; 2° Gilbert, mercier, encoignure des rues de l'Orangerie et de Satory ; 3° Bunel, mercier, rue Royale ; 4° Calmels (Dominique), apothicaire de Monsieur, frère du roi, encoignure des rues de l'Orangerie et de Satory.

Septième quartier : 49 votants. — 1° Rollet (Claude), ancien négociant, bourgeois, encoignure des rues des Tournelles et de Saint-Médéric ; 2° Lamicq de Jud'hic, ancien officier du roi, rue Royale ; 3° Lebœuf (Pierre-Antoine), huissier de la chambre de Madame Adélaïde de France, rue d'Anjou ; 4° La Malmaison, conseiller, procureur du roi, au grenier à sel, rue Saint-Antoine.

Huitième quartier : 25 votants. — 1° Alin Gervais, marchand de bois, Grande-Rue de Montreuil. — 2° Gravois (Charles), commissionnaire pour le roulage, au Petit-Montreuil ; 3° Legrand, ingénieur des Ponts-et-Chaussées, Grande-Rue de Montreuil ; 4° Angot (Jean-Louis), maraîcher, rue de l'Aventure, audit faubourg.

Chaque quartier avait nommé, outre ses quatre représentants, deux *surnuméraires* (on dirait aujourd'hui suppléants) pour le cas de vacance des titulaires. Nous verrons ci-après que les prévisions étaient sages, étant admis qu'on ne ferait pas d'élections complémentaires à la place de ceux qui viendraient à manquer. Voici, par quartier, la liste de ces surnuméraires :

Premier. — 1° Menard, notaire, rue Duplessis ; 2° Cornu, épicier, rue de la Pompe.

Deuxième. — 1° de Boislandry, négociant, avenue de Saint-Cloud ; 2° Porchon...

Troisième. — 1° Lamiral, ancien officier du roi, rue Montbauron ; 2° Desjardins, mercier, rue Saint-Pierre.

Quatrième. — 1° Baud, commis aux Affaires Etrangères ; 2° Barreau, ancien officier du roi, boulevard du Roi.

Cinquième. — Coulom, docteur médecin, cul-de-sac des Gendarmes ; 2° Goffinet, commis aux Affaires Etrangères, avenue de Paris.

Sixième. — 1° Blaizot (Pierre), libraire du roi et de la reine, rue de Satory ; 2° Barrat (Gilles), notaire, rue de Satory.

Septième. — 1° Ris (Jean), ancien principal commis aux Bureaux de la guerre, rue des Bourdonnois ; 2° Caffin, commis au contrôle général des finances, rue de Satory.

Huitième. — 1° Thoré de Villeneuve, linger du roi, Grande-Rue de Montreuil ; 2° Saintin (Louis-Denis), maraîcher, rue de l'Aventure.

L'élection des syndic, députés et greffier municipaux eut lieu, le vendredi 28 décembre 1787, en l'appartement et sous la présidence du prince de Poix, au Château, en présence des représentants ci-dessus dénommés, sauf Tavernier, démissionnaire, et Bunel, absent, et avec le concours de Froment, bailli, de Hennin, procureur du roi, Jacob, curé de Notre-Dame, Jacob, curé de Saint-Louis, Soret, curé de Saint-Symphorien.

Ont été élus, savoir :

Syndic de la ville : Thierry de Ville-d'Avray ;

Députés, chacun pour son quartier : 1. Menard, — 2. de Boislandry, — 3. Vignon, — 4. Loustannau, — 5. Verdier, — 6. de Beauregard, — 7. Lamicq de Jud'hic, — 8. Alin Gervais ;

Greffier : Emard, commissaire de police, rue des Réservoirs, n° 18.

Menard et de Boislandry étaient pris parmi les surnuméraires ; peu de temps après, Ris, également surnuméraire, remplaça Lamicq de Jud'hic, pour raison de santé.

CHAPITRE II

LA PREMIÈRE MUNICIPALITÉ

NOVEMBRE 1787 A MAI 1789

Conseil général. — Comité municipal. — Syndic et consul. — Hiérarchie. — Attributions. — Entrée en fonctions du Comité. — Du Conseil. — Administration sans finances. — Premières délibérations. — Numérotage des maisons. — Répartition des impôts. — Logement des gardes du corps. — Assemblée des notables de 1788. — Jugement sur la période écoulée. — 1789. — Appel du roi à ses peuples. — Convocation des Etats généraux. — Cahiers. — Elections. — Appréciation du mouvement. — Analyse des cahiers.

« La modération et la sagesse du langage doivent toujours rester inséparables d'une noble hardiesse et d'une fermeté raisonnée. »
(*Cahier des drapiers et merciers.*)

Les élections terminées, il semblait que le Conseil général et le Comité municipal n'avaient plus qu'à fonctionner, chacun dans le cercle de ses attributions. Le premier ne fit rien avant le mois de mai 1788; le second tint le 4 janvier, sous la présidence de Thierri de Ville-d'Avrai[1], une séance préliminaire dans laquelle furent soulevées et agitées diverses propositions dont la gravité fut peut-être la cause que l'installation définitive de la mu-

---

[1] Orthographe de sa signature, ou baron de Ville-d'Avrai.

nicipalité rudimentaire, telle qu'elle venait d'être formée, fut reculée jusqu'au mois d'avril.

Les élus au Comité se montrèrent, dans cette première réunion, très pénétrés de l'importance de la mission dont ils étaient honorés et pour la remplir, ils sentirent bien qu'il était nécessaire de provoquer la solution de quelques questions de forme qui se présentèrent d'elles-mêmes et qui intéressaient la liberté de leurs mouvements.

Ils s'accordèrent sans peine à reconnaître, par exemple, que, conformément à l'article 9 du règlement, l'assemblée générale devait être présidée par le gouverneur, et que, par induction aussi bien que dans l'esprit de l'article 14, le Comité municipal, composé du syndic, des députés et du greffier, devait l'être par le syndic; par suite encore, et dans le cas où l'assemblée serait convoquée par le gouverneur, non seulement le syndic, mais tous les membres composant le Comité municipal y étant admis de droit, y devaient avoir voix délibérative.

Cette qualification de syndic, destinée au premier magistrat d'une ville qui tenait un si beau rang parmi les plus importantes du royaume, blessait le Comité ; il demanda qu'elle fût remplacée par celle de Maire ou de Président, sans modifier ses attributions.

Il demanda encore ces trois choses :

1° Qu'en l'absence du Maire, le Comité fût présidé par l'un de ses membres ;

2° Que la présence de cinq membres suffît pour valider ses délibérations ;

3° Et enfin « pour que les suffrages fussent entièrement » libres et les affaires traitées avec toute l'attention » qu'elles méritaient, que Sa Majesté voulût bien assigner » au Conseil général et au Comité un édifice pour siège » de leurs réunions et de l'administration municipale. »

Loustannau, Lamicq de Jud'hic, Dupont de Beauregard et de Boislandry furent désignés par leurs collègues pour présenter cette délibération au Contrôleur général et en solliciter l'approbation.

Cette approbation se fit attendre assez longtemps et ne fut pas telle que le Comité l'avait espérée.

Le 9 avril, le Contrôleur général Lambert fit connaître sa réponse par l'intermédiaire de la commission de l'Isle-de-France qui siégeait à Saint-Germain ; en voici la substance :

« La municipalité, restée jusqu'à présent sans activité, peut désormais correspondre par le Bureau intermédiaire de Saint-Germain, et rien ne s'oppose plus à ce qu'elle reçoive, comme les autres municipalités, les instructions de ce Bureau.

» On reconnut au Gouverneur qui, en sa qualité de surintendant du domaine de Versailles, représente Sa Majesté dans l'assemblée générale, le droit d'assister, quand il le jugerait à propos, aux séances du Comité municipal.

» Il paraissait d'abord assez naturel, dit textuellement
» le Contrôleur général, d'assimiler l'assemblée générale
» de cette ville et son Comité municipal avec une assem-
» blée provinciale et sa commission intermédiaire qui ont
» toujours le même président.

» Mais M. le prince de Poix a parfaitement senti que,
» tandis qu'une commission intermédiaire est la repré-
» sentation exacte de son assemblée provinciale, elle
» offre dans sa composition la même distinction des trois
» ordres et remplace enfin l'assemblée quand elle n'existe
» plus ; le Comité municipal de Versailles, au contraire,
» existe dans l'assemblée générale même, opère, non pas
» en son absence, mais sous ses yeux ; il n'est à l'assem-
» blée générale de la municipalité de Versailles que ce
» qu'un syndic d'une communauté de campagne est à son
» assemblée municipale, c'est-à-dire un Syndicat collectif
» renforcé.

» D'un autre côté, le Comité municipal ne peut, aux
» termes du règlement, qu'exécuter les délibérations de
» l'assemblée générale et, cette assemblée pouvant toujours
» être convoquée d'un moment à l'autre, le Comité muni-
» cipal serait à l'instant même rappelé à ses fonctions, s'il
» était tenté de s'en écarter.

» Le Comité municipal a désiré que le chef de ce Comité,
» qui doit toujours le présider, fût désigné sous un autre
» titre que celui de *syndic* pour que la ville de Versailles
» ne se trouvât pas confondue avec les communautés de
» campagne ; Sa Majesté, à qui j'ai rendu compte de cette
» demande, a consenti volontiers à ce que cette dénomina-
» tion de syndic fût remplacée par celle de Consul mu-
» nicipal. Je vous prie, Messieurs, d'informer de cette
» décision le Bureau intermédiaire de Saint-Germain, qui
» mettra certainement les égards et les formes convena-
» bles dans sa correspondance avec la municipalité de
» Versailles et qui ne tardera pas à s'apercevoir que les
» membres de cette municipalité sont tous animés du
» plus grand zèle, des vues les plus droites et des meil-
» leures intentions. »

Cette solution notifiée, comme on le voit, en termes très convenables, ne donnait qu'une satisfaction incomplète à la demande du Comité municipal ; elle était dans l'esprit des institutions de l'époque. Il n'y avait rien à répliquer ; la force des choses devait faire le reste. Si imparfait que fût l'organisme municipal il pouvait se mettre en marche ; il s'y disposa immédiatement.

Le Comité fut définitivement installé le 14 avril, en présence du prince de Poix, et c'est de cette date que compte réellement, à Versailles, la première pulsation de la vie municipale.

Quant au Conseil général, il ne s'assembla pour la première fois, sur la convocation de son président, le prince de Poix, que le 4 mai suivant ; la séance fut limitée à quelques rares affaires dont les principales étaient : le numérotage des maisons et l'autorisation donnée au Comité de « faire provisoirement quelques dépenses de bureau et de » greffe ».

Une question fort importante touchant la mendicité et soulevée par Clausse, dans un mémoire qu'il avait présenté à l'assemblée, fut ajournée à la prochaine séance, avec mention que l'auteur y serait appelé. Le Conseil se sépara aussitôt sans ajournement déterminé, et, de fait, la seconde séance n'eut lieu que le 11 janvier 1789.

C'est donc sur le Comité municipal que retomba, en réalité, tout le poids de l'administration, avec le devoir d'improviser les moyens de pourvoir aux nécessités dont beaucoup étaient manifestes, et le plus grand nombre encore latentes, mais largement pressenties.

L'avènement de Versailles à la vie municipale est un fait dont on ne cherchera point dans notre histoire nationale un second exemple ; on ne le trouverait pas ; il mérite qu'on s'y arrête pour l'examiner sous quelques-uns de ses aspects. Comment allait fonctionner, dans une ville si importante, dont les habitants étaient étrangers à l'administration des affaires publiques, une municipalité improvisée de toutes pièces? De quel esprit, de quelles forces serait-elle animée? Quels seraient ses moyens d'action? Entrons dans l'examen de cette situation nouvelle, avant de nous engager à sa suite, pour étudier ses actes.

Le règlement du 18 novembre 1787, qui l'avait fait naître, n'a eu réellement qu'un but : déterminer les conditions particulières des élections dont allait sortir le corps municipal ; quant aux attributions de ce corps, il en est à peine question, dans les articles 12 et 13 où il n'est fait mention que d'impositions, non à voter, mais à répartir, d'illuminations, d'immondices et de quelques autres services locaux, où la municipalité n'était appelée que pour un rôle presque entièrement passif. Evidemment ce n'était pas pour cela seul que cette organisation avait été imaginée. En se reportant au préambule du Règlement, on voit que l'intention formelle du roi était que la ville de Versailles participât « aux avantages » dont il a fait jouir ses autres sujets par la composition » des différentes natures d'assemblées qu'il a établies » en exécution de l'Édit portant création des assemblées » provinciales ». Il voulait étendre à cette ville les dispositions de son règlement du 7 juillet précédent, sur la formation des assemblées municipales des différentes villes ou communautés de la province de l'Isle-de-

France, en les adaptant à l'importance d'une ville comme Versailles.

Il est clair, en conséquence, que l'acte royal faisait passer cette ville au rang de celles qui jouissaient des plus larges franchises municipales, selon les lois ou privilèges du temps. Il n'y a guère d'intérêt à rechercher en quoi consistaient ces franchises et si le corps municipal tel qu'il venait d'être formé, en a pleinement usé; le fait ne semble pas avoir été tout à fait, dans le début, conforme au droit; mais les événements n'ont pas tardé à élargir le cercle originel de ses attributions, à ce point que les délibérations et l'action municipale n'ont bientôt plus connu de limites.

Mais ce qu'il n'est pas indifférent, maintenant encore, de remarquer, le voici : la ville ayant été élevée, par l'initiative royale et sans transition, du néant absolu à l'existence communale, quels étaient, d'un côté, les droits inhérents à cette naissance extraordinaire, et, de l'autre, quels étaient à l'égard de la ville, les devoirs de son créateur le roi lui-même, et puis, quels ont été ceux de l'État quand le roi, ayant omis ou négligé de remplir ses obligations et cessant d'être TOUT dans l'État, n'en a plus été que son premier magistrat, avec une dotation nationale qu'on a nommée liste civile, unique partie des revenus publics restant à sa disposition.

La réponse à cette double question se déduit aisément des brèves considérations qui suivent :

Si la ville de Versailles avait été, dès sa fondation, douée d'une existence communale propre, même dans les conditions restreintes où étaient placées les villes de même importance, ses contemporaines, elle aurait puisé dans ses ressources les moyens de créer et de développer ses services municipaux, parallèlement au développement de sa population et de sa richesse. Ce développement a été rapide, et quand elle est parvenue à être une cité de 50,000 âmes, ce qui est arrivé vers le milieu du XVIIIe siècle, elle aurait pu avoir son hôtel de ville, son hôpital, son collège, ses autres écoles, sa bibliothèque, sa salle de spectacle, ses eaux, ses aqueducs et, en un mot, tout l'ensemble des établissements que les autres villes de France possédaient avant la Révolution, qu'elles n'avaient plus qu'à entretenir, trouvant ainsi disponible une bonne partie de leurs revenus pour parer aux nécessités locales occasionnées par ce grand événement, le plus grand des temps modernes.

Versailles n'avait absolument rien de tout cela. Ses habitants avaient-ils été du moins exemptés des charges locales dont les autres villes avaient fait un si prévoyant emploi ? Non assurément ; mais c'était alors le roi qui percevait à son profit et à son honneur, le produit des sols additionnels qui devaient avoir cette affectation, et quand, après un siècle, le régime établi par Louis XIV vint à disparaître, il se trouva que la ville de Versailles fut mise en possession d'elle-même sans aucun moyen de vivre et de s'administrer. La part des contributions que les habitants avaient fournies pendant une longue suite d'années, même celles qui provenaient de l'octroi, ayant produit, en 1788, l'énorme chiffre de onze cent mille livres (en réalité 1,083,792 liv. 15 s. 9 d.)[1] avaient été ou absorbées selon les caprices du roi, par des prodigalités royales de natures bien diverses, ou employées en des édifices qui s'étaient élevés, des domaines qui s'étaient arrondis au nom du roi. Tous, édifices et domaines, passèrent par un effet de la Révolution, du domaine royal dans le domaine national, sans laisser à Versailles la propriété d'une parcelle de terrain qu'aurait couvert une simple tuile, ni le moindre instrument d'administration.

Etait-ce juste cela ? Personne ne voudrait le soutenir. Ce qui était juste et nécessaire, c'était, quand cette transformation s'est opérée, de détacher au profit de la ville, du patrimoine commun de la nation, les bâtiments qui étaient indispensables à son existence communale ; c'était en outre d'attribuer à ceux des établissements qui devenaient siens, à titre onéreux, comme l'Hôpital qu'on nommait Infirme-

[1] Voir Annexe A, à la fin de ce volume.

rie, l'Aumônerie dont on fit plus tard le Bureau de Bienfaisance, et d'autres services qui devenaient des charges de communauté, une dotation calculée en raison de toutes ces charges, et dans la mesure qu'exigeait le fonctionnement des services municipaux. Il y avait à considérer que, pendant tout le temps que les impositions locales ont été perçues au nom du roi et versées dans la caisse du receveur de son domaine, elles ont contribué pour une partie indéterminée sans doute, mais très importante si l'on en juge par le seul rendement de l'octroi, à former un fonds commun et indivis d'épargne qui est resté à la disposition du roi aussi longtemps que la royauté et la ville de Versailles n'ont fait qu'une seule et même personne morale. La séparation arrivant par un effet de l'initiative royale ou de la Constitution nationale, quelles devaient en être les conséquences pour l'une et l'autre partie ? Celles qui suivent les dissolutions de société : une liquidation.

C'est assurément quelque chose d'insolite, d'inouï même, qu'une liquidation en pareille circonstance ; mais la situation de Versailles ne l'était pas moins, ni celle du roi non plus. La ville de Versailles entrait brusquement dans la vie communale, où elle ne pouvait tenir sa place sans exercer des droits et des devoirs, sans subvenir aux charges attachées à l'autonomie communale telle au moins qu'on l'entendait à l'époque. Comment y suffire, si son passé ne comptant pour rien, elle n'avait rien à prétendre des épargnes accumulées pendant plus d'un siècle à l'aide de son travail et de ses contributions, sous la gestion exclusive et irresponsable du roi ?

Les premiers représentants de la Ville ne s'y trompèrent pas ; ils ont eu même le sentiment assez net de ses droits. Mais pris, pour une grande part parmi des gens attachés à la cour, ils ne poussaient pas loin leurs réclamations ; ils craignaient de déplaire au roi, et tant que la royauté exista, c'est toujours en suppliants qu'ils vinrent à elle. Après, les besoins ne firent que grandir ; en présence de la gravité également croissante des événements, on se déshabitua de demander, ou bien on insista toujours de moins en moins.

C'est ainsi que pour n'avoir pas fait à la ville municipale, dès son origine, la part qui lui revenait dans les épargnes dont il vient d'être parlé, l'Etat s'est persuadé, avec le temps, qu'elles étaient entièrement siennes; la ville n'a, du reste, que fort peu troublé cette quiétude ; aucun des actes municipaux ne mérite, dans ce cas par la forme, d'être qualifié « *revendication de ses droits* envers l'État » ; au contraire, il y a eu jusqu'à nos jours, de la part de l'État contre la ville, une suite nombreuse de revendications, pour des bribes de propriété, servant à usage public, tantôt sur un point, tantôt sur un autre ; un semblant de résistance se renouvelait chaque fois ; c'était presque toujours pour conserver la jouissance des biens occupés; la Commune transigeait au moyen d'une redevance annuelle à payer à l'État, généralement faible, il est vrai, mais suffisante comme reconnaissance et consécration d'un droit domanial et, par conséquent, comme renonciation de la Commune au sien propre.

Nous voici donc en présence d'une situation unique dans notre histoire nationale [1], l'avènement à la vie municipale d'une ville de 50,000 âmes, qui n'a rien à sa disposition, qui reste près de trois années, dont une après la Révolution de 1789, sans un sol de revenu et qui, substituée au roi pour la perception, à partir du 1er juillet 1790, du produit des charges locales qu'il avait toujours perçues lui-même, n'y trouve pas de quoi suffire au cinquième de ses besoins; ville besoigneuse au premier chef, éternelle solliciteuse vis-

---

[1] Ce qui caractérise encore la singularité de cette situation, c'est l'indépendance de Versailles devant l'administration provinciale dont le siège était à Paris, ce qui subsista jusqu'à l'ordonnance du 18 novembre 1787. Après, il fallut rattacher cette ville au point central, et ce fut par Saint-Germain que ce rattachement eut lieu, Saint-Germain ayant été choisi comme siège d'un *bureau intermédiaire* ou chef-lieu d'une *subdivision* de la province, bien longtemps avant que Versailles cessât d'être une simple bourgade de cet arrondissement. Voilà pourquoi il a fallu, comme on l'a vu plus haut, en référer à Saint-Germain pour l'entrée en fonctions de la municipalité créée à Versailles.

à-vis des gouvernements qui se succèdent, mal écoutée de tous, en tous cas mal comprise..... et pourtant accomplissant des prodiges de charité et de patriotisme, ce que nous avons pris à cœur de porter à la connaissance de nos contemporains.

Cela dit, abordons notre récit.

L'entrée en fonction du Comité municipal avait précédé, comme nous l'avons vu, celle du Conseil général : première infraction aux dispositions organiques de la municipalité, en ce que le Comité ayant pour attributions d'exécuter les délibérations du Conseil, il était logique de mettre celui-ci en mouvement avant l'autre : mais le Comité trouva un emploi utile de son temps ; il n'attendit pas et fit bien.

Dès le 17 avril, on le voit occupé à faire disparaître l'arbitraire dans la répartition de l'impôt de la capitation et de l'industrie[1] ; prendre des mesures pour l'instruction des réclamations dans ces délicates matières, pour le numérotage des maisons, l'entretien de l'éclairage, la surveillance et la police de la ville.

Sur la proposition du Consul, le Comité adopta, pour la tenue de ses séances, un règlement dont le premier article est ainsi conçu :

« Tous les quinze jours il y aura un Comité qui se tiendra
» le dimanche, à 8 heures du matin, sans préjudice aux
» réunions du mercredi de chaque semaine, dans lesquelles
» seront préparées et discutées les affaires qui ne se-
» ront définitivement arrêtées que dans la séance du
» dimanche. »

Une dernière disposition disait que les députés assembleront chez eux, le plus souvent possible, les représentants de leurs quartiers, pour leur communiquer les mémoires et les observations qu'ils auront reçus, les consulter et prendre leur avis, dont ils feront leur rapport au Comité.

---

[1] De la patente.

C'était là, il faut bien le dire, un bon début dans la carrière, un peu trop limitée, où le Comité s'engageait ; mais elle ne devait pas tarder à s'élargir d'elle-même, tout naturellement comme nous allons le voir, et avec le concours d'un auxiliaire sur lequel l'auteur du Règlement municipal n'avait pas compté.

L'instruction de la jeunesse est la première chose qui sollicite l'attention du Comité. Dès le 27 avril, il remarque et note dans sa délibération, que le collège d'Orléans[1] est conçu dans des proportions trop étroites, qui ne suffisent point aux besoins de Versailles. Il ajoute que cette cité doit posséder un établissement scolaire avec « autant d'enseignements que ceux de l'Université de Paris » ; que, si pour les filles, on n'a rien négligé, en construisant le Couvent, on ne doit non plus laisser échapper l'occasion d'élever une institution propre à assurer l'éducation des garçons. Le Consul présente à l'approbation du Comité, qui s'empresse de la donner, un mémoire où ces considérations sont développées, il réclamait par l'intermédiaire du ministre, comte de Breteuil, la création d'un collège dans les terrains et bâtiments ci-devant occupés par les chevau-légers.

Quelques mois s'écoulèrent sans qu'il surgit rien d'important pour les délibérations du Comité.

Une ordonnance du mois de mai avait prescrit l'organisation des tribunaux. Menard et Lamicq de Jud'hic furent chargés de faire un rapport sur cette question, dont un subdélégué de l'intendance de Paris, Dutillet de Villars avait eu ordre de saisir le Comité ; mais c'était une création qui venait se heurter à celle du bailliage ; son apparition témoignait bien que les idées nouvelles se faisaient jour dans toutes les branches qui intéressent la société ; mais venant trop tôt et avant qu'on fût prêt à lui donner droit de cité à Versailles, elle ne laissa pas de traces

---

[1] Voir au chapitre 1er l'organisation de ce collège.

de tentatives sérieusement faites pour son admission.

Ce qui compte comme résultat d'un travail ayant coûté quelques efforts, c'est la peine que le Comité se donna pour expulser de la rue Satory les Messageries qui y avaient alors leur siège ; le motif allégué était que le mouvement des voitures, l'encombrement et le bruit qu'elles causaient, incommodaient fort les voisins ; on ne saurait féliciter le Comité d'avoir pris à cœur de donner raison aux plaignants, car la cité étant encore à cette époque encombrée par les gens de cour et leur suite, il semblait sage de favoriser plutôt que de gêner une industrie répondant à des besoins de mouvement que cet état de choses indique.

L'opération du numérotage des maisons fut exécutée en août par un adjudicataire qui en avait fait la soumission, moyennant 4 sols par maison. « Les numéros furent posés par rue en commençant par 1 jusqu'à la fin, et placés à 8 pieds du sol avec tolérance, mais non au-dessous de 7 ; on les fixait de préférence au-dessus de la porte d'entrée, à droite ou à gauche, suivant la demande des lieux, sur un carré de 10 pouces, fond blanc à l'huile avec chiffres de 5 pouces de hauteur. »

Le Comité touchait en même temps au point épineux de sa mission, la question des impôts.

Clausse et Chambert demandaient, par un mémoire, que les représentants de la ville fussent appelés à discuter les évaluations d'impôts, mais leur demande fut rejetée ; le Comité déclara s'en tenir au travail remis par les députés ; voici comment ils avaient procédé :

L'évaluation était faite dans chaque quartier par le député assisté, s'il le jugeait à propos, des représentants de ce quartier, en raison du produit réel et effectif de chacune des maisons.

Les cahiers dressés par les députés étaient soumis au Comité, qui les réduisait proportionnellement au taux de l'imposition en présence des représentants du quartier, si le Comité le jugeait nécessaire, après quoi il était procédé à la confection du rôle.

On peut dès à présent reconnaître que la tâche du Comité devenait ardue ; établir les bases de l'imposition, c'est en effet, toucher à une chose pour laquelle le contribuable est terriblement chatouilleux ; on comprend pourquoi Clausse et Chambert voulaient être présents à l'évaluation de ces bases ; mais le Comité a agi judicieusement en le refusant ; ce n'est pas le nombre qui fait la besogne en pareille matière, c'est la valeur personnelle des membres qui forment le jury d'évaluation ; avec le grand nombre et quel que soit le talent individuel de chacun, le temps se perd en discussions stériles et la besogne n'avance pas.

Le Comité ne se montra pas bien avisé seulement en cette circonstance. Le trésor royal était en piteux état ; on crut pouvoir lui venir en aide avec les produits d'un octroi surmené. Le prince de Poix notifia au Comité par un de ses membres, Beauregard, un « mémoire qui » tendait à réunir aux droits d'entrées sur les boissons » ceux de *huitième, annuels, gros hors étape, sur étape,* » *jauge* et *courtage, à la vente* et *revente* [1], et pour cet » effet de porter l'entrée sur l'eau-de-vie de 10 à 15 livres, » ainsi que le vin de liqueur ; le vin ordinaire, de 4 à » 12 livres ; le cidre, poiré et bière de 6 à 12 livres, en » chargeant néanmoins la Régie d'acquitter les boues et

---

[1] Voilà de terribles expressions, qui venaient sans doute du temps barbare et qui y sont retournées ; mais il en est bien quelques-unes dont on trouverait l'équivalent dans les temps modernes, sous une physionomie moins revêche. Voici, en tous cas, la traduction de celle des anciens :

Un huitième perçu sur le montant de l'impôt, comme on perçoit un dixième.

Annuels, s'entendait des droits perçus sur les boissons consommées sur les champs de foire ou aux fêtes champêtres.

Gros hors Etape, perçus sur les boissons non déposées à l'Etape.

Sur Etape, perçus quand elles y étaient exposées.

Jauge, courtage, vente et revente, cela s'entend bien ; mais combien tout cela était écrasant ! on peut le voir au produit de l'octroi en 1788 : le principal ou droit simple, qui était de 370,211 livres 14 sols), arriva, avec toutes ses additions, à 1,083,792 livres 15 sols 9 deniers), et... sans Etape, presque au triple de son évaluation originelle.

» lanternes qui ne seront plus à la charge des habitants ;
» ainsi que *ce qu'il conviendra* de donner pour les
» dépenses de la ville ».

Le Comité envoya la proposition au rapport de Boislandry et de Verdier ; ceux-ci y mirent toute la célérité possible. Trois jours après, ils présentèrent leur travail avec un tableau comparatif des droits en cours et de ceux à percevoir d'après le tarif proposé. L'effet de cette communication fut tel, que le Comité s'empressa de renvoyer les pièces au prince de Poix et qu'on ne les vit plus revenir.

Un autre incident, provoqué par une décision royale, n'est pas moins remarquable, car presque tout est à noter au début de la vie ; les actes sont rares ; on y attache un intérêt de curiosité d'autant plus grand :

Le roi avait décidé que 288 gardes du corps seraient appelés à servir près de sa personne pendant le quartier d'octobre. On avait fait préparer autant de logements chez le bourgeois. Le Comité avait représenté que, conformément au règlement du 18 novembre précédent, qui est son acte constitutif, « il ne peut rien déterminer sur l'objet de
» la demande qui tend à l'établissement d'une nouvelle
» charge très lourde pour la ville et qu'elle n'a jamais sup-
» portée ».

Le même jour, dans une seconde séance présidée par Loustannau en l'absence du Consul, le Comité ressaisit et discuta cette brûlante question du logement des gardes du corps, qu'il estima « une charge des plus fâcheuses à écar-
» ter par tous les moyens ».

Dans ce but, le président proposa et le Comité décida qu'il sera écrit au maréchal de Mouchy, gouverneur en l'absence du prince de Poix, « en le priant d'accorder sa
» protection à la ville pour la garantir du malheur dont
» elle est menacée ». Et aussitôt la lettre fut écrite et envoyée par un exprès au maréchal qui était alors à Arpajon.

Mais cela ne fit qu'aggraver l'incident. Un ordre du roi maintint les arrangements pris, en expliquant toutefois que le logement à fournir « ne serait que pour dix jours ». Le chef du mouvement des troupes adressa en même temps à la municipalité l'injonction d'avoir à prêter sur le champ son concours au commissaire des guerres, pour procéder « sans délai », à l'assiette du logement dont il s'agit, en observant qu'il n'y a point d'exemption pour les troupes de Sa Majesté.

C'était un langage tout à fait militaire et même un peu brutal ; de la part du Comité, aucune résistance, et même aucune réclamation n'était désormais possible. Il se borna à une démarche auprès du ministre de la guerre, Brienne, pour qu'il fît tenir au moins la main à ce que la durée de dix jours ne fût pas dépassée.

Les affaires de logement n'étaient pas finies ; mais celles dont nous avons ci-après le récit détaillé, ne causèrent de désagrément à personne : le Comité mit à les régler un soin et une attention délicate, où rien n'apparut du dépit qu'il avait éprouvé dans les précédentes.

La réunion des Etats généraux devait être précédée de celle des Notables, que le roi désirait consulter sur diverses questions, et principalement, sur la part que le Tiers-Etat avait à prendre dans cette haute représentation nationale, ainsi que sur le rôle qui lui serait assigné dans les délibérations.

Convoquée pour le 3 novembre 1788, puis différée au 6 de ce même mois, l'Assemblée des Notables devait amener à Versailles un grand nombre de personnages dont il fallait assurer le logement.

En voici la liste, suivant leurs titres et dignités [1] :

Archevêques, 8 ; évêques, 9 ; maréchaux de France, 37 ; députés des Etats, 9 ; premiers présidents, 17 ; présidents, 3 ; procureurs généraux, 17 ; conseillers d'Etat, 9 ; chefs municipaux, 25 ; maître des requêtes, intendant, 1 ; lieu-

[1] Voir Annexe B, à la fin de ce volume.

tenant civil, 1 ; restait à convoquer 2 évêques ; 1 secrétaire de l'Assemblée. — Au total, 139.

Une partie de ces Notables devait être logée au palais ou dans ses dépendances; mais le roi demanda à la municipalité de faire préparer dans la ville, des logements convenables pour les autres, à quoi elle s'empressa d'obtempérer ; une commission composée de Thierri de Ville-d'Avrai, Menard, Verdier et Beauregard prépara le travail, il fut arrêté le 25 octobre 1788.

On fut pris de court probablement, pour prévenir en temps convenable et individuellement chacun des Notables avant leur départ de leur résidence ; voici le singulier moyen qu'on imagina pour se rattraper : on adressa aux postes voisines des routes qui convergeaient sur Versailles des instructions ainsi conçues :

« Il est ordonné au maître de poste de..... de s'infor-
» mer aux courriers qui passeront à compter du 25 de ce
» mois jusqu'au 5 novembre prochain, s'ils ne se rendent
» pas à Versailles pour l'Assemblée des Notables, et, dans
» ce cas, de les prévenir qu'ils trouveront leur billet de
» logement au bureau de la ville de Versailles, chez
» M. Emard, rue des Réservoirs, n° 18. »

On voit que le numérotage des maisons n'avait été fait qu'à temps. Le prévoyant Comité ne s'en était pas tenu à ces dispositions primitives ; il avait encore arrêté et fait afficher celles-ci :

« Les locations seront faites pour un mois à compter du
» premier novembre chez les particuliers, et par jour,
» chez les aubergistes.

» Il sera pourvu à la fourniture d'écuries et remises,
» avec un quart de bois, 6 margotins, 2 bougies de 4 à la
» livre et deux chandelles, pour leur arrivée ;

» Le tout pour le compte du roi [1]. »

Ainsi, la municipalité avait mis une prévoyance infinie pour suppléer celle qu'on n'avait pas eue en plus haut lieu, afin d'assurer une confortable réception aux hôtes du

---

[1] Archives municipales avant 1790, C.

roi, mais elle n'y avait pas réussi du premier coup : elle n'avait pu préjuger exactement pour chacun ce qu'il lui fallait en raison de la composition de sa famille, car, comme on l'imagine bien, il amenait tout avec lui, femme, enfants, serviteurs, laquais, chevaux, voitures ; la distribution ou l'affectation des logements dut subir bien des modifications ; on fit des échanges ; ils s'opérèrent sur place, après des correspondances où tous ces besoins sont expliqués, alignés pour ainsi dire, et où l'on voit que par un sentiment commun, ils voulaient tous être placés au plus près possible du palais. Puis venaient les considérations reposant sur les relations de famille, d'amitié, toutes exposées par les hôtes eux-mêmes, en style d'une politesse exquise, dont se piquaient alors la plupart des grands seigneurs. Les membres de la municipalité, représentés par le greffier Emard, ne se faisaient pas un mérite moindre de donner satisfaction à des désirs si gracieusement exprimés, sauf la condition d'être tout près du château qu'il n'était pas aisé de remplir.

A l'intérieur du palais étaient les privilégiés de la noblesse, bien entendu, du haut clergé, quelques membres du Conseil d'Etat, du Parlement, deux députés des Etats, le comte de Bourbon-Busset et le comte de Vintimille ; mais on n'y voyait pas un seul membre du Tiers-Etat.

Tout le travail nous est resté, aussi bien que la correspondance à laquelle il a donné lieu ; les archives possèdent de ce fait des autographes d'un grand nombre de personnages les plus haut placés de France à cette époque ; avec ces petits témoins de leurs agissements, les mémoires produits par les logeurs où l'on voit, d'une part, la description du plus mince des objets mis à la disposition de leurs hôtes ; et, d'autre part, la récapitulation que la municipalité en a faite par chaque logement, on est en mesure, si la curiosité y pousse, de suivre chaque notable, dans ses actes, ses relations, et pour ainsi dans les incidents de sa vie intime [1] ; ce qu'il en a coûté au roi pour l'hospitalité

---

[1] Annexe B. On trouve dans cette annexe quelques détails plus ou moins intéressants sur un certain nombre des notables logés en ville.

qu'il lui a donnée pendant cinq semaines, du 6 novembre au 8 décembre 1788, durée de la session pour l'Assemblée des Notables.

La dépense pour l'ensemble a été :

Pour le mois de novembre de....... 33,250 livres.
Pour le mois de décembre........... 14,932 —
Au total.......... 48,182 livres.

Une partie seulement de cette somme fut acquittée avant la fin de 1788 ; le surplus, le fut dans les premiers mois de 1789, sur des bons délivrés par le roi lui-même, au moyen desquels le greffier Emard fit la répartition des sommes dues à chacun, suivant un état émargé par les parties prenantes, vérifié et contrôlé par les membres de la municipalité.

Cette grosse besogne terminée, on était à la fin de 1788 ; elle couronnait la première année de l'existence administrative de la municipalité versaillaise. Ce qu'elle avait fait ou ce qu'on lui avait laissé à faire, dans cette courte période, c'était bien peu pour qu'elle eût eu le temps de donner la mesure de ce dont elle était capable et de ce qu'on devait en attendre. Cependant, si l'on y regarde de près, on reconnaît qu'elle s'est prononcée :

1° Pour une répartition plus équitable des impositions et qu'elle n'a pas hésité à entrer dans les études les plus minutieuses pour faire ressortir ce qu'il y avait d'inacceptable dans leur aggravation ;

2° Pour l'extension des moyens de propager et d'améliorer l'instruction publique à Versailles, son premier vœu ayant été la création d'un collège de haut et plein exercice, dans l'hôtel inoccupé des chevau-légers ;

3° Contre l'abus des logements militaires, ayant osé protester contre le logement des gardes du corps chez l'habitant, alors que la personne du roi était en jeu et que le sentiment général de la population était qu'il ne fallait rien omettre de ce qui lui était agréable ;

4° Contre l'extension des charges d'octroi, ainsi que cela résulte de l'accueil tout récemment fait au projet du prince de Poix.

Ces manifestations et d'autres encore, qui se sont révélées en des circonstances diverses, se sentent de l'esprit nouveau qui envahissait le monde. Les élus du Conseil général dont on avait extrait les huit membres du Comité municipal, étaient l'œuvre de huit scrutins isolés où n'avaient concouru, en moyenne, que trente électeurs, et pour la ville, 242 habitants [1] seulement. Que pouvait-on raisonnablement craindre d'un corps électoral réduit à ces minimes proportions? Rien d'hostile à la royauté, assurément; on n'y pensait guère, mais on obéissait, sans s'en rendre compte, à ce mouvement qui entraînait les esprits vers quelque chose d'inconnu, qui agitait et tyrannisait toutes les consciences, et qui présageait enfin l'apparition imminente d'une ère nouvelle. La grande année 1789 tenait dans ses plis le secret des événements dont on avait le vague et irrésistible pressentiment. Toutes les pensées, tous les actes de la vie publique se ressentaient de cette influence, s'ils n'y étaient pas sciemment asservis. C'est ainsi qu'au cœur de la monarchie, dans la ville éminemment royale, là où tout le monde s'intéressait — et ce n'était pas un intérêt purement platonique — à la consolidation des institutions monarchiques, personne ne pouvait avoir une idée, faire un mouvement, sans courir le risque de mettre en échec, pour ainsi dire, la volonté royale et les vieilles institutions de la France.

Ce fut par un acte de cette nature que la municipalité se signala en abordant l'année 1789. Elle recevait, le 4 janvier, de la Commission intermédiaire de Saint-Germain, le mandement pour l'imposition de la capitation dans la ville de Versailles; il y avait en principal et acces-

---

[1] En voici le détail par quartier : Premier, 39 ; deuxième, 34 ; troisième, 12 ; quatrième, 17 ; cinquième, 16 ; sixième, 50 ; septième, 49 ; huitième, 25, ce qui donne au total 242 : 8 = 30.

soires...........................	51,600 livres.
En taxation du préposé, 4 deniers par livre.............................	860 —
Total.........	52,460 livres.

Sur l'observation du Consul, le Comité vota le renvoi du mandement afin qu'on y comprît la corvée et qu'on évitât double rôle, pour se conformer au Règlement du roi, du 18 novembre 1787 ; c'était juste ; il fut donné satisfaction au Comité et à la disposition réglementaire qu'il avait rappelée.

Dans l'intervalle du temps écoulé, Lamicq de Jud'hic avait donné sa démission pour raison de santé et avait été remplacé par Ris, ancien principal commis du bureau de la Guerre, élu *surnuméraire* aux élections de 1787.

Le Comité municipal reprit, dès qu'il le put, le travail qu'il avait commencé l'année précédente sur la répartition de l'impôt, rapprocha sa méthode de celle qu'on avait appliquée sans son concours, et en tira cette conséquence, « que la capitation avait été répartie antérieurement d'une » manière très arbitraire et sans aucune règle fixe ».

» Les marchands et artisans étaient beaucoup plus imposés que toutes les autres classes de citoyens ; la surcharge était d'autant plus onéreuse pour eux, qu'ils étaient assujettis à un impôt particulier d'industrie qui ne portait point sur les bourgeois [1].

» Les habitants de la paroisse de Montreuil avaient continué d'être imposés au marc la livre de la taille, comme ils l'étaient avant la réunion de cette paroisse à Versailles, ce qui rendait écrasantes les cotes de plusieurs d'entre eux.

» Plusieurs personnes, sous prétexte de charges à la cour, emplois, commissions ou pensions, s'étaient soustraites au paiement de la capitation, sans aucun droit d'exemption, tandis que la contribution qu'elles auraient

---

[1] En réalité l'impôt de la patente.

dû payer, aurait pu servir à diminuer d'autant la portion dont les habitants moins aisés étaient surchargés. »

Voilà ce que l'étude de ces choses avait mis en évidence ; cela fut rappelé par le Consul, dans une séance du 22 février, en présence des représentants des huit quartiers ; mais le Consul, ne se trouvant pas en mesure de s'arrêter dès ce moment à une solution, proposa de renvoyer au dimanche, 1er mars, la continuation de la délibération du Comité sur cette affaire, ce qui fut accepté.

Cette fois encore, le Comité ne put ou n'osa prendre une mesure radicale qui était de proportionner, comme il l'entendait, l'imposition à l'état, à la profession, au nombre des domestiques, au prix du loyer, encore bien que ce fût à ses yeux l'unique moyen de mettre fin à l'arbitraire de la capitation. Mais il fut objecté que ce moyen pourrait être regardé comme une innovation dangereuse, capable de répandre dans la ville des craintes, que dans les circonstances présentes, il était bon d'éviter ; on se rangea à cet avis.

Diviser les habitants par classes, était une mesure impraticable dans une grande ville, et d'ailleurs sujette à de nombreuses erreurs ; on y renonça également.

On agita un troisième ordre de répartition qui éprouva le même sort ; il consistait à confier aux corps et communautés, la répartition de l'impôt ; cela ne pouvait remédier à rien, sinon à diviser entre eux la surcharge dont ils étaient frappés en masse, et n'effaçait pas d'un denier l'inégalité de leurs charges communes, en comparaison de celle des autres catégories de contribuables ; procédé à différer, au moins jusqu'à l'époque où l'on pourrait rétablir d'abord l'équilibre entre les classes, pour arriver ensuite à l'équilibre entre les individus.

En présence de ces difficultés dont l'étude et la solution réclamaient du temps qui manquait absolument, puisque l'on était déjà au troisième mois de l'année, le Comité les trancha par les dispositions suivantes :

1º La capitation pour l'année 1789 sera répartie dans chaque quartier par le député, dans la proportion des facultés présumées de chacun des contribuables.

2° En imposant les marchands et artisans, les députés auront égard à la surcharge qu'ils ont supportée, jusqu'à ce jour et diminueront leurs cotes autant qu'il sera possible.

3° Tous les habitants qui justifieront être secourus par la charité publique ou privée ne seront compris que pour mémoire au rôle de la capitation.

4° Les garçons et les filles de boutique, les commis des marchands, les domestiques seront imposés comme ils l'ont été précédemment.

5° La répartition de la capitation sur les habitants du quartier de Montreuil, jusqu'à présent imposés au marc la livre de la taille, sera faite en suivant la même règle.

C'était un mouvement de recul que faisait le Comité; il laissait tout en suspens, se déclarant incapable, au moins pour le présent, de faire prévaloir l'équité et la justice.

Le quartier de Montreuil eut à en souffrir doublement, Alin Gervais le fit bien remarquer, mais le comité qui, systématiquement, venait de repousser toute innovation, déclara qu'Alin Gervais étant député de Versailles, il ne croyait pas avoir à délibérer sur sa demande qui était commune à tous les habitants de Montreuil.

Or voici le cas de Montreuil. L'ordonnance d'août 1786, qui avait annexé cette paroisse à la ville, avait dit qu'à partir de 1787, les habitants seraient assujettis aux droits d'aides et entrées applicables aux denrées alimentaires taxées en vertu de l'édit d'août 1745, qui avait établi l'octroi à Versailles ; mais, par contre, ils étaient exonérés de la taille et de la milice. Que fit-on? On perçut les droits d'octroi et on laissa subsister les autres concurremment. C'était inique. Le Comité commit un véritable déni de justice, en se retranchant derrière une règle arbitrairement établie, par crainte de se créer des embarras; il avait bien reconnu le fait. Par des notes qu'il a laissées et qui n'ont pas été mentionnées en son procès-verbal, on voit que le 3 décembre 1788, il avait, sous la présidence de Beauregard, délibéré que pour les années 1787 et 1788, « le » droit serait modéré, en faveur de Montreuil, à 15 livres,

» de principal par chaque année, ce qui était la proportion
» générale de l'imposition de la capitation de Versailles ».

Le besoin d'argent ne justifiait pas cette décision négative du Comité, qui a peut-être pour véritable motif, le défaut de temps et la pression qu'exerçait déjà sur les esprits l'approche des événements.

Le Conseil général, qui n'avait encore tenu qu'une seule séance, le 4 mai 1788, s'était assemblé pour la seconde fois le 11 janvier 1789, et cette fois encore avec un ordre du jour bien peu chargé. Des assemblées délibérantes qui n'ont aucune attribution en fait de finances, que peuvent-elles faire en vérité? Ici le Conseil général ne trouva qu'un seul point à examiner, et c'est en matière d'éclairage; et encore sa décision n'avait pas d'effet immédiat; il décida donc qu'à partir du 1er septembre 1789, l'éclairage du boulevard de la Reine, partie comprise entre la rue Sainte-Elisabeth (Duplessis) et la grille des entrées, serait installé aux frais de la ville.

Puis, sur la proposition de Chambert, un de ses membres, il arrêta que « les assemblées générales auraient lieu
» quatre fois par an; la première, le troisième dimanche
» d'avril et ainsi de trois mois en trois mois, à cinq heures
» de relevée ».

Mais cette décision resta lettre morte pour la première période : il n'y eut pas de réunion avant le mois de juillet; après, le Conseil général ne chôma plus faute de besogne.

Quant au Comité, les questions d'impôt l'avaient laissé libre à peine en temps convenable pour passer à l'accomplissement d'une mission dont le roi venait de le charger par l'intermédiaire de Laurent de Villedeuil, ministre d'Etat. Le roi, qui avait eu à se féliciter des services rendus par la municipalité, lors de l'assemblée des Notables, n'eut aucune peine à se persuader qu'il la trouverait disposée à faire la même chose pour le logement des députés des provinces aux prochains Etats généraux; Villedeuil, qui traduisait la pensée du roi, ajoutait :

« Vous jugerez aisément, Messieurs, que le soin des dis-

» positions à faire en cette circonstance, exige autant de
» célérité que d'attention et je ne doute point que ce ne
» soit pour vous une nouvelle occasion de faire preuve de
» votre zèle pour la chose publique. »

Le Comité accepta avec empressement cette nouvelle mission et se mit immédiatement à l'œuvre. Il fit, en cinq ou six articles principaux, un règlement d'exécution, et arrêta qu'il se réunirait trois fois par semaine pour recevoir les déclarations des propriétaires et statuer sur les questions incidentes qui demanderaient prompte solution.

Préparer une réception digne d'eux aux membres de l'Assemblée qui avait à statuer sur des intérêts si élevés, était aussi une tâche digne de la municipalité versaillaise de si fraîche origine; elle s'y consacra tout entière pendant plusieurs mois, ajournant à une époque ultérieure la reprise de ses fonctions municipales, agrandies probablement et mieux définies par les pouvoirs nouveaux.

Les États généraux avaient été convoqués à Versailles, le 27 avril 1789, par une lettre du roi du 24 janvier précédent, contenant le court exposé que voici :

« DE PAR LE ROI,

» Notre amé et féal, Nous avons besoin du concours de
» nos fidèles sujets pour nous aider à surmonter toutes les
» difficultés où nous nous trouvons, relativement à l'état
» de nos finances, et pour établir, suivant nos vœux, un
» ordre constant et invariable dans toutes les parties du
» gouvernement qui intéressent le bonheur de nos sujets et
» la prospérité de notre royaume. Ces grands motifs nous
» ont déterminé à convoquer l'assemblée des États de
» toutes les provinces de notre obéissance tant pour nous
» conseiller et nous assister dans toutes les choses qui se-
» ront mises sous ses yeux, que pour faire connaître les
» souhaits et les doléances de nos peuples; de manière que,
» par une mutuelle confiance et par un amour réciproque
» entre le souverain et les sujets, il soit apporté, le plus
» promptement possible, un remède efficace aux maux de

» l'État, et que les abus de tout genre soient réformés et
» prévenus par de bons et solides moyens, qui assurent le
» calme et la tranquillité dont nous sommes privés depuis
» si longtemps. »

» A CES CAUSES, etc. »

Le tableau que le roi fait de la situation de la France est empreint d'une profonde tristesse ; en tel état de choses, il reconnaît son impuissance et déclare, en des termes lamentables, qu'il n'a plus d'espoir que dans les conseils et l'assistance de *ses peuples* : appel solennel à leur concours, c'était la dernière ressource qui restait à sa disposition. S'il avait compris la portée de cet appel, s'il avait eu la clairvoyance des causes qui avaient poussé un petit-fils de Louis XIV à une pareille extrémité, moins d'un siècle après cette impérieuse personnalité, et si, les ayant vues, il s'était attaché sincèrement et résolument à faire de *ses peuples* un seul peuple, et à fonder l'unité de la patrie sur les seules bases où elle put se tenir, peut-être eût-il trouvé un terme à cette torture morale dont il se disait accablé et dont, malheureusement, il n'était pas le seul à souffrir ; mais il n'était pas capable d'une si haute résolution. Sa destinée, dès ce moment, était déjà de ne voir les choses qu'à demi et de se mouvoir dans un orbite où il n'aboutirait à rien, sinon à se déconsidérer chaque jour un peu plus. Dominé par une cour aussi peu clairvoyante que lui, mais plus malintentionnée, il se laissait aller sur cette pente où, innocent des fautes commises par ses prédécesseurs, il allait en commettre sans profit possible ni pour sa personne, ni pour la royauté, et aboutir à une suprême expiation pour tous.

Quoi qu'il en soit, l'appel fait à ses peuples par Louis XVI, c'était l'appel à la Révolution. L'a-t-on assez vu et assez dit? La Révolution ne date point du 4 mai, mais du 24 janvier 1789 ; c'est le roi qui en a donné le signal, inconsciemment pourrait-on dire, s'il l'avait fait en un mot ; mais dans une longue lettre patente délibérée, pesée, discutée article par article ! Que penser d'un pareil acte? Il n'y a qu'à rapprocher les lamentations royales des doléances du peuple, on verra comment les unes répondent aux autres, et comme elles étaient toutes dans l'esprit et dans les nécessités du temps. Un roi qui faisait un tel abandon de ses droits, un peuple qui s'emparait si avidement des siens, avaient rompu pour toujours leurs anciens rapports ; on le vit bien au premier choc : la Révolution était commencée par le roi et ne devait plus s'arrêter que quand elle serait consommée.

Les instructions royales, qui suivaient l'appel dont il nous a paru à propos d'apprécier la portée, n'avaient préjugé en rien les modifications qui allaient survenir dans l'état social ; elles avaient pour but de régler, comme si elles devaient toujours subsister, le fonctionnement des capacités électorales, chacune suivant, non pas son droit, mais ses privilèges. Le clergé, la noblesse, le tiers état entraient en mouvement d'après des règles particulières. Les bailliages où se faisaient les élections députaient *directement* ou *indirectement;* les uns tenaient leurs droits et leur mode de procéder de 1614, date de la précédente convocation des États généraux ; les autres avaient acquis la députation directe, postérieurement à cette même date. Les corps de métiers et communautés participaient séparément aux opérations électorales. Voici une disposition qui transporterait d'aise certains politiciens d'aujourd'hui ; les femmes même votaient ; oui, mais les femmes appartenant aux communautés *ecclésiastiques, régulières,* et qui plus est, *rentées ;* encore ne pouvaient-elles exercer leurs droits que par un *seul député* ou procureur fondé, pris dans l'ordre ecclésiastique séculier ou régulier ; conditions qui altèrent singulièrement le charme attendu de l'exemple emprunté aux temps anciens, en faveur de la capacité politique de la femme.

Les contemporains qui étaient familiers, de longue main, avec cet inextricable écheveau de capacités électorales, dont aucune n'avait jamais fonctionné et qui reposaient sur des droits si variés, ont pu s'y reconnaître sans doute et en faire application sans abus ou sans erreurs ; encore faudrait-il y regarder de près. Si l'on avait maintenant à courir le quart de ces risques, à chaque renouvellement de législature, la vérification des pouvoirs durerait aussi longtemps qu'elle, et serait peut-être interminable. Mais en ce temps-là, le roi avait prévu le cas et il avait dit, dans l'article 50 de ses instructions : « Toutes les opérations » électorales seront exécutées par provision, nonobstant » toutes appellations et oppositions en forme judiciaire » que Sa Majesté a interdites, sauf aux parties intéressées à » se pourvoir par devers ELLE, par voie de représentation » et par simples mémoires. »

Les choses étant ainsi réglées, le Conseil municipal eut beaucoup à faire pour se mettre en mesure de suffire à la tâche qui lui était assignée. On avait donné aux instructions une publicité aussi étendue que possible ; il y veillait incessamment.

Versailles, avec Choisy-le-Roi, Meudon et Vincennes, dépendaient de la prévôté et vicomté de Paris, non compris la ville, et ces quatre bailliages qui députaient indirectement avaient à élire ensemble *trois députations :* ce qu'on appelait députation était composé d'un député du clergé, d'un de la noblesse et de deux du tiers état. Le *doublement* des députés du tiers état, question longtemps agitée et objet d'une vive opposition de la part des deux autres ordres, avait pourtant fini par prévaloir.

Dans les villes, les habitants composant le tiers état se divisaient en autant d'assemblées qu'il y avait de corporations de métiers, d'industrie et même d'arts, car la musique du roi forma, à elle seule, une corporation ; elles votaient sous la présidence de leur syndic. Il y eut aussi, dans chaque paroisse, une assemblée des habitants qui n'appartenaient à aucune des corporations reconnues ; les assemblées paroissiales de cette catégorie furent tenues sous la présidence de la municipalité.

L'objet commun de toutes ces assemblées était de nommer des délégués à la séance fixée au 16 avril. Celle-ci avait pour but l'élection de trente-six députés au collège du tiers état, avec mission de résumer, en un cahier unique, les doléances exprimées distinctement par chacune des premières assemblées.

Ces trente-six députés avaient en outre à se rendre à la prévôté et vicomté de Paris, pour procéder à l'élection des députés du tiers état à l'assemblée des États généraux. Il fallait donc une triple opération électorale pour atteindre ce résultat, sans compter l'élimination préalable qu'il y aurait à faire, pour réduire la liste des trente-six députés au quart, fraction des élus qui serait seule admise à voter en dernier ressort.

Les premières opérations n'avaient donné lieu à aucune difficulté ; mais il n'en fut pas ainsi des suivantes. A l'ouverture de la séance du 16 avril, Lecointre fit lecture d'une motion concluant à l'exclusion, pour raison d'incompatibilité, des premiers commis, chefs de bureau et autres personnes attachées aux ministères. Elle fut, bien entendu, écartée par le bureau qui trouvait sa raison d'agir dans le règlement, en ce qu'il laissait au réclamant la faculté de se pourvoir par devant le roi, par voie de représentation et par simple mémoire.

On désigna, pour résumer en un seul cahier les doléances des Assemblées, une commission qui fut ainsi composée : de Boislandry, Lecointre, Dubois, de Latour, Jurien, Vauchelle, Clausse et Chapuy. La séance fut ajournée au lendemain, 17 avril, à cinq heures après-midi et l'élection des députés eut lieu comme ci-après :

Thierry de Ville-d'Avray, Menard, de Boislandry, Vignon, Loustannau, Verdier, Ris, Alin Gervais, Emard, Vauchelle, Pacou, de Latour, Tardif dit Delorme, Angot, Lebon, Lecointre, Rollet, Chapuy, Morel, Voizot, Gauchez, Garreau, Joyminy, Lemoine, Blanchet, Boileux, Parisot, Amaury, Fontaine, Salomon, Andrieux, Sénéchal, Ducro, Durais, Gouffet, Gambier de Campy.

La proclamation de cette liste est suivie de la lecture des devoirs imposés aux élus. Acte est donné à Lecointre, Chapuy, Morel et Voizot de leur mémoire au nom des corporations : c'est une protestation contre la décision de la municipalité, laquelle n'avait admis le vote de ces corporations que pour un seul représentant. La jurisprudence, créée d'avance en cette matière, dispensait le bureau, même d'un examen superficiel, expédient très commode dont il usa en renvoyant les réclamants à se pourvoir devant le roi.

Les combinaisons imaginées pour mettre en mouvement le triple corps électoral sont encore pour nous un sujet d'étonnement. Le clergé avait un mode d'opérer et des conditions spéciales ; c'en était un autre pour la noblesse ; ces deux corps s'arrangèrent respectivement entre eux, le public n'avait rien à y voir, et de fait, c'était pour lui affaire de médiocre intérêt : imitons le public d'alors et attachons-nous seulement à comprendre le mouvement du tiers.

Voici trente-six délégués nommés ; on pourrait croire qu'ils allaient concourir tous à la dernière opération électorale, celle qui élisait les députés aux États généraux ; point du tout, un quart seulement y prendrait une part effective ; comment et par qui se ferait cette réduction? cela n'était pas dit ; on le demanda et il fut répondu de haut lieu que c'était au bailliage à faire son choix. L'élimination faite, il se trouva parmi les électeurs conservés, un certain nombre d'entre eux qui étaient nobles et auxquels il était interdit de représenter le tiers dans les opérations électorales ; en sorte que Versailles ne fut représentée à l'assemblée de la prévôté et vicomté de Paris, hors murs, que par six de ses envoyés sur trente-six [1]. Ce fut une déception immense pour la ville qui ne fournit, pour le début des Etats généraux, aucun député du tiers, issu de son sein et intéressé par son origine à présenter le cahier de ses doléances particulières.

Le clergé et la noblesse n'avaient pas mieux réussi ; ils n'étaient pas non plus représentés par des députés d'origine versaillaise.

La municipalité réclama ; on reconnut la justesse de ses réclamations, mais voilà tout ; il n'y avait plus qu'à

---

[1] C. AA, Mémoire du 16 avril 1789, Jacoumasse et Duvivier ; très bien fait et très concluant.

se pourvoir devant le roi, ressource illusoire et inefficace. L'anomalie électorale, dont Versailles croyait avoir à souffrir, n'était réparable que par une autre élection ; cette éventualité n'était prévue que pour un avenir bien éloigné, dont les événements prévinrent l'échéance.

Mais il pouvait survenir des vacances parmi les élus, et c'est ce qui arriva; il était d'usage, dans les temps anciens, d'appeler pour les combler, les candidats qui tenaient, après les élus, les premiers rangs sur la liste électorale ; de Boislandry, Versaillais qui était dans ces conditions, se trouva, dès le commencement de juin, à titre de suppléant parmi les membres de l'assemblée nationale ; dès ce moment, nous le verrons donner des soins tout particuliers aux affaires de la ville ; il arriva ainsi que de Boislandry fut le premier et l'unique député de Versailles à la Constituante.

Les autres villes importantes de l'Ile-de-France qui sont entrées ultérieurement dans la formation du département de Seine-et-Oise, telles que Mantes, Montfort, Etampes, députaient séparément, sans aucun lien particulier avec Versailles. Mantes avait droit à une députation, soit 4 députés ; Montfort, deux députations, soit 8 députés ; Etampes, une députation, soit 4 députés.

En y joignant les trois députations de la prévôté et vicomté de Paris, on voit qu'il y avait vingt-huit députés pour une portion de l'ancienne Isle-de-France correspondant à peu près à l'étendue actuelle du département de Seine-et-Oise ; mais les statistiques du temps ne nous donnent, pour ce qui est en dehors de la circonscription dont Versailles faisait partie, que des renseignements fort incomplets ; nous nous abstenons de les citer. Pour la prévôté et vicomté de Paris, au contraire, les données sont certaines, et nous insérons d'autre part, les noms, profession et demeure des élus, qui ont siégé comme représentants à l'Assemblée nationale, en 1789, non pas tous dès l'ouverture des États ; mais les autres excédant le nombre 12, appelés successivement comme remplaçants d'autant d'entre les premiers qui avaient succombé, ou qui, par d'autres causes, ne faisaient plus partie de cette grande Assemblée [1].

DÉPUTÉS DE LA PRÉVOTÉ ET VICOMTÉ DE PARIS
Aux États généraux de 1789 [2].

1. Melon de Pradoux, curé de Saint-Germain-en-Laye, rue de Marly, n° 4.
2. Évêque de Senez, rue de l'Orangerie, n° 15.
3. Coulmiers, abbé régulier de Notre-Dame d'Abécourt, rue Berthier, maison Mercier.
4. Papin, prieur, curé de Marly-la-Ville, rue Saint-Louis, n° 20, suppléant de Le Guen, curé d'Argenteuil, décédé le 24 juin 1789.
5. Duval d'Eprémesnil, conseiller au Parlement de Paris, place Dauphine, n° 7.
6. Duc de Castries, rue des Bons-Enfants, n° 9.
7. D'Ormesson, le président, cour des Ministres, n° 19.
8. De Crussol, bailli, galerie des Princes, n° 95.
9. Assorty, cultivateur, à Villepinte, rue du Vieux-Versailles, n° 18, hôtel du Juste.
10. Duvivier, cultivateur, à Bonneuil-en-France, hôtel du Juste.
11. Chevalier, cultivateur, membre de la Société royale d'agriculture, avenue de Saint-Cloud, n° 6.
12. De Target, de l'Académie française, avocat au Parlement, avenue de Paris, n° 15.
13. Ducellier, ancien avocat au Parlement de Paris, rue de la Pompe, n° 41.
14. De Boislandry, négociant, à Versailles, avenue de Saint-Cloud, n° 8.

---

[1] Voir à la Bibliothèque, autographes n° 23, lettre de M. de Barentin à M. Loustannau, à l'occasion de la députation de Versailles (date du 23 juin 1789, Assemblée nationale).

[2] Extrait de la Liste alphabétique de bailliages et sénéchaussées. — Imprimerie royale, in-4°. — Bibliothèque. — La *Gazette nationale* ou *Moniteur* donne aussi la liste alphabétique, le tiers état à part.

15. Le Noir de la Roche, avocat au Parlement de Paris, rue de Paris, n° 10.
16. Guillaume, ancien avocat au Parlement et avocat au Conseil, rue Royale, n° 58.

La municipalité, aussi bien que l'attention générale, était tout entière aux choses qui intéressaient l'assemblée des Etats généraux, où Versailles n'eut au début aucun représentant sorti de son sein. Le résumé de ses doléances y fut néanmoins porté; l'on peut en voir la mention dans cet immense travail que la Constituante fit faire pour toute la France et qui, en généralisant les vœux de nos ancêtres, les met plus à la portée du grand public, mais leur enlève le cachet de terroir, pour ainsi dire, qui en a fait, pour chaque province, pour chaque ville, et même pour la plus petite localité, des pièces tout à fait originales et curieuses; il nous semble intéressant d'en insérer à cette place quelques extraits.

Versailles, comme nous l'avons fait voir plus haut, a 28 cahiers[1] qui ne sont pas les documents les moins précieux de ses archives. Ceux qui les ont produits, se trouvaient devant un programme illimité; ils en ont largement usé, mais sans omettre les intérêts de leur ville. Le cahier des drapiers et merciers, par exemple, renferme une véritable charte ou constitution nationale qui mérite par son objet et par ses principaux auteurs, que nous nous y arrêtions un instant.

La corporation avait « élu pour comparaître, assister et
» concourir à l'élection des députés du tiers état pour la
» prévôté et vicomté de Paris, Laurent Lecointre et Didier
» Rollet, marchands merciers, et pour suppléants Jean-
» Baptiste Bougleux et Pierre Blaizot. »

Les instructions données par la corporation à ses élus sont divisées en neuf chapitres et précédées d'un préambule rappelant habilement que, dans ses appels à la nation,

---

[1] Annexe C, liste des corporations, à la fin du volume.

le roi a reconnu aux citoyens le droit de s'expliquer nettement sur tous les sujets :

« Le premier des Etats, dit ensuite le préambule, sera
» d'adresser au roy leurs remerciements en des termes
» qui peignent à Sa Majesté, toute la vénération et recon-
» naissance dont les a pénétrés pour sa personne sacrée,
» la déclaration qu'elle a faite des principes vraiment
» constitutionnels de la monarchie et de renouveler la pro-
» fession de leur attachement à la Constitution monar-
» chique et à la maison régnante.

» Quant aux Etats généraux, ils auront à statuer confor-
» mément aux droits imprescriptibles de la liberté et de la
» propriété qui appartiennent à l'homme, et qui ne peuvent
» être gênés ni restreints que par la loi qu'il a consentie. »

Abordant ensuite les détails, le chapitre Ier, comprenant 16 articles, traite de la loi constitutionnelle, et, en première ligne, de l'organisation des pouvoirs publics et de leur formation; périodicité et inviolabilité des Etats généraux, états provinciaux, égalité des citoyens devant la loi, élections par quartiers et non par ordres; noblesse, prix des vertus, des services rendus, et non héréditaire; emplois accessibles à tous les citoyens, etc., telles sont les matières principales développées dans le premier chapitre.

Le suivant comprend les impositions, l'inviolabilité de la propriété, impôt consenti par la nation, suppression des droits d'octroi, de la gabelle, des douanes de l'intérieur, des aides, des cinq grosses fermes; réformes et suppressions de tous les privilèges, les Français de toutes classes sur le pied de l'égalité devant les charges publiques.

Le troisième chapitre, *abolition des droits féodaux*, admet quelques réserves qui témoignent d'une certaine timidité, quand il s'agit des privilèges qui profitent au roi et à quelques seigneurs placés dans des conditions exceptionnelles.

L'agriculture fait l'objet du chapitre IV, et fixe à 300 arpents le maximum d'une ferme et ne veut pas que le même fermier en exploite plusieurs simultanément. Les détails d'exploitation, les règles de voisinage, des plantations, de culture, sont examinés et discutés avec soin, mais dans des vues qui n'ont plus d'application possible.

Pour les communes, objet du cinquième chapitre, le cahier demande la suppression des maîtrises d'arts et métiers, des jurandes, etc., autorisation à la noblesse de se livrer au commerce, sans déroger, dans les six corps commerciaux « sous le nom de draperie, épicerie, mercerie,
» pellerie, bonneterie et orfèvrerie; ces états, source de la
» richesse extérieure et intérieure du royaume, ayant tou-
» jours joui, chez tous les peuples, de la plus haute con-
» sidération ».

Le cahier ajoute : « On peut dire qu'aujourd'hui la plus
» forte partie de la noblesse dont l'antiquité ne remonte pas
» à plus de trois cents ans, tant dans la robe que l'épée,
» tire absolument son origine de famille de ces corps...
» Cette faculté accordée mettrait la pauvre noblesse dans
» le cas de se dédommager des sacrifices qu'elle fait, d'é-
» lever sa fortune pour rentrer avec plus de splendeur
» dans les grandes charges d'Etat, et empêcherait que les
» pères d'une nombreuse famille auxquels la noblesse est
» un fardeau, ne dévouassent leurs enfants à un affreux
» célibat, en les faisant entrer dans l'état ecclésiastique ou
» religieux : d'où nous vient une multitude d'abbés et d'a-
» besses mêmes, sans mœurs et sans religion. »

Et encore :

« Unité des poids et mesures, dans tout le royaume,
» commerce libre de l'argent, suppression des lieux d'asile,
» comme Saint-Jean de Latran, des monts-de-piété offrant
» trop de facilités pour l'impunité des vols domestiques;
» réserver aux anciens négociants et fabricants, les places
» d'inspecteur du commerce. »

Le chapitre VI est consacré à la législation, il demande :
« La suppression de tous les tribunaux d'exception et
» l'organisation du bailliage de manière à rendre plus
» prompte et moins coûteuse l'expédition des affaires;
  » Abolition des justices seigneuriales ecclésiastiques et
» formation dans toutes les communes d'une commission
» présidée par le curé, devant laquelle seraient portées

» toutes les affaires religieuses sur l'exposé des parties
» elles-mêmes, et arrangées si possible ; aucune ne serait
» reçue au bailliage qui n'eût été préalablement déférée à
» la juridiction paroissiale ; plus de vénalité des charges ;
» juges suffisamment rétribués pour que la justice fût gra-
» tuite ; nomination des juges de paix par le roi, sur la
» présentation des Etats provinciaux d'une liste triple
» formée par les communes elles-mêmes du district.

» Modification et simplification de la procédure, aboli-
» tion des coutumes locales, législation unique pour toute
» la France ; procédure annulée pour irrégularité, restant
» à la charge de l'officier ministériel en défaut. »

Beaucoup d'autres détails, mais inapplicables, parce qu'ils sont destinés à une société de trois ordres ayant des droits différents et distincts, ce qui, d'ailleurs, était incompatible avec le vœu d'une égalité parfaite des citoyens devant la loi.

CHAPITRE VII : *Le clergé*. — Le cahier des merciers et drapiers contenait une savante étude pour la constitution de cet ordre sur des bases libérales ; mais quoiqu'ayant condamné un grand nombre d'abus, les auteurs n'avaient pu porter la main sur tous ; ils supprimaient par exemple une grande quantité de bénéfices, mais ils laissaient subsister ceux qui devaient profiter à de vieux prêtres auxquels étaient réservés les canonicats de cathédrale. Ils obligeaient les archevêques, évêques et curés à la résidence, sous peine de privation de revenus, mais ils ne réduisaient pas ce revenu à ce qui est suffisant pour ces dignitaires auxquels le luxe était ou devait être antipathique ; ils leur imposaient le devoir de faire des tournées fréquentes dans les paroisses diocésaines, mais ils cédaient à ce qu'ils croyaient être une nécessité, à la tendance d'augmenter le nombre de ces dignitaires de l'église et par conséquent, de fortifier l'action du clergé sur les populations, danger qui ne fut par la suite que trop difficile à conjurer.

On aperçoit bien les appréhensions de la corporation quant au rôle que le clergé jouait et allait garder dans la société nouvelle; mais il fallait, pour y faire contrepoids, des modifications de l'ancienne plus profondes qu'elle ne paraissait le croire; celles qui ont prévalu et qui ont dépassé de beaucoup les prévisions du temps des corporations, n'ont pu obtenir, cependant, une réconciliation sincère du clergé avec la société moderne, et, en fait, elle sera impossible aussi longtemps que subsistera le principe d'immuabilité de sa constitution.

Chapitre VIII : *Service militaire.* — Ce chapitre, composé de 7 articles seulement, est empreint d'un respect excessif des préjugés ou privilèges encore existants. Ainsi il attribue au tiers état moitié des places d'officiers jusqu'au grade de colonel exclusivement, non dans toutes les milices, mais seulement dans les régiments d'infanterie, d'artillerie, de cavalerie, dragons et hussards, *à condition* d'avoir commencé par être simple soldat; les autres places « seraient dévolues de droit à la noblesse » sans autre obligation que d'avoir commencé par le grade de sous-lieutenant. Il voulait que la paie du soldat fût augmentée de deux sous par jour et qu'on attirât dans les rangs de l'armée les jeunes gens des meilleures familles du tiers état, « à la place de ces ramassis de la lie du peuple dont » on avait été, depuis dix ans, obligé de se contenter. D'où » cette triste conséquence : désertions nombreuses et » soldats sans cœur ni patrie. »

Ici encore apparaît l'impossibilité de concilier l'existence d'une armée nationale avec la persistance d'une société non purgée de toutes ses attaches féodales.

Chapitre IX : *Administration et domaine du roi.* — La question était d'une grande délicatesse. Tout le monde savait bien, et le roi l'avait dit lui-même, que les finances étaient dans un état déplorable; mais jusqu'où allait le désordre? Personne ne pouvait le dire. Aussi le cahier des merciers et drapiers, en faisant une longue énumération des abus à réprimer, des inutilités à bannir, des appointements à réduire, déclare-t-il, quand il arrive à la personne respectée du roi, qu'il faut lui laisser le soin de fixer elle-même « la somme nécessaire pour sa dépense personnelle

» et celle de sa famille ». Mais il y a lieu de revenir sur le principe « d'inaliénabilité du domaine du roy », et de vendre toutes les propriétés qui ne sont « ni bois, ni forêts », afin que les produits en soient employés à l'amortissement de la dette publique.

Voilà bien une première idée de la « liste civile » dont les monarques ont été dotés ou se sont dotés eux-mêmes, depuis les premières années de la Révolution jusqu'à nos jours.

Aux neuf chapitres dont nous venons de faire connaître l'esprit et la portée, les merciers et drapiers avaient ajouté, comme l'ont fait depuis, de véritables législateurs, des *actes additionnels* qui tendaient à compléter leur œuvre primitive. La corporation en produisit quatorze, dont voici l'objet :

Réunir sous une administration et juridiction unique, diocèse ou bailliage, les sections de paroisse qui appartenaient à des divisions ou subdivisions différentes ;

Laisser à chaque paroisse le soin de venir en aide à ses pauvres ; y établir des ateliers de charité ;

Dans les grandes villes, fonder des établissements pour y donner asile aux enfants trouvés ;

Abolir toutes les loteries, sources de désordres et cause de la perversion des mœurs ;

Égalité devant la loi civile de catholiques et non catholiques ;

Suppression des enrôlements forcés et des privilèges fondés sur la domesticité des charges près de quelque noble ou prince ;

Entretien permanent d'une armée nationale de deux cent mille hommes ;

Double taxe pour les célibataires de trente à cinquante ans ;

Exonérer le roi de toutes ses dettes actuelles par l'augmentation de l'impôt et sans recourir à de nouvelles impositions ;

Établir à Versailles : 1º un bailliage présidial ;

2º Deux marchés francs, l'un au blé, l'autre au bétail ;

3° Un canal de la Loire à la Seine, passant par Versailles, « ville déjà trop étendue » à laquelle ce canal offrirait des moyens de spéculation et de commerce qu'elle ne peut se procurer autrement.

Le cahier des merciers et drapiers se termine par cette recommandation générale, adressée aux élus de cette corporation :

« Garder, dans les séances que Sa Majesté honorera de
» sa présence, la même attitude que les deux autres
» ordres, ayant toujours présent à la mémoire que la mo-
» dération et la sagesse du langage doivent rester insépa-
» rables d'une noble hardiesse et d'une fermeté raisonnées.
» Pénétrés de ces vérités, les députés doivent emporter
» la résolution de mourir plutôt que d'abandonner, négli-
» ger ou trahir les intérêts si précieux qui vont leur être
» confiés. »

Ce remarquable écrit, dont toutes les pages sont paraphées, est signé, à la dernière, des noms suivants : Floquet, J.-B. Adam, J. Brunel, Larcher, Laîné, Siroz, Couture, J. Berson, J. Jouanne, A. Huard, L. Lecointre.

Les doléances des merciers et drapiers de Versailles s'inspiraient manifestement de la philosophie du XVIII° siècle en ce qu'elle avait de plus pur ; elles ne sont point exemptes de contradictions et de certaines utopies, parce que les rédacteurs ont cru à la conciliation de principes fondamentaux qui sont réellement inconciliables. Pour réaliser les vœux tels que ceux que vise notre allusion, il aurait fallu faire table rase de toutes les institutions féodales, sans exception ; ce qui était une utopie, c'était d'en conserver quelques parties, avec la prétention de les accommoder à un ordre semi-libéral et aux besoins impérieux de liberté et d'égalité, d'égalité surtout, qui avaient envahi tous les esprits.

Mais ils ont eu le très louable mérite de voir les abus à réformer, et s'ils en ont omis quelques-uns dans leur dénonciation intelligente, c'était volontairement et en considération de la personne royale qui était estimée et respectée, qui le méritait bien à raison des qualités personnelles par lesquelles elle se distinguait de ses ancêtres et qui, enfin et à plusieurs autres titres, était sympathique aux Versaillais. Le roi avait un air malheureux ; il payait déjà pour les autres, et on avait le pressentiment qu'il n'était pas au bout de ses souffrances ; cela touchait tout le monde, les hommes les plus ardents aussi bien que les autres ; il n'avait pas encore donné la mesure de cette instabilité de caractère qu'il devait pousser si loin.

Ce n'était pas un mince mérite, pour les drapiers et les merciers, d'avoir donné à leurs vœux une si longue portée et essayé de les adoucir en ce qu'ils avaient de plus agressif contre le despotisme royal. Ils ne désiraient point et ne prévoyaient pas davantage les événements, pourtant si prochains, qui allaient renverser l'ordre ancien et briser tous les rapports de la royauté avec la société nouvelle. Nous ne pouvons les blâmer de s'être arrêtés à la perspective d'une simple restauration, et de n'avoir pas soupçonné la nécessité d'un nouvel édifice à refaire de toutes pièces, de la base au sommet ; on se trompe plus lourdement encore et très souvent, en des matières bien autrement faciles à pénétrer.

Il serait injuste de ne pas mentionner, au moins en quelques lignes, les doléances des paroisses et des autres corporations. Les unes, mais bien peu, se bornaient à ce qui les intéressait particulièrement, les autres donnaient la plus grande part de leur attention aux choses d'intérêt public et général, mais, ce qui est bien remarquable, sans cesser d'être en concordance entre elles ; si bien que nous pourrions exprimer par un mot presque tout ce qu'il est utile de savoir, en disant que leurs vœux, formulés en termes différents, sont ceux mêmes que nous venons d'extraire du cahier des merciers et drapiers, le plus complet de tous.

La corporation des chirurgiens et médecins, dont une bonne partie était attachée à la cour, avait, en un cahier de vingt-cinq pages, manifesté des sentiments très libéraux ;

mais ne prévoyant pas non plus le renversement de la société féodale, elle avait imaginé de substituer aux trois ordres existants, trois ordres nouveaux groupés de la façon suivante : le premier comprenant la *noblesse* et le *clergé ;* le second, l'*ordre civil,* c'est-à-dire les habitants des villes, et le troisième, l'*ordre agricole,* ceux des campagnes. C'était difficile à justifier; aussi n'en est-il question que là.

Mais la corporation a abordé, avec plus d'à-propos et plus de compétence, d'autres questions générales, et s'est rencontrée, la plupart du temps, avec les pharmaciens, les aubergistes, les cordonniers, les corroyeurs, etc., dans l'expression de leurs vœux pour la liberté indéfinie de la presse, la suppression de l'hérédité des places, la réduction du nombre des fêtes religieuses, occasionnant, disaient-ils, l'oisiveté et la débauche ; la suppression des peines afflictives envers les inculpés non encore jugés, celle des subsides du pape ; la conversion en un droit unique de tous ceux dont les vins étaient frappés, etc., etc.

Les cordonniers avaient aussi demandé, mais ils ne paraissent pas avoir été appuyés, un impôt unique remplaçant tous les autres, d'après le système de Grouber de Groubentail, avocat au Parlement de Paris, système enseveli, avec beaucoup d'autres, au fond de la boîte à oubli, où vont les excentricités et les chimères dont les pauvres humains ont été un moment les jouets inconscients.

D'autres encore proposaient le licenciement des corps *militaires* de la maison du roi, disant : « Les soldats bardés » de fer sont préférables à ceux qui sont bardés d'or ».

Il serait difficile de trouver un sujet qui eût échappé à la perspicacité si éveillée de nos ancêtres et qui n'eût été l'objet d'un vœu implicite ou clairement exprimé, par tout ce peuple qui se considérait comme sollicité individuellement de dire son mot dans cette enquête universelle.

Quant à ce qui concernait Versailles, rien non plus de ce qui pouvait tomber sous le sens de cette population si inexpérimentée dans la connaissance des besoins municipaux et des moyens d'y pourvoir, n'avait été omis ; mais c'est avec une timidité excessive qu'elle a émis ses vœux ; dans le nombre, nous recueillons ceux-ci :

1° Affectation des revenus d'une abbaye à l'hôpital (c'est encore l'infirmerie royale)[1] ;

2° Consolidation de la municipalité avec des droits et attributions ;

3° Juridiction consulaire ;

4° Revenu fixe à prendre sur le produit des octrois ;

5° Droit pour les citoyens de prendre communication des états de perception des taxes[2] ;

6° Concession de l'hôtel des gardes de la Porte (rue Colbert, n° 15) pour un hôtel de ville ;

7° Juridiction unique sous le nom de Présidial, et suppression des tribunaux d'exception ;

8° Deux courriers par jour, de Paris à Versailles, pour les communications postales ;

9° Un bureau général de charité et la centralisation des secours à distribuer, la ville offrant d'y contribuer par une taxe volontaire, ou par une taxe fixe, comme à Paris ;

10° Un jardin botanique, pour l'enseignement et la culture des plantes médicinales (apothicaires) ;

11° Un collège de plein exercice avec enseignement approprié aux besoins de l'éducation nationale, dont le programme comprendrait une chaire de philosophie, des leçons publiques sur la haute finance, la physique, la géographie, l'histoire, l'anatomie et la physiologie du corps humain (chirurgiens) ;

12° Statuts à réformer de la corporation des chirurgiens et médecins, de façon à créer une Faculté de médecine à Versailles (chirurgiens) ;

13° Interdiction d'exporter des grains (perruquiers) ; faculté d'en exporter le superflu, et liberté de circulation (boulangers) ; abolition de tous les droits sur les grains et farines (maréchaux et serruriers) ;

---

[1] Le roi Louis XVI avait fait, en 1776, une dotation de 150,000 livres en faveur de l'Infirmerie. Voir chapitre 1er.

[2] D'où il suit que les contribuables ne savaient rien des règles pratiquées en matière de taxes.

14° Droits sur les articles introduits d'Angleterre, de manière que ces articles atteignent, à la vente, les prix des similaires de fabrication nationale;

Suppression du colportage et du monopole des armes à feu (couteliers, arquebusiers, etc.....);

15° Administration des finances à porter à la connaissance de tous (orfèvres, joailliers);

16° Suppression de la ferme des huit deniers sur la vente faite aux marchés de Poissy et de Sceaux, taxe très préjudiciable aux commerçants, et procurant aux fermiers des bénéfices scandaleux, car elle ne rend au roi que 300,000 livres, tandis qu'ils en perçoivent 900,000 (cahier des bouchers, statistique);

17° Enfin, rétablissement de la boucherie en carême (bouchers).

A la suite d'un cahier où se trouvent quelques-uns des vœux de la dernière série ci-dessus, figurent les signatures ci-après : Lambert, Larcher, Caron, Menard, J. Villonne, Calmel, Gambier de Campy, Belletreux, Faivier, Caudez, Duchêne, Poupart, Jacoumasse-Duvivier, Bonnefoy, Belairmont, Flotte (l'aîné), Beniault Prat, Dresprez, Letellier, Barinier, Lapierre, La Malmaison, Gorin, Lessié Bedel;

Et une dernière, précédée de l'étonnante observation que voici :

« Approuvé le contenu du précédent cahier dans tous
» les points, excepté les articles qui concernent l'établisse-
» ment d'une municipalité, étant persuadé qu'elle porterait
» atteinte à l'autorité du *roi*, vu qu'il ne doit point y avoir
» de municipalité dans le lieu de la résidence de Sa Ma-
» jesté, où tous les ordres relatifs à l'administration et à
» *la police de cette ville* doivent émaner directement du
» roi, sans autre corps intermédiaire que ceux de la pré-
» vôté et du bailliage.   *Signé :* Loir. »

Cette réserve est étrange de la part de Loir que nous retrouverons dans la suite, mêlé si complètement aux choses de la Révolution, apportant son concours et ses lumières à outes, dans les heures de calme, aussi bien qu'au milieu des plus vives agitations, faisant partout, en toute circonstance, l'office de la cheville ouvrière dans l'organisation municipale, mais, disons-le tout de suite, sans faiblesse dans les moments d'accalmie, et sans violence quand il était si difficile de rester calme. Loir est pour nous un noble exemple de l'influence que la Révolution a exercée sur certains hommes, de son empire sur les consciences les plus tenaces, sans ébranler la fidélité aux serments.

Aujourd'hui, il reste, bien vivace encore, quelque chose de la doctrine de Loir; on n'admet point, et selon toute prévision; on n'admettra pas de longtemps que Paris, siège central du gouvernement, jouisse de ses franchises municipales à l'égal des autres villes de France; c'est par d'autres considérations que Loir justifiait l'exception où il voulait enfermer Versailles. Paris, avec une mairie centrale et un maire unique, n'aurait point eu, selon toute vraisemblance, la chance d'être recommandé par lui.

Peut-être nous sommes-nous attardé trop longtemps en l'étude des cahiers de Versailles, semblables sous beaucoup de rapports à ceux d'autres bailliages ou sénéchaussées ; mais il était difficile de résister à l'attrait que présente une pareille étude. S'il est vrai qu'il n'y a pas un si petit recoin de l'âme humaine qu'il ne soit bon de consulter, jamais occasion semblable ne s'était offerte à l'observateur. Qui pourrait dire ce qu'il a trouvé de charme à prêter l'oreille aux premiers murmures d'une nation qui s'éveille à la liberté, qui s'essaie à dire comment elle la comprend et ce qu'il faut pour qu'elle en jouisse? Vingt-huit assemblées délibérant à part, dans la seule ville de Versailles, nous ont laissé autant de procès-verbaux, les uns sous la forme qui a presque le mérite et la sévérité du langage juridique, les autres en un style moins correct sans doute, mais toujours clair, juste très souvent, et, ce qui est éminemment remarquable, d'une modération qui ne se dément jamais. Que nous sommes loin aujourd'hui de la candeur que nos ancêtres ont mise à exprimer leur foi dans la durée de l'ère qui venait de naître et qui, selon la croyance de tous, allait se développer sans effort et sans douleur! Il y a là une page d'histoire inimitable, qui n'a sa pareille chez aucune nation ; elle est sincère, profonde, d'un enseignement élevé, dont on ne peut que s'étonner de la part d'un peuple asservi avant cette époque. Il faut la mettre en regard des élucubrations qui n'ont pas tardé à éclore, et de celles des sectaires modernes que l'expérience n'a pas mûris. Nous n'avons pas voulu nous dérober à cette tâche et, vraiment, quand nous y regardons bien, c'est avec le regret de n'avoir pas fait un plus large emprunt à l'œuvre de ces précurseurs, déjà loin de nous par leurs mœurs, mais présents à notre esprit quand nous avons besoin d'invoquer de nobles exemples pour raffermir notre confiance en la stabilité des institutions dont ils sont les premiers et glorieux fondateurs.

CHAPITRE III

LA GARDE NATIONALE

MAI A NOVEMBRE 1789

Etats généraux. — Travaux de la municipalité. — Consul devenu maire. — Origine de la garde nationale. — Démission du maire. — La disette en perspective. — Comité permanent substitué au Comité municipal. — Poids-le-roi. — Le prince de Poix. — Le Conseil général remet ses pouvoirs au peuple. — Clausse élu président. — Etat-major. — Marché ouvert. — Grains de la Beauce. — Accapareurs. — Eclairage. — Le Bouquet du roi. — Régiment de Flandre. — Drapeaux. — 5 et 6 octobre. — Départ du roi. — Lafayette élu commandant en chef. — Drapeaux blancs. — Adieux de la Constituante à Versailles. — Municipalité réorganisée. — La gabelle. — Sel à 6 sous. — Les privilégiés soumis à l'impôt. — Contribution du quart du revenu. — Loi martiale.

« L'union est l'esprit du bien; la division, l'esprit du mal. »
(*Leclerc à l'assemblée électorale du 29 août.*)

Absorbé par les soins qu'il donnait à la préparation des logements destinés aux députés, le Comité municipal avait peu de temps à consacrer aux affaires de la ville ; personne, d'ailleurs, ne semblait y songer. Vers la fin d'avril, une grande partie des députés aux Etats généraux étaient arrivés, mais on ne fut en mesure d'ouvrir ces Etats que le 4 mai. Cette ouverture fut précédée d'une procession solennelle, sous la direction du clergé de Notre-Dame, pour attirer les bénédictions du ciel sur les travaux de l'Assemblée. Ce n'était pas d'humilité chrétienne qu'étaient pénétrés ceux qui avaient réglé la cérémonie et distribué les places dans le cortège. Le tiers état y fut traité avec une hauteur dédaigneuse qui lui donna la mesure de ce qu'il avait à attendre des deux autres ordres. Un observateur, jugeant froidement ces prodromes, aurait déjà pu remarquer, dès cette première journée, que le tiers avait la conscience de sa force et le pressentiment de la grandeur du rôle qu'il allait tenir dans les affaires de la France ; les deux autres ordres n'avaient plus à jouir longtemps du privilège d'occuper, aux processions et ailleurs, les premières places et de narguer de là les représentants du tiers état.

Il n'est pas de notre sujet d'entrer dans les détails de l'histoire nationale ; tout au plus pourrons-nous relever, quand il y aura lieu, les coïncidences ou les rapports des faits municipaux avec quelques-uns des grands faits de cette histoire ; c'est dans celle-ci qu'il faudra consulter les développements et la critique de ces faits, alors même qu'ils se seraient accomplis sur le sol versaillais.

Il est bien vrai qu'il nous en coûterait peu de commencer et d'achever l'histoire des Etats généraux [1] vu leur

---

[1] Les Etats généraux de 1789 n'ont en réalité existé que de nom : « A peine ont-ils vécu un jour. La même séance qui les a vu naître les a vu mourir. Ils n'ont rendu d'autres services à la France que de lui donner l'occasion de protester contre leur institution surannée, oubliée depuis cent soixante-quinze ans : les derniers Etats généraux s'étaient tenus en 1614. La division de la France en trois ordres, dont le dernier, le plus nombreux et le plus important, était réduit par les traditions des temps anciens et par l'étiquette, à une condition subalterne, n'était plus une idée qui fût en harmonie avec les vœux et les sentiments de la nation. Aussi, le jour où le tiers état, lassé de l'opposition inquiétante des deux ordres privilégiés, osa proclamer, de sa seule autorité, que la réunion de tous les députés, sans distinction, se constituerait sous le nom d'*Assemblée nationale*, ce jour-là, le 17 juin, fut acclamé en France comme la date de la première grande victoire de notre glorieuse Révolution.

» Un fait si mémorable suffit assurément pour placer dans l'estime et le respect de tous, le nom de l'*Assemblée nationale* bien au-dessus de celui des Etats généraux. »

(Rapport de M. Ed. Charton, fait au Conseil municipal de Versailles le courte existence : notre savant et sympathique concitoyen M. Ed. Charton, sénateur, a dit tout ce qu'on en peut dire, dans un travail dont nous extrayons le passage cité en note et que nos lecteurs auraient grand plaisir à lire en entier, s'il nous était possible de le mettre sous leurs yeux.

Pendant que se passaient les petits événements qui furent les préliminaires de la Révolution, la municipalité n'était ni impassible ni inactive ; elle continuait de donner ses soins aux logements de ses hôtes, et il lui restait encore beaucoup de places disponibles. Il lui vint un souci d'un autre genre ; elle fut chargée impérativement et par une sorte de réquisition, au nom du roi, de préparer chez les bourgeois un logement pour deux cent quarante-quatre officiers et gardes du corps de sa personne, qui devaient arriver, le 26 juin et pour autant qui n'étaient attendus que le 29. Elle le fit sans la moindre observation. Les logeurs devaient être indemnisés par le trésor du roi à raison de deux livres par jour pour les officiers, de trente sols pour les maréchaux des logis, et de vingt sols pour les gardes. Malgré cette indemnité, elle ne dut pas éprouver grand plaisir à la besogne ; la forme et la brusquerie dont le roi avait usé, témoignaient qu'à la cour on mettait peu de soin à interroger les événements et à deviser juste sur les choses qu'ils présageaient.

Le consul municipal, cependant, y avait gagné de changer son titre contre celui de maire de la ville de Versailles ; le 28 mai, il annonça cette nouvelle à ses collègues. Le roi

1er février 1869, au nom et comme président de la commission composée de MM. Denis, Baïhaut, Lasne et Rameau. C'est à la suite de ce rapport, approuvé par le conseil municipal, qu'a été apposée la plaque commémorative qu'on voit encore sur la façade de l'hôtel des Menus-Plaisirs, avenue de Paris, en attendant l'érection du monument qui rappellera plus dignement la place où les Etats généraux ont laissé le souvenir d'une existence éphémère, et la Constituante, d'une gloire impérissable. La loi qui a prescrit cette érection est votée et a reçu un commencement d'exécution, puisque les plans sont faits et approuvés : Versailles n'attend plus que son achèvement.)

avait pris cette détermination, paraît-il, de sa propre initiative, un peu aidé apparemment par le sentiment de ce qui se passait autour de lui ; mais un arrêt de son Conseil, du 23 mai, « avait sanctionné publiquement et légalement » la volonté du roi. »

Dans un autre arrêt du Conseil, du 11 juillet, dont l'opportunité ne paraît pas bien établie, on lit ceci :

« Le roi, voulant s'expliquer provisoirement et d'une » manière plus précise sur les fonctions et les pouvoirs » attachés à ladite place de maire, a ordonné que le maire » de ladite ville de Versailles sera à l'avenir spécialement » chargé de la correspondance avec le secrétaire d'Etat de » sa maison et, qu'en cas d'absence de sa part, il aura la » liberté de désigner celui des députés qu'il jugera à propos d'indiquer pour le représenter. »

Voilà bien l'origine de la mairie et le premier maire de Versailles, c'est Thierri de Ville-d'Avrai, mais pour peu de temps ; remarquons-le dès à présent : les registres des procès-verbaux de la municipalité ne portent pas une seule fois sa signature en cette qualité, quoiqu'il ait été signalé comme ayant pris part à plusieurs délibérations du Comité.

Les termes de l'arrêt précité apportent une certaine extension des attributions municipales, mais en les enveloppant d'une sorte d'obscurité que n'avaient point encore pénétrée quelques-uns des ministres, ainsi que le prouve l'exemple suivant :

Les habitants de Versailles avaient demandé l'autorisation d'établir un bureau de charité ; le ministre répond au maire :

« Sa Majesté vous permet, en qualité de maire de la ville » de Versailles, de convoquer la commune pour cet objet » seulement, sous la condition expresse qu'il ne sera question dans ces assemblées, d'aucune élection, ni de remplacement des officiers de la municipalité, ni d'aucune dépense annuelle à la charge des propriétaires ou habitants, » conformément au règlement du 18 novembre 1787. Sa » Majesté ne regarde pas comme infraction à cette clause,

» les aumônes volontaires qui pourraient être faites sans
» avoir été délibérées, pour secourir les pauvres et dimi-
» nuer le nombre des mendiants. »

Vraiment ! le ministre qui traduit en ces termes la volonté du roi, le 11 juillet 1789, trois jours avant la prise de la Bastille, est bien en retard sur la marche des événements. Réglementer à cette heure l'exercice de la charité comme s'il s'agissait d'une machine explosible menaçant la sûreté de l'Etat, c'était s'arrêter à des puérilités pour ne pas voir les écueils qui le menaçaient ; à cela seul on pouvait reconnaître l'insuffisance du pilote qui avait charge d'y veiller. Versailles n'eut pas à tenir compte longtemps de prescriptions si inopportunes.

Boislandry, au nom d'une partie de la jeunesse versaillaise, annonça à ses collègues qu'elle venait de se réunir au grand-maître, dans les vues de prendre les armes, pour suivre le roi dans son voyage à Paris et avec l'intention de former ultérieurement une milice bourgeoise.

Cette idée trouva le Comité irrésolu ; une députation composée de Loustannau, Chapuy et Boislandry alla vite au château, où l'irrésolution ne resta pas moindre. Le roi fit répondre qu'en l'absence de tous les ministres, il s'en rapportait à la sagesse de la municipalité. Celle-ci ne décida rien encore, s'occupa d'un mémoire au roi et attendit. Mais les jeunes gens n'attendirent pas, s'assemblèrent de leur seule initative au nombre de deux à trois cents, s'armèrent comme ils purent et suivirent le monarque dans la visite qu'on l'avait décidé à faire à sa capitale ; c'était le 17 juillet.

Les mêmes jeunes gens, unis par le même sentiment, proposèrent à l'Assemblée Nationale une garde d'honneur qu'elle accepta. Paris l'avait également proposée, mais les Versaillais considéraient comme leur droit de garder les représentants de la nation, qui étaient leurs hôtes et ne voulurent point le céder.

L'idée d'une garde bourgeoise fit un chemin rapide, ce n'était plus de 400 hommes qu'il fallait la former, comme la municipalité le proposait d'abord, mais de 2,400. Le Conseil général, de son côté, réuni sous la présidence du prince de Poix les 18 et 23 juillet, s'était occupé de la formation d'une milice bourgeoise et avait déjà pourvu au choix de son état-major ; le prince de Poix en avait été nommé commandant-général, et de Latour, commandant en second. Après s'être ainsi assuré de la tête de la milice, on ajourna l'organisation du corps jusqu'au moment où l'on aurait un règlement d'exécution, qui était déjà à l'étude.

En attendant, on décida le désarmement de tous ceux qui, sous prétexte de milice bourgeoise, parcouraient la ville sans ordre, et l'inquiétaient plus qu'ils ne la gardaient. On recevait les enrôlements ; dans la séance du Conseil général du 23 juillet, dont nous avons déjà parlé et à laquelle avaient été convoqués les députés, les représentants des huit quartiers, les électeurs de la ville et le procureur du roi, les enrôlements avaient atteint le chiffre de 451.

L'assemblée décida, par votes successifs, qu'il serait passé outre à l'organisation de la milice, « laquelle n'au- » rait qu'un service éventuel, dans les cas pressants et » déterminés par des circonstances ».

Le prince de Poix obtint du roi, le 24 juillet, l'approbation du projet formulé en ce sens, en y ajoutant toutefois la condition que tout bourgeois serait obligé de se faire inscrire sur la liste et que cette liste serait déposée à la municipalité ; que si les *Etats généraux* voulaient une garde bourgeoise, elle serait fournie tout de suite.

Le roi écrivit de sa main : « *Approuvé* », ✕. Arrêté par le roy, le 24 juillet 1789. — *Signé :* Noailles, prince de Poix.

Telle est l'origine de la garde nationale à Versailles ; affaire rapidement enlevée, comme on le voit, mais il restait à la constituer, ce qui ne fut pas long non plus.

Le prince de Poix rapporta au Conseil général, en sa séance du 24 juillet, l'autorisation du roi. De Latour et Ris firent nommer une commission pour la rédaction du rè-

glement. Le maire, dans une allocution qui, dit le procès-verbal, a été prise en considération par l'assemblée, s'attacha à énumérer les services qui allaient être demandés à la milice, dès qu'elle serait sur pied. C'était déjà beaucoup plus que, le service éventuel dont il s'agissait, il y a deux jours seulement. « Défendre la ville, dit le maire,
» qui est le séjour ordinaire des rois, contre des éventua-
» lités qui ne se produiront pas, il faut l'espérer, mais
» qu'il faut aussi prévoir, voilà le but de cette institution.
» Les désordres déjà commis dans la plupart des grandes
» villes du royaume, font à Versailles, rempli depuis plus
» de trois mois de gens sans aveu, une loi de se prémunir
» contre leurs attaques et d'éloigner les mendiants, de-
» venus menaçants à propos ou sous prétexte de la rareté
» du blé.

» L'Assemblée nationale, dit-il, en terminant, va com-
» mencer incessamment ses opérations les plus impor-
» tantes ; nous serions malheureux si elles étaient trou-
» blées par la malveillance de nos ennemis, quels qu'ils
» soient. »

Ces pressentiments n'étaient point le produit d'une imagination frappée. Des attroupements se tenaient déjà à la grille du petit Montreuil et faisaient passer les voitures chargées, sans payer de droits d'entrée. Rollet fils et Chapuy, à l'aide de la garde invalide, les dissipèrent sans trouver de résistance; ce n'était pas très sérieux, mais la ville, à part les gardes du corps, n'avait pas de garnison; il était très à propos d'y suppléer par une forte organisation de la milice urbaine ; on n'y perdit pas de temps.

Le Conseil approuva provisoirement un premier essai de réglementation, dont la rédaction définitive était réservée à l'état-major de la garde. Baumé fut nommé major, et Joly son aide. Les électeurs ayant à examiner, dans la séance du 28, les mesures qui venaient d'être prises assez hâtivement, déclarèrent qu'ils approuvaient la nomination du prince de Poix comme commandant en chef, mais non celle de Latour comme commandant en second. C'était un premier conflit entre l'autorité dérivant de la monarchie et le droit populaire ; il n'était pas très grave, mais il signifiait qu'on ne voulait plus laisser de décision sans contrôle, et l'avertissement ne resta pas incompris.

On continua avec toute l'activité possible à établir les bases de la milice ; on admit deux grandes divisions : la première, pour le quartier Notre-Dame, comprenait quatre bataillons et vingt-deux compagnies ; la seconde, pour le quartier Saint-Louis, quatre bataillons aussi, mais avec vingt compagnies seulement ; on leur distribua des fusils en deux fois différentes, jusqu'à concurrence de 1364, autant qu'on en avait de disponibles. Il en tomba même entre les mains des gardes nationaux, par une voie qui n'était ni régulière ni loyale. Une voiture, chargée de marchandises expédiées de Roanne, s'arrêta à Versailles pour quelques livraisons qu'elle avait à y faire ; il y avait deux caisses d'armes de chasse pour un destinataire de Rouen. Des gardes nationaux s'en emparèrent, malgré l'opposition du roulier, et aussi de quelques officiers de la milice. Le destinataire, qui se nommait Brûlé, réclama en se plaignant avec raison du procédé ; on ne put lui rendre ses armes ; la municipalité paya la facture qui ne s'élevait qu'à 749 livres 6 sols [1].

Ainsi l'organisation de la garde bourgeoise ne se fit point sans quelques incidents contraires au bon ordre et sans précipitation ; les choix s'en ressentirent. Les procès-verbaux d'élection contiennent parfois quelques réserves, d'où l'on peut tirer la conclusion qu'on entendait bien y revenir quand la loi apparaîtrait. Elle se fit longtemps attendre ; mais la municipalité y suppléa, comme nous allons le voir bientôt, par un règlement fort étendu où sont condensées dans un ordre généralement bien conçu, d'après les idées du temps, les dispositions organiques de la première milice versaillaise à laquelle fut donné et qui conserva longtemps le beau nom de *Garde nationale*.

[1] Voir A et B, les tableaux des élections et de la distribution des armes.

La crise qui avait éclaté et qui grandissait chaque jour faisait pressentir une prochaine dislocation de la municipalité. Dès le 3 août, elle s'annonça par la démission de Thierri de Ville-d'Avrai, dont l'emploi pour le service du roi, ne pouvait se concilier d'ailleurs avec les fonctions de maire de Versailles. Il devenait garde-meuble du roi à la résidence de Paris. Le Comité municipal répondit à cette communication par l'envoi d'une députation chargée d'exprimer au maire démissionnaire les regrets dont sa retraite était l'objet.

On éprouvait déjà à cette époque quelques difficultés à circuler en France, si l'on n'était porteur de papiers établissant l'identité et l'honorabilité du porteur, ainsi qu'on l'entendait ; la municipalité adopta une formule de passe-port qu'elle fit imprimer, que les députés des quartiers purent délivrer eux-mêmes et qui invitaient les officiers municipaux des villes, bourgs et villages du royaume à laisser passer librement ceux qui en étaient porteurs, et même à leur prêter, en cas de besoin, aide et assistance.

Au Conseil général qui fut encore, le 3 août, présidé par le prince de Poix, une motion fut présentée afin qu'il fût procédé au choix d'un maire en remplacement de Thierri de Ville-d'Avrai ; mais ce choix fut ajourné par cette considération que, dans l'Assemblée constituante, il était question d'établir un régime général pour les états provinciaux et les différentes municipalités des villes du royaume ; il devenait dès lors inutile, quant à présent, de procéder à l'élection du maire.

Les émotions dont le public parisien était saisi, à l'égard des subsistances, avaient gagné celui de Versailles. De Latour, un Versaillais que nous avons déjà vu intervenir plus ou moins opportunément dans les affaires de la ville, avait fait afficher, sans autre mission que celle qu'il s'était donné à lui-même, qu'*on ne devait avoir aucune inquiétude sur la subsistance de la ville, le bailliage et la municipalité s'en occupant essentiellement*. La municipalité, piquée, n'accepta pas la paternité de cette affiche, en prévenant le public qu'elle s'était abstenue parce qu'elle savait que les ministres du roi n'avaient cessé de donner leurs soins à cet approvisionnement.

Mais le moment était venu, en réalité, de prendre un rôle actif dans une affaire qui exigeait sa participation permanente. De Montaran, commissaire du roi, vint, dans la séance du Conseil général, présidée par Menard, proposer à la municipalité de se charger de veiller aux subsistances de la ville. L'assemblée, reconnaissant que le titre constitutif de la municipalité ne lui donnait aucun droit de se mêler de cet approvisionnement, pensa résoudre la difficulté en nommant, au scrutin, « six membres de cette » municipalité pour former un Comité permanent avec » quatre membres nommés parmi les officiers de la garde » bourgeoise, sous la direction néanmoins de Montaran »; à l'instant même, elle désigna Clausse, Menard, Loustannau, Chambert, Ris et Forestier, pour représenter la municipalité dans cette commission spéciale.

Les quatre officiers nommés par l'assemblée de l'état-major et des capitaines de la garde bourgeoise furent de Latour, Lecointre, Vauchelle et Barbier.

A partir de ce moment, le Comité municipal, d'ancienne organisation, avait cessé d'exister; le livre de ses délibérations et de ses actes fut suspendu, puis clos définitivement et ce fut dans un nouveau registre intitulé COMITÉ PERMANENT, que nous aurons désormais à suivre les actes de cet organisme mixte qui venait d'être si inopinément formé. Quant à ses attributions, elles n'étaient ni plus explicites ni mieux définies qu'auparavant; elles allaient à l'aventure, mais ce ne fut pas une sinécure qui lui fut donnée, comme nous le verrons bientôt.

L'Assemblée générale elle-même était à une époque où les affaires réclamaient son énergique concours. La garde nationale avait ses cadres faits, mais n'était pas suffisamment ni convenablement armée; cette force, impuissante encore, avait besoin de s'appuyer sur un détachement de troupes régulières qui servit aussi à escorter les convois de grains. Elle n'avait point de cavalerie. L'assemblée demanda au roi 200 dragons au moins, et 2,000 fusils : ce furent 183 chasseurs, dits des trois évêchés [1] qui furent envoyés. La garde nationale représentée par douze hommes de chaque compagnie, alla les attendre à l'entrée de l'avenue de Trianon, les escorta jusqu'à la place d'Armes, où ils prêtèrent *le serment prescrit*.

Le Comité permanent, dès son installation, s'occupa avec la plus grande activité de l'approvisionnement de la ville ; il fit rentrer les blés qui n'étaient pas encore livrés, traita avec des marchands, expédia chez les fermiers et les meuniers de tous les pays environnants, des invitations à se rendre sans délai à Versailles, afin de donner à la municipalité les moyens de suffire aux besoins ultérieurs ; il arrêta qu'en cas de nécessité, des gardes bourgeois seraient envoyés en détachement dans les campagnes et qu'ils recevraient, à cette occasion, une indemnité de 40 sols par jour, avec autorisation de se pourvoir de poudre et de balles : c'est ainsi, que le 13 août on dut envoyer à Chevreuse un détachement pour garder un moulin. Celui de Buc fut requis, le 17 du même mois, de ne moudre que pour le Poids-le-Roi.

Que nous sommes loin déjà de cet état d'incertitude signalé, il y avait peu de jours, où le pouvoir municipal n'osait, faute d'en avoir reçu la mission, se mêler aux plus innocentes mesures qui touchaient à la question des subsistances !

Le Poids-le-Roi était l'entrepôt où les fournisseurs apportaient leur farine, qu'on distribuait en suite aux boulangers dans la proportion de leurs besoins respectifs. Un tableau affiché réglait pour chacun la quantité à livrer ainsi que la quantité de farine bise par rapport à celle de premier choix. Aucune farine ne sortait du Poids-le-Roi autrement que sur bulletin délivré par le receveur.

[1] Trois évêchés : Metz, Toul et Verdun.

Les membres du Comité permanent s'étaient promptement initiés aux connaissances du métier, et principalement au rendement de la farine. Ainsi, dans leur délibération du 13 août 1789, on voit qu'ils établissaient les calculs suivants :

« Un sac de farine pesant 325 livres produit au moins
» 105 pains de quatre livres qui, vendus à raison de 12 sols
» chacun, produisent 63 livres ; mais il paraît convenable
» de laisser aux boulangers un bénéfice de 8 livres par
» sac ; la farine blanche doit leur être vendue 55 livres le
» sac, et 50 livres celui de la farine bise ».

Les citoyens de Versailles furent invités à ne se présenter chez les boulangers que depuis cinq heures du matin jusqu'à dix heures du soir.

L'approvisionnement des blés et des farines se trouvait assuré en proportions convenables, au moyen des engagements consentis par un grand nombre de meuniers et fermiers qui se présentèrent devant le Comité. En outre, et dans l'intérêt des classes pauvres, on recevait aussi au Poids-le-Roi, une grande quantité de riz qu'on distribuait à raison de cinq sols la livre. Mais cette distribution avait donné lieu à des agiotages dont le Comité était informé ; pour y mettre fin, on arrêta que les livraisons n'en seraient faites désormais que sur la présentation des billets indiquant la quantité à livrer et signés par le Comité.

Pour échapper à l'obligation de prendre des mesures partielles chaque fois qu'un nouvel incident se produisait, le Comité s'occupa de rédiger un règlement général sur les approvisionnements de Versailles.

Ce que le règlement n'avait pu assurer, c'était la force motrice dont les meuniers commençaient à manquer en cette saison d'automne. Ceux de la vallée de Port-Royal demandèrent qu'on leur donnât de l'eau des étangs de Pouras, du Mesnil-Saint-Denis, mais cela ne put se faire sans inconvénients pour les usines de la vallée de l'Yvette ; le Comité permanent n'obtint de l'inspecteur général des bâtiments du roi, alors Heurtier, qu'une réponse négative.

Ainsi, chaque jour amenait, et cela devait durer longtemps, une nouvelle extension des pouvoirs et des devoirs municipaux ; le Comité se mettait à la hauteur de sa tâche ; les approvisionnements arrivaient suivant les besoins de la ville qui eut même la satisfaction de pouvoir venir en aide, par des rétrocessions ou des prêts de farine, à diverses communes du voisinage, telles que Saint-Cloud, Boulogne, Meudon [1], Ville-d'Avray, Sèvres, etc.

Il arriva par aventure qu'un convoi de deux cents sacs destiné à Paris fut amené de Saint-Germain à Versailles, sous escorte de la milice parisienne, erreur que Necker lui-même signala à la ville de Versailles et qui fut aussitôt réparée. Lecointre fut chargé, avec vingt-quatre hommes de sa compagnie, de se joindre aux trente-six grenadiers de la milice parisienne pour escorter le convoi réexpédié à Paris [2]. Détails insignifiants assurément et peu dignes de l'histoire, mais ils peignent bien l'état des esprits qui à cette époque extraordinaire étaient tenus en effervescence par tant de causes, parmi lesquelles la peur de la famine ne fut pas la moindre.

La ville, par ces considérations, reçut, d'ordre du roi, un renfort de garnison, en deux cents dragons qui avaient été demandés ; ils furent installés le 18 août. En même temps, la municipalité fut invitée à veiller à la répression des délits qui se commettaient dans les bois environnants et fut, pour cela, autorisée à requérir directement les officiers de la maréchaussée et des troupes réglées qui se trouvaient dans la ville. L'assemblée générale avait arrêté que le service se faisant conjointement par la garde bourgeoise et les chasseurs, tous les détachements et patrouilles seraient commandés par les officiers de la garde bourgeoise.

A l'intérieur, le calme était loin d'exister. Des attroupements exigeaient qu'on leur livrât le sel à raison de sept sols la livre ; d'autres, dans la rue du grand Montreuil,

---

[1] Séjan, curé de Meudon, ayant fait de sa paroisse un tableau attendrissant, obtint quelques sacs en attendant. (Lettre 32, Bibliothèque.)

[2] Et. La Rivière, note 35. (Bibliothèque.)

avaient empêché un commissaire de police d'exercer ses fonctions pendant la grand'messe ; il fallut l'intervention de la force pour rétablir l'ordre, et ce fut de Latour qui en fut chargé.

Dans le même temps, parut un écrit intitulé « *Bouquet* » *du roi pour le 25 août 1789* [1], et signé du même, de La- » tour, commandant général de la garde bourgeoise de » Versailles; » les représentants de la municipalité, aussi bien que les officiers du comité militaire se trouvaient impliqués dans la publication au moins intempestive de cet écrit ; ils en délibèrent et envoyèrent la copie de leur délibération au président de la Constituante, en protestant qu'ils n'y avaient pas participé et que même ils n'avaient pas été consultés; leur protestation mentionnait, à la fin, une invitation sévère aux membres du comité militaire de s'abstenir désormais de faire figurer la municipalité, sans son autorisation préalable, dans aucune des délibérations de ce comité.

C'était là un symptôme du dissentiment existant entre la municipalité et certains officiers de la garde nationale ; il s'en était produit un autre encore, qui venait du défaut d'entente des officiers entre eux, sur le règlement à faire pour le service de cette garde ; cela donnait lieu à des murmures et même à des mémoires tendant à rendre la municipalité responsable du mécontentement qui semblait se généraliser; l'écrit de Latour en fut une des manifestations claires et blessantes pour le comité.

Le Conseil général, qui, depuis un certain temps, n'était plus présidé par le prince de Poix et qui jugeait bien que les événements politiques, survenus coup sur coup depuis trois mois, tenaient ce prince éloigné pour toujours de ses réunions, comprit aussi que son autorité propre avait diminué et qu'il était nécessaire de la retremper dans l'élection ; il remit, en conséquence, dans la séance du 21 août,

---

[1] Annexe D. Souscriptions au Bouquet du roi.

« entre les mains de ses concitoyens, tous les pouvoirs qui
» lui ont été conférés lors de sa nomination et les pria de
» former incessamment les assemblées préliminaires indi-
» quées par l'article 10 du règlement du 18 novembre
» 1787 »; il déclara que pour ne pas interrompre l'administration qui lui a été confiée, il continuerait ses fonctions
jusqu'à ce que la nouvelle nomination eût été faite.

Il y avait à remplacer dans le Comité permanent, deux
membres que le sort devait désigner; ce furent Ris et Menard; un troisième, Forestier, était démissionnaire. Le
scrutin fit sortir les noms de Bougleux, Thibault et Fontaine. Il pourvut aussi à la nomination de neuf commissaires pour concourir, avec ceux de la garde nationale, à
la préparation du règlement de cette milice, travail déjà
entrepris plusieurs fois, sans succès.

Dans les séances suivantes, le Conseil demanda : 1° pour
hôtel de ville, l'hôtel des gardes de la porte du roi;

2° l'établissement d'un marché au blé, qui, selon l'opinion de quelques-uns, aurait été autorisé par un édit de
1701, resté sans exécution. La liberté la plus entière pour
l'entrée, la sortie, la vente et le prix des grains; un emplacement convenable pour les mettre à l'abri, et d'autres
dispositions secondaires pour l'exécution de ces conditions.

Tels devaient être les derniers actes de ce corps, la première des assemblées municipales de Versailles. On ne peut
guère compter à son actif les quelques délibérations qu'elle
a prises depuis sa formation jusqu'en juillet 1789. Dirigée
et présidée par un prince, elle n'a pas été, on le conçoit
bien, sollicitée de se mêler, plus que ses attributions réglementaires ne le comportaient, à l'œuvre révolutionnaire.
C'est sous la pression des événements qu'elle s'est mise en
marche et, quand, au jugement de son président, elle s'est
trouvée trop en avant, elle en fut tout simplement abandonnée. Elle a reconnu elle-même que, par son origine, elle
ne répondait plus qu'imparfaitement à l'esprit, non de ses
mandataires, qui avaient été si peu nombreux, mais de la
masse qu'elle était censée représenter, et très sagement elle

réunit ses pouvoirs entre les mains, non du roi, mais du peuple qui était devenu le vrai souverain ; elle n'avait pas même pensé qu'il eût été de bonne règle, avant de prendre cette grave détermination, d'en référer à son président, le prince de Poix ; elle se contenta de le lui notifier après.

C'est qu'alors l'esprit public avait subi déjà une profonde transformation ; ce n'était plus en haut mais en bas, qu'on cherchait le maître. Le tiers état avait triomphé des finesses et de la stratégie féodales du clergé et de la noblesse. Le serment du Jeu de Paume, les dramatiques incidents de la séance royale du 23 juin, la prise de la Bastille, l'abolition des droits féodaux et de tous les privilèges dans la nuit mémorable du 4 août, puis la déclaration des droits de l'homme, voilà des actes qui proclamaient de haut que rien ne subsistait de l'édifice monarchique des temps anciens, et qu'un ordre nouveau s'était levé sur la France. Restait à concilier cet ordre de choses avec le principe même de la monarchie ; la Constituante était tout entière à cette étude, dont la déclaration des droits de l'homme était le programme ; la nation attendait le reste dans une grande anxiété.

Par suite de la démission du Conseil général, *tous les habitants* domiciliés furent convoqués, le 29 août, dans leurs quartiers respectifs, pour l'élection de nouveaux membres. Les huit assemblées se trouvèrent, par une conformité de délibération très remarquable, d'accord pour inviter les membres anciens à conserver leur mandat, au moins jusqu'à la loi organique. Les scrupules du Conseil se trouvaient écartés très clairement, le vœu du peuple avait démocratisé son mandat; il l'accepta avec reconnaissance et remercîments.

Il faut bien dire que les choses ne se passèrent pas aussi simplement. Les discussions furent vives et prolongées; il y eut même un quartier qui n'eut pas assez d'une seule séance pour entendre tous ses orateurs. Il s'ajourna au 31 août, et, la discussion close, il se borna comme les autres à voter le maintien de l'organisation existante; ce qui peint bien la préoccupation dont les esprits étaient saisis, c'est la péroraison suivante de la harangue d'un électeur :

« Vous le savez, Messieurs, disait-il, Rome avait élevé
» un temple à la Concorde pour les assemblées du Sénat.
» C'est à une ville qui est le berceau et la résidence de nos
» rois, à donner le même exemple à la France et à l'Eu-
» rope. Versailles jouira de cette gloire si tous les citoyens
» ont pour maxime : *Que l'union est l'esprit du bien, et la*
» *division l'esprit du mal.* »

On ne pouvait mieux dire et, aujourd'hui, on chercherait vainement une formule exprimant plus à propos la plus grande nécessité politique des démocraties ; l'orateur, chevalier de l'ordre du roi et secrétaire de l'assemblée électorale du septième quartier, était Leclerc, membre de la noblesse, que nous retrouverons par la suite sur notre route, toutes les fois qu'il s'agira de bien dire et de bien faire.

Dans sa séance du 1er septembre, l'assemblée municipale inaugura sa rentrée aux affaires par l'élection de son président. Clausse fut élu pour un mois avec mandat susceptible d'être renouvelé après chaque période semblable, jusqu'à la constitution d'une municipalité nouvelle. On avait invité Thierri de Ville-d'Avrai à reprendre ses fonctions de maire ; il déclina cette invitation par les raisons qu'il avait déjà exposées.

L'assemblée se partagea en quatre bureaux avec attributions distinctes, pour l'examen et l'expédition des affaires, suivant les conditions réglementaires qu'elle détermina dans la même séance.

Le premier bureau avait mission de concourir par ses bons offices et avec le commissaire du roi, aux approvisionnements de la ville.

La garde nationale venait aussi de procéder à l'élection de son état-major ; en voici le résultat, tel qu'il est consigné au livre des délibérations du Conseil général, et qu'il a été présenté au Conseil par une députation de la milice bourgeoise :

Le comte d'Estaing, commandant en chef ;
Le comte de Puget, commandant en second ;
Berthier fils, major général ;
Detourmont, Lecointre, de Franqueville, des Guichardes, Dessingy, Rousseau, des Roches, de Villars, majors commandant ces huit divisions ;
L'aîné, Géant, Glatigny, Berthier cadet, Barbier, Letellier, aides-majors ;
Morancy, Mora, Antoine, Bourdet, Saint-Charles, Villonne, Messié, Emard le jeune, Denier, de Belermont, commissaires aux revues ;
Bracmann, tambour-major.

Le tableau se compléta par la nomination que le Conseil fit quelques jours après, comme médecins, de : Forestier, pour la première division ; Coste fils, pour la deuxième division.

Dans la séance suivante, le comte d'Estaing, à la tête de son état-major, et escorté d'un détachement de la garde nationale, présenta ses hommages au Conseil général, en lui donnant l'assurance que son désir était d'établir avec la municipalité l'union la plus parfaite, à quoi le président répondit que ce désir était aussi celui du Conseil. Le lendemain, le Conseil rendit sa visite à l'état-major.

Cet échange de politesses mettait tout d'abord les choses sur un bon pied ; il semblait qu'il ne restait rien à désirer, lorsque le Comité fit remarquer que, sans vouloir troubler la bonne harmonie des ordres civil et militaire, la place de commandant en second demandait un titulaire sachant le service militaire ; cela indiquait une lacune dans le cadre qui venait d'être formé. L'observation fut trouvée juste, et, poursuivant plus loin encore le perfectionnement du cadre, le Conseil créa, au même point de vue, deux places de lieutenant-colonel, l'une pour le quartier du Nord, et l'autre pour celui du Sud.

Un arrêt du Conseil, en date du 1ᵉʳ septembre[1], porte

---

[1] Procès-verbal de la séance du Conseil général du 3.

qu'il sera ouvert, à Versailles, un marché conformément à la demande qui en avait été faite par le Conseil général. « Il se tiendra, dit l'arrêt, le mardi et le vendredi de chaque
» semaine, depuis dix heures du matin jusqu'à deux heures
» après midi, dans l'emplacement qui est au bout de l'ave-
» nue de Sceaux, entre les rues Neuve de Noailles et des
» Mauvais-Garçons (Saint-Martin), pour la vente des blés-
» froments, seigles, orge, avoines et autres menus grains.
» Le magasin des Menus-Plaisirs, attenant au dit empla-
» cement, sera employé à l'exposition et reserre des grains
» qui seront apportés au dit marché. »

Puis viennent de longues et minutieuses dispositions sur les mesures de livrage et la manière de s'en servir.

L'ouverture de ce nouveau marché était imminente. Au sein du Conseil s'élevait la question de savoir si la municipalité demanderait au gouvernement d'être chargé de la police à y exercer ; cela divisa le Conseil qui, pour clore le différend, adopta le vote par appel nominal. Dix-huit voix contre dix se prononcèrent pour l'affirmative ; sur quoi l'assemblée décida qu'elle n'assisterait point à l'inauguration du marché, protestant dès à présent, contre ce qui avait été fait par les officiers du bailliage, au préjudice des droits de la municipalité. La question était tout au moins oiseuse, car elle était résolue d'avance par le décret du 10 août, sanctionné par la déclaration du roi, datée du 14, en ce qu'il avait ordonné que toutes les municipalités du royaume veilleraient au maintien de la tranquillité publique. On ne concevrait pas l'exercice de ce devoir sans celui de faire la police dans les lieux publics, sur les foires et marchés. Quant à la répression des contraventions et délits, c'était autre chose, elle appartenait au pouvoir judiciaire, alors encore représenté par le bailliage ; au fait, l'intervention des officiers de cette juridiction, dans les dispositions prises pour l'installation et l'ouverture du marché, blessait les attributions de la municipalité; mais cela pouvait bien s'excuser à une époque où les lignes de démarcation entre les fonctionnaires civils et judiciaires étaient encore si faiblement tracées. Le marché n'en fut pas moins ouvert, et ce qu'il laissa beaucoup à désirer par la suite, ce fut d'être trop faiblement alimenté et quelquefois de ne l'être pas du tout, au plus fort des crises en fait de subsistances.

L'assemblée renouvela son vœu d'avoir un hôtel de ville; comme on ne lui avait rien répondu pour l'hôtel des gardes de la Porte, elle crut bien faire cette fois de désigner l'hôtel du grand-maître. Un mémoire avait été préparé par les membres du bureau d'utilité publique. Une députation de cinq membres le porta au ministre de la maison du roi, qui le reçut en homme discret, ne se montrant pas opposé à la demande, ce qui parut aux députés de bon augure pour le succès de leur démarche.

Le Comité permanent, qui ne limitait pas aux intérêts du présent, ses soins et ses prévisions, avait envoyé dans la Beauce deux de ses membres avec des recommandations données par le ministre Necker pour les municipalités de Dreux et de Chartres ; mais ils y avaient été précédés par des envoyés de la ville de Paris qui avaient retenu presque tout ce qu'il y avait de blés et autres grains disponibles : partout les marchés n'étaient que peu ou point approvisionnés ; le battage ne se faisait pas ou ne se faisait que lentement ; les cultivateurs jugeaient insuffisante la fixation du prix des grains établie dans la Beauce à environ 11 livres le quintal, et objectaient qu'elle devait être générale ou ne pas exister. La ville de Chartres avait accordé le libre passage aux grains à provenir des marchés de Châteaudun, Bonneval, Brou, Courville et Galardon. Mais cette liberté de circulation, à quoi pouvait-elle servir, si les cultivateurs ne se décidaient point à conduire leurs produits aux marchés ? Etrange organisation dont on a peine aujourd'hui à se faire une idée, que celle qui avait dressé tant d'entraves au commerce et à la libre disposition des subsistances de première nécessité, et qui admettait qu'une ville à vingt lieues de Paris, placée au centre d'une contrée riche en produits agricoles, comme Chartres, pût à son gré arrêter ou laisser passer ces produits expédiés à Paris ou aux villes de la banlieue! Ces obstacles ne contribuèrent pas peu à répandre et à fortifier dans les esprits la croyance aux accaparements et au parti pris, de la part des ennemis de la Révolution, d'affamer le pays pour en avoir plus facilement raison. L'Assemblée Constituante, par son décret du 18 septembre 1789 [1], proclama la liberté du commerce des grains; mais avant que cette liberté se traduisît en faits, il y eut beaucoup de résistances à vaincre, et cela coûta aussi du temps. Le Comité permanent avait, à cette époque, centralisé entre ses mains, non pas le commerce, puisqu'il n'en tirait pas de bénéfice, mais le mouvement de tous les grains qu'il avait pu trouver, et c'est par cette raison que l'on a vu s'adresser à lui pour avoir des fournitures de grains, de farines et même de pain, les communes des environs, les établissements publics, militaires et autres, mêmes ceux de Rueil, de Courbevoie. Le Comité, une fois cette marche ouverte, y fut bientôt débordé; il dut donc mettre une limite à ses opérations et le fit très sagement. Le journal de ses travaux le constate avec le plus grand soin; il est signé chaque jour par les dix membres du Comité.

Le poète versaillais Ducis suivait avec intérêt tous les mouvements qui avaient pour objet l'approvisionnement de Versailles; il prit plaisir à annoncer, le 22 septembre 1789, à la municipalité que dix-huit voitures de farine, escortées par les volontaires de la basoche du Pecq, étaient entrées sous la halle de la ville [2].

Le Conseil général, de son côté, s'occupait des mesures nécessaires à assurer la tranquillité publique fort ébranlée en ce moment; il fit en dix articles un règlement dans lequel nous trouvons les dispositions suivantes:

Expulsion de la ville de tous les vagabonds et gens sans aveu, de ceux qui se font une profession de la mendicité dans les églises, sur les places et avenues, s'ils ne justifient

[1] Confirmé par celui du 5 octobre suivant (avec peines pour les infractions).
[2] Autographe 46, à la Bibliothèque.

point qu'ils se livrent à un travail quelconque ; interdiction de la mendicité aux enfants, dans les mêmes lieux ; à tous habitants, cabaretiers et logeurs, de donner asile aux vagabonds de toute catégorie ; de colporter, crier et vendre, sans permission des imprimés, etc. Mais, le règlement supprime les passeports et rétablit la liberté entière de la circulation.

Voici venir les moulins à vent ; un mémoire, qui établit l'utilité de ces usines, conclut à ce que l'assemblée municipale lui donne son approbation. Il faut des terrains propices ; à qui les demander si ce n'est au roi, l'unique propriétaire du sol versaillais ; le comité d'utilité publique est chargé de former cette demande.

La garde nationale allait avoir des drapeaux ; mais la ville n'avait point d'armoiries pour les décorer. L'Assemblée, saisie de cette question, arrête la formule suivante :
Les armes de Versailles seront « d'azur à trois fleurs
» de lis d'or, un chef d'argent chargé d'un coq à deux
» têtes naissant, de couleur naturelle, surmonté d'une cou-
» ronne murale, mixte, composé de cinq pièces et trois
» tours, et de deux fleurs de lis, conformément à l'em-
» preinte mise à la suite de la présente délibération.
» M. Chambert est chargé de faire graver six cachets
» conformes à ce que dessus, pour son service. »
Telle est l'origine des armes de la ville ; le fond primitif est conservé, mais les modifications de forme qu'elles ont subies, dans le cours des années, en ont fortement altéré l'élégance.

Rarement l'édilité avait eu à s'occuper de l'éclairage des voies publiques ; mais jusqu'où devait se porter sa surveillance et ses droits en cette matière ? personne n'allait plus la contester, ni en beaucoup d'autres. Elle décida, en principe, que l'éclairage serait fait par tous les propriétaires ou locataires habitant le premier étage des maisons, à partir du moment où la générale serait battue ; il devait être entretenu jusqu'à ce que le calme fût entièrement rétabli. Pendant ce temps, les femmes et les enfants étaient tenus de rentrer dans leurs demeures et d'y rester.

L'état-major de la garde nationale se présenta devant l'assemblée générale de la municipalité et y donna lecture de la lettre suivante qui était adressée par le comte de Saint-Priest au commandant en chef :

« Au comte d'Estaing,

» Vous n'ignorez pas que l'on a eu à plusieurs reprises » l'inquiétude que des gens armés ne vinssent de Paris » troubler la tranquillité de Versailles. Cette inquiétude » s'est renouvelée plus fortement hier, et je désire savoir » de vous si la garde bourgeoise peut opposer une résis- » tance suffisante ou s'il lui faut du secours. »

A cette interrogation, l'état-major répondit par une déclaration écrite, que les forces disponibles étaient insuffisantes et qu'il fallait, à Versailles, un renfort de mille hommes. Signé : Estaing, Berthier, Lecointre, Dulaunay, Jouanne, Dubois et Durupt de Baleine.

Cette sorte de solennité que l'état-major mettait dans sa démarche près de la municipalité, disait bien que des éventualités graves pouvaient se produire. Les communications qui furent échangées dès ce moment obtinrent, en faveur des mesures prises, l'assentiment de l'assemblée municipale.

On y répondit du ministère par l'envoi du régiment de Flandre, et ce fut une fatalité. Des historiens, Thiers, par exemple [1], font un tort à Versailles d'avoir désigné ce ré-

---

[1] « On proposa d'appeler le régiment de Flandre : grand nombre de bataillons de la garde de Versailles s'y opposèrent, mais la municipalité n'en fit pas moins la réquisition et le régiment fut appelé. » (Thiers, *Histoire de la Révolution*, livre III.)

Il n'y a pas trace de la moindre opposition de la garde nationale ; la présence de Lecointre parmi les membres de l'état-major qui sont venus à la municipalité, indique bien qu'il n'y avait pas dissidence sur un choix dont il paraît, d'ailleurs, qu'il n'a pas été délibéré au conseil municipal. Selon

giment comme celui de ses préférences; c'est une erreur; nous avons rapporté les termes textuels dans lesquels la demande a été formulée et répondue; on y parle de mille hommes sans autre désignation. Si le choix du ministre fut mauvais, à cause de l'esprit suspect du régiment de Flandre, il faut s'en prendre, non à la municipalité, mais au ministre qui n'aura pas voulu ou qui n'a pu le faire meilleur.

Ce régiment fit son entrée à Versailles le mercredi 23 septembre, et prêta, sur la place d'Armes, le serment prescrit par le décret de l'Assemblée nationale.

Le lendemain, cette même formalité fut remplie par le commandant et les officiers de la garde nationale.

Le corps municipal, accueilli sur la place d'Armes avec les honneurs militaires, reçoit du comte d'Estaing, commandant général, « le serment qu'il a fait, sur son épée, de
» rester fidèle à la nation, au roi, à la loi et à la munici-
» palité de la ville de Versailles, dont il fera exécuter les
» règlements; et de ne jamais employer la garde nationale
» de ladite ville que par réquisition de Messieurs les offi-
» ciers municipaux.

» Puis le commandant général fit prêter le même ser-
» ment, en présence du corps municipal, aux officiers de
» l'état-major, aux autres officiers et à toute la garde na-
» tionale, avec cette addition, pour ceux-ci, de se confor-
» mer aux ordres qui leur seront donnés par le comman-
» dant général. »

Le corps municipal fut reconduit dans son local, escorté du commandant général et de plusieurs officiers de l'état-major.

Là, le comte d'Estaing donne à l'assemblée lecture de la lettre suivante, que le roi lui avait écrite de sa main :

« Je vous charge, mon cousin, de remercier la garde
» nationale de ma ville de Versailles, de l'empressement
» qu'elle a marqué à aller au-devant de mon régiment de

toute apparence, c'est au roi qu'il faut laisser la responsabilité de ce choix; on le verra plus bas par la lettre qu'il a écrite à d'Estaing.

» Flandre. J'ai vu avec plaisir la liste que je vous avais
» demandée et que tous vous ont accompagné; témoignez
» à la municipalité combien je suis satisfait de sa con-
» duite ; je n'oublierai pas son attachement et sa confiance
» en moi ; les citoyens de Versailles le doivent à mes
» sentiments pour eux, c'est pour l'ordre et la sûreté de la
» ville que j'ai fait venir le régiment de Flandre qui s'est
» bien conduit à Douai et ailleurs ; je suis persuadé qu'il
» en sera de même à Versailles et je vous charge de m'en
» rendre compte.

» Ce 27 septembre 1789.   Louis. »

L'Assemblée municipale, extrêmement touchée des termes de cette lettre, pria le comte d'Estaing de porter au roi l'expression de sa respectueuse reconnaissance, et de déposer la lettre pour être conservée dans les archives de la ville. Mais, à cette dernière partie des vœux de l'Assemblée, il répondit « que c'était le seul sacrifice qu'il lui était
» impossible de faire et qu'il espérait qu'elle l'en estimerait
» davantage ».

Quelques jours après, le 27, à midi, les membres de la municipalité furent reçus par le roi, dans la chambre de Louis XIV. La réception fut ce qu'elle devait être, quand on sait de quels sentiments on était pénétré de part et d'autre ; les membres de la municipalité se retirèrent ensuite dans leur local où ils dressèrent procès-verbal de cette réception, dans des termes de la plus grande simplicité [1].

Le comte d'Estaing apporta toute l'activité possible à régulariser les cadres de la garde nationale, ainsi qu'à mettre en vigueur son règlement fondamental dont le travail préparatoire venait d'être terminé. Présenté à l'Assemblée municipale, l'examen en fut confié à une commission mixte composée de Leclerc, Niort, Ris et Baud.

Quant aux cadres, ils avaient été si souvent remaniés que c'était une étude de savoir au juste comment ils étaient

---

[1] Registre des assemblées générales de Versailles, tome I, page 50.

actuellement remplis. On fit cette étude dans l'assemblée municipale en rapprochant, dit la délibération, les procès-verbaux d'élection, il en résulta la liste suivante dont, par ordre de la municipalité, il fut délivré une expédition à chacun des membres de l'état-major :

Commandant en chef : le comte d'Estaing.

Commandant en second : le comte de Gouvernet.

Major-général : Berthier.

Lieutenants-colonels : Lecointre, Le Roi.

Majors : de Tourmont, Chapuy, Vauchelle, Desquichards, des Roches, de Villars, de Saint-Gy, Bluteau.

Aides majors : Micheau, Barbier, chargés des détails; Laîné, Miot, Glatigny, Simonet, Campy, Bourgeois, Letellier, Filiolle.

Porte-drapeaux : Morausy, Mora, Antoine, Boursé, Saint-Charles, Villonne, Meslin, Emard.

Commissaires aux revues : de Bellermont, Denié.

Tambour-major : Bracmann.

Il restait pour couronner l'œuvre, à munir la garde nationale de drapeaux : cela fut fait dans une cérémonie à Notre-Dame, le 30 septembre. L'archevêque de Paris y présidait.

Trois drapeaux avaient été offerts, l'un par la reine, l'autre par le dauphin, et le troisième par Madame, fille du roi ; ils étaient blancs. Il y en avait huit autres aux couleurs nationales, peints aux armes du roi, et au revers, de celles de la ville, avec deux légendes, l'une contenant ces mots : « La loi et le roi » et l'autre « Garde nationale de Versailles » ; ces huit drapeaux avaient été offerts par Berthier [1].

On n'avait rien négligé pour donner à la cérémonie l'éclat désirable. Toutes les forces militaires étaient sous les armes ; les magistrats, les fonctionnaires, les notables y avaient été convoqués ; l'Assemblée nationale y avait envoyé une députation de trente de ses membres. La musique militaire, celle du roi, dirigée par Giroust, accompagnè-

---

[1] Berthier père, gouverneur de l'hôtel de la guerre.

rent les chants de l'église et celui du *Te Deum*. Enfin Ducis, le poëte versaillais, y prononça un discours de circonstance, qui nous est resté [1].

Après la cérémonie religieuse, il y eut un repas — on ne disait pas encore banquet, — offert par la municipalité dans une salle voisine du lieu de ses séances, où l'on but à « la santé du roi, à la prospérité de la nation, à la reine, » à la famille royale »... et aux invités de toutes les catégories.

Ce jour-là encore, on paraissait confiant dans la durée de la conciliation. Quelques jours après, cependant, le 2 octobre, et dans un tout autre esprit, les gardes du corps donnaient aux officiers de la garnison et de la garde nationale [2], un repas dont la table avait été dressée en la salle du théâtre de l'Opéra. La reine et ses enfants, puis le roi, y parurent vers la fin ; les têtes étaient échauffées. Il s'y passa des scènes que l'histoire n'a pu négliger de recueillir, et qui furent jugées comme des provocations allant droit à la nation. Elles se renouvelèrent le lendemain au manège, dans un déjeuner ; les archives municipales n'en disent rien, mais Paris, la presse et tous les organes de publicité du temps n'ont pas eu la même discrétion ; il en résulta une vive irritation contre la cour, et, pour Versailles, une agitation suivie d'événements qui eurent les plus graves conséquences.

Dès le 5 et 6 octobre, la ville fut envahie par une troupe de femmes parisiennes, qui venaient demander du pain au roi, et le chercher pour le conduire à Paris, afin d'ôter à la cour les moyens de l'enlever et de le transférer, comme on le disait, à Metz. Il y eut un conflit sanglant à la grille du château. Lafayette s'était échappé de Paris, où l'émeute grondait, pour venir calmer le mouvement qui, dans Versailles, menaçait d'un côté l'Assemblée et, de l'autre, le roi ; il y parvint, et le peuple persistant à demander que Louis XVI se rendît à Paris, le roi y consentit, et, à partir

---

[1] Archives antérieures à 1790.
[2] Annexe F, à la fin du volume.

de ce moment, la royauté fut définitivement exilée de Versailles.

Nous glissons rapidement sur ces événements, dont on trouvera, dans toutes les histoires, l'émouvant récit auquel les archives municipales ne sauraient ajouter un renseignement nouveau ou inédit[1]. Ils eurent une portée immense sur les suites de la Révolution. Résignons-nous à les apprécier ici au point de vue de Versailles et de son administration municipale.

Le départ du roi fut la cause d'un trouble profond pour l'une et l'autre, par le vide qu'il produisit brusquement dans la population et la désorganisation qui s'en suivit de tous les services, sous quelque aspect qu'on les considère.

La municipalité adressa à l'Assemblée nationale ses regrets sur le départ du roi et ses vœux de le voir revenir; puis, dans une adresse au roi lui-même et après avoir exprimé avec effusion les sentiments d'affection dont elle était animée pour sa personne, elle dit qu'elle ne pouvait pas dissimuler ses craintes d'une déchéance irrémédiable pour une ville qui n'était rien que par la présence du roi, et qui serait dans l'impossibilité d'assurer les moyens d'existence à « *trente mille chefs de famille* », laissés sans ressources par suite de son absence.

Le roi, qui ne devait plus revoir cette magnifique résidence, qu'il n'avait pas quittée de bon cœur, était hors d'état de répondre aux vœux de sa bonne ville de Versailles; il put cependant donner l'assurance qu'il fournirait, pendant quelque temps encore, neuf livres argent par sac de farine livré aux boulangers, afin d'alléger d'autant le prix du pain consommé dans la ville ; c'est le ministre des finances lui-même qui en informa la municipalité.

Les tristes prévisions de la municipalité s'assombrirent encore, en face de la crise des subsistances et des incidents qui en résultaient. Les relations existantes entre Paris et Versailles en étaient troublées. La garde nationale de la

---

[1] Annexe E, à la fin du volume. Extraits des Archives de la garde nationale ; archives antérieures à 1790, EE. 1-2.

première de ces villes avait *favorisé* l'enlèvement à son profit, de dix-huit cents setiers de grains destinés à la seconde[1]. L'assemblée générale, dans une adresse qu'elle envoya à la commune de Paris, fit un tableau touchant de la détresse qui allait peser sur Versailles ; elle disait avec raison qu'une ville immense, telle que Paris, ne pouvait se borner à s'alimenter exclusivement au moyen des produits des campagnes qui l'avoisinent, sans courir le risque d'affamer les localités du même rayon, bien inférieures par leur importance ; qu'il convenait à une grande ville, qui en avait tous les moyens, de faire venir des provinces éloignées, la plus grande quantité de grains nécessaires à sa consommation, et, en ce qui touche les pays agricoles les plus rapprochés, d'épargner à Versailles les effets d'une concurrence à main armée ; enfin, qu'il serait tout à fait digne de Paris de réprimer ce qui est susceptible d'altérer la concorde entre deux municipalités aussi voisines.

A la crainte pour les subsistances se mêla aussi celle que lui inspiraient, pour la sécurité de la ville, les gens sans aveu qui rôdaient aux alentours et à l'intérieur, dans le but apparent ou supposé de piller le Palais. Les rapports sur la garde nationale établissaient que les compagnies étaient, en partie, désorganisées par suite du départ de la cour, à tel point qu'il y avait des postes qui n'étaient pas relevés ; l'assemblée municipale publia une *adresse* à la garde nationale, pour lui recommander le rigoureux accomplissement de ses devoirs ; elle invita les citoyens à faire personnellement leur service, rien n'étant plus obligatoire pour chacun que de concourir à la sûreté commune ; à défaut, les capitaines furent autorisés à noter ceux qui ne se seraient pas présentés.

Le comte d'Estaing, marin distingué, plein de droiture, et aussi d'illusions, croyait à la possibilité de créer un ordre de choses capable de donner satisfaction au double intérêt du progrès et de la royauté, et, surtout, il croyait à la nécessité de l'honnêteté et de la franchise dans les rapports

---

[1] Lettre de Montaran, 8 octobre 1789. N° 50, autogr. à la Bibliothèque.

entre les hommes du mouvement et ceux de la résistance. Il avait suivi le roi à Paris, où il continuait ses efforts pour l'éclairer et, encore plus, pour détourner la reine des périls vers lesquels elle était entraînée par de téméraires conseillers ; il ne pouvait plus conserver son titre de commandant en chef de la garde nationale de Versailles et donna sa démission [1] en termes un peu embarrassés, laissant entrevoir qu'il désespérait de trouver la conciliation du double sentiment dont il était animé.

Lafayette fut élu à sa place. L'assemblée municipale s'empressa d'envoyer au nouveau commandant ses félicitations, dans une adresse qui exposait ensuite les besoins présents de la défense de Versailles. Il est nécessaire, disait-elle, qu'en semblable circonstance, le régiment de Flandre, le détachement du corps de chasseurs des Trois-Evêchés et des suisses coopèrent, avec la garde nationale, à la défense d'une ville difficile à garder, à cause de l'étendue de sa superficie, de la largeur de ses avenues et de ses rues. Enfin, elle demande qu'on restitue à la ville les deux pièces de canon enlevées le jour du départ du roi, et formule, à cet effet, une réquisition à la commune de Paris.

Une question assez oiseuse occupait les esprits; que devait-on faire des trois drapeaux blancs que la garde nationale tenait de la famille royale? Elle fit naître des scènes touchantes. Berthier, par l'entremise du comte d'Estaing, fut chargé d'en référer à la reine, avec la proposition de la résoudre de la manière suivante :

Pour la division de Notre-Dame, les armes de la reine au centre du drapeau d'un côté, et le chiffre de Sa Majesté couronné, aux quatre coins;

Pour la division de Saint-Louis, armes et chiffre du dauphin ;

Pour la garde soldée, armes et chiffre de Madame Royale.

---

[1] Archives antérieures à 1790, EE. 6. Voir aussi, à la Bibliothèque, sa ettre n° 53, autographe.

« La reine, fut-il répondu, désire que les armes et le
» chiffre du roi soient sur les trois drapeaux et à la pre-
» mière place ; l'intention de Sa Majesté est, qu'autour de
» son chiffre à elle, il y ait une inscription qui indique
» qu'elle se plaît à être appelée *la première citoyenne de*
» *la France :* l'autre côté des drapeaux doit être comme
» celui des autres drapeaux, de couleur et aux armes que
» la ville a adoptées. »

Il y eut un amendement à ces dispositions; d'Estaing en fut l'auteur : il a pour but, dit-il, de consacrer « ce qu'il a
» entendu au milieu de la foule des patriotes qui voyaient
» Sa Majesté caresser ses augustes enfants ; ces honnêtes
» et respectables citoyens se réjouissaient d'avoir dans
» leur reine une aussi bonne mère; ne pourrait-on pas
» mettre autour du chiffre qui exprime *Marie-Antoinette,*
» après les mots : première citoyenne... « *et la meilleure*
» *des mères* »?

L'assemblée municipale accepta par acclamation la proposition du comte d'Estaing, et Berthier fut chargé de l'en informer.

Dans les temps de trouble, il ne manque pas de gens qui se persuadent qu'ils peuvent impunément tout oser : il s'en trouva qui avaient imaginé d'abattre quatre arpents de bois sur la butte de Picardie pour faire place à des moulins à vent. Ils allaient se mettre à l'œuvre quand ils furent arrêtés par la municipalité ; elle signala au prince de Poix cette tentative, d'ailleurs en contradiction avec les promesses du prince, rien ne devant se faire sur le territoire de Versailles sans l'autorisation préalable de la municipalité.

Le président de l'Assemblée nationale écrivit, le 15 octobre, à l'assemblée municipale, la lettre suivante, en réponse à l'adresse citée plus haut :

« L'Assemblée nationale, Messieurs, m'a chargé de vous
» exprimer quelle satisfaction elle a ressentie des témoi-
» gnages de votre attachement. Liée à la plupart de vos
» membres par le nœud si étroit et si révéré de l'hospita-
» lité, elle aurait vivement souhaité que les circonstances

» du moment lui permissent de continuer ses séances près
» de vous, et d'adresser des vœux à Sa Majesté.

» Il vous reste, Messieurs, l'espoir de revoir bientôt ce
» prince dont l'éloignement fait l'objet de vos regrets. Par
» la magnanimité de vos sentiments dans cet instant dou-
» loureux, vous vous associez d'une manière aussi hono-
» rable que touchante, aux sacrifices que les communes du
» royaume font à la prospérité et à la régénération pro-
» chaine de tout l'empire. L'Assemblée nationale partage
» vos peines et applaudit à votre courage.

» J'ai l'honneur d'être, etc. »

L'assemblée municipale, sans en expliquer les motifs, décida que cette lettre serait conservée dans ses archives, mais qu'elle ne serait pas rendue publique.

Avec ou sans publicité, la lettre du président de l'Assemblée nationale n'était pas moins l'éloquente expression des adieux de la Constituante à la ville de Versailles ; le transfert à Paris de cette illustre Assemblée, n'enlevait à Versailles aucun monument parmi ceux qui devaient témoigner de sa gloire devant la postérité et faire de Versailles un lieu inoubliable que les descendants de 1789, dans tous les âges, aimeraient à visiter.

Mais il fallait faire vivre les vivants, et le départ de l'Assemblée nationale, suivant de si près celui du roi, ajoutait une large dose d'angoisses à celle dont souffrait la municipalité, dans la perspective de la charge qui lui incombait, n'ayant pas, suivant cette énergique expression, le premier sou pour y répondre.

Des vides nombreux s'étaient produits dans ses rangs ; quelques membres avaient dû suivre le roi à Paris ; d'autres avaient accepté, dans la garde nationale, des grades dont les devoirs se conciliaient mal avec ceux de membres de la municipalité. Il y avait aussi quelques démissionnaires pour d'autres causes. Pour combler ces vides, l'assemblée générale convoqua les électeurs le 15 octobre, dans leurs quartiers respectifs. Quelques élections eurent lieu ce jour-là ; certains quartiers, où il ne s'était rendu qu'un petit nombre d'électeurs, les ajournèrent au lundi suivant. Après cette seconde convocation, il resta encore les quatrième et cinquième quartiers qui ne purent se compléter, faute d'électeurs en nombre suffisant.

Cela étant, « l'assemblée arrête qu'elle continuerait pro-
» visoirement son service avec les quarante-cinq membres
» désignés au tableau suivant, tous ayant voix délibé-
» rative » :

Premier quartier : Menard, notaire ; Meslin, épicier ; Bougleux, marchand de draps ; Cornu, épicier ; Richaud, négociant ; Truffet, marchand de draps.

Deuxième quartier : Clausse, procureur ; Porchon, architecte ; Crouvizier, commis aux Affaires Etrangères ; Haracque, négociant ; Guillery, procureur ; Peigné, négociant.

Troisième quartier : Vignon, ingénieur ; Deslandres, épicier ; Remy, chapelier ; Genty, épicier ; Lamiral, bourgeois ; N.....

Quatrième quartier : Thibault, payeur de rentes ; Forestier, médecin ; Baud, commis ; de Baigneux ; N.....; N.....

Cinquième quartier : Verdier, maître brasseur ; Fontaine, bourgeois ; Chanteclair, négociant ; Couton, médecin ; Niort, commis des finances ; de la Péronye, bourgeois.

Sixième quartier : de Beauregard, chirurgien ; Gilbert, marchand de toile ; Busnel, marchand de toile ; Calmelz ; Barat, ancien notaire ; Girault, directeur de la poste.

Septième quartier : Ris ; Rolet père ; Rivière, commis à la marine ; Le Roi, bibliothécaire ; Pinon, officier du roi ; Pérot, entrepreneur.

Huitième quartier : Gravois, négociant ; Legrand, entrepreneur ; Angot, cultivateur ; Tardif dit Delorme, entrepreneur ; Gaudin, négociant ; Alin Gervais, négociant.

Pour compléter cette organisation et venir en aide au greffier débordé par la besogne, l'assemblée désigna, par la voie du scrutin et pour un temps égal à celui de la présidence, quatre de ses membres, comme secrétaires, avec mission de « rédiger les différentes délibérations, tenir les » écritures, lettres et mémoires, pendant les séances, » savoir : Niord, Baud, de la Péronye et Le Roi. »

L'assemblée, ainsi reconstituée, avait à sa disposition 893 livres 6 sols provenant de la quête faite le 30 septembre précédent, à la cérémonie de la bénédiction des drapeaux. Elle en disposa pour 584 livres en faveur de deux femmes Lacombe, mère et femme de deux victimes d'une émeute, et pour le surplus, en faveur de la Société philanthropique.

Elle renouvela aussi au comte de Saint-Priest sa demande de concession de l'hôtel du Grand-Maître pour Hôtel de Ville.

Elle appuya près du ministre de la maison du roi la demande du régiment de Flandre pour une amélioration de son couchage.

Aux dates des 23-27 septembre 1789, l'Assemblée nationale avait voté deux décrets qui avaient été immédiatement sanctionnés par déclaration du roi. Ils concernaient la perception des impôts et la réduction du prix du sel à six sous la livre.

En fait d'impôts, il était déclaré que les villes et les campagnes étaient tenues d'acquitter celui des subsistances ; les municipalités étaient invitées de manière pressante à en assurer le recouvrement.

Le décret portait suppression de la gabelle aussitôt que le remplacement en aurait été assuré d'accord avec les assemblées provinciales ; provisoirement et à compter du 1er octobre suivant, le sel ne serait plus payé que trente livres par quintal ou 6 sous la livre de 16 onces, dans les greniers de petites et grandes gabelles.

Puis venaient des dispositions spéciales dans les localités où il y avait aussi des conditions particulières pour la production et la vente du sel. Enfin, il y eut, à partir de là, abaissement des pénalités appliquées aux *faux sauniers*, c'est-à-dire aux fraudeurs dans la production et la vente du sel. Ce qui était, sous le régime aboli, un crime punissable de peines afflictives, ne devint plus qu'un délit punissable par une simple amende à doubler en cas de récidive.

Le roi avait développé ces dispositions dans un règlement en huit articles, inséré à la suite du décret.

Le second décret du 26 septembre, sanctionné par déclaration du 27, ordonnait « que les rôles des impositions » arriérées de l'année 1789 et des années antérieures se» raient exécutés et acquittés dans leur entier, suivant les » termes prescrits par le règlement ».

Cette disposition n'était qu'un rappel à la loi commune qui prescrivait de pourvoir par ces moyens aux dépenses publiques jusqu'à l'époque où il en serait autrement ordonné ; s'il y avait des arriérés dans une cité comme Versailles où la source des revenus venait d'être si gravement altérée, les mesures qui en prescrivaient la rentrée durent se heurter à de nombreuses impossibilités d'exécution.

Mais ce qui était nouveau et d'une équité fort applaudie, quoique tardive, ce fut un rôle supplémentaire des impositions ordinaires et directes, autres que les vingtièmes, comprenant tous les privilégiés qui possédaient des biens en franchise personnelle ou réelle, à raison de leurs propriétés, exploitations et autres facultés. Le décret prescrivit l'établissement de ce rôle pour les six mois de l'année 1789, à compter du 1er avril jusqu'au 30 septembre, et la cotisation de ces privilégiés devait être fournie dans la proportion et la forme adoptées pour les autres contribuables.

En ce qui concerne l'avenir, à partir de 1790, les ci-devant privilégiés seraient imposés avec les autres contribuables sans distinction des uns avec les autres, à raison de toutes leurs propriétés, exploitations et autres facultés, dispositions qui furent d'ailleurs développées dans une proclamation du roi, en date du 16 octobre, pour les pays d'élection et qui ne resta en vigueur que fort peu de temps, c'est-à-dire jusqu'au moment où la France fut divisée en départements.

Ces dispositions et celles de détail que nous nous bornons à rappeler sommairement, furent portées à la connaissance de l'assemblée municipale, en sa séance du 24 octobre ; elles venaient d'être publiées par les soins de la Généralité de la province d'Ile-de-France ; mais leur exécution, à cause de leur nouveauté, avait besoin d'être recommandée tout particulièrement, et le fut, en effet, par des affiches spéciales.

Enfin, une dernière disposition, d'une portée considérable, avait été prise par l'Assemblée nationale, le 6 octobre, la voici :

Le premier ministre venait d'exposer à cette Assemblée la situation des finances ; elle était mauvaise, on le savait bien, mais non désespérée, ce qu'il importait de faire comprendre à la nation. On lui dit qu'il était possible d'économiser 53 millions de livres, et on lui donna le détail des moyens en ajoutant qu'il y avait lieu de compter sur d'autres réductions de dépenses, mais moins considérables.

D'un autre côté, il y avait une augmentation de recettes assurée à raison de l'augmentation du nombre des contribuables, laquelle résultait forcément de l'abolition des privilèges, les rôles devant désormais comprendre tous les citoyens français, sans distinction de classes.

Néanmoins cela ne suffisait point pour combler le déficit du passé ; il était inopportun et impolitique de demander le surplus à l'emprunt. Où le prendrait-on, si on ne l'obtenait de la nation tout entière, par un sacrifice qui n'est au dessus ni de son patriotisme, ni de ses facultés, qui n'aura lieu qu'une fois et auquel « on ne pourra jamais revenir ? »

L'Assemblée nationale lui demandait donc d'offrir à la patrie le sacrifice du quart de son revenu d'une année, déduction faite des charges foncières, intérêts, rentes constituées, en un mot, le quart de son revenu net. Cette fraction était payable par tiers : le premier avant le 1er avril

1790, le second avant le 1ᵉʳ avril 1791, le troisième et dernier avant la même époque de 1792.

« L'Assemblée nationale, dit-elle, pleine de confiance
» dans le sentiment d'honneur de la nation française, s'en
» rapportait à la simple déclaration que chaque contri-
» buable aurait à faire devant la municipalité, librement
» et sans occasionner pour aucun, ni recherche ni inquisi-
» tion pour découvrir si chacun a fourni une contribution
» conforme aux proportions déterminées. »

Puis viennent les détails d'exécution et l'énumération des exceptions au nombre desquelles se trouvaient les citoyens dont le revenu était au-dessous de 400 livres, les hôpitaux, hospices, les ouvriers et journaliers sans propriétés.

Berthier, nommé aide maréchal général des logis à l'armée, résigna ses fonctions de major de la garde nationale.

Dans sa séance du 27 octobre, et en présence de l'état-major de la garde nationale, l'assemblée municipale entendit la lecture de la loi martiale du 21 du même mois, loi qui déclarait les officiers municipaux responsables de l'ordre public et de la tranquillité sur leur territoire ; disposition d'une longue portée, sans effet réel dans les petites communes, mais qui ouvrit aux grandes la voie où elles ne manquèrent pas de s'engager pour aller droit au terrain politique. Cette intervention ne fut pas toujours heureuse ni salutaire.

Le drapeau rouge reçut de la loi elle-même un rôle qui rappelait quelque peu celui des portes du temple de Janus, en sens inverse, cependant. Déployé, il signifiait que l'émeute grondait et que la municipalité était dans l'exercice de ses pouvoirs extraordinaires, presque dictatoriaux. Replié, au contraire, il indiquait que le calme était rétabli et que l'ordre régnait dans la rue. Pour donner un tel pouvoir aux municipalités, il fallait être dominé par des craintes extrêmement graves ; il y avait, en effet, des symptômes alarmants, sans compter Paris, sur divers points de la province ; mais connaissait-on assez l'esprit des municipalités, dans ces pays, pour remettre à leur discrétion des pouvoirs si redoutables? En tous cas, c'était pour le législateur une dure nécessité que d'avoir à s'y résigner ; il est étonnant que le roi, qui avant de sanctionner des décrets ou lois dix fois moins graves, avait manifesté tant de scrupules, n'ait pas fait d'objection sérieuse à la loi martiale.

Les ouvriers employés aux moulins à bras commençaient à donner un peu d'inquiétude, motivée par des protestations contre la réduction de leur paye journalière ramenée de 30 à 24 sols ; on n'eut pas besoin de la loi martiale pour calmer cette petite et peu dangereuse effervescence.

L'assemblée renouvela la moitié des membres de son Comité permanent en nommant Porchon, Augot, Niort, Crouvisier, Thibaut et la Peronye, en remplacement de Clausse, Bougleux, Gaudin, Fontaine, Remy et Deslandres.

Elle nomma aussi dans son sein 12 membres pour prendre connaissance de toutes les impositions de la ville et mit l'assemblée au courant de ce qui, en cette matière, pouvait l'intéresser.

Ce qui l'intéressait beaucoup, c'était d'avoir un Hôtel-de-Ville. Les demandes qu'elle avait adressées au roi étaient restées sans réponse ; mais voici cependant que par l'intermédiaire de Saint-Priest, il notifie qu'il est « très éloigné » de faire une disposition nouvelle de l'hôtel du Grand-» Maître et qu'il ne prendra pas de mesures à ce sujet » avant d'avoir un plan des lieux ». Autant aurait valu prolonger son silence.

La juridiction criminelle de la féodalité s'éloignait singulièrement du principe d'équité et d'égalité que la Révolution faisait prévaloir ; elle demandait une prompte réforme. En attendant une refonte radicale, ou plutôt, la création d'un régime judiciaire en harmonie avec ces principes, l'As-

semblée nationale avait, par un décret en dix-huit articles, que le roi avait sanctionné seulement vers la fin du mois, institué une sorte de jury pour assister à l'instruction des procès criminels. Ce jury était pris dans une liste de notables arrêtée par la municipalité. Dans sa séance du 18 octobre, elle reçut des élus le serment « de remplir fidèle-
» ment leurs fonctions et surtout de garder un secret
» inviolable dans la procédure criminelle ». Les notables assistaient les tribunaux à titre d'adjoints.

Ainsi se modifiaient, les unes à la suite des autres, mais partiellement et provisoirement, les vieilles institutions des temps féodaux ; la bonne administration de la justice et de toutes les affaires du peuple français réclamait une organisation et des lois explicites et catégoriques ; mais rien ne pouvait se faire sans le concours du temps. On peut voir, à ces petits détails qui touchent à une faible partie seulement de l'œuvre de transformation que les représentants de la France élaboraient, que cette œuvre ne pouvait être conduite avec la rapidité exigée par les impatients.

CHAPITRE IV

LES DRAPEAUX

NOVEMBRE ET DÉCEMBRE 1789

La presse parisienne. — Règlement sur la garde nationale. — Drapeaux. — Danger de collision. — La loi martiale. — Lecointre. — Berthier. — Théorie de Lafayette sur la commune. — Remise des drapeaux. — Berthier complimenté. — Les gardes du corps renvoyés et rappelés. — Faiblesse de la municipalité. — Antagonisme de Lecointre et de Berthier. — Essai d'apaisement. — Bureaux des pauvres. — La ville sans édifices et sans fêtes de charité. — Moulins à bras. — Conflits avec Montaran. — La municipalité menace *de s'emparer de ses droits.* — Necker, ses rapports avec Versailles. — Ouvriers du canal. — Suppression : 1° des moulins à bras ; 2° de la prime aux boulangers ; 3° du Poids-le-roi. — Police. — Les billards suspects. — Roulette. — Loteries. — Versailles, Paris et la nouvelle division de la France. — Berthier commandant en second.

> « Où siègent les officiers municipaux, là est la commune, serait-ce même sous un arbre. »
> (*Lafayette à Berthier et Lecointre, le 10 novembre 1789.*)

Les affaires des 5 et 6 octobre, dont il n'avait pas été fait mention dans les délibérations écrites de l'assemblée municipale, donnèrent lieu, dans la presse, à de violentes aggressions qui harcelèrent singulièrement la garde nationale ; la municipalité n'y était pas moins outragée. Mais tandis que la première s'irritait et perdait patience, celle-ci laissait passer stoïquement le flot d'invectives que les libellistes déversaient sur Versailles ; elle engagea l'état-major et la garde nationale qui s'en étaient plaints, à garder le silence, ce qui était, disait-elle, l'unique parti à prendre devant des écrivains mal informés, trompés eux-mêmes par des rapports infidèles et ne méritant que le mépris : « Reposez-vous, disait-elle encore, en terminant, sur la » lettre du roi et sur les adieux touchants de l'Assemblée » nationale. »

L'étude et la rédaction du règlement sur la garde nationale venaient d'être enfin terminés ; l'assemblée générale de la Commune lui donna sa sanction, dans sa séance du 23 octobre, presqu'à titre d'autorité suprême, comme on va le voir ; elle en ordonna l'impression et le fit publier en une brochure qui portait en tête l'avertissement que voici :

« La municipalité n'a pas cru devoir assujettir par le » présent règlement, à aucun des services de la garde les » propriétaires âgés de plus de soixante ans ni les ecclésias- » tiques ; elle n'a pas cru devoir exiger aucune contribu- » tion de remplacement des femmes, des veuves ni des filles » majeures ; mais la garde nationale étant instituée pour » protéger les personnes et les propriétés, elle invite les » personnes âgées de plus de soixante ans, les ecclésiasti- » ques, les femmes, les veuves et les filles majeures à payer » un service évalué à *trente-six livres* par an, ou un *demi-* » *service*, ou un *quart* de service, suivant leurs facultés ; » et les sommes qui seront données volontairement seront » reçues par le trésorier ou le greffier de la municipalité. »

L'esprit de la municipalité se révèle tout entier dans ce court prologue ; son règlement était rédigé par des commissaires choisis, pour la plupart, et pour les avoir plus compétents, parmi des militaires en activité de service ; ils y apportaient, pour ainsi dire, la collaboration de la puissance publique ; il n'y avait plus qu'à prendre conseil des besoins et de la nécessité. La formation de la garde, de l'état-major, la nomination aux emplois, le serment, le service, la discipline, les honneurs, les récompenses, les punitions, tout est prévu et réglé à son tour, avec une liberté d'action que rien ne déconcerte, et, d'ailleurs la loi martiale n'a-t-elle pas conféré à la garde des municipalités et placé, sous leur responsabilité, l'ordre et la tranquillité publics ? Qui donc pourrait faire obstacle à ce que, dans la réglementation de la force municipale dont elle dispose, celle de Versailles ne s'assure des moyens de commander, de récompenser, ce qu'elle se complaît à prévoir, et aussi de punir, si le respect pour la discipline vient à lui imposer ce pénible devoir ?

« Comme celui qui fait une action louable, dit-elle au
» titre XIV, acquiert des droits à l'estime universelle de
» ses concitoyens, toute action distinguée, de quelque
» genre qu'elle soit, sera rendue publique, afin d'hono-
» rer son auteur. »

Et, au contraire, quand il y aura lieu de punir, ce sera en secret, afin d'épargner au défaillant l'humiliation et de ménager son retour au bien ; la publicité ne sera infligée qu'après plusieurs récidives.

Il ne s'agit ici que de simples fautes dont sont susceptibles les soldats citoyens ; les crimes, on ne les suppose point et on n'a pas, dans un règlement de garde nationale à légiférer en de telles prévisions.

Le règlement de Versailles avait été, avant son adoption définitive, soumis à l'examen des compagnies, et il avait reçu de cette épreuve plusieurs modifications. Il devint un modèle pour d'autres villes. La garde nationale des villages voisins, tels que Villepreux, demandèrent à s'affilier à la garde nationale de Versailles pour avoir l'avantage de marcher sous le même régime.

Ce régime était doux et presque paternel, comme l'avaient écrit les trois commissaires de la municipalité, Niort, Ris et Baud, dans leur remarquable et substantiel rapport : « Quand il s'agit de mettre en vigueur un règlement pour
» des citoyens qui se dévouent, il ne doit ressembler que le
» moins possible à un code militaire rigoureux, mais, au
» contraire et autant que le service le permet, il doit être

» conforme à la volonté de ceux qui jurent d'y obéir. »

Tel était le règlement sur la garde nationale de Versailles, au moment où Lafayette venait d'être élu son commandant en chef, et Berthier son commandant en second.

L'assemblée municipale, ayant à renouveler son président, élut Bougleux et profita de l'occasion pour reconstituer ses comités.

Celui des impositions fut composé comme suit :

1er quartier : Menard, Meslin. — 2e quartier : Clausse, Peigné. — 3e quartier : Deslandres, Genty. — 4e quartier : Thibault, Forestier. — 5e quartier : Verdier, Fontaine. — 6e quartier : Beauregard, Barat. — 7e quartier : Ris, Pinon. — 8e quartier : Alin Gervais, Gravois.

Elle refusa d'entendre, présenté par son auteur Berthaud, un mémoire tendant à justifier la ville de Versailles à raison des événements des 5 et 6 octobre ; l'assemblée avait déjà jugé qu'il était de sa dignité de ne pas même laisser poser la question.

La garnison fut augmentée de quelques centaines de dragons et de chasseurs de Lorraine ; ceux-ci prêtèrent serment sur la place d'Armes ; les autres l'avaient fait antérieurement.

L'assemblée municipale, vu l'augmentation de la garnison, fit un règlement de police qui interdit aux soldats et bas officiers de se trouver dans les rues, après la retraite battue.

Tout cela ne faisait point qu'il y eût accord parfait de vues et de tendances entre une fraction de la garde nationale et la municipalité. Le règlement de la garde nationale portait que les drapeaux seraient déposés à l'Hôtel-de-Ville. Lecointre, lieutenant-colonel de la division de Notre-Dame, dépositaire de cinq de ces drapeaux, n'était pas d'avis de s'en dessaisir, et il était soutenu dans sa résistance par un grand nombre de ceux qui étaient sous son commandement. Le 10 novembre, jour fixé pour la remise, la division du quartier Saint-Louis s'exécuta, mais la maison de

Lecointre, rue de Paris (aujourd'hui de la Paroisse n° 108), se trouva entourée et gardée des deux côtés par des hommes armés et par un détachement du régiment de Flandre, tous opposants. La loi martiale avait été proclamée; Berthier avait ordre d'enlever les drapeaux même par la force. Il resta calme, mais il eut le tort d'envoyer trois officiers du régiment de Flandre pour essayer de parlementer d'abord avec ceux qu'on appelait déjà des séditieux, et pour ramener le détachement qui s'était, on ne sait pourquoi, fourvoyé où il n'avait que faire. Les rues étaient pleines de gardes nationaux, d'hommes et de femmes fort surexcités; le chef des trois parlementaires, lieutenant de Grammont, n'aboutit qu'à une altercation avec un des opposants, dont il fit le principal objet de son rapport. Un autre tort de Berthier, avait été d'amener devant la maison de Lecointre, du côté de l'avenue de Saint-Cloud, le détachement de la division du Sud qui accompagnait les drapeaux du quartier, en marche pour la mairie; le détachement fut hué, mais sauf les paroles, il ne se passa rien de bien répréhensible.

Pendant ce temps, Lecointre était à l'Hôtel-de-Ville[1] pour expliquer sa position; il ne pouvait livrer les drapeaux, parce qu'ils étaient gardés par des hommes décidés à les mettre en pièces, plutôt que de s'en dessaisir; il convenait qu'il y était opposé lui-même. A Paris, ajoutait-il, où pourtant ce n'est pas l'hôtel de ville qui manque, « la même
» difficulté s'est présentée et s'est dénouée en faveur de
» l'état-major. Où est l'hôtel de ville de Versailles? pouvez-
» vous me le dire? Toutefois, mon intention n'est pas de
» continuer la résistance; l'assemblée sait que j'ai l'ha-
» bitude de l'obéissance; commandez pour demain, et
» j'obéirai. »

Les dissentiments de Berthier et de Lecointre avaient amené ces deux antagonistes devant Lafayette. — « Faites-
» moi connaître, avait dit Lafayette à Lecointre, si le pou-
» voir législatif à Versailles est soumis au pouvoir exécu-

---

[1] Toujours au garde-meuble, rue des Réservoirs.

» tif. — Je vois bien où le général veut en venir, répondit
» Lecointre. — Moi, répliqua Lafayette, j'obéis entièrement
» à la commune de Paris, et à Versailles, je n'agirais pas
» autrement ; voilà le fondement et la base de la liberté :
» où siègent les officiers municipaux, là est la commune,
» serait-ce même sous un arbre [1]. »

Lafayette était le commandant en chef ; ce qu'il venait de dire était un ordre ; il conseilla en outre à Lecointre de demander un léger sursis pour ménager les susceptibilités.

Lecointre employa une partie de la nuit du 10 au 11 à calmer les esprits et à préparer ses officiers au sacrifice ; et le lendemain, à une heure après midi, les drapeaux de la première division, escortés de la garde nationale, entraient à l'Hôtel-de-Ville au son de la musique, ayant Berthier et Lecointre en tête ; Berthier dit, en les remettant :

« Messieurs, je vous apporte les drapeaux et je vous
» annonce avec plaisir la réunion de tous mes frères de la
» garde nationale. »

Lecointre, prenant la parole à son tour, ne fut ni si bref, ni si accommodant. Il avait sur le cœur le refus que l'assemblée municipale avait opposé à sa demande de communication d'une lettre à l'état-major, son silence systématique sur les événements des 5 et 6 octobre, et plus récemment, sur un écrit injurieux intitulé : *Précis historique de la conduite des gardes du corps ;* il s'en plaignit et déposa sur le bureau la copie de son discours.

Le calme était rétabli dans la rue, mais non dans les esprits ; Lecointre avait été modéré et conciliant dans le conflit si pacifiquement terminé. Généreux et désintéressé, il avait été un des premiers à donner son adhésion et son concours à l'utopie imaginée par de Latour, pour venir en aide, sous le nom de « Bouquet du roi », aux finances du roi ou de l'Etat. « Ce Bouquet, Lecointre l'avait arrosé de 12,000 livres tirées de sa caisse. » Tous les Français, lui disaient les narquois, font à l'envie de pareils sacrifices. —

---

[1] Rapport de Berthier, sur l'entrevue du 10 novembre 1789. — Archives antér. à 1790 CC, novembre 1789.

Aussi, répondait-il, n'est-ce que comme soldat qu'il lui était permis de le rappeler. S'il était bouillant et prompt, il était aussi observateur, il voyait bien toutes les manœuvres et les tentatives entreprises dans l'intérêt de la contre-révolution ; il se détachait peu à peu de ceux qui étaient suspects d'y prêter la main et groupait autour de lui, autant qu'il le pouvait, les hommes de convictions semblables aux siennes; il avait acquis à ce titre une grande influence dans son quartier, dont l'esprit était alors fort différent de celui du Sud. On peut voir par ces considérations comment il s'est trouvé mêlé à cette affaire de drapeaux qui pouvait devenir grave, et qui se termina cependant par la dispersion des manifestants, sans l'emploi de la force et tous indemnes du moindre horion.

L'assemblée générale en fit honneur à Berthier ; on lui vota des remerciements, des adresses où l'on disait que « ce chef développe tous les jours des talents au-dessus de » son âge ». Un nombre considérable de citoyens tinrent à honneur d'apposer leur signature au bas de ces adresses. Berthier, insinuant et avisé, avait aisément capté l'estime et la confiance des membres de la municipalité et aussi des officiers de la garde nationale, qui les uns et les autres procédaient, en grande majorité du moins, du cercle des hommes attachés à la cour, fort distingués sans doute, mais suspects par cela même de tenir pour la cour plus que pour la nation. L'assemblée, en prédisant à Berthier un grand avenir, n'avait pas mal auguré du futur prince de Wagram.

La paix qu'il avait proclamée en remettant les drapeaux, ne fut pas respectée par ses partisans; le fût-elle par lui-même ? Il fit un rapport à son assemblée générale, adroit et concluant ostensiblement au maintien de cette paix, mais ce fut la reprise des hostilités qui en sortit. Son assemblée nomma un comité de quatorze membres pour une information dont l'objet n'était pas même défini.

Pendant ce temps-là, et sur l'invitation de Lafayette, Lecointre publiait un mémoire dans lequel il donnait l'histoire de sa vie, depuis qu'il servait dans la garde nationale ; c'était un in-4° de vingt pages, œuvre d'une plume vive et alerte qui eut le malheur de piquer beaucoup de petites personnalités ; dans le parti opposé, on cria au scandale ; l'écrit fut dénoncé comme incendiaire. Mais ici, que faisait-on ? Les quatorze membres de la commission nommée pour une information, après cinq jours de travail, avaient réuni dix-sept pièces, les avaient classées avec une méthode si habile que la dernière était une violente réquisition en quatre articles, « contre les auteurs, moteurs, » fauteurs et instigateurs du trouble », etc. ; après cela, le rapporteur pouvait bien se dispenser de donner ses propres conclusions ; c'est ce qu'il fit, et il arrêta là sa rédaction.

L'agitation n'avait pas cessé en ville. Les gardes du corps n'y étaient pas étrangers ; ils furent rappelés à Paris. L'assemblée générale de la municipalité y vit l'occasion d'une adresse au roi. Elle le fit cette fois en des termes qui s'éloignaient de sa dignité habituelle. Le sentiment presque unanime était que les gardes du corps avaient heurté bien malheureusement l'opinion publique et créé des embarras à tout le monde et même à la cour. Qu'ils l'eussent voulu ou non, c'était accepté sans conteste ; la raison voulait qu'on en tînt compte. L'assemblée municipale insista, au contraire, sur l'excellence de leurs rapports avec les habitants, et demanda leur retour à l'hôtel de la rue Royale. L'esprit de sagesse était vraiment absent ce jour-là du cerveau de la municipalité versaillaise.

La réponse du roi, transmise par le prince de Poix, fut digne de l'adresse : Le roi se bornait à assurer l'assemblée de sa bonté et de sa protection.

Le prince de Poix ajoutait en post-scriptum :

« J'ai dit au roi les raisons qui vous avaient empêchés » d'apporter votre délibération. »

Quelles étaient ces raisons ? Elles n'ont *pas été transcrites* au registre ; on les devine. L'assemblée tenait à manifester pour le roi, mais discrètement et sans bruit [1].

---

[1] Voir annexe F., à la fin du volume.

Dans les rangs de la garde nationale, on y allait plus ouvertement. C'était un véritable journal qu'on tenait à l'état-major, dont la rédaction était inspirée par Berthier. Toutes les séances de l'assemblée de cette garde étaient présidées avec soin par ce chef ; on ne se bornait point à y traiter les affaires qui l'intéressaient ; il n'y avait pas de questions qui ne fussent mises sur le tapis, suivant l'occurrence, adresses au roi, vœux pour le retour du roi, de celui des tantes du roi, des gardes du corps du roi, etc., etc. ; cela ne déplaisait pas à la plupart des officiers, qui venaient de la cour, ni à la cour elle-même, qui n'était laissée dans l'ignorance d'aucun des petits faits de la chronique de Versailles.

Mais quels avaient été les officiers de la garde nationale qui avaient assisté aux banquets ? Ce n'était pas Lecointre, puisqu'on s'était bien gardé de lui faire une invitation. Ceux qui y étaient allés se bornaient à déclarer, en toute circonstance, qu'ils n'avaient rien à se reprocher. Avaient-ils, oui ou non, fait chorus aux insultes adressées au drapeau de la nation ? C'est cela qu'il fallait voir. L'assemblée générale de l'état-major de la garde nationale a évité avec soin de s'en expliquer, évidemment parce qu'elle aurait eu des révélations à faire qui n'auraient pas été favorables aux gardes du corps. Berthier présidait cette assemblée dont le vote fut unanime ; pourquoi le même commandant est-il venu, le 16 novembre, présenter au roi une autre adresse de la même assemblée, où on lit ceci :

« Votre Majesté lui permettra de mettre au moins dès les
» premiers moments à ses pieds, les témoignages de la
» vive satisfaction qu'éprouvent les citoyens qui compo-
» sent la garde nationale, du rappel d'un corps pour lequel
» ils sont pénétrés d'estime et des sentiments d'une véri-
» table fraternité ? »

C'est de la conciliation à outrance ! Il n'était pas sûr que le corps de la garde nationale, pourtant très modéré dans son adresse, allât si loin dans son oubli des injures. On ne peut faire à un homme un tort de sa générosité ; mais en présence d'un roi aussi vacillant, il y a bien du danger à lui faire voir tout en rose et à lui cacher une partie de la vérité, quand ce n'est pas la vérité entière.

Il y eut encore, en ce temps, un homme qui voulut essayer de son éloquence comme moyen souverain de ramener la paix et de la sceller une fois pour toutes dans une réunion improvisée ; ce fut Vauchelle, major-commandant de bataillon ; Lecointre et Berthier étaient présents. L'orateur félicita l'un d'avoir écouté son cœur et sa raison, et l'autre, son intelligence et son honnêteté pour revenir au calme et mettre fin à des dissensions funestes dont la ville était menacée[1]. Malgré ses emprunts faits au soleil, comme point de comparaison, l'orateur ne parvint pas à éclairer toutes les intelligences ; celle de Chovot, un capitaine qui avait fait déjà beaucoup de bruit, se montra entièrement rebelle à la lumière ; mais sa protestation contre l'oubli, qui était la conclusion de Vauchelle, n'empêcha pas qu'on sût gré aux excellentes intentions du pacificateur.

Pour la première fois, on se livra dans l'assemblée de la municipalité à la recherche des moyens de faire de Versailles un chef-lieu de département. De Boislandry y donna sur ce sujet lecture d'un mémoire et l'assemblée vota une adresse demandant l'appui de quelques députés à la Constituante, parmi lesquels Target, Thouret, Talleyrand, Seyès, Chapelier, Rabaud Saint-Etienne, Meunier.

Dans sa séance du 27, elle se déclara hors d'état d'accueillir la demande présentée par Duperron, pour l'établissement d'une filature de soie, afin de donner du travail aux ouvriers pendant la mauvaise saison ; il résultait bien de l'instruction que ce projet n'était pas né viable.

La théorie de Lafayette sur ce qu'il faut entendre par *hôtel de ville*, n'avait pu persuader à la municipalité qu'elle devait se contenter d'un petit coin du garde-meuble pour le sien, où rien n'indiquait même que c'était là

---

[1] Ce discours a été imprimé : il est à CC. — Archives antérieures à 1790. — Il est fort singulier par le ton emphatique qui y règne d'un bout à l'autre, et les rapprochements que l'orateur a tirés des rayons du soleil.

qu'était son siège. Elle arrêta, en attendant mieux, et sur le désir manifesté par les bourgeois et les habitants, qu'on substituerait le nom de « Hôtel de Ville » à celui qui était sur la porte ; cela ne donnait pas plus de place à la municipalité, mais au moins elle avait son enseigne.

Le plan du Grand-Maître, demandé par le roi, avant de se prononcer, venait d'être terminé par l'architecte Henry : ce plan parut d'une si belle exécution à l'assemblée, qu'elle fit adresser ses félicitations à l'auteur pour son travail et pour son patriotisme ; il fut envoyé immédiatement à Saint-Priest [1].

L'hiver était venu, la ville était sans ressources, et la charité publique sans organisation.

Les ressources ne pouvaient venir que du roi qui percevait toujours les revenus ; il se montra généreux, comme nous l'avons déjà vu ; mais il fut dans la nécessité de réduire de 9 livres à 7 livres l'indemnité qu'il payait par sac aux boulangers, puis à 6 livres, et, enfin, elle fut supprimée avant la fin de l'année ; il donna l'ordre de faire des distributions de bois.

Dans le même temps, la municipalité organisa trois bureaux de charité, un dans chaque paroisse, pour la distribution des aumônes. En voici la composition :

Paroisse Notre-Dame. — Simonet, ancien commis de la guerre, rue Neuve ; Gauchez, chirurgien, rue de la Paroisse ; Delder, maréchal des logis de la reine, rue des Réservoirs ; Bounet, commis aux Affaires Etrangères, rue de la Paroisse ; Babois, ancien négociant.

Paroisse Saint-Louis. — Demallemain, rue des Tournelles, n° 41 ; Prieur, rue d'Anjou, n° 43 ; Huet, rue Satory, n° 22 ; Farnoux, rue Sainte-Famille, n° 18 ; Raffenois, rue des Bourdonnais, n° 51.

Paroisse Saint-Symphorien. — Bougarel, chirurgien, rue du Grand-Montreuil ; Foulon, rue Emard ; Touchard, charpentier, avenue de Paris, n° 49 ; Barbet, ancien fermier,

---

[1] Ce plan n'est jamais revenu aux archives.

rue de Vergennes ; de Villars, élu par les officiers d'état-major.

Ces nominations furent notifiées aux curés des paroisses, avec invitation de prêter leur concours pour le fonctionnement des bureaux, et en même temps, un chaleureux appel fut fait à la commisération des habitants aisés.

Un peu plus tard, et comme le nombre des indigents allait toujours croissant, l'assemblée fit un second appel, et annonça qu'une collecte allait avoir lieu de la part des bureaux de charité dont les membres iraient de maison en maison recueillir les offrandes pour être ensuite centralisées, pour la paroisse Notre-Dame, chez Delder, pour celle de Saint-Louis, chez Demallemain, et pour celle de Saint-Symphorien, chez Martin, rue de Montreuil, n° 72.

« Il ne suffisait pas, disait-elle, de subvenir aux besoins
» du moment, il fallait encore songer à ceux de l'avenir, au
» moins jusqu'au retour de la belle saison. Elle pressait en
» conséquence ceux des habitants qui en avaient le moyen,
» de souscrire des dons réalisables, par fractions, et de mois
» en mois. »

On ne se faisait plus d'illusion sur le retour du roi à Versailles. Toutes les familles qui étaient attachées à la personne royale et à la cour avaient abandonné la ville, les unes pour s'installer à Paris, les autres, en plus grand nombre peut-être, pour l'émigration. Les bureaux des ministères pourvus d'un nombreux personnel, avaient aussi les uns après les autres évacué Versailles ; c'étaient les derniers vestiges de sa prospérité passée qui avaient disparu. Chambert, un ancien membre du Conseil général, le faisait remarquer dans un mémoire qui résumait bien pathétiquement la transformation que la ville avait subie depuis si peu de temps, et son impuissance en présence des misères qui lui étaient restées.

Que faire alors ? invoquer la charité publique ? c'est ce que l'on faisait. Prendre sur les plaisirs pour aider au soulagement des malheureux ? La ville n'avait rien, pas une salle, pas un seul endroit, si réduit qu'il fût, où elle pût donner un spectacle, un concert, une fête quelconque au profit des indigents. Le palais offrait, à ce point de vue, de grandes ressources. Mais le temps n'était pas venu de le faire servir à un tel usage ; on n'était pas affranchi de la puissance des souvenirs ; la royauté, d'ailleurs, n'était pas dépossédée de sa splendide demeure ni d'aucun de ses accessoires.

Il y avait bien pour le public une salle de spectacle, celle qui est devenue, après bien des années, quand la ville put la payer de ses deniers, le théâtre municipal ; mais cette salle était entre les mains de Mlle Montansier, comédienne à la suite de la cour, qui l'avait fondée, en 1776, avec les deniers de Louis XVI, qui l'exploitait encore à son profit, et qui ne donnait guère que des soucis à l'administration municipale, car il fallait faire surveiller cette exploitation. Le roi, bienfaiteur de la directrice, avait refusé de participer à cette surveillance et c'était avec raison ; il fallut intervenir pour assurer l'ordre et obtenir que la directrice, tirant les bénéfices, pourvût aux charges de son exploitation.

L'unique espérance de la ville reposait sur la charité des habitants aisés dont le nombre égalait à peine celui des nécessiteux.

Le Comité permanent était chargé de tous les détails d'exécution des mesures qui intéressaient les subsistances ; il fallait aller au loin pour trouver des blés à vendre ; un traité fut passé avec un commissionnaire de Saint-Quentin, nommé Dupont, qui eut ordre d'en acheter autant qu'il en pourrait trouver, moyennant une commission de cinquante sols par setier. Un embarras inattendu surgit ; les vendeurs n'acceptèrent point les billets de caisse avec lesquels on espérait effectuer le paiement de leur marchandise ; on sortit de cet embarras par des expédients.

C'était de Montaran qui servait d'intermédiaire entre le roi, Saint-Priest et la ville, pour le règlement des questions de finances engagées dans les achats de blés et leur mouture ; cette mouture se faisait à Etampes, puis aux moulins à vent, et enfin aux moulins à bras ; on voit tout de suite que de ce croisement et de ce va-et-vient de grains, il ne devait pas manquer de naître des difficultés, ce qui arriva en effet bientôt.

Le Comité avait dit, dans une de ses lettres à Montaran, que le travail des moulins à bras n'était pas plus onéreux que celui des moulins à eau ou à vent ; mais cet équilibre, entre les trois espèces d'usines, dura peu, s'il a réellement existé, et bientôt on fut obligé de renoncer aux moulins à bras. Les boulangers donnant lieu aussi à des plaintes, à cause de la qualité de leur pain, s'en prenaient à l'infériorité de la farine ; si cela était vrai quelquefois, il ne l'était pas moins que certains d'entre eux livraient du pain fabriqué avec des farines frauduleusement altérées. Montaran disait qu'il appartenait au Comité permanent de juger ; dans leur rapport [1], en effet, on voit que la boulangerie était fortement soupçonnée de faire sortir des farines en fraude, ce qui motiva une surveillance plus grande de la part de la garde nationale.

Les billets de caisse, qui venaient du Trésor, ne passaient point à Versailles ; il fallait en faire le change à Paris, un membre de la municipalité s'en chargeait habituellement. Ces mouvements de fonds étaient considérables ; cela se fit avec tant d'ordre, que rien ne s'égara et qu'il ne surgit aucun incident de nature suspecte.

Mais l'avenir était envisagé avec la crainte que les ressources prévues fussent de beaucoup insuffisantes. Le Comité s'en ouvrit au ministre Necker, dans une lettre du 28 novembre. Il disait que les marchands éloignés de Versailles ne voulant point accepter les billets de la caisse d'escompte, les membres de la municipalité se voyaient de temps en temps dans la nécessité, pour ne point interrompre le mouvement des marchandises, de se cotiser personnellement pour faire les fonds nécessaires ; il suppliait le ministre des finances de donner des ordres pour prévenir le recours à de pareils moyens.

Le 30 novembre, le Comité signalait un attroupement de

---

[1] 9 novembre.

300 ouvriers au canal, mis sur le pavé par la suppression des travaux ; il se plaignait au prince de Poix de l'agitation produite par le mémoire de Lecointre, publié contrairement au vœu de la municipalité [1].

Ces incidents témoignaient d'un état d'irritabilité à ménager, mais il était d'une médiocre importance pourtant à côté du conflit soulevé, dans le même temps, entre la municipalité et Montaran qui était censé la présider.

Celui-ci, dans une longue lettre du 28 novembre, l'avait vivement critiquée, à raison de son ingérence dans la surveillance des moulins à bras ; la direction de ces moulins avait été donnée à un sieur Nancy qui, pas plus que les boulangers, n'était satisfait de la sévérité du Comité ; de Montaran recevait leurs doléances communes.

Leur plus grand grief consistait en ce que la municipalité aurait fait des dépenses qui n'étaient pas indispensables. Il ne s'agissait réellement que de quelques raccommodages de sacs que la ville de Saint-Germain avait prêtés à celle de Versailles et qu'il était au moins convenable de rendre en bon état.

Ces petits riens cachaient véritablement un jeu plus sérieux et des connivences auxquelles le Comité avait pris à cœur de mettre fin.

Montaran ne les vit pas sans doute, et il terminait sa lettre en disant : « Je vous prie de remarquer, Messieurs,
» que les fonds qui sont entre les mains du sieur La Com-
» mune, caissier du Poids-le-roi, ne sont ni à vous ni à moi
» et que vous risquez de les voir enlever de ses mains, si
» vous outrepassez les autorisations que le ministre a
» données, surtout dans le moment où on peut dire que
» vous êtes dans une abondance qui pourrait exciter de la
» jalousie. »

La municipalité fit cette verte réponse :

» Nous n'avons point abusé, Monsieur, et nous n'abuse-
» rons jamais des fonds qui sont destinés pour nos appro-

---

[1] Necker : 5 lettres déposées à la Bibliothèque n° 71, du 1er décembre 1789 au 21 juillet 1790. — Indépendamment de celles qui sont aux archives.

» visionnements ; nous voulons au contraire, empêcher les
» abus du sieur Nancy et éviter ceux de nos boulangers ;
» et si, avec des principes justes et les vues les plus droi-
» tes, nous étions calomniés dans votre esprit et dans celui
» du ministre vertueux que vous avez le bonheur d'appro-
» cher souvent ; en un mot, si on nous enlevait les fonds
» destinés pour fournir à la subsistance de nos malheu-
» reux habitants, *nous serions forcés de suivre l'exemple*
» *de Paris et de* NOUS EMPARER DES DROITS QUI APPARTIEN-
» NENT A NOTRE VILLE. Nous y sommes excités tous les
» jours ; mais nous ne voulons pas outrepasser les bornes
» que nous nous sommes prescrites par respect pour le roi
» et pour M. Necker, déjà trop contrarié dans ses vues pa-
» triotiques.

» Nous ne sommes pas malheureusement dans l'abon-
» dance, et si nous y étions, de qui pourrions-nous exciter
» la jalousie?.... ce ne peut être de la ville de Paris, puis-
» qu'elle est approvisionnée pour trois mois.

» Cette dernière réflexion de votre lettre a été acca-
» blante pour la municipalité ; vous ne l'avez pas accoutu-
» mée à de pareilles choses ; aussi en rejette-t-elle la faute
» sur votre bureau qui met trop d'étude dans sa corres-
» pondance. »

Non, la municipalité, couverte d'éloges, presque adulée de tout le monde, excepté de la presse exaltée, n'était point accoutumée à de pareils procédés, n'en avait jamais employés de semblables vis-à-vis des gens de l'entourage du roi. On voit à ce langage qui est nouveau, que le sentiment qui l'inspire ne l'est pas ; il déborde contre un de ces hommes qui passaient pour entretenir la cour dans son aveuglement et sa résistance aux influences honnêtes et loyales ; on n'aurait pas imaginé que la municipalité de Versailles fût capable d'une si énergique protestation ; mais c'était l'explosion de sentiments qu'il n'était plus aisé de contenir, en présence des contrastes.

Le nom de Necker avait servi à accentuer la lettre de la

[1] Cahier.

municipalité; Necker avait une réputation de rigidité et d'honnêteté dont on attendait de grandes réformes dans la façon de gérer les finances nationales; Versailles l'avait pour cela en grande estime, et attachait un haut prix à celle qu'il accordait à ses administrateurs. Le ministre mettait, en tous cas, ses soins à chercher du travail pour les ouvriers inoccupés. Il avait écrit que « le roi se repo- » sait sur la municipalité pour qu'elle empêchât ceux du » canal de se porter à aucun excès dangereux ».

Ces procédés relevaient le courage et la vigueur de la municipalité; elle le fit voir.

L'assemblée municipale était au moment de renouveler son bureau; elle appela Guillery à la présidence, avec Giraud, Le Roi, Baud et Menard pour secrétaires.

Après ces arrangements intérieurs, elle revint à la question des ouvriers oisifs. Necker avait reçu un mémoire présenté par *deux mille* d'entre eux. Il avait écrit à la municipalité qu'il ne pouvait comprendre comment il se trouvait tant de gens en pareille situation; ce nombre s'ex- pliquerait comme résultat de travaux cessant successive- ment, ce qui comporte une série de jours assez longs; mais deux mille à la fois, le même jour! Cela était surprenant. Cependant le ministre donna de nouveau à la municipalité l'assurance qu'il allait s'entendre avec Saint-Priest pour la reprise des travaux du canal.

A deux mille ouvriers déjà oisifs et à ceux qui allaient en grossir le nombre chaque jour, quelle ressource pou- vait fournir le canal du Parc? Les travaux en étaient ré- servés à des ateliers de charité; le roi avait donné l'ordre d'y admettre, à raison de 20 sols par jour, deux cents ou- vriers de la paroisse Notre-Dame, deux cents de Saint- Louis et cent de Montreuil; on était loin de compte.

L'assemblée générale signalait presque chaque jour à Necker, qui avait sa confiance et à Montaran qui ne l'avait plus, l'état de détresse de la ville; la prime dont jouissaient les boulangers avait subi, comme nous l'avons vu, des ré- ductions successives qui l'avaient ramenée à 5 livres vers le milieu de décembre, puis à rien. On avait été longtemps sans s'apercevoir que cette prime, appliquée comme à Paris, avait été une des causes qui retenaient à un chiffre bien élevé le prix du grain. Le Comité l'avait signalé à Montaran qui, ne partageant pas cette manière de voir, persistait à maintenir la prime. Contrairement encore aux rapports du Comité, il refusait de prendre, vis-à-vis des moulins à bras, les mesures que commandaient les faits révélés. C'était, à tout prendre, une institution des plus malheureusement conçues. Au point de vue sanitaire, d'abord, la poussière que dégageait le travail altérait singulièrement l'air que respiraient les ouvriers dans un milieu si réduit. Les préposés à la direction du travail étaient-ils des gens capables et honnêtes ? Capables, ils auraient éclairé le représentant du ministre sur le rendement des ateliers. Honnêtes, ils auraient accepté l'inspection de la municipalité et se seraient soumis à des expériences jugées nécessaires, prescrites même par le ministre, afin de comparer les produits du travail à la dépense. Loin de là, ils s'étaient esquivés chaque fois que jour avait été pris pour ces vérifications, en sorte que le Comité municipal ne fut jamais mis en présence d'observations bien suivies ni contradictoires ni en mesure, par conséquent, d'offrir la confirmation juridique de ce qu'on ne faisait que soupçonner. De plus, le directeur des moulins retenait dans les magasins mis à sa disposition des quantités de grains et de farine plus grandes que cela n'était régulier et nécessaire ; les farines de qualité inférieure semblaient n'en devoir jamais sortir. Le gaspillage sous toutes les formes, devait donc être en permanence dans les ateliers. Le Comité l'écrivit enfin à Necker et en même temps qu'à de Montaran. Le ministre était bien fixé, mais il hésitait à prendre une mesure radicale par la crainte de laisser sans travail trois cents ouvriers qui étaient occupés aux moulins, et aussi sans doute, parce qu'il y avait à ménager l'amour-propre de Montaran. A la fin, cependant, il fallut bien se résigner ; c'était le moment où l'on venait d'autoriser les travaux de curement du canal du Parc. Necker, sur les représentations de la municipalité, décida qu'on y porterait les trois cents ouvriers des moulins à bras supprimés ; ouvriers taxés à 1 livre par jour et ateliers de charité improductifs comme le sont tous ceux qu'on improvise dans les grandes crises politiques, dont le mérite principal consiste à occuper des bras qui feraient plus mal ailleurs.

La liquidation des moulins à bras devint une affaire épineuse ; le Comité ne voulut s'en occuper qu'autant qu'il serait mis en contact avec des hommes en possession de son estime et de sa confiance.

La suppression de la prime accordée à la boulangerie entraînait du même coup la suppression de l'entrepôt du Poids-le-roi, et par suite aussi, la cessation de la mesure qui interdisait aux boulangers l'exportation du pain, ou plus simplement, la vente de leur pain à l'extérieur de la ville. L'embarras des finances de l'Etat était grand. Necker, dans sa correspondance avec la municipalité de Versailles, ne manquait pas à le rappeler, mais la municipalité le savait bien et y conformait sa conduite ; elle était justement fière de son concours intelligent et patriotique dans ce qui, depuis un certain temps, avait été fait pour adoucir la crise des subsistances, et elle n'était pas moins digne d'éloges pour la clarté et la sagesse qu'elle avait mises dans la conduite de ses opérations financières ; elle répugnait à s'occuper de la question des moulins à bras, parce qu'elle la savait obscure ; mais, quant à celle du Poids-le-roi, elle allait fièrement au-devant des comptes qui pouvaient lui être demandés. Machelard était fermier des droits domaniaux et Viguier préposé du Poids-le-roi ; elle obtint de l'un et de l'autre, l'état général des entrées et des sorties avec pièces à l'appui. A Necker, elle produisit le compte des restes à payer qui s'élevait à 22,143 livres, non compris deux cents setiers qu'il restait à recevoir, suivant engagements pris. Cela, c'était de l'ordre, sous une forme saisissante, qu'on trouve rarement dans les périodes d'agitation, où viennent quelquefois se mêler les intrigants et les gens avides d'occasions favorables à la pêche en eau trouble. La municipalité, en présentant sa situation nette et claire, faisait une sortie digne d'elle, et laissait au grand financier Necker une impression qui la consolait de ses derniers chocs avec de Montaran.

La ville de Vienne, en Dauphiné, avait adressé à l'Assemblée nationale, une délibération d'un intérêt général, pour laquelle elle sollicitait l'adhésion des principales villes ; voici en substance ce qu'elle disait :

« La France ne jouira qu'imparfaitement des avantages de sa grande révolution que si toutes les communes restent étroitement et fraternellement unies. L'organisation de la garde nationale et celle des tribunaux de justice doit être fondée sur ce principe. Il faut donc fortifier la Commune, pour avoir une forte organisation nationale, et la loi doit être commune à toutes les parties de la France sans exception.

» La faiblesse des officiers municipaux et de justice tient au défaut d'unité dans les institutions publiques.

» Tâchons, continuait-elle, d'obtenir de l'Assemblée nationale qu'elle fasse cesser cette crise d'indépendance et d'anarchie. »

Rien en cela n'allait à l'encontre des principes de l'assemblée municipale de Versailles ; le surplus n'était pas non plus contraire à ses doctrines, mais on réclamait une déclaration qu'elle ne se croyait pas obligée de faire, et qu'il était bon, en tous cas, de différer, vu la situation toute spéciale où elle se trouvait.

Vienne insistait sur le tort fait à la patrie par l'émigration des gens riches, depuis trois ou quatre mois. Il appartenait à l'Assemblée souveraine de provoquer un décret qui les obligeât à rentrer, et afin qu'ils s'y déterminassent, elle conviait toutes les communes de France à prendre l'engagement de leur procurer liberté et sûreté dans leurs personnes et leurs biens.

L'assemblée de Versailles s'esquiva en décidant qu'elle ne délibérerait qu'après que la Commune de Paris se serait prononcée. Elle avait vu grandir si rapidement ses attributions, qu'elle était plus désireuse de les voir se fixer que s'étendre; souvent elle était obligée de se réfugier derrière une déclaration formelle d'incompétence; en voici plusieurs exemples :

Blaizot, le libraire de la rue de Satory qui, disait-on, remettait au roi Louis XVI, les libelles que la presse publiait, et qui devint par la suite un patriote non suspect, Blaizot venait d'être volé de trois billets de mille livres, de sa voiture et de son cheval ; il vint demander justice à la municipalité. Les notions de la justice ne devaient pas être assez obscurcies dans le cerveau d'un tel justiciable pour qu'il crût que la municipalité eût charge de se mettre à la poursuite de son voleur; elle le renvoya devant qui de droit.

On demandait justice à la municipalité contre les injures publiques, contre les maraudeurs et les dévastations des bois; les loueurs des carrosses du roi invoquaient sa juridiction contre leurs concurrents.

Les demandes d'argent, d'emplois, de réduction dans les loyers, des contributions frappant les industriels, prospères il y a quelque temps, aujourd'hui en détresse, et beaucoup d'autres, forment un courant d'affaires que l'assemblée examine et classe suivant qu'elles en sont dignes ; les unes renvoyées devant les juges compétents, les autres appuyées d'apostilles favorables, suivant l'occasion.

Anomalie singulière : les demandes d'emplois dans ses bureaux, elle n'est pas libre de les rejeter ou de les admettre, puisqu'elle n'a rien pour rémunérer les employés ; elle est obligée de les renvoyer au prince de Poix, qui ne vient plus aux assemblées municipales, qui n'y a plus de place, mais qui tient les cordons de la bourse.

Une autre affaire encore présentée par le commandant du régiment de Flandre, dans un mémoire plus goguenard que sérieux : il déplore que son régiment soit en grand péril en face d'une quantité énorme de femmes de mauvaises mœurs qui l'assiègent ; c'est à Saint-Priest que ce mémoire est renvoyé.

Pourquoi ces choses qui jurent avec la grande autorité dont la municipalité est investie par la loi martiale? non pas qu'il fallût invoquer la loi martiale pour le cas du régiment de Flandre et tant d'autres ; mais n'est-il pas évident que les municipalités étaient de plein droit en possession d'attributions suffisantes, sinon explicitement mais par voie de déduction, pour régler un bien grand nombre d'affaires qui n'avaient pas besoin d'aller à d'autres juridictions, si ces municipalités avaient été bien édifiées sur l'étendue de la leur ? Il aurait fallu pour cela qu'un ministre l'eût expliqué dans une instruction substantielle et claire ; mais cela n'était pas et ne pouvait pas être. Les ministres ne savaient où ils allaient et laissaient les municipalités aller à l'aventure. Elles tiraient de leur propre fond la règle de leur conduite ; tâche ardue pour celle de Versailles qui avait à chercher, outre la règle de ses actes et de sa compétence, la solution du problème bien autrement difficile encore, savoir : administrer sans caisse une cité de 40 à 50,000 âmes.

La ville de Versailles deviendrait-elle chef-lieu d'une des nouvelles divisions de la France? L'administration municipale l'avait demandé et s'était fait appuyer dans cette demande par beaucoup de députés ; elle l'était aussi par les adhésions et les vœux de villes voisines, telles que Mantes, Houdan, Villeneuve-le-Roi, Montlhéry, Sceaux, Saint-Denis, Dourdan, Corbeil, Meulan, Beaumont en Gatinais, etc. Mais Paris voulait être le centre d'un département avec un rayon de neuf lieues ; on avait calculé que ce département aurait ainsi une superficie de 324 lieues carrées, englobant 34 villes, ce qui lui donnerait une importance démesurée et détruirait tout équilibre entre les parties constituantes de la nation française [1]. On se récriait contre cette prétention, que rien ne justifiait, mais Paris était d'un tel poids dans la balance, qu'on n'osait espérer d'échapper à son ambition. La municipalité, toutefois, fit de nouvelles adresses, chercha de nouveaux amis, installa même en permanence,

---

[1] Registre I, folio 105, délibération des 18 et 19 décembre 1789, prise par l'assemblée municipale, sur mémoires et rapports de Guillery, Menard, Niort et Clausse.

près de l'Assemblée nationale, quatre de ses membres, Guillery, Niort, Menard et Girault, pour défendre Versailles contre la concurrence de Paris.

La police de la ville n'était pas mal faite, et pourtant avec un très faible personnel. Parmi les lieux publics qui réclamaient sa plus active surveillance, étaient ceux où il y avait des billards. On s'en étonnerait aujourd'hui, si l'on ne savait que le billard cachait généralement un autre jeu, celui de la roulette, mais on tolérait les loteries. On vit venir, sans en paraître grandement scandalisé, jusque devant l'assemblée municipale un porteur de numéros, Crépin de la Crépinière, poursuivi par des gens qui prétendaient l'obliger à partager avec eux le produit d'un gain qu'il avait réalisé et dont part leur était acquise; l'assemblée refusa bien entendu de délibérer sur une pareille demande.

Par contre, elle refusa d'autoriser l'exploitation d'un billard dans un établissement que l'exploitant venait d'acheter d'une personne qui avait cru pouvoir céder son droit et en avait déjà touché le prix.

On ne peut condamner absolument comme excessifs ou comme abus de pouvoir, de tels empêchements de la part de l'autorité, parce qu'ils peuvent avoir été motivés par des considérations relatives à la personne de l'exploitant; mais on voit avec étonnement que le prince de Poix avait en horreur le jeu de billard, tel qu'il était pratiqué de son temps, que ce jeu était très mal placé dans l'estime de la police, tandis qu'aujourd'hui c'est le jeu par excellence, *le noble jeu,* devant lequel nul de nos contemporains n'oserait se dire indifférent.

Nous connaissons déjà une affaire de fusils; en voici une autre également regrettable, qui resta bien longtemps en souffrance. Trente-deux fusils appartenant à une dame Girault, de Saint-Germain, avaient été détournés de leur destination et répartis entre les gardes nationaux de Versailles; on ne voulut pas savoir sans doute comment le tour s'était fait, pensant qu'en en payant le prix, tout serait fini ; la somme ne s'élevait qu'à 650 livres. Mais quand on fut pour cela devant le prince de Poix, il refusa son approbation au paiement pour ne pas couvrir l'irrégularité du procédé ; il en résulta que la commune fut plus de deux ans dans l'impossibilité de désintéresser l'armurière, qui était pourtant dans un état voisin de la misère.

Il était dû aussi 400 livres à Giroust pour la musique de la bénédiction des drapeaux ; le prince de Poix ne fit aucune difficulté pour en approuver le paiement.

L'assemblée donna, en y applaudissant, acte de la communication d'un mémoire présenté par un nommé Tocque, serrurier de Versailles, qui venait d'être l'objet d'une distinction à l'Académie des Sciences, pour une serrure de sûreté de son invention.

A ne voir les choses que par le dehors, l'ordre public en ce temps où l'on touchait à une fin d'année, était assuré ; la garde nationale avait des cartouches à son dépôt, et l'artillerie, sur les démarches de son commandant de la Toulinière, avait obtenu du Comité de Paris un approvisionnement de poudres et de boulets, avec instructions sur la marche à suivre pour le renouvellement de ces munitions s'il y avait lieu.

L'affaire des drapeaux avait manqué d'être ramenée plus d'une fois sur le tapis, d'abord, par Richaud, qui avait fait devant notaire une protestation contre ses suites ; puis par Chovot et Vauchelle qui, plus tard, firent les mêmes tentatives ; mais l'assemblée municipale opposa à tous une fin de non recevoir invincible, par décisions prises à la presqu'unanimité de ses membres. C'était, suivant elle, une question épuisée. Ainsi, cette assemblée qui avait montré quelque faiblesse en d'autres conjonctures, faisait preuve ici d'une véritable entente de ce qu'exigeait le bien public, et d'esprit politique, par conséquent, en refusant de rouvrir une discussion qui n'avait déjà fait que trop de bruit [1].

[1] Procès-verbaux de l'assemblée générale de la garde nationale, actes

Lafayette devait manquer toujours de loisirs, pour exercer son commandement à Versailles ; il allait de soi qu'il fallait se hâter de lui donner un suppléant ; cette suppléance n'allait pas moins logiquement à Berthier ; cela ne fit pas la moindre objection ostensible du moins, mais comment et par qui se ferait la nomination ? C'était par son état-major que Lafayette avait été élu ; le précédent devait être la règle : pas du tout ; on le fait nommer par lettre-patente du roi le 27 décembre 1789.

Berthier apporta sa commission à l'assemblée générale de la municipalité dans la séance du soir, le 31 décembre ; elle le nommait :

« Commandant en second de la garde nationale de Ver-
» sailles, pour, sous l'autorité du marquis de Lafayette,
» y commander à tous les gens de guerre qui y sont et
» y seront ci-après en garnison ou quartier. »

Berthier, après avoir modestement demandé l'agrément de l'assemblée, la requit de recevoir son serment.

« La municipalité ayant donné son approbation avec les plus vifs applaudissements » reçut le serment dans les termes que voici :

« Je jure de rester fidèle à la nation, au roi et à la loi,
» et de ne jamais employer les troupes qui seront à mes
» ordres contre les citoyens, si je n'en suis requis par les
» officiers civils ou les officiers municipaux de la ville de
» Versailles. »

Cette formule différait de la précédente en ce que la municipalité cessait d'être mentionnée dans la série des personnes morales à qui le serment de fidélité était prêté. Au fait, pourquoi y avait-elle été introduite ? on ne le voit pas bien ; par conséquent il n'y a pas à s'étonner qu'elle y ait été omise cette fois.

---

inspirés sinon rédigés par Berthier, — il y a entr'autres un rapport de 16 pages qui est bien son œuvre personnelle.

CHAPITRE V

L'HOTEL-DE-VILLE AU GRAND-MAITRE

JANVIER ET FÉVRIER 1790

Commencement de 1790. — Sel et tabac. — Fraudes. — Ouvriers du canal. — Émeute. — Baisse de taxe arrachée par l'émeute. — Violences au marché contre les fermiers. — La municipalité congédiée du Garde-meuble. — Offrande de Berthier père. — Effets de la baisse forcée, à Paris et à l'Assemblée nationale. — Relèvement de la taxe. — 10 janvier. — Rassemblements tumultueux. — Fraudes, maraudes. — Refus de service par des gardes nationaux. — Grenadiers et chasseurs. — Berthier et Lecointre. — Décret du 14 décembre 1789. — Les municipalités à organiser. — Recensement préalable de la population. — Division de la ville en treize sections. — Concessions au Grand-Maître. — Fâcheuse impression. — Statistique des indigents tirée du recensement. — Soupes économiques. — Quêtes de 1789. — Installation au Grand-Maître. — Hausse de la taxe. — Émeute. — Arrestations. — Les boulangers. — Récompenses diverses. — Délibérations, discours à l'état-major. — Discours du roi du 4 février. — Offrande nouvelle de Berthier père. — Le Billard. — Dons patriotiques en argenterie. — Compte des quêtes. — Distributions de pain. — Secours venant de la reine. — Maisons des Pauvres. — Réformes. — La municipalité prépare sa retraite.

> « Je jure d'être fidèle à la loi, au roi et à la ville de Versailles et de maintenir de tout mon pouvoir le bon ordre et le bien de la ville. »
> (*Serment des membres de la municipalité après les désordres du 10 janvier 1790.*)

La municipalité et l'état-major de la garde nationale n'avaient pas manqué d'envoyer des députations pour offrir au roi et à la famille royale, les vœux de la ville de Versailles, à l'occasion de la nouvelle année ; elles revinrent enchantées de l'accueil qui leur avait été fait. Les mêmes assemblées échangèrent entr'elles des visites officielles. La municipalité reçut aussi, à la même occasion, les hommages des officiers du régiment de Flandre et de Lorraine ; l'année 1790 s'ouvrait donc avec le cérémonial d'usage.

On ne savait pas encore officiellement, mais on ne doutait plus que Versailles fût désignée pour chef-lieu d'un département ; ce fut le cadeau que la ville reçut pour étrennes de l'Assemblée Constituante, faible compensation, en réalité, de ce qu'elle avait perdu en cessant d'être la résidence de la cour; mais en devenant le siège d'une administration départementale, elle échappait au danger, vivement redouté, d'être absorbée par Paris.

En reprenant le cours des affaires, la municipalité eut à réprimer les fraudes sur le sel et le tabac introduits dans la ville, à rétablir la concorde entre quelques hommes du régiment de Flandre et de la garde nationale, et, ce qui était plus grave, à calmer l'agitation qui se manifestait parmi les ouvriers du canal ; cette agitation était provoquée par de fausses imputations. Tardif-Delorme, qui en était l'objet, dirigeait les travaux en homme complètement désintéressé ; mais la misère est soupçonneuse et ne se laisse pas aisément persuader que la satisfaction de lui venir en aide puisse être considérée, par un homme de cœur, comme une récompense qui lui suffit. Ces ouvriers à vingt sols la journée, crurent plus volontiers qu'ils étaient exploités par un entrepreneur faisant des bénéfices sur leur maigre salaire. Mais la municipalité les calma par une proclamation qui rétablit la vérité et rendit hommage à la générosité de Tardif-Delorme.

Elle s'occupa de matières qui ne semblaient guère appartenir à ses attributions ; il y avait des lots de boulets de canon dont on avait fait trois parts : la première de ceux qui étaient cassés ; la seconde de ceux de faux calibre, et de la troisième, il y en avait 503 seulement susceptibles d'être utilisés ; elle délibéra que ceux-ci seraient achetés, et les deux autres, envoyés aux forges du Vendômois pour être refondus.

Huit commis étaient employés aux bureaux des déclarations de la contribution patriotique du quart du revenu ; on avait mis ces hommes au travail, mais personne n'avait compétence pour fixer leur salaire ni pour les payer. La municipalité s'en mêla, par nécessité et parce qu'elle était alors l'unique représentation de la puissance royale, dans l'ordre administratif. Et c'est ainsi que nous la trouverons souvent et quelque temps encore, donnant ses soins et ses décisions en beaucoup de matières en apparence très étrangères à la nature de ses attributions.

Mais elle est au moment où son action est déterminée par des causes qui ne lui permettent ni doute ni hésitation ; elle est devant l'émeute.

Le prix des grains, disait-on, ayant baissé, il y avait lieu à une baisse proportionnelle de la taxe du pain. Le 7 janvier 1790, des rassemblements entourèrent dès le matin le local du garde-meuble, ou siégeaient les officiers municipaux, demandant à grands cris le pain à 24 sols les 12 livres. Le président promit une baisse en raison de celle des farines, mais cette promesse ne calma pas les impatients qui voulaient avoir immédiatement cette réduction ; quelques-uns d'entr'eux avaient été introduits dans la salle du Conseil ; on négocia avec eux ; le prix de 30 sols fut accepté ; mais la multitude ne reconnut pas cette convention ; les cris et les réclamations prirent une tournure menaçante, devant laquelle la municipalité se crut dans la nécessité de promettre pour le soir même, la proclamation de la taxe à 24 sols.

La garde ordinaire de l'hôtel, insuffisante, ne protégeait pas les représentants de l'autorité ; on avait demandé du renfort qui n'arriva qu'au moment où les officiers municipaux venaient de céder aux menaces de la foule. Le commandant était à la tête d'une troupe nombreuse ; il dut, sur la demande de la municipalité, la faire retirer aussitôt ; le mal était fait.

L'assemblée municipale délibérant ensuite, dans le calme, déplora la contrainte sous laquelle elle avait baissé la taxe à 24 sols, tandis qu'au prix de la farine correspondait celui de 33 sols ; concession dangereuse qui pouvait réagir sur Paris. Elle arrêta qu'il en serait référé immédiatement au président de l'Assemblée nationale, au ministre des finances et au comte de Saint-Priest. Et avant de se séparer, elle ordonna au caissier La Commune de vendre jusqu'à nouvel ordre à trente-six livres, la farine de la Compagnie ou du Poids-le-roi.

Journée malheureuse pour Versailles, celle du 7 janvier 1790. L'autorité avait été vaincue, sans autre violence que la pression de la foule, il est vrai, mais la pire de toutes les défaites.

Le lendemain, jour du marché, le désordre continua sur un autre point. « Le peuple a forcé, dit la délibé-
» ration du 8 janvier, les fermiers de donner le blé au
» prix qu'il a fixé lui-même, de sorte que grand nombre
» de fermiers s'en sont allés laissant leur blé sur le car-
» reau. »

De tels excès étaient bien funestes. Comment l'autorité publique n'est-elle pas intervenue à temps pour les empêcher ? Elle avait été surprise la veille ; mais le lendemain, rien de semblable ne devait arriver ; Berthier disposait de forces plus que suffisantes pour maintenir l'ordre ; il fallait qu'il fût à son poste assez tôt, c'est-à-dire, avant midi pour prévenir les violences devant lesquelles les fermiers ont cru devoir prendre la fuite, abandonnant leur marchandise à la merci des émeutiers. Avant et depuis, combien de plaintes et de récriminations, de dénonciations mêmes contre les fermiers sous prétexte qu'ils s'entendaient avec les accapareurs pour ne point livrer leur blé au commerce, afin d'affamer le peuple et de le réduire plus facilement à la servitude ! les laisser sans protection, ce n'était pas le moyen de les ramener à des sentiments plus vrais.

Ces actes de brutalité ont eu cependant pour Versailles, un côté utile tout à fait inattendu. Thierry de Ville-d'Avray [1], ancien consul, ancien maire et actuellement garde-meuble du roi à Paris, donna à Pigrain, son suppléant à Versailles, l'ordre de signifier à la municipalité que sa présence dans l'hôtel de la rue des Réservoirs mettant, en cas de nouvelle émeute, les meubles royaux en danger d'être pillés ou incendiés, il était nécessaire qu'elle se pourvût d'un autre local.

Aussitôt, la municipalité notifia ce brutal congé à Saint-Priest, dans les termes que nous venons de citer ; la lettre ajoutait ceci :

« ..... Permettez-nous de réitérer notre prière : nous
» croyons pouvoir vous assurer que si Sa Majesté nous
» avait accordé notre demande, l'insurrection n'aurait pas
» eu lieu, parce qu'au Grand-Maître, nous y aurions réuni
» l'assemblée des officiers municipaux, et celle de la
» Garde nationale ; nous aurions été par conséquent à
» portée de nous prêter mutuellement des secours. Dai-
» gnez, Monseigneur, présenter notre sollicitation au roi,
» ne fût-ce que pour nous y installer provisoirement. »

Rien n'était plus humble, plus vrai et plus concluant.

L'assemblée revint ensuite aux questions de pain, déjà bien compliquées.

Elle régla avec le syndic des boulangers la proportion des farines à employer dans la fabrication, en vue de ramener le prix du pain à la vente, à son prix de revient à la boulangerie ; mais cela ne pouvait empêcher que beaucoup de gens de la campagne, sollicités par la diminution du prix du pain en ville, ne se missent en mesure de l'enlever par charrettes ; c'était par l'emploi seul de la force qu'on arrêterait ce drainage. Le commandant reçut pour consigne de ne pas laisser sortir aux barrières plus d'un pain de 12 livres par personne et d'obliger les particu-

---

[1] Nom que nous écrivons désormais avec son orthographe vraie.

liers qui seraient nantis d'une plus grande quantité, à les rentrer en ville, sauf à eux à les rapporter chez les boulangers et à retirer leur argent.

Berthier père, gouverneur de l'hôtel de la guerre, fit à la ville un don de 600 livres pour faciliter le maintien à deux sols la livre de pain pour les pauvres : cet exemple de générosité eut quelques imitateurs ; mais cela ne pouvait être qu'un palliatif de courte influence.

Les administrateurs n'avaient ni données ni notions suffisantes, pour déterminer, sans blesser aucun intérêt respectable, les rapports des prix de vente aux prix de revient pour les denrées de consommation et pour imposer des tarifs ; de là leur faiblesse et leurs irrésolutions. Pour le prix de la viande, on ne savait absolument rien : Berthier père eut l'idée d'en faire une sorte d'étude, et voici ce qu'il proposait : « Avec le concours d'un nombre dé- » terminé de citoyens, faire l'achat, l'emploi, le disséque- » ment jusque du plus petit animal de boucherie, à livre, » sols et deniers pour régler le prix. »

L'assemblée combla d'éloges la générosité de Berthier père, mais ajourna l'examen de la proposition qui accompagnait son offrande ; la crise du pain la tenait suffisamment en éveil.

Les commissaires envoyés à l'Assemblée nationale, où la taxe à 24 sols avait causé une grande rumeur, firent leur rapport ; Boislandry et d'autres députés émirent l'avis que pour ne pas donner une plus grande publicité à l'incident, il était prudent de ne pas y intéresser l'Assemblée entière, mais seulement un petit comité composé de membres de cette Assemblée, qui en délibèrerait et donnerait son avis sur ce qu'il y avait de mieux à faire. Ce comité fut composé de l'évêque d'Autun, du duc de la Rochefoucauld, de Freteau, Guillaume Target, Meunier, Lenoir de Laroche, Chevalier, Saint-Priest et Lafayette ; son avis unanime fut : « Que la municipalité de Versailles devait » rétablir le prix du pain à trois sols la livre et employer

» à cet effet toute l'autorité qui lui était donnée par les
» décrets de l'Assemblée nationale, sauf à pourvoir par
» quelques moyens au soulagement de la classe indigente.
» Saint-Priest a ajouté que telle était l'intention du roi
» et l'avis de son conseil auxquels ledit arrêté avait été
» présenté. »

» En conséquence, l'assemblée générale, par un arrêté motivé sur ce que celui du 7 n'a été pris que sous la pression de l'émeute et par un petit nombre de membres de la municipalité qui seuls avaient pu se réunir, vu que le lieu de leurs réunions était investi par la multitude; que les dispositions notoirement en contradiction avec le cours public des farines sont contraires aux règles de la justice, et qu'il importait d'assurer le respect des lois et de tous les intérêts; qu'il resterait à pourvoir aux moyens de porter secours aux indigents, ce à quoi l'assemblée ne faillira pas plus dans l'avenir qu'elle n'y a manqué dans le passé;

» Arrête et ordonne ce qui suit :

» Le prix du pain est fixé : à 3 sols la livre le pain blanc; à 2 sols le pain bis. »

Les autres dispositions règlent les obligations respectives des boulangers et de leur clientèle; le dernier article interdit les attroupements.

Cet arrêté était remis à onze heures du matin au commandant de la garde nationale sur la place d'Armes, où cette garde était réunie; à une heure après-midi, quatre capitaines sont annoncés à l'assemblée municipale; ils sont chargés de faire connaître que plusieurs hommes de leurs compagnies se plaignent hautement du prix fixé pour le pain blanc, à *deux heures un quart,* le commandant Berthier lui-même annonce que des compagnies composées d'ouvriers et de gens de remplacement, déclarent ouvertement qu'ils ne souffriront pas que le pain blanc soit fixé à 3 sols, et qu'ils menacent de tourner leurs armes contre les officiers.

Il donna lecture d'un rapport sur les divers incidents de la journée. Ayant reçu à trois heures et demie du matin une lettre de Lafayette, il se rendait dès sept heures à la municipalité, lorsque des personnes ont crié sur son passage : à la lanterne ! et tenu les propos les plus séditieux ; il a fait prendre les armes à la garde nationale et aux hommes envoyés par Lafayette. Le temps s'est passé à parlementer. Les gardes nationaux ne sont pas unanimes à réclamer contre le relèvement de la taxe, mais il est évident que c'est la petite minorité qui reste silencieuse. Des compagnies entières du 1er bataillon de la 2e division, principalement, ont refusé de marcher. Quelques voix criaient : le pain blanc à 30 sols et à 24 sols le pain bis blanc ! « La fermentation est grande, ajoute Berthier ; » il a cru devoir en référer à l'assemblée, pour ne pas » compromettre la garde nationale l'une contre l'autre.

» Quant aux ouvriers du canal, ils sont jusqu'à présent » demeurés tranquilles, quoique travaillés par des séditieux qui les poussent à s'ameuter. »

Le commandant et le capitaine qui l'accompagne se retirent après cette lecture.

L'assemblée demeure perplexe ; les motions se croisent dans son sein, sans qu'aucune offre une solution acceptable. Haracque propose enfin de ne faire qu'une seule qualité de pain à 30 sols les 12 livres. L'assemblée y adhère, prend un arrêté en conséquence, qu'elle fait porter immédiatement à la connaissance du commandant pour être notifié à la garde nationale et à la foule ; il était alors trois heures et demie.

A quatre heures, dépêche de Berthier annonçant qu'il y a beaucoup de tapage auprès de la caserne de la place d'Armes, mais que la garde nationale était disposée à obéir au dernier arrêté. A cela le président répond qu'il faut inviter les honnêtes gens à se retirer et à se préparer au maintien de l'ordre par la force.

A quatre heures et demie, un aide-de-camp du commandant informe l'assemblée qu'il ne pouvait plus contenir la multitude criant le pain à deux sols ! A l'unanimité, l'assemblée vote pour la loi martiale et l'exhibition du drapeau rouge.

Ici, nouvel embarras : quels sont les membres de l'assemblée qui se chargeront de la proclamation de la loi? Personne n'ayant répondu, c'est le sort qui va en décider. Le scrutin désigne Girault et Pinon. Mais pendant que tout cela se passe, les choses changent de face sur la voie publique. Un nouvel aide-de-camp, expédié par Berthier, rapporte que le peuple commence à se retirer; et, en effet, à six heures, sa retraite était effectuée; le calme régnait, et toutes les mesures prises pour rétablir l'ordre étaient désormais sans objet.

L'assemblée députa immédiatement à Paris quatre de ses membres pour y porter cette bonne nouvelle et fit notifier aux boulangers l'arrêté au nom duquel l'apaisement venait d'être obtenu.

Restait à concilier l'économie de cet arrêté avec le cours des grains, le prix du pain et le bénéfice légitime des boulangers; on allait en faire l'étude, non sans avoir pris quelques sûretés pour la conservation ultérieure du bon accord.

La première de ces mesures, qui n'est pas la moins étonnante, a été de faire prêter un nouveau serment aux membres de la municipalité, savoir :

« Le serment d'être fidèle à la loi, au roi et à la ville » de Versailles, et de maintenir de tout leur pouvoir le bon » ordre et le bien de la ville. »

Personne n'a fait d'objection à cette formule; on n'avait pas encore imaginé, à cette époque, de formule sacramentelle en dehors de laquelle la moindre divergence dans les termes fût taxée d'hérésie et l'hérétique presque anathématisé. On est tolérant quand on se sent faible, et absolu quand on se croit fort.

L'assemblée qui venait de se racheter si laborieusement d'une faute dont les suites pouvaient être très graves, ne se sentit pas encore assez remise de sa faiblesse; elle demanda à Lafayette de lui envoyer des Suisses, autant qu'il en pourrait détacher « sans déranger le service du roi ».

Les grandes agitations populaires ne vont guère sans quelques accrocs à la morale publique. On arrêta une femme qui vendait effrontément à deux sols et demi la livre du sel introduit en fraude, et quatre individus soupçonnés d'avoir été les promoteurs des rassemblements tumultueux dans la ville.

S'il n'y avait eu qu'à punir des faits passés, l'heureuse issue de la crise valait bien une amnistie pour les coupables ; mais ce n'était pas la paix qu'on avait obtenue ; on s'acharnait à faire courir le bruit que la municipalité était résolue à relever la taxe de 30 sols ; il y avait une malveillance bien réfléchie à faire courir ce bruit. Quelques-uns des malveillants furent arrêtés à propos et livrés au procureur du roi.

L'ordre semblait être mis à de plus rudes épreuves que par le passé ; les tentatives d'émeutes, si fréquentes en ces derniers temps, les capitulations de l'autorité, et quelques autres causes encore, éveillaient à Versailles, dans l'esprit des gens désœuvrés, des aspirations malsaines et donnaient naissance à des industries malhonnêtes. La taxe exorbitante de 6 sols la livre de sel, quoique réduite de moitié, comparativement aux temps antérieurs, excitait la cupidité des fraudeurs. C'était par la barrière de Montreuil que la fraude pensait être plus à son aise. Il y eut là un déplorable exemple de manquement au devoir de la part d'un poste de gardes nationaux ; requis de prêter main-forte pour arrêter une voiture de faux sel traînée par deux hommes et deux femmes, ces gardes nationaux refusèrent d'obéir à leur commandant, sous prétexte que ce cas n'était pas dans leur consigne, et dirent aux fraudeurs de « passer ». Berthier, sur la résolution de l'assemblée, déféra le fait à l'autorité compétente.

L'affaire des drapeaux n'était toujours qu'assoupie. Haracque la réveilla fort mal à propos dans la séance du 12 janvier. On proposait à l'assemblée un moyen qui semblait d'une efficacité infaillible, c'était de brûler, de part et d'autre, tous les papiers relatifs à une affaire dont le souvenir était incommode pour beaucoup. Haracque, pour vaincre la répugnance de l'assemblée et lui forcer la main, demanda acte de sa proposition et son insertion au procès-verbal.

Mais Clausse observa adroitement que la délibération de l'assemblée, en pareille matière, aurait une efficacité plus certaine après la réorganisation de la garde nationale qui était tout imminente ; l'assemblée municipale, saisissant cette échappatoire et faisant remarquer à son tour, que dans la séance du 10 de ce mois, les représentants de la garde nationale avaient proposé eux-mêmes des changements devenus indispensables, adopta l'avis de Clausse et renvoya à une séance ultérieure l'examen de la proposition Haracque.

Ces changements visaient le projet de formation de compagnies de grenadiers et de chasseurs pour chaque division ; ce projet venait de jeunes gens qui devaient s'équiper à leurs frais. Il avait rencontré de l'opposition à l'état-major, mais en minorité de 27 voix contre 45 ; l'assemblée municipale le mentionna sans s'y arrêter et autorisa la formation demandée. Dans la séance du 26 janvier, elle approuva le règlement spécial en neuf articles pour cette milice exceptionnelle qui, d'ailleurs, restait soumise au règlement général et organique de la garde nationale.

Les compagnies de grenadiers et de chasseurs, disait l'arrêté constitutif, n'auront aucun privilège ni distinction dans le service ordinaire. Leur devoir et leur but principal sera de soulager le service des autres compagnies, d'être les premières à prendre les armes en cas d'alarme, de donner les premiers soins à la surveillance et à la sûreté publique, et d'assurer la tranquillité des autres compagnies qui ne seraient appelées hors du service que dans les cas réellement urgents.

Dans ces conditions, l'institution ne paraissait pas entraîner de privilèges, mais elle n'avait pas moins été combattue au nom du principe d'égalité, parce qu'elle compromettait, disaient ses adversaires, l'unité des forces sur lesquelles ce principe repose. On devine que Lecointre est d'un côté et Berthier de l'autre, dans cette discussion qui resta très courtoise, Lecointre soutenant au nom de la Révolution que l'assemblée municipale n'avait aucun droit de créer des compagnies d'élite, Berthier se gardant bien de discuter ces droits, mais exposant d'un ton calme et insinuant, conforme à sa nature, qu'il fallait faire le sacrifice de ses préférences et, qu'au moment de recueillir le fruit des efforts communs et de jouir de la tranquillité si chèrement acquise, il n'y avait pas à regretter le sacrifice de quelques principes qui ne coûtaient rien à la dignité de personne. Il ajouta que dans les temps agités, les bons citoyens devaient rester à leur poste et qu'il était bien de ne pas agréer la démission que Lecointre venait de donner. « C'était le sentiment général ; les officiers des » deux divisions se sont réunis, ajoutait-il, pour prouver » à Lecointre qu'un même esprit les anime, quand il s'agit » du bien public et de la tranquillité générale. »

Lecointre, toutefois, ne céda point ; il déclara que s'il était utile à la ville qu'il conservât une quinzaine de jours ses fonctions, il le ferait ; mais sa résolution de les résigner était irrévocable et aussi de n'en plus accepter aucune.

Dans cette même séance, il fut donné connaissance des libelles diffamatoires lancés contre Berthier qui s'était bien gardé de s'en plaindre ; cela servit à ses amis pour faire ressortir ce qu'ils appelaient déjà « sa gloire, sa » sagesse, ses vertus militaires », protestations adoptées par acclamation et insérées au procès-verbal de l'état-major.

Le décret qui a prescrit pour toute la France la réorganisation des municipalités, en raison des principes nouveaux, est daté du 14 décembre 1789 ; il ne fut notifié à l'assemblée municipale que le 10 janvier suivant[1], avec

---

[1] La notification du 10 janvier est de Saint-Priest ; l'exemplaire du décret, avec la formule manuscrite qui a été l'instrument de cette notification, est aux archives.

un autre décret du 24 décembre, prononçant l'admissibilité des non catholiques à tous les emplois civils et militaires.

Le recensement préalable de la population versaillaise était indispensable ; l'assemblée municipale décida qu'il serait fait par ses membres, en se partageant les rues suivant leur convenance.

Le décret avait réglé trois choses : les conditions d'élection, la composition et les attributions des corps municipaux. Rappelons de ces dispositions ce qui est nécessaire pour l'intelligence des devoirs incombant de ce fait aux municipalités bigarrées du temps, qui avaient pour mission de présider à la formation des municipalités en exécution des lois constitutionnelles.

Pour être citoyen, ou en d'autres termes, électeur au premier degré, il fallait être Français, majeur de vingt-cinq ans, payer une contribution directe de la valeur locale de trois journées de travail, n'être point dans l'état de domesticité ; les autres exclusions touchent les incapables aux titres bien connus.

La valeur locale de la journée de travail, on ne la connaissait point à Versailles, pas plus qu'ailleurs, sans doute ; la municipalité s'éclaira des renseignements pris auprès des corporations et la fixa à 35 sols, en sorte que la justification du citoyen, vis-à-vis de la contribution directe, était qu'il fût porté au rôle pour cinq livres cinq sols au minimum ; le décret avait indiqué un minimum à trois livres pour l'électeur du premier degré et à dix livres pour l'éligible ; ce sont ces données qui ont fini par prévaloir.

La fixation de la valeur locale d'une journée de travail, qui semblait très simple au premier abord, était, au contraire, une chose fort compliquée ; c'était une MOYENNE qu'il fallait trouver, ce qui, pour les grands centres de population, devint l'objet d'une étude comparative assez longue ; elle se termina ici par l'adoption d'un terme moyen plus fictif que conforme aux déductions mathématiques.

Pendant le cours du recensement, les citoyens se présentaient chez les officiers municipaux désignés, avec leurs quittances de capitation, industries et vingtièmes, afin de justifier la masse de leurs contributions, d'après laquelle on les classait comme électeurs ou comme éligibles; sur le vu de ces pièces, les officiers municipaux délivraient aux comparants les certificats sur l'exhibition desquels ils étaient admis aux assemblées électorales; il n'y avait pas d'autre liste ou registre des électeurs.

Le *scrutin de liste* était de règle pour l'élection des membres de la communauté; les élus étaient ceux qui obtenaient la majorité relative; la majorité absolue n'était exigée que pour le maire.

Quant à la composition des corps municipaux, il était dit :

« Toutes les municipalités du royaume, soit de ville, soit de campagne, étant de même nature et sur la même ligne, dans l'ordre de la constitution, porteront le titre commun de *municipalités*, et le chef de chacune d'elles, celui de *maire*.

» Près des municipalités, devaient être placés, par voie d'élection :

» Un procureur de la commune et un substitut;

» Un nombre de notables double des membres composant la municipalité ;

» Les attributions des municipalités étaient, comme aujourd'hui, de deux sortes : celles qu'elles exerçaient au nom de l'Etat, et celles qui leur appartenaient par délégation de la commune; elles étaient, pour les fonctions déléguées par l'Etat, subordonnées à l'administration du département et à celle du district; quant au surplus, disait-on, « il importe à
» la grande communauté nationale que toutes les com-
» munes particulières, qui en sont les éléments, soient bien
» administrées, mais la Constitution les soumet seulement
» à l'inspection des corps administratifs.

» Les corps municipaux, composés de plus de trois membres, sont divisés en conseil et en bureau : le bureau est formé du tiers des officiers municipaux, y compris le maire.

» Le bureau seul est chargé de tous les détails d'exécution.

» Les fonctions des Notables se réduisent à recevoir les comptes de régie commune du maire et des officiers municipaux.

» Dans les villes dont la population excède 25,000 âmes, le corps municipal peut se diviser en sections, à raison de la diversité des parties d'administration, afin que chaque section puisse être chargée particulièrement de sa partie; mais elle sera toujours tenue de soumettre les objets de sa délibération à l'assemblée générale du corps municipal. »

Tel est le résumé des nouvelles dispositions qui ont servi de base à l'organisation des municipalités. L'instruction était terminée par un court et éloquent appel au patriotisme des citoyens actifs :

« En posant dans leurs municipalités, disait-elle, les
» fondements de la régénération de l'empire, ils se prépa-
» raient à l'établissement des assemblées administratives
» de département et de district qui suivra immédiatement.
» La nation reconnaîtra que ses représentants se sont atta-
» chés à consacrer tous les principes qui peuvent assurer
» l'exercice le plus étendu du droit de cité, la liberté et
» l'égalité politique des citoyens. Ces sentiments exprimés
» d'une manière si touchante, dans toutes les adresses des
» villes et des campagnes, sont ceux d'un peuple raison-
» nable et bon, qui sent le prix de la liberté et qui, digne
» d'en jouir, n'a plus d'efforts pénibles à faire pour s'en
» assurer la possession. Il ne lui reste qu'à couronner avec
» courage et tranquillité, ce que son roi et ses représen-
» tants unis par les mêmes vues et tendant au même but,
» lui présentent pour base de la prospérité nationale et du
» bonheur des particuliers. »

En somme, les grandes lignes de cette nouvelle organisation correspondaient bien à celles de la monarchie antérieure à la Révolution ; il y avait une grande similitude dans les cadres du passé et les nouveaux ; il n'y a que les sections qui n'avaient point leur équivalent dans le régime passé, mais les sections n'eurent presque rien à faire au commencement; il faut arriver à des temps plus agités pour les voir à l'œuvre et donnant leur concours au salut de la patrie.

Le recensement de la population, attaqué sur tous les quartiers à la fois, fut promptement terminé ; était-il exempt d'erreurs? nous n'oserions l'affirmer; les notes qui nous sont restées attestent que les recenseurs ont mis un grand acharnement à tomber juste et d'accord ; malgré ce désir et leur persévérance, il y a trois résultats différents, ou trois variantes dans leurs tableaux. Il nous semble utile de les mentionner ici, parce qu'ils pourront aider à redresser les idées erronées qu'on paraît avoir eues de la population un peu chimérique de Versailles, du temps de l'ancienne monarchie.

Voici, en tous cas, ce qu'elle semblait être au plus près de la vérité, en janvier 1790.

Première variante.

Paroisse Notre-Dame :   INDIVIDUS.

1er quartier...............	9.108	
2e —	6.595	23.820
3e —	4.107	
4e —	4.010	

Paroisse Saint-Louis :

5e quartier...............	2.901	
6e —	6.463	19.151
7e —	9.787	

Total : 46.374

Paroisse Saint-Symphorien :

8e quartier........................ 3.403

Population militaire :

1er régiment de Flandre.............	850	950
2e chasseurs de Lorraine............	100	

Population totale............... 47.324

Deuxième variante.

Relevé par rues :

Paroisse Notre-Dame.................	25.625	} 46.523
Paroisse Saint-Louis.................	20.898	
Quartier du Grand-Montreuil.........	2.095	
Petit-Montreuil, comprenant les rues du Dauphin, Porte-de-Buc, de la Patte-d'Oie, de Vergennes, et partie de l'avenue de Paris.............................	1.307	} 3.402
Population militaire............................		950
Total..............		50.875

Troisième variante.

C'est celle que nous trouvons dans le procès-verbal des délibérations de l'assemblée municipale, et qui, pour cela même, a reçu la consécration officielle :

Paroisse Notre-Dame.........	26.384
— Saint-Louis........	20.348
— Saint-Symphorien..	3.403
Population militaire.........	950
Total....	51.085

Malgré la consécration officielle, il est difficile de reconnaître au troisième résultat une incontestable certitude. Voici nos raisons. Alors qu'on s'occupait de l'organisation municipale, on savait qu'on allait aussi procéder à l'organisation de la justice. Au siège de Versailles, il y aurait six juges, si la population versaillaise atteignait au moins 50,000 âmes. La municipalité tenait à ses six juges ; il n'est pas offensant pour sa dignité de supposer que dans un temps où la population de Versailles tirait des événements des causes singulières et passagères d'instabilité, elle a pu conclure que, ce mouvement arrêté, elle retrouverait aisément le chiffre qui lui donnerait droit au sixième juge ; elle avait à choisir entre le plus ou le moins ; elle a pris le plus.

L'opinion sur la population de Versailles a été égarée par des publicistes qui n'y ont pas regardé d'assez près, et ceux-ci, peut-être, par des documents extraits des archives municipales ; généralement, ces documents n'étaient pas autre chose que des énoncés un peu hasardés ou grossis quand la municipalité était en instance, et qu'elle avait besoin de citer un gros chiffre pour faire ressortir l'équité de sa demande ; un peu d'hyperbole, en pareil cas, n'est pas un manquement grave à la vérité ; mais ce n'est pas là qu'il faut aller chercher un argument pour une démonstration mathématique ou juridique.

La vérité était qu'à l'époque de la plus grande prospérité de Versailles, sous la monarchie, sa population s'est élevée très peu au-dessus de 50,000 âmes ; il est surprenant même qu'avec ce qu'il y avait de maisons bâties, on ait pu loger autant d'individus. Au commencement de 1790, la population était de plusieurs milliers au-dessous ; point n'est besoin d'en dire la raison.

C'est néanmoins sur ce chiffre de 51,085 âmes que la municipalité a réglé ses opérations électorales ; quand plus tard, le département l'a invitée à lui envoyer les états justificatifs de cette population, elle a trouvé la demande indiscrète et ne s'est point pressée d'y répondre, prétendant qu'on pouvait bien la croire sur parole.

C'est encore sur cette population qu'elle s'est basée pour la distribution de la ville en treize sections, à raison de 4,000 âmes environ pour chacune.

Les dispositions ci-après indiquent bien le siège de chacune d'elles et la topographie de leur groupement respectif, mais non leur population ; tel qu'il est, ce groupement suffit à la curiosité de ceux de nos lecteurs qui voudraient jeter un coup d'œil sur les assemblées où s'agitaient hommes et choses qui comptent et compteront longtemps encore comme les plus étonnantes originalités de la Révolution.

Voici donc comment s'était effectuée la division de la ville en treize sections :

PAROISSE NOTRE-DAME.

Première section : Côté Nord du boulevard de la Reine, tout ce qui est au nord de ce boulevard, quartier neuf. — Lieu de ses réunions : Vieille-Eglise.

Deuxième section : Avenue de Picardie, côté Sud du boulevard de la Reine, rue de Paris, carré du Poids-le-roi, avenue de Saint-Cloud (depuis la pointe de la rue de Paris jusqu'à la rue Duplessis), rue de Clagny, rue de Bourbon, rue de la Pourvoirie, etc., etc. — Lieu de ses réunions : Couvent des Augustines.

Troisième section : Rue Saint-Germain, rue de Maurepas, rue des Réservoirs (partie), boulevard de la Reine (des deux côtés), rue de la Paroisse (côté de l'église), rue et enclos de la Geôle, carré au Beurre, rue de l'Etang, rue Neuve, rue Sainte-Geneviève. — Lieu de ses réunions : salle Dumesnil, rue Neuve.

Quatrième section : Rue de la Paroisse (à droite), carré aux Herbes, rue des Deux-Portes, rue Duplessis, rue de la Pompe, rue et place Dauphine (pour partie), avenue de Saint-Cloud du Pavillon-Royal jusqu'à la pointe du café Amaury. — Lieu de ses réunions : Auditoire du bailliage, enclos de la Geôle.

Cinquième section : Rue Dauphine (côté du Reposoir), moitié de la place (du même côté), rue de la Paroisse (côté de la grille du Dragon), rue des Réservoirs (partie du côté du Château), rue des Bons-Enfants, rue de Marly, rue Sainte-Anne, rue Basse de Conty, rues de Monsieur et d'Orléans, Ecuries de la reine. — Lieu de ses réunions : Chapelle des Ecuries de la reine.

Sixième section : Enceinte du Château, Grand et Petit Trianon, avenue de Saint-Cloud à la rue Saint-Pierre, Grande Vénerie, avenue de Paris (côté du Chenil) jusqu'à la rue Champ-Lagarde. — Lieu de ses réunions : Salle d'exercice des pages aux Grandes-Ecuries.

Septième section : Avenue de Saint-Cloud (de la rue Saint-Pierre à la grille de Montreuil), rue Montbauron, rue du Chenil, rue Bel-Air, rue des Vieux-Coches. — Lieu de ses réunions : Salon Baudoin, avenue de Saint-Cloud.

PAROISSE SAINT-LOUIS.

Huitième section : Enceinte formée par l'avenue de Sceaux, la place d'Armes, partie de l'avenue de Paris dépendant de la paroisse Saint-Louis, et par les murs de clôture séparant la ville du Petit-Montreuil. — Lieu de ses réunions : Hôtel des Menus-Plaisirs.

Neuvième section : Avenue de Sceaux, rue Satory jusqu'à la rue des Mauvais-Garçons, celle-ci des deux côtés, rue Royale (côté des Gardes du Corps), rue des Rossignols, partie de la rue des Tournelles, rue d'Anjou, rue des Bourdonnais, rue Saint-Louis, rues Saint-Antoine, des Mauvaises-Paroles, deux carrés du marché Saint-Louis, rue Saint-Médéric, rue du Hasard. — Lieu de ses réunions : Charniers de l'église Saint-Louis.

Dixième section : Côté droit de la rue Royale jusqu'à la rue des Rossignols, celle-ci jusqu'à la rue Satory, rue Satory (de la grille à l'église), rue d'Anjou (à droite, jusqu'à la rue au Pain, celle ci, autres carrés du Marché Saint-Louis, parties correspondantes des rues des Bourdonnais, Saint-Louis, Saint-Antoine, Saint-Honoré ; la Ménagerie et le dehors du quartier Saint-Louis. — Lieu de ses réunions : Jardin royal, hôtel de Lannion, comprenant l'emplacement des numéros actuels : 25, 27, 29 et 31 de la rue Satory.

Onzième section : Rue de l'Orangerie, rue du Potager, rue Satory (à droite), place et rue de la paroisse Saint-Louis, rue Saint-Honoré à la rue d'Anjou, rue des Tournelles à la rue Royale, pourtour et carré du Marché-Neuf, rue d'Anjou à la rue Satory. — Lieu de ses réunions : Eglise des Récollets.

Douzième section : Rue Satory (de la Fontaine à la rue du

Potager), rue du Vieux-Versailles, rue Mazières, rue du Jeu-de-Paume, rue Saint-François, rue de la Chancellerie, rue des Récollets, rue Saint-Julien, le Grand-Commun, rue de la Surintendance. — Lieu de ses réunions : Hôtel de la Guerre.

PAROISSE SAINT–SYMPHORIEN.

Treizième section : La paroisse Saint-Symphorien, contenant le Grand et le Petit-Montreuil, avec les rues des Tuyaux, de Vergennes, du Dauphin, de la Porte-de-Buc. — Lieu de ses réunions : L'église Saint-Symphorien.

La journée du 10 janvier, qui avait causé tant d'émotions à la municipalité, lui ménageait encore une surprise tout à fait décevante. Elle reçut de Saint-Priest avis que le roi « permettait à la municipalité de tenir ses assemblées dans » les salles du Grand-Maître qui étaient encore vacantes, » mais que Sa Majesté avait fixé de *sa main* le terme de » six mois à la jouissance provisoire qu'elle accordait et » sous la condition qu'il ne serait fait aucun changement » aux dispositions actuelles dudit local ni aucune dégra- » dation ».

La forme était maladroite et blessante ; il n'y avait pas à discuter : la municipalité se contenta d'arrêter « que la pro- » position de M. de Saint-Priest serait acceptée avec re- » connaissance et que Clausse et Beauregard iraient, le » lendemain au matin, prendre connaissance des lieux, en » rendraient compte dans l'après-midi, et qu'il serait en- » suite répondu à M. de Saint-Priest ».

La réponse fut que les salles concédées étaient suffisantes pour le moment, quant aux besoins de la municipalité, mais non pour ceux de la garde nationale. Un certain abbé s'était établi, on ne savait comment, dans une salle qui était propre et nécessaire à ce service. Il fallait de plus pour un corps de garde le petit bâtiment qui était dans la cour ; ces deux dernières concessions complémentaires furent accordées quelques jours après. Restaient à désirer quelques travaux d'appropriation; on les fit immédiatement.

En attendant, la municipalité s'occupa de quelques affaires, du nombre desquelles il y a quelque intérêt à relever celles-ci :

C'était un modèle d'administration économique, que celle de Versailles. Le secrétaire de la mairie était aussi son receveur municipal, une vraie sinécure d'ailleurs, car quelles recettes avait-il à faire dans une ville sans revenus? Mais il y avait des dépenses, elles s'étaient élevées pour 1789 à 14,136 livres 18 sols; comme il restait un boni de 1788 montant à 1,012 livres 16 sols, c'était à 13,114 livres 2 sols qu'il fallait pourvoir. L'assemblée, approuvant les comptes, arrêta que la somme serait versée à Emard, greffier de la municipalité, par Faucon, receveur général du domaine de Versailles.

Ainsi c'était toujours au nom et aux frais du roi que fonctionnait ce bizarre ensemble d'institutions locales, lequel ne laissait à la ville de Versailles, neuf mois après la Révolution, ni un sol de revenu ni un pied de terre à sa disposition, ni l'arbre de Lafayette pour abriter, le cas échéant, la municipalité.

La municipalité, cependant, ne se décourageait pas ; elle administrait avec sagesse, et même avec une grande habileté ; elle était en correspondance avec Necker, pour les travaux du canal; avec Lafayette, pour les forces supplémentaires que réclamait la tranquillité de la ville; avec Bailly, maire de Paris, pour lui expliquer à quelles nécessités regrettables elle avait dû céder, en fixant le prix du pain à une taxe qui correspondait si mal au prix de la farine ; avec Saint-Priest, pour lui dénoncer les impertinences d'un sieur Pigrain, sous-inspecteur au Garde-Meuble, tracassant journellement les administrateurs pour les obliger *à vider les lieux*, comme s'il s'était agi du plus infime des locataires, et avant que le Grand-Maître fût prêt à les recevoir; avec Paulmier, concierge de ce dernier hôtel, qui s'effrayait de la responsabilité qu'il avait encourue vis-à-vis du prince de Condé, étant accusé, disait-il, auprès du prince d'avoir aidé la municipalité à obtenir du roi l'autorisation d'y porter le siège de l'administration municipale ; enfin, avec bien d'autres encore, au nombre desquels étaient les marchands de grains, remplissant assez mal leurs marchés et laissant craindre, pour le Comité permanent, la nécessité imminente de reprendre la tâche de pourvoir par lui-même aux approvisionnements.

A Necker, elle écrit aussi que les boulangers montrent la plus mauvaise volonté, « qu'ils ne font rien venir en destination » et que dans dix ou douze jours, la ville peut être absolument sans pain ; qu'il faudrait faire moudre les grains qui sont aux magasins du manège et regarnir le Poids-le-roi.

A Saint-Priest, elle annonce que par le recensement qui vient d'être terminé, on a fait la désolante découverte que les trois cinquièmes au moins d'une population de 50,000 âmes sont plongés dans une profonde misère ; et, « ajoute-t-elle, nous y avons vu avec la sensibilité la plus » douloureuse un grand nombre de maisons sans loca- » taires, les artisans de l'un et l'autre sexe sans ouvrage; » plus de deux mille chefs de famille en manquant. » La lettre dit encore qu'il faudrait porter au moins à 1500 le nombre des ouvriers du canal. Quelles ressources en face de tels besoins ! Aussi voit-on, quelques jours après, la municipalité en instance pour obtenir l'ouverture d'autres travaux.

A de Montaran, qui avait visité avec la municipalité les cuisines des gardes françaises, elle écrivait qu'elle allait les prendre pour le service des soupes économiques. Les sœurs de Saint-Louis en faisaient pour 5 à 600 personnes ; mais sur cette paroisse, il y en avait plus de 900 à secourir sous cette forme ; sur Notre-Dame, qui était la paroisse la plus forte, beaucoup plus encore, et Montreuil en avait relativement un très grand nombre.

Les administrateurs du bureau des pauvres de la paroisse Saint-Louis avaient fait des essais de soupe économique. La première composée de pommes de terre et de riz ; la seconde de haricots, d'herbes, de graisse ou de beurre ; et la troisième de riz et de sel. Il en résultait que la portion de la seconde manière avait coûté *un sol un denier et un sixième ;* que la portion de la troisième manière avait coûté un sol trois deniers trois quarts, et que, quant à la première, le riz ayant été fourni gratuitement, on n'avait pu en assigner le prix.

L'assemblée qui avait sous les yeux l'analyse, non savante, mais compatissante des administrateurs de la charité publique, arrêta son choix sur la première de la série, qui était d'ailleurs celui du gouvernement, et on en informa le premier ministre en lui envoyant un extrait du procès-verbal.

Ces détails sont navrants ; nous avons vu, et la génération actuelle a vu avec nous des calamités qu'elle a soulagées de son mieux, avec une sympathie dont le souvenir restera pour la vie entière une source d'émotions douloureuses et douces tout à la fois. Mais nos ancêtres, quelles consolations n'ont-ils pas recueillies de leur concours dans l'administration de la charité, non pas pour six mois, comme nous, mais pendant plusieurs années, ainsi que nous le verrons bientôt et dans des périodes de souffrances bien autrement vives que les nôtres. Et ceux qui avaient faim jusqu'à pouvoir se repaître de cette soupe à un sol la portion plus deux ou trois deniers et une fraction de denier ! Ils nous émeuvent encore de pitié !.... Cependant les ressources destinées à cette œuvre pieuse n'ont pas sans doute permis de la maintenir à cette hauteur, car, avant la fin de janvier, les bureaux des pauvres ne distribuaient plus la maigre pitance que pour 450 portions sur le quartier Notre-Dame, 450 sur Saint-Louis et 200 sur Saint-Symphorien.

Et il était bien recommandé de les réserver aux mères de famille, de préférence à ceux qui travaillaient !

Le produit des quêtes de 1789, voilà du moins quelque chose qui ne devait point échapper à la juridiction de la municipalité. Cependant les curés des paroisses les avaient encaissées ; quoique invités plusieurs fois à en faire le compte, ils n'en avaient jamais trouvé le moment; elle arrêta enfin et signifia à qui de droit que le travail se ferait à l'hôtel de ville, avec le concours des officiers municipaux, à partir du 1er février suivant.

On était au 29 janvier; ce jour-là, après plusieurs ajournements, avait été définitivement adopté pour l'installation de la municipalité au Grand-Maître; elle eut lieu à dix heures du matin. Le commandant en second et plusieurs officiers de l'état-major avec un détachement considérable, la musique du régiment de Flandre en tête, accompagnèrent les drapeaux dans leur transfert du Garde-Meuble au Grand-Maître; ces drapeaux furent reçus par le président et déposés dans la galerie qui devint la salle des séances de l'assemblée; les archives y avaient été transférées par les soins du secrétaire Emard.

Les objets mobiliers qui garnissaient les locaux dont l'administration avait pris possession et qui appartenaient au prince de Condé ou bien à l'Etat, furent l'objet d'un inventaire contradictoire; on fit de même pour les objets mobiliers apportés du Garde-Meuble, comme prêt obligeant fait à la municipalité par le roi.

Sauf l'apparat donné au transfert des drapeaux, l'installation de la municipalité eut lieu sans la moindre cérémonie; l'assemblée qui demeurait si froide ne dissimulait que très peu l'impression qu'elle avait reçue des restrictions imposées à sa jouissance. Elle passait, dans ces conditions, d'un lieu où elle était confinée étroitement, dans un autre où elle ne trouvait pas non plus le nécessaire, d'où il lui faudrait, dans six mois, évoluer vers d'autres parages. Elle n'avait, au Grand-Maître, au centre d'une grande propriété qui ne servait à rien, qu'une partie des appartements qui lui avaient été assignés d'une façon plus que mesquine. L'abbé qui s'était emparé de l'autre partie s'y cramponnait et ne voulait pas s'en aller. Ce ne fut que vers la fin de mai qu'il laissa la place libre, et, pour en arriver là, la municipalité avait été réduite, « après ses » très honnêtes supplications, comme elle le dit elle-

» même », de menacer l'obstiné possesseur d'employer la force ; l'abbé se nommait Laurent, et il était le directeur de conscience des tantes du roi résidant au château de Bellevue.

Enfin elle y était, la municipalité versaillaise, dans cet hôtel du Grand-Maître si longtemps l'objet de son ambition ; elle y est encore aujourd'hui ; mais combien de vicissitudes et de tribulations avant de s'y sentir tout à fait chez elle et à l'état incommutable ! C'est un épisode de son histoire qui mériterait d'être conté aux descendants des premiers occupants...., nous allions dire des conquérants, tant ils ont eu de peine à *s'emparer*[1] de la place désirée.

Son procès-verbal d'installation du 29 janvier 1790 se réduit à une vingtaine de lignes, toutes formalistes, ce qui accuse bien l'état de son esprit en ce moment, et puis, elle passe à l'expédition des affaires qui ne lui causaient pas de médiocres soucis.

La première, du plus palpitant intérêt, c'était toujours celle du pain. On avait recommencé à faire venir des farines des lieux où l'on en avait tiré, quelques mois auparavant; 300 ou 400 sacs étaient attendus à Meulan, et l'on avait la promesse d'un pareil convoi pour la huitaine suivante. La boulangerie elle-même était aux abois ; depuis la dernière taxe, le prix du blé avait augmenté de 2 livres par sac ; elle fabriquait à perte. La municipalité céda à la nécessité de relever la taxe à 36 sols pour le pain blanc, laissant encore, cependant, le pain bis à 30 sols les 12 livres.

Elle avait dit dans son arrêté qu'elle n'avait pas le droit de forcer les boulangers à faire le sacrifice de leur fortune; que depuis que le pain se vendait au-dessous de sa véritable valeur, les approvisionnements de farine avaient cessé; que le manque de subsistance pour la ville était prochain, et parlant d'elle-même, elle ajoutait :

---

[1] Allusion à la réponse faite à Montaran, page 158.

« Que si les membres qui composent cette assemblée
» font à leurs concitoyens le sacrifice de leur temps, ils
» ont aussi le droit d'attendre d'eux l'exécution d'arrêtés
» qui sont fondés sur les règles immuables de la justice et
» de l'équité, seule récompense qu'ils puissent et qu'ils
» veuillent se promettre. »

Ce langage, vraiment noble, devait assurer aux administrateurs du temps de la Révolution un grand succès auprès de leurs administrés ; mais il était bien aussi quelques-uns de ces administrés plus rebelles à cette éloquence, et pour ceux-là il fallait une émotion plus rude ; il était dit alors que tout boulanger étant tenu de garnir sa boutique des deux espèces de pain en quantité suffisante, celui qui ne le ferait point serait puni d'une amende de 50 livres.

Ni l'un ni l'autre moyen n'empêcha l'émeute ; l'assemblée se déclara en permanence et fit camper dans la cour de l'Hôtel-de-Ville de forts détachements de garde nationale, de gardes suisses, du régiment de Flandre et de chasseurs de Lorraine. C'était un dimanche et le 31 janvier.

La foule répandue sur la voie publique avait, comme toujours, des provocateurs au milieu d'elle ; une douzaine de ces malintentionnés furent arrêtés, ce qui intimida les autres. Vers minuit, cependant, d'autres arrestations devinrent nécessaires ; les gens arrêtés furent envoyés à la geôle à la disposition du procureur du roi.

Les boulangers étaient surveillés ; des procès-verbaux furent dressés contre ceux qui, dans la nuit du 31 janvier au 1er février, n'avaient point fabriqué de pain bis-blanc. Un peu plus tard, d'autres renseignements établirent aussi que, sur d'autres points, il y avait parti-pris de ne faire qu'une seule qualité de pain ; la municipalité donna l'ordre de faire des visites chez tous les boulangers et d'y constater ce qui était à la charge de chacun. On sévit aussi contre les maraudeurs de bois.

L'agitation était entretenue par des intrigants dont quelques-uns se trouvaient parmi les ouvriers. L'assemblée arrêta que tout particulier ou ouvrier qui tiendrait des propos séditieux serait expulsé de la ville avec défense d'y rentrer, sous peine d'être puni comme vagabond. Ces mesures donnèrent à réfléchir, même aux plus turbulents ; l'agitation se calma et disparut bientôt des voies publiques.

L'assemblée municipale, débarrassée de ses préoccupations sous ce rapport, régla quelques affaires de détail. Elle autorisa : 1° le sieur Papillon à ouvrir un cabinet de littérature ; 2° une souscription pour l'équipement des grenadiers et chasseurs qui n'avaient pas le moyen d'en supporter la dépense ; 3° l'acceptation d'un legs de 10,000 livres fait par un sieur Gossenard en faveur des pauvres de Saint-Louis, dont 2,000 livres à distribuer immédiatement et 8,000 livres à employer en placement de fonds avec intérêt dans les meilleures conditions possibles. Elle ajourna sa décision sur la demande des administrateurs du bureau de charité tendant à avoir, dans l'Hôtel-de-Ville, un local pour leurs réunions centrales.

L'arrivage des grains était bien irrégulier ; la municipalité pressait son correspondant de Saint-Quentin d'en hâter l'envoi. Quel désappointement, quand elle les croyait depuis longtemps en route et que Dupont écrivit seulement pour demander les sacs nécessaires à son expédition ! Elle n'y tint plus et envoya son agent Labbé pour surveiller cette expédition.

Elle ne marchandait pas cependant sa reconnaissance, et ce qui ne gâte en rien les sentiments, elle donnait les témoignages de sa générosité. A Virion, lieutenant de cavalerie domicilié au Pecq, elle faisait accorder une gratification de 1200 livres pour les soins qu'il avait mis à la réception, dans le port de cette localité, et à leur expédition pour Versailles, des blés de Cambray.

L'ingénieur Le Masson avait rendu des services à la ville en fournissant à l'Assemblée nationale des renseignements pour la fixation des limites du département ; la ville le combla de remerciements, et voulut avoir pour ingénieur en chef cet homme distingué, qui était d'ailleurs originaire de Versailles ; ce fut le même sentiment qui la porta à donner à l'ingénieur-géographe Cottereau un témoignage de sa reconnaissance, regrettant de n'avoir, pour le moment, aucun moyen de faire mieux.

Dans le sein de la garde nationale, on délibérait et l'on faisait surtout beaucoup de discours. Quand les compagnies de grenadiers et de chasseurs furent organisées, de Tourmont crut devoir les haranguer. « Il les félicita de leur patriotisme et s'efforça de les persuader que ceux qui s'étaient opposés à leur formation, n'avaient d'autre mobile que le désir de tenir leur place, parce que, aussi bien qu'eux, ils sentaient que la garde nationale, à son origine, avait été hâtivement formée ; il y avait des gens qui n'auraient pas dû en faire partie, faute de loisirs d'abord, puis parce que beaucoup d'entre eux n'étaient pas des *citoyens actifs*. Il s'en suivait que le nombre des compagnies était trop grand, et que les rangs se trouvaient dégarnis quand il fallait agir ; de là est arrivé que la municipalité, lorsqu'elle avait besoin d'être protégée, s'est trouvée dans la regrettable nécessité de prendre des délibérations qui n'étaient ni libres ni équitables. »

Il était difficile de méconnaître la justesse de ces considérations, mais tout cela semblait arrangé pour faire ressortir le mérite d'un seul homme, celui qui, avec des forces si mal organisées, avait pu faire des choses où il avait fallu de la décision et de l'habileté.

Sur ces entrefaites, Berthier arriva et se hâta de donner lecture du discours prononcé par le roi, devant l'Assemblée nationale, en la séance du 4 février. Ce discours était bien dans le sentiment qu'il fallait avoir, que le roi eût peut-être un moment, mais qui ne dura pas. Il causa, en tous cas, dans le cœur de l'Assemblée nationale un mouvement de joie et de confiance, qui la surprit et la charma. Le mouvement était exclusivement personnel au roi ; la reine et la cour étaient le pivot d'intrigues qui allaient en sens contraire des vues que le roi exposait ; on le savait bien, mais on ne pouvait que difficilement se résigner à croire qu'il ne serait plus jamais écouté. A Versailles, on avait toujours une grande affection pour ce roi si instable ; elle reposait sur des souvenirs, mais encore plus sur des espérances. On saisit donc avidement les paroles royales comme un acte de soumission sans retour au mouvement qui faisait place nette des vieilles choses de la féodalité, et comme un engagement irrévocable de concourir à la fondation et à la consolidation de l'ordre nouveau. A l'assemblée de l'état-major, on applaudit comme partout, mais les comptes-rendus de ces applaudissements prennent sous la plume du secrétaire une forme si exagérée, qu'elle est une petite rareté dans son genre :

« La crainte d'en perdre un seul mot, dit-il, a paru sus-
» pendre un moment toutes les facultés des membres de
» l'assemblée. »

Et ensuite après avoir dit que la lecture du discours du roi a été suivie de longs applaudissements, il ajoute que lui, secrétaire général rédacteur, « n'a pu conserver assez
» de présence d'esprit pour rendre, comme il l'avait désiré
» un moment où il est impossible, pour trop sentir, de rien
» peindre ».

Et nous aussi nous avons bien du regret d'obéir à la loi qui nous fait l'obligation de rapporter ces expressions textuelles ; il faut que nos lecteurs sachent que si, presque toujours, nous sommes en présence de personnages sobres, précis et mesurés dans leur langage, il en est aussi quelques-uns qui ne se piquent pas de pareille sobriété et qui ne connaissent guère de limites à l'hyperbole.

Les ridicules exagérations de Hillerin semblaient ne pas déplaire à Berthier, puisqu'il les couvrait de sa signature, tandis qu'il était pour lui très facile d'exiger de son secrétaire un peu plus de discrétion dans ses expressions.

Berthier père fut ému du discours du roi dans une mesure bien autrement simple et naturelle ; il était riche et enclin à la générosité. Il vit dans la harangue royale le gage d'un avenir si beau et répondant si bien à ses vœux, qu'il adressa à l'assemblée municipale une nouvelle offrande de 1200 livres pour être ajoutée à celle de 600 livres qu'il avait déjà versée à la caisse des pauvres. L'apologiste de la famille, Hillerin, avait ordre de garder le secret sur le bienfaiteur dont il apportait les fonds ; mais il se garda bien de perdre une si belle occasion d'être indiscret. Son indiscrétion ne fut regrettable que par la forme emphatique qu'il lui plut d'employer ; l'assemblée couvrit tout cela d'éloges et de remerciements aussi bien exprimés qu'ils étaient mérités, à l'adresse de Berthier père.

Le jeu de billard, comme nous l'avons déjà noté, n'avait pas acquis sous la Révolution les titres de noblesse que personne ne lui conteste de nos jours ; c'est qu'alors les maîtres de billards passaient pour cacher chez eux, sous ce couvert, des pièges où les ingénus étaient souvent pris pour de grosses sommes. Si on y voyait un billard, on y cherchait peut-être et on y trouvait la roulette où s'engageaient de forts enjeux, dont le gain n'était pas la récompense de l'adresse sans mélange d'un peu de filouterie. L'assemblée municipale avait donc de bonnes raisons pour y regarder de près, et recommander au procureur du roi de ne pas trop perdre de vue les établissements de billard.

La municipalité avait été désignée par un décret de septembre 1789 pour recevoir les dons patriotiques en argenterie. Les gardes nationaux avaient donné leurs boucles d'argent ; une partie de ces offrandes dut être imputée sur le quart du revenu, suivant l'affectation désignée par les donateurs eux-mêmes. Le Comité nommé pour faire la pesée des objets par lots de métaux, ayant rempli son mandat, la totalité des dons fut expédiée par Roudier, directeur des messageries des voitures de la cour, à l'Assemblée nationale, et de là, à l'hôtel des Monnaies ; le récépissé, rapporté par Roudier, énonçait qu'il était extrait des registres de l'Assemblée nationale des dons patriotiques offerts à la dite Assemblée, en date du 28 janvier ; il accusait 20 marcs, 3 onces, 3 gros 1/2 d'argenterie, en boucles et autres petits effets, et 1 marc, 6 onces, 4 gros 1/2, en tabatières et autres bijoux avec la somme de 46 livres.

Signé : Laborde de Mérinville.

Clausse, qui avait été chargé de faire le compte des quêtes pour 1789, présenta, dans un rapport, les résultats de son travail élaboré d'ailleurs avec les administrateurs et les trésoriers des trois bureaux : il accusait en produit :

Paroisse Notre-Dame............	5.590 l. 11 s.	3 d.
— Saint-Louis	3.431 28	9
— Saint-Symphorien........	873 10	»
Total......	9.896 l. 10 s.	» d.

Il restait à savoir si ces quêtes demeureraient affectées respectivement aux pauvres des paroisses qui les avaient produites, ou bien en proportion combinée des besoins de leurs pauvres et des revenus affectés à chacune de ces paroisses : c'est à cette dernière combinaison qu'on donna la préférence; on releva en conséquence et distinctement, dans chaque paroisse, les chefs de famille pauvres et on les trouva répartis ainsi qu'il suit :

1.275 sur la paroisse Notre-Dame dont la part fut au total de......................	5.100 livres
951 sur celle de Saint-Louis, dont la part fut au total de......................	3.804 —
248 sur celle de Saint-Symphorien, dont la part fut au total de.................	992 —
2.474 chefs de familles pauvres, recevant ensemble...........................	9.896 livres

Ce qui faisait pour chacun 4 livres !

Les distributions qui avaient été faites par anticipation n'étaient pas complètement d'accord avec ces données ; mais les paroisses qui avaient reçu en trop, rapportèrent les différences, ce qui permit d'établir l'équilibre désigné par les chiffres ci-dessus.

Dans les réunions où l'on faisait ces calculs, on s'expliqua aussi sur la façon dont s'effectuaient les distributions de secours en nature et il se trouva que le curé de Notre-Dame distribuait du pain blanc aux pauvres de sa paroisse ; il en donna des raisons qui ne sont pas mentionnées, mais qui ne furent pas approuvées, car les commissaires furent unanimes à reconnaître « qu'il était de la » plus grande conséquence de mettre l'uniformité dans les » trois paroisses, et ils arrêtèrent qu'il ne serait désormais » distribué dans chacune que du pain de deuxième » qualité ».

Les malheureux des paroisses Notre-Dame et Saint-Louis recevaient encore des secours par d'autres voies : ces secours étaient affectés aux pauvres valides et aux pauvres infirmes. Cette dernière caisse était gérée par les sœurs de la Charité, à la disposition de la reine qui en nommait la trésorière.

La sœur Warambourg, supérieure de la paroisse Notre-Dame, présenta un compte dont il résultait comme étant disponible en caisse la somme de trois mille et quelques livres, laquelle somme jointe à celle qui était entre les mains de M^{mo} Dioville, trésorière nommée par la reine, portait à 20,000 livres celle qui était disponible au 1er février 1790. D'autre part, Mme la princesse de Chimay avait écrit que la volonté de la reine était que la somme dont Mme Dioville était en possession fût employée au soulagement des pauvres valides aussi bien que des infirmes.

Les commissaires proposaient d'affecter une partie de cetté ressource au paiement de dettes contractées en constructions des maisons des pauvres, jusqu'à concurrence de 8,000 livres, et de mettre le surplus en réserve, ce qui fut adopté par l'assemblée municipale.

Les ressources, comme on le voit, ne manquaient pas, non qu'elles fussent suffisantes, mais elles s'élevaient à un chiffre déjà important. Le mal était qu'il n'y avait pas de vues d'ensemble dans la création de ces ressources et bien moins encore dans leur emploi, d'où résultait forcément un amoindrissement de leur efficacité. Sous ce point de vue, aussi bien que sous tous les autres, le bien ou le mieux, pour être plus précis dans notre expression, appelait une unité et une concentration de forces, et pour cela une rupture absolue avec les errements antérieurs en fait d'administration de la charité publique. Combien de difficultés et de souffrances auraient été prévenues, avec la même somme de sacrifices mieux entendus et accomplis plus à propos !

L'assemblée ayant ainsi mis, si nous pouvons nous servir de cette expression, ses affaires en ordre, y apposa le sceau de la clôture, en adressant des félicitations et des témoignages de satisfaction aux divers corps de milice qui avaient concouru au maintien de l'ordre dans la ville ; le régiment de Flandre, les chasseurs de Lorraine, la maréchaussée, les gardes suisses et les officiers firent à leur tour leur visite de remercîment et d'adieu à l'assemblée.

Elle touchait cette fois très sérieusement au terme de son mandat, et se mettait en mesure de livrer sa succession en ayant rempli jusqu'au moindre de ses devoirs, y compris ceux de simple politesse.

CHAPITRE VI

PREMIÈRES ÉLECTIONS CONSTITUTIONNELLES

MARS ET AVRIL 1790

La première administration. — Convocation des sections. — Présidents. — Ouverture du scrutin le 7 février. — Discours d'électeurs. — Coste élu maire. — Notification au prince de Poix et à Saint-Priest. — Officiers municipaux. — Procureur et substitut. — Trente-six notables. — Elections terminées le 3 mars. — Installation de la nouvelle municipalité. — Fête du 7 mars. — Discours. — Serment. — Place d'Armes. — Illuminations. — Adresses à l'Assemblée nationale. — Au roi. — L'administration municipale. — Le Bureau. — Le Conseil. — Division du travail. — Le Grand-Maître. — La situation. — Division en départements. — Districts. — Commissaires royaux. — Mission suspecte. — **La municipalité de Troyes.** — Le sel, la soupe nouvelle des pauvres. — Les demoiselles de Versailles. — Dons. — Voirie. — Police. — Bailliage. — La garde nationale. — *Bouche de fer*, projet de journal. — Exercices à feu. — Contributions de 1790. — Nouveaux contribuables. — Origine de la bibliothèque municipale. — Premier architecte de la ville. — Foire de mai. — Elections au département et au district. — Assemblées primaires.

> « La subordination qui ne fait de toutes les volontés qu'une seule volonté, de toutes les forces qu'une seule force, est l'objet que la municipalité ne doit jamais perdre de vue. »
> (*Rapport du Comité de la première section sur les exercices à feu, avril 1790.*)

Parmi les devoirs que la municipalité avait à cœur de remplir, avant les élections prescrites par le décret du

14 décembre 1789, elle avait placé au premier rang, sa visite officielle à l'état-major de la garde nationale ; une députation y alla, Guillery, son président, en tête, et y fut reçue au moment même où les officiers de l'état-major s'apprêtaient à faire la même démarche près de la municipalité.

« L'assemblée générale de la municipalité, dit le pré-
» sident, nous a députés vers vous pour avoir l'honneur de
» vous porter l'expression de ses sentiments.

» Une loi vient d'établir à Versailles une municipalité ;
» par une innovation qui semble avoir été le présage d'une
» plus grande, cette municipalité est élective ; c'est le choix
» des citoyens qui désigne cette administration.

» Arrivés au moment à jamais célèbre, où l'homme a
» senti la dignité de son être, où le Français a brisé des
» fers qui humiliaient sa raison et dont s'indignait son
» courage, à ce moment terrible où le tumulte des événe-
» ments ne laissait que trop de place à la défiance et aux
» soupçons, ces administrateurs vous ont remis des pou-
» voirs dont l'exercice devenait incertain ; vous avez re-
» fusé de les reprendre, et confirmant votre premier choix,
» vous leur avez donné le plus éclatant témoignage de
» votre estime et acquis les plus grands droits à leur re-
» connaissance.

» Je dois le dire, depuis ce moment nous nous sommes
» regardés comme les chefs désignés de la famille, et subor-
» donnant tous les intérêts particuliers à l'intérêt général,
» les soins, les veilles, rien ne nous a coûté pour épargner
» à nos concitoyens des peines et des inquiétudes dont nous
» nous sommes réservé le poids. »

L'orateur rappelle ensuite qu'ils ont mis également toute leur activité à concilier, malgré la difficulté de la tâche, les besoins de la liberté, dont ils sont si jaloux, avec l'exercice du pouvoir royal, afin de hâter le moment où cet accord étant réglé, vienne la fin d'une privation qui coûte tant au cœur de Versailles, en menaçant la fortune de ses habitants.

Les élections sont toutes prochaines : « Lundi, ajoute

» l'orateur, de nouveaux officiers municipaux nous rem-
» placeront, et nous reprendrons aussitôt des armes,
» que plusieurs d'entre nous ont quittées par vos ordres;
» nous essaierons avec vous de ne point rester inutiles à
» la patrie [1]. »

Des remercîments à la garde nationale terminent ce beau discours. Il fut imprimé, distribué par ordre et au nom de l'assemblée.

La période des élections était bien ouverte, mais sa fin non aussi prochaine que Guillery venait de le dire. L'assemblée municipale avait, par une première décision, qui avait soulevé des objections, nommé, pour présider les sections, des membres du corps municipal; elle revint sur cette mesure, et calma les réclamations en nommant à nouveau et définitivement les présidents ci-après :

1re section, Bournizet. — 2e, Jouanne. — 3e, Brun. — 4e, Marie Boigneville. — 5e, Henry. — 6e, Raffier. — 7e, Gondoin. — 8e, Bruant. — 9e, Leclerc. — 10e, Delisle. — 11e, Fouacier. — 12e, Rollet fils. — 13e, Martin.

Chose bizarre, un citoyen eut l'idée de proposer de nommer maire de Versailles le roi lui-même; l'assemblée passa à l'ordre du jour.

Fixées au 8 février, neuf heures du matin, les opérations s'ouvrirent exactement dans toutes les sections; la plus grande publicité avait été donnée à la convocation des électeurs. Placards, proclamations aux prônes des paroisses, au son de caisse dans toutes les rues et carrefours, le tout constaté par des certificats et même par des procès-verbaux de l'huissier audiencier du bailliage; rien n'avait été omis de ce qui devait exciter l'attention publique.

Les sections, assez inexpérimentées, on le comprend bien, dans les fonctions qu'elles allaient remplir, n'y apportèrent partout ni la même aptitude ni la même célérité. Elles n'étaient éclairées par aucune réglementation ressemblant à ce qui se fait de nos jours; elles n'avaient ni listes ni autres moyens d'appel; les citoyens actifs portant

---

[1] H. Garde nationale, 1790.

sur eux le seul titre de leur capacité électorale, se présentaient successivement, sans ordre, et faisaient admettre leur vote, quand le moment paraissait leur convenir; la besogne n'allait pas vite, et ce qui l'attardait encore, c'étaient les orateurs. Un certain nombre de membres actifs prenaient la parole, et se faisaient plus ou moins écouter pendant que le scrutin restait ouvert.

A la première section, le premier des orateurs entendu fut de la Grèze. Quand il eut fini sa harangue, il se pourvut auprès de l'administration de l'autorisation de l'imprimer.

Les nouvelles qui parvenaient des autres sections, à une heure avancée de la nuit, étaient qu'elles allaient bien lentement en besogne; elles n'étaient pas encore en mesure d'envoyer leurs procès-verbaux pour l'élection du maire; l'assemblée, persuadée que le travail ne pourrait être fini dans la soirée, engageait les sections en retard à l'ajourner au lendemain.

A la 12ᵉ section, d'autres difficultés s'étaient élevées. Des citoyens, obligés d'aller à Paris le lendemain, faisaient demander s'ils ne pourraient pas laisser leur bulletin de vote sous enveloppe cachetée. L'expédient ne suscita qu'une seule opposition. La municipalité répondit qu'elle ne voyait pas de motifs de refuser les votes ainsi exprimés [1].

Vers minuit, cependant, les procès-verbaux commençaient à arriver; on ne tarda pas à les avoir au complet. En présence des treize commissaires, on en fit le dépouillement, il en résulta que :

Le nombre des votants était de 1871
La majorité absolue de. 936

[1] Etait-ce bien régulier ? Les lettres-patentes du roi, données le 2 février sur la tenue des séances, disaient, art. 1, § 2 : « Il ne pourra être reçu » aucun autre bulletin que ceux qui auraient été écrits ou par les citoyens » actifs, ou par les trois plus anciens d'âge, ou par les trois secrétaires, » dans l'assemblée et sur le bureau. » Il ne paraît pas difficile de tirer de ces prescriptions une solution contraire à celle qui avait été donnée aux électeurs partant pour Paris.

Coste, médecin, avait obtenu.. 813 suffrages.
Lecointre 751

Ni l'un ni l'autre n'ayant la majorité, l'assemblée municipale annonça que les opérations seraient reprises le 9 février, à neuf heures du matin.

Ce jour-là, le nombre des votants fut de... 1918
La majorité absolue de.................. 959

Coste obtint .... 1071 suffrages.
Lecointre 796

Coste fut proclamé maire de la ville.

L'assemblée envoya à l'élu une députation pour le complimenter, ainsi qu'au prince de Poix et à Saint-Priest, pour avis de cette élection.

A la 6e section, un discours avait été prononcé par un orateur nommé Fredin qui demanda et obtint l'autorisation de le publier. Il n'était besoin vraiment ni d'orateurs ni de discours pour ralentir la marche du travail électoral ; ils furent bien avisés de parler au commencement ; à la fin on n'aurait pas eu la patience de les écouter. Les opérations se firent tous les jours sans interruption ; il fallait dix-sept officiers municipaux ; le 11, on n'en avait encore qu'un de sorti, c'était Bougleux ; on continua du 12 au 19, avec la nomination de Tavernier pour unique résultat ; la suite des opérations fut renvoyée au 22 ; un peu de repos était bien nécessaire.

Le 24, la série des quinze, qui, avec les deux déjà nommés, forma l'ensemble des officiers municipaux, sortit ainsi qu'il suit :

Jouanne, Meslin, Girault, Chambert fils, Verdier, Menard, Schodt de la Tombe, Le Roy notaire, Haussmann, Le Roy bibliothécaire, Flotte, Alin Gervais, Ducro, Demallemain, Dutillet de Villars.

Les journées des 25 et 26 février ne donnèrent pas de résultat pour l'élection du procureur de la commune. La lutte se passait entre Guillery et Niort. Au troisième tour, le 27, le premier fut élu par 681 voix contre 602 obtenues par le second.

Le 28, Milon, bourgeois de la rue de Maurepas, sortit au deuxième tour, comme substitut.

Il y avait encore à élire trente-six notables ; ce fut l'œuvre des électeurs dans les journées des 1, 2 et 3 mars ; à en juger par le temps qu'ils avaient mis aux précédentes élections, on put dire qu'ils avaient bien travaillé.

Le recensement donna les trente-six notables ci-après :

Amaury, limonadier ; Sirot, marchand de draps ; Coqueret l'aîné, peintre du roi, place Saint-Louis ; Blaizot, libraire, rue Satory ; Cornu, épicier ; Peigné, négociant ; Leclerc, officier de l'ordre du roi, place Saint-Louis, près la rue Saint-Médéric ; Thibault, contrôleur des rentes, ancien notaire ; Marie de Boigneville, marchand de soie ; Lebon, receveur des consignations ; Berrurier, mercier ; Huard, drapier ; Babois, négociant ; Niort, principal commis des finances ; Bournizet, procureur ; Lainé, marchand de draps ; Ris, ancien principal commis de la guerre ; Duparcq, notaire, rue Sainte-Geneviève ; Lainé, marchand de bois, boulevard du Roi ; Richaud, négociant, rue de Paris ; Berthaud, négociant, avenue de Saint-Cloud, 14 ; Raffeneau de l'Isle, porte-malle du roi, rue des Bourdonnais ; Hanaut, bourgeois, boulevard de la Reine ; Vauchelle, principal commis de la guerre, rue de Conty ; Gourdelle, avocat, boulevard de la Reine ; Gastellier, entrepreneur, rue de Montbauron ; Haracque, négociant ; Bunel, marchand de toiles, rue Royale ; Letailleur, marchand de dentelles ; Gravois, commissionnaire de roulage, Petit-Montreuil ; Clausse, procureur ; Rollet fils, marchand de fers ; Cuillier, commis des finances, rue du Chenil ; Etienne le jeune, marchand de toiles, rue Satory ; Fouacier, inspecteur des finances, rue du Potager ; Forestier, médecin, rue Maurepas, 1.

Cette série d'élections, qui avait commencé le 7 février, et finissait le 3 mars, n'avait pas demandé moins de vingt-quatre jours. A voir aujourd'hui la célérité et l'aisance avec lesquelles se meut notre corps électoral, trois ou quatre fois plus nombreux, on s'étonne de la lenteur de nos aïeux.

Il faut bien avouer qu'ils n'étaient pas dirigés par des chefs rompus à la besogne, et qu'aucun travail préparatoire n'avait ébauché ou facilité le leur. Cependant, ce long travail ne se trouva susceptible que d'une seule réclamation, et de pure forme. Ce fut Menard, un notaire, qui la présenta. Elle tendait à ce que le procès-verbal de l'assemblée municipale, qui résumait ceux des sections, mentionnât tous les candidats qui avaient obtenu des suffrages et aussi le nombre de ces suffrages pour chacun. Mais cette demande fut accueillie par la question préalable ; ce n'était pourtant pas si déraisonnable que l'assemblée put s'en tirer poliment de cette façon.

Menard ne s'en tint pas là : il en référa au Comité de la Constitution à l'Assemblée nationale, qui lui donna raison ; mais la satisfaction était purement platonique, et seulement bonne à noter pour une autre fois.

L'ancienne organisation allait faire place à la nouvelle : une seule des treize sections, la sixième, eut la bonne inspiration d'envoyer une députation pour exprimer à la municipalité sa reconnaissance à raison des services qu'elle avait rendus à la ville ; Du Buat était à la tête de cette députation ; Dewals, un autre de ses membres, demanda qu'il en fût fait mention au procès-verbal. Elle avait bien mérité ce témoignage.

Plus de six mois s'étaient écoulés depuis que, sentant qu'elle avait besoin de se retremper dans l'élection, elle avait remis, suivant son expression, ses pouvoirs au peuple qui les lui avait confirmés jusqu'au moment où les municipalités seraient organisées constitutionnellement. Dans cette période dernière, elle a subi de rudes épreuves. Si elle n'a pas échappé à quelques faiblesses, cela tient plus à son origine et à l'imperfection de ses moyens, qu'à sa volonté ; elle a toujours fait preuve d'un grand amour du bien public, d'un libéralisme sincère et courageux, et d'une entière abnégation.

Abnégation ? oui, voilà bien le mot caractéristique de ces hommes qui, lancés dans la gestion des affaires, sans précédents, ont accepté d'administrer, sans finances, une ville de 50,000 âmes, dont moitié était tombée tout d'un coup dans le dénuement presque absolu. C'était du plus pur civisme qu'on pût imaginer, dans un temps où les actes de dévouement ont été pourtant si multipliés ; mais pour les conditions et le milieu où les choses se sont passées, il n'y a pas en France un second exemple de celui qui a honoré et rendu à jamais respectable, la première assemblée municipale de Versailles.

La dernière séance de cette assemblée, celle du 5 mars, a été consacrée à régler le cérémonial de l'installation du nouveau corps municipal, tel qu'il est sorti des opérations électorales dont nous avons exposé les résultats successifs, et qui, pour entrer en fonction, n'attendait plus que cette installation :

Maire : Coste.

Officiers municipaux : Bougleux, Tavernier, Jouanne, Meslin, Girault, Chambert fils, Verdier, Menard, Schodt de la Tombe, Le Roy notaire, Haussmann, Le Roy bibliothécaire, Flotte, Alin Gervais, Ducro, Demallemain, Dutillet de Villars.

Procureur de la Commune : Guillery.

Substitut : Millon.

Notables [1] *:* Amaury, Sirot, Coqueret l'aîné, Blaizot, Cornu, Peigné, Leclerc, Thibault, Marie de Boigneville, Lebon, Berrurier, Huard, Babois, Niort, Bournizet, Lainé, marchand de draps, Ris, Duparcq, Lainé, marchand de bois, Richaud, Berthaud, Raffeneau de l'Isle, Hanault, Vauchelle, Gourdelle, Gastellier, Haracque, Bunel, Letailleur, Gravois, Clausse, Rollet fils, Cuillier, Etienne le jeune, Fouacier, Forestier.

Le 7 mars 1790, un dimanche, la garde nationale et les troupes de la garnison étaient de bonne heure sur pied. Les fonctionnaires sortants et les élus étaient réunis à l'Hôtel-de-Ville, Clausse à la tête des anciens, et Coste, des

---

[1] Classés par profession, les notables se répartissent ainsi qu'il suit : négociants, 20 ; financiers, 5 ; officiers ministériels, 4 ; commis aux finances ou à la guerre, 2 ; bourgeois, 1 ; officiers du roi, 2 ; médecin, 1 ; peintre du roi, 1. Total : 36.

nouveaux. Clausse dit que les dernières fonctions municipales qu'il remplissait étaient bien intéressantes, puis qu'il allait proclamer et présenter à la Commune les citoyens qu'elle avait jugés les plus dignes de sa confiance. Coste répondit que les nouveaux trouveraient dans les anciens de grands exemples de patience, de modération, de courage, de prévoyance. « Par ces exemples, disait-il » encore, vous nous laissez l'espoir de mériter comme » vous, l'estime et la reconnaissance publiques ; le plus sûr » gage de cet espoir réside en ceux de vos membres dont » nous faisons l'acquisition. »

Tous se rendirent ensuite sur la terrasse du jardin donnant sur l'avenue de Paris, en face de laquelle toute la garde nationale était en bataille, contenant une foule immense attirée par la nouveauté du spectacle.

La proclamation fut faite par Clausse, dans l'ordre de la liste qui précède, et fut suivie du serment prêté par les élus, suivant la formule que voici :

« Je jure de maintenir de tout mon pouvoir la Constitution du royaume, d'être fidèle à la nation, à la loi et » au roi, et de bien remplir les fonctions qui me sont » confiées. »

Acclamations générales et cris de Vive la nation ! vive le roi !

Le maire, Coste, adressa à la foule un long discours, en commençant par des remerciements à ses électeurs ; puis il rendit à ses prédécesseurs un hommage bien mérité. Il se montra plein d'enthousiasme pour le roi, « dont le re- » tour est si ardemment désiré », et le loua de sa démarche toute spontanée près de l'Assemblée nationale, le 4 février ; il y voyait le gage d'une union solide et durable avec la nation.

La loi, il la présenta comme un objet digne de tous les respects des citoyens ; obéir à la loi, ce sera la sauvegarde de la France.

La garde nationale et la troupe, il n'y avait pas de termes qui pussent célébrer dignement leur mérite et rien n'était au-dessus de la gloire du jeune héros, le mot y est, qui était le chef de l'une et de l'autre.

Personne n'est oublié dans cette harangue, un peu longue et bien encombrée de considérations philosophiques et abstraites, pour un premier discours, et un discours en plein vent. Les officiers municipaux, les notables, les représentants de la nation, les simples citoyens de tous les âges et de tous sexes, y trouvaient la règle de leur conduite et de vives incitations à remplir chacun le rôle qui lui est assigné dans la société.

Faisant enfin allusion à la cérémonie de la Place d'Armes, il s'écrie dans sa péroraison :

« Allons renouveler notre profession de foi à la face du
» ciel même. Pour cette affluence de citoyens, les temples
» que les hommes ont élevés sont trop circonscrits dans
» leur enceinte, et pour répondre à un aussi saint en-
» thousiasme, nos prêtres ont transporté sur cette place
» l'autel du Dieu de nos pères, du Dieu tutélaire de cet
» empire, de ce Dieu dont la main invisible nous a si évi-
» demment protégés. La garde nationale, les troupes ré-
» glées de toutes les armes attendent avec l'impatience du
» patriotisme le plus ardent, que nous nous réunissions
» tous, prêtres, soldats, citoyens pour prêter le serment
» civique dont la religion ne servira qu'à rendre plus écla-
» tante la manifestation de cette fidélité inviolable à la
» nation, à la loi et au roi. »

Après ce discours, l'assemblée rentre dans la salle où le commandant en second parle à son tour : il commence ainsi :

« Monsieur le maire et Messieurs, appelé par le choix
» flatteur de mes compatriotes au commandement de notre
» milice citoyenne, assez heureux pour avoir mérité la
» confiance du roi et de joindre à ce premier commande-
» ment celui des troupes que Sa Majesté a bien voulu as-
» socier à nos travaux pour le maintien de l'ordre et de la
» tranquillité publique ; revêtu par ce double concours de
» la place honorable de chef des forces nationales et mi-

» litaires de cette ville, mon premier devoir, à l'instant
» même où vous entrez en exercice du pouvoir que la
» Commune vous a confié, est de vous rendre des devoirs
» relatifs à ma place. »

Ce début, qui aurait pu être plus châtié, est néanmoins adroit et indique bien où veut aller l'orateur.

Où il veut aller ? c'est à la défense des officiers de la garde nationale contre les souvenirs des banquets des 5 et 6 octobre : il ne le dit point, mais il rappelle douloureusement l'émigration du roi de Versailles à Paris et fixe là l'origine des calomnies dont la milice citoyenne est poursuivie. Il faut d'ailleurs noter une fois de plus que Berthier, qui avait la parole facile, n'a jamais voulu aller plus loin dans ses allusions à ces trop fameux banquets.

Il parle ensuite de son élévation : « Je ne l'aurais ac-
» ceptée, dit-il, qu'avec hésitation, si je ne me fusse senti
» encouragé par l'amour du bien public, par mes principes
» de respect pour la sainteté des lois qui seules peuvent
» caractériser un peuple libre, et par mon dévouement et
» mon inviolable attachement pour mon roi. J'étais sûr de
» la droiture de mon cœur et de la pureté de mes inten-
» tions, et le calme moral de mon âme a toujours soutenu
» ma sérénité, au milieu des positions les plus pénibles et
» les plus délicates.

» Puis revenant à la garde nationale, il affirme que sa conduite a toujours été irréprochable ; c'est de la garde nationale en masse qu'il entend parler et non des individus égarés, soit par un zèle mal entendu, soit par une imagination inquiète et ombrageuse.

» La garde nationale a ses archives ; un jour viendra où le calme permettra à quelque honnête citoyen de mettre impartialement au plus grand jour les preuves de sa fidélité à ses devoirs.

» Les épreuves ne lui ont pas manqué ; il est entré dans l'esprit de la municipalité de réprimer le désordre par la persuasion, et le calme a été rétabli sans qu'un seul citoyen ait éprouvé l'effet des armes de la milice appelée à cette œuvre délicate.

» Et, d'ailleurs, n'en devait-il pas être ainsi? Le passage de l'ancien au nouveau régime ne devait-il pas susciter un peu d'anarchie? Il y avait des gens à éclairer. Ne fallait-il pas pour cela le concours du temps et de la persuasion? Donc beaucoup d'indulgence et de patience. Voilà, dit Berthier, mes principes. Ainsi les décrets de l'Assemblée nationale, les arrêtés municipaux sont pleinement exécutés; les propriétés du roi sont préservées: cette ville est une de celles où il y a le plus d'ordre et de tranquillité.

» Cette situation est due à l'union des forces; l'orateur assure que cette union sera maintenue et que devant la ferme résolution où est la garde nationale de rester inébranlable dans la limite de son devoir, les ennemis de la paix publique feront d'impuissants efforts pour la troubler. »

Ces idées, longuement développées, n'auraient rien perdu à être exposées plus brièvement. Mais naturellement prolixe, Berthier l'a été cette fois outre mesure; on ne devine l'impression qu'il a produite sur ses auditeurs que par les quelques mots que voici:

« L'assemblée, satisfaite de ce discours, a arrêté par » acclamation qu'il serait inséré au présent procès-» verbal. »

Pendant le temps qu'on mit à l'écouter, les troupes et les curieux s'étaient rangés sur la Place d'Armes; un autel y avait été dressé; le clergé des paroisses, les Récollets l'entouraient; le buste du roi y avait aussi sa place.

A l'arrivée du cortège municipal, le maire déposa une couronne sur ce buste, et donna lecture du discours royal du 4 février. Il reçut ensuite le serment civique des notables, des autres citoyens, du clergé, de la garde nationale et de toutes les troupes réglées.

La cérémonie fut terminée par un *Te Deum* chanté par le clergé et les Récollets.

Au retour et en face de l'hôtel de ville, où l'on avait rapporté le buste du roi, il y eut une dernière prestation de serment qui n'était point dans le programme de la fête;

la foule le demandait ; ce fut le serment que le maire prononça au nom de la ville tout entière.

Le soir, illumination de l'hôtel de ville ; au fronton on avait ménagé un transparent où on lisait ces lignes extraites du discours du roi :

« Eclairez sur ces véritables intérêts le peuple qu'on
» égare, ce bon peuple qui m'est si cher et dont on m'as-
» sure que je suis aimé, quand on veut me consoler de mes
» peines. »

Ce soir-là, il devait être, ce pauvre roi, comblé de consolations mais aussi fugaces que vives, comme semblaient l'être, du reste, ses impressions.

Le lendemain 8 mars, le Conseil général, nom sous lequel nous désignerons désormais l'assemblée des notables, tint sa première séance et acheva de se constituer en nommant son secrétaire-greffier ; Emard qui, depuis l'origine de la municipalité, occupait ce poste à la mairie, y fut maintenu par 37 voix sur 48 votants.

Le Conseil s'empressa de voter les deux adresses qui lui avaient été demandées la veille par la foule, l'une au président de l'Assemblée nationale, l'autre au roi.

A l'Assemblée nationale, il disait que ses décisions avaient jusqu'à présent modifié profondément les destinées de la ville ; ce que ces modifications pourront avoir de contraire à ses intérêts particuliers, elle l'oubliera pour ne se ressouvenir « que des biens inestimables qui seront l'effet
» du rétablissement de l'ordre dans les finances, de la sup-
» pression de toutes les vénalités de grâces et d'offices,
» d'une plus juste égalité entre tous les membres de la so-
» ciété qui désormais ne se distingueront plus que par la
» différence de leurs vertus et de leur talent ».

Au roi, l'adresse faisait l'historique de la journée du 7 mars à Versailles ; c'était le peuple lui-même qui avait donné à ses nouveaux magistrats l'ordre de la faire et qui lui en avait, pour ainsi dire, tracé le cadre et fourni le thème ; ce thème, c'étaient les paroles mêmes du roi qui avaient brillé dans la nuit précédente, en caractères de feu au fronton de l'hôtel de ville. La gloire du restaurateur de la liberté française est au-dessus de la gloire d'aucun de ses prédécesseurs ; la municipalité de Versailles lui demande respectueusement de placer son nom à la première page du registre des citoyens.

Un autre devoir que la municipalité nouvelle a tenu également à remplir, avant tout autre exercice de ses fonctions, ce fut de formuler et d'insérer dans le livre de ses procès-verbaux, un acte de remerciement à l'adresse de l'ancienne municipalité, pour les services inappréciables qu'elle a rendus à la ville.

« En recevant de leurs mains, est-il dit, le dépôt de leurs
» archives, nous y trouvons de nouveaux motifs de recon-
» naissance par la sagesse de leurs arrêtés, par cet esprit
» d'ordre et d'économie qui distingue les administrateurs
» publics, prudents, généreux et dévoués à leurs conci-
» toyens »... « Une copie du présent arrêté sera remise à
» chacun d'eux. »

Une bonne part de ces actions de grâce, dont la nouvelle municipalité n'était pas parcimonieuse, revenait à la garde nationale ; elle dit que c'était à elle qu'on était redevable du calme profond dont la ville jouissait, aussi bien qu'à l'union qui règne entre toutes les armes, et à Berthier leur digne commandant. Il appartient à la municipalité de le proclamer et d'en laisser le témoignage à la garde nationale ; et, à cet effet, elle désigna trois commissaires pour lui porter l'extrait du présent arrêté.

Il y avait naturellement à l'état-major un écho du bruit presque enchanteur qui se produisait sur tous les tons à l'hôtel de ville ; on voulut y entendre une répétition directe du discours de Berthier qui ne s'y refusa point. On y vota ensuite une médaille d'argent pour perpétuer le souvenir de ces événements, une pour le maire et une pour le commandant en chef.

La municipalité envoyait une adresse à l'Assemblée nationale, on ne pouvait faire moins à l'état-major. En effet, une rédaction était toute prête ; on n'en nomma pas moins une commission qui proposa et fit adopter une formule dans laquelle la garde nationale, après avoir offert ses hommages au fondateur de la liberté, offrait aussi sa parfaite soumission aux décrets *sanctionnés ou acceptés* par le roi, et la résolution inébranlable de les faire exécuter. Le surplus, très court, du reste, ne sortait point des banalités propres aux documents de cette nature, ce qui faisait ressortir d'autant les termes choisis pour la partie essentielle du commencement de l'adresse.

Arrivons maintenant à l'installation du groupe des officiers municipaux, et aux subdivisions de ce groupe, l'une exerçant avec le maire le pouvoir exécutif, l'autre la partie délibérante.

Aux termes de l'article 35 du décret du 14 décembre 1789, les corps municipaux composés de plus de trois membres établissaient les distinctions que nous venons de rappeler sous les noms de Bureau et de Conseil. Le Bureau était composé du tiers des officiers municipaux y compris le maire, et le Conseil des deux autres tiers : par conséquent ils se composèrent de :

Le Bureau : Coste, maire, Demallemain, Chambert, Flotte, Menard, Girault.

Le Conseil : Bougleux, Tavernier, Jouanne, Meslin, Verdier, Schodt de la Tombe, Le Roy notaire, Haussmann, Le Roy bibliothécaire, Alin Gervais, Ducro, Dutillet de Villars.

Pour le bien et la célérité du travail, le Conseil se divisa en trois sections ayant chacune pour attribution spéciale les affaires dont voici l'énumération :

PREMIÈRE SECTION.

Membres : Tavernier, Girault, Chambert, Verdier, Menard et Flotte.

1º *Police.* — Inspection des foires, halles, marchés, comestibles, boulangers, bouchers et autres se servant de poids et mesures. — Jeux publics. — Colportage de papiers publics. — Filles publiques. — Bureau des nourrices, d'ouvriers et de domestiques. — Hôtels garnis et logeurs. — Spectacles. — Voitures publiques et de place. — Nettoiement des rues, enlèvement des boues, balayages publics et particuliers. — Exécution du marché fait avec l'entrepreneur des réverbères.

2° *Sûreté*. — Organisation de la garde nationale, rapports, renvois et toutes autres relations avec cette garde et les citoyens. — Inspection des semestriers et tout ce qui est relatif aux troupes réglées.

3° *Subsistances*. — Inspection du Poids-le-roi, du marché au blé, de l'arrivage des farines en destination et de la situation des boulangers relativement à leurs approvisionnements.

Deuxième section.

Membres : Schodt de la Tombe, Le Roy notaire, Haussmann, Ducro, Dutillet de Villars.

Bureau d'utilité publique. — Education publique. — Formation de l'inspection des Bureaux de charité. — Mendicité. — Edifices, établissements publics et toutes demandes à faire pour l'avantage et l'embellissement de la ville. — Surveillance et agence relative à la conservation des propriétés publiques.

Troisième section.

Membres : Bougleux, Jouanne, Meslin, Le Roy bibliothécaire, Alin Gervais.

Impositions. — Formation des rôles de vingtièmes, capitations, industries, boues, réverbères et toutes les demandes en modération, décharge et généralement toutes les contributions à répartir sur la ville.

Cette organisation arrêtée, le maire ouvrit la série des actes de son administration par la lecture d'un projet de lettre à Saint-Priest, ministre de la maison du roi, laquelle débutait ainsi :

« A peine sommes-nous entrés dans nos fonctions et avons-nous pris possession de l'hôtel occupé par l'ancienne administration, que nous apprenons combien cette possession est précaire, puisque, par la lettre que vous avez écrite à nos prédécesseurs, vous l'avez fixée à six mois. Cependant la ville de Versailles, qui n'a aucun monument pour les bureaux qui lui sont nécessaires, ne sait où elle pourra les établir, si vous n'avez la bonté de venir à son secours.

» La municipalité se flatte que vous voudrez bien obtenir de la bonté du roi la concession illimitée de la totalité de l'hôtel du Grand-Maître, si Sa Majesté ne veut pas consentir d'en abandonner à la ville la propriété ; cette propriété qui déchargerait les bâtiments du roi d'une dépense considérable en réparations, serait d'autant plus précieuse pour nous que ce serait la première que la municipalité tiendrait de la munificence de son roi. »

Le comte de Saint-Priest venait de remettre au comte d'Angiviller l'exercice de l'administration des bâtiments du roi ; la lettre de la municipalité de Versailles fut renvoyée à celui-ci ; elle n'eut aucune réponse et ce ne fut de longtemps que la question put être utilement reprise.

Ainsi la nouvelle municipalité, première de la Révolution et du régime constitutionnel, prenait l'administration de la ville dans les conditions non améliorées de la précédente. Campée dans un hôtel provisoire, réduite à se contenter là de la moitié de l'espace qui lui avait été concédé de mauvaise grâce, impuissante à retirer le reste des mains d'un malicieux abbé qui semblait ne se complaire qu'à la gêner, sans finances ni moyens de gestion les plus élémentaires, elle entrait dans une carrière que les récents décrets n'avaient pas dégagée, au contraire, qu'ils avaient encombrée de nouvelles et plus grandes difficultés, puisqu'ils avaient agrandi ses attributions et multiplié ses devoirs sans ajouter aux moyens de les remplir. Comment allait-elle s'en tirer ? N'en soyons pas trop inquiets ni effrayés pour elle. Les prédécesseurs ont donné de bons exemples. La ville, délaissée de la royauté, avait trouvé des consolateurs ; les premiers qui se sont épris de dévouement pour elle, étaient venus du sein du plus pur despotisme féodal ; avec elle, ils se sont sentis animés d'un feu nouveau et se sont convertis à la liberté ; c'était donc une alliance noble et féconde.

En voici d'autres d'origine peu différente qui aujourd'hui prennent la place des premiers, proclamant à la face du ciel leur foi inébranlable au roi, mais qui mettent cependant deux choses avant cela, la nation et la loi. Il en viendra, plus tard, qui auront tout à fait oublié le troisième terme de la devise. Mais Versailles est inoubliable, Versailles a des amis de cœur qui se remplacent, se succèdent, ne se démentent et ne se lassent jamais ; de quelque côté qu'elle les ait attirés, ils restent invinciblement à sa dévotion ; ils ne se défendront en aucun cas de cette oppression ni de lui donner tout ce qu'ils ont de virilité et de force accumulée par le talent, l'étude et l'observation. Pourquoi ? Laissons au temps le soin de l'expliquer plus complètement et contentons-nous de ceci : Versailles est le berceau de la liberté et de la régénération humaine ; quelle raison meilleure pourra-t-on jamais donner de sa puissante attraction ?

Le décret qui a divisé la France en quatre-vingt-trois départements porte la date du 15 janvier, mais n'a été promulgué que le 4 mars 1790, au moment où finissait l'organisation des municipalités. Le tour des administrations départementales était prochain ; voici en quels termes le décret s'en expliquait :

« Art. IV. La division du royaume en départements et districts n'est décrétée, quant à présent, que pour l'exercice du pouvoir administratif ; les anciennes divisions relatives à la perception des impôts et au pouvoir judiciaire subsisteront jusqu'à ce qu'il en ait été autrement ordonné. Les dispositions relatives aux villes qui ont été désignées comme pouvant être le siège de tribunaux, sont subordonnées à ce qui sera décrété pour l'ordre judiciaire. »

Vient ensuite, sous le titre II, la liste des départements où nous trouvons, à son rang alphabétique et sous la forme suivante :

« Département de la Seine et de l'Oise.

» L'assemblée de ce département se tiendra dans la ville de Versailles.

» Il est divisé en neuf districts dont les chefs-lieux sont provisoirement : Versailles, Saint-Germain, Mantes, Pontoise, Dourdan, Montfort, Etampes, Corbeil, Gonesse.

» Rambouillet sera le siège de la juridiction du district de Dourdan. »

Il restait à fixer les limites du département et de ses subdivisions. On pensa, à la cour, qu'on pourrait le faire à l'aide de commissaires qui seraient en même temps chargés de la formation des assemblées primaires et des assemblées administratives. On avait encore à la cour et même du côté droit de l'Assemblée nationale, une pensée qui n'était pas demeurée secrète : c'était de profiter de l'occasion pour faire nommer d'autres députés à cette même Assemblée nationale. Idée étrange, sans doute, mais, de la part de la cour, il ne fallait s'étonner de rien. Elle fit nommer les commissaires du roi pour les départements. Pour celui de la Seine et de l'Oise, le choix tomba sur Berthier fils, le vicomte Archambault de Périgord et le marquis de Grouchy père.

Berthier annonça à l'assemblée de la garde nationale, dans sa séance du 10 mars, sa nomination de commissaire, qui était datée du 6 ; dates à retenir. Comme d'habitude, l'assemblée applaudit.

Les commissaires avaient reçu une carte et des pouvoirs très étendus ; cela ne touchait toutefois qu'à la mission ostensible dont ils étaient chargés ; les pièces sont aux archives[1]. L'Assemblée nationale, indépendamment de ce qu'elle savait des secrètes combinaisons de la cour,

---

[1] Archives de la ville.

jugea les pouvoirs excessifs ; elle y trouva un motif d'intervenir pour réduire, dans une très grande mesure, la compétence et les pouvoirs des commissaires royaux : tel a été le but de son décret du 29 mars.

Ce décret porta que les commissaires nommés par le roi n'avaient qu'une mission temporaire, *pour cette fois seulement,* et qu'elle expirerait avec le dernier procès-verbal d'élection.

« Ils n'avaient, ajoutait le décret, qu'à décider provisoirement les difficultés qui surviendraient dans la formation des assemblées primaires et administratives : il était réservé à l'Assemblée nationale de statuer sur les difficultés majeures.

» Les commissaires du roi ne pouvaient connaître, sous aucun prétexte, des difficultés relatives à la formation des municipalités : ces difficultés, le cas échéant, seraient déférées au jugement des assemblées départementales.

» Enfin, avant de commencer leurs fonctions, les commissaires devaient prêter le serment civique devant la municipalité du lieu où se tiendrait l'assemblée pour les élections du département. »

Ces dispositions, arrêtées par l'Assemblée nationale, étaient bien évidemment une revendication des droits que les instructions royales semblaient avoir méconnus. Le roi, ainsi que cela arrivait souvent et agissant à l'encontre de ses instructions, sanctionna, par sa proclamation du 30 mars, le décret qui avait été délibéré par l'Assemblée nationale le 29, précisément afin d'arrêter les empiètements du pouvoir royal sur les attributions du constituant.

Elle avait, comme nous l'avons dit plus haut, un autre but encore, c'était de faire voir qu'elle n'ignorait pas les projets secrets de la cour, et qu'elle était en mesure de les démasquer et, par conséquent, de les faire échouer. Pour Versailles, l'intérêt de cette affaire, qu'il nous a fallu exposer avec quelques détails, se tirait particulièrement du choix des commissaires, et, notamment, de Berthier. Pourquoi ce choix ? Berthier, protégé de Lafayette, avait à la cour un crédit que son protecteur n'avait plus. Lafayette condamnait ouvertement les projets insensés qu'on ourdissait autour du roi, bien souvent sans le concours de la personne royale. Il voulait, de la part du roi, de la sincérité et de la persévérance dans ses bons mouvements. Quel rapport y avait-il entre le discours royal du 4 février et la manœuvre qu'on attendait des trois commissaires royaux, dont Berthier était un d'eux? Comment se faisait-il qu'il avait été jugé digne d'être en tiers avec le vicomte Archambault de Périgord et le marquis de Grouchy père, dans une opération préparée par la cour et jugée par l'Assemblée nationale comme une entreprise plus que suspecte?

Ces faits, que Versailles n'ignorait pas non plus, ne pouvaient laisser indifférents les amis de la Révolution; ils furent commentés et rapprochés des flatteries et des hommages dont on affectait de combler le commandant en second. Le doute s'empara de bien des esprits.

Lecointre n'était plus rien dans la ville; il avait donné sa démission de lieutenant-colonel; son fils, celle de porte-drapeau. C'était une scission de la famille avec les hommes qui affectaient une confiance absolue dans la sincérité du roi. On avait préféré à Lecointre, pour maire de la ville, Coste qui n'avait encore eu aucun contact avec l'administration municipale. On le connaissait comme un parleur habile, faisant chaudement l'éloge de la Révolution, et croyant à la possibilité de la concilier avec la royauté. Lecointre avait eu les mêmes illusions, mais il les avait perdues; et, cela étant, il était devenu très défiant à l'égard des hommes de l'ancienne cour qui avaient fait irruption dans les assemblées électives. Berthier et Coste se tenaient de près, sans être initiés sans doute aux mêmes secrets. Berthier connaissait-il ceux de la cour? Coste était inspiré par le seul intérêt qu'il portait au roi, mais écarté ou s'éloignant de lui-même des intrigues plus compromettantes qu'habiles, que la cour passait pour tramer sans la participation du roi ni d'aucun de ses loyaux partisans.

Berthier et Coste paraissaient être parfaitement d'accord ; leur parti dominait et devait dominer longtemps encore dans la ville. Berthier y trouvait un bon appui pour l'autorité qu'il exerçait sur la garde nationale. Il était bien vrai que cette garde avait été formée avec une assez grande précipitation et qu'il y avait des réformes à y faire. Les infractions à la discipline y étaient fréquentes et quelquefois assez graves. Voici un jugement très laconique qui le dit bien :

« Considérant que les sieurs ....., désignés dans le
» rapport du comité, s'étaient rendus indignes de remplir
» les fonctions de citoyens en employant pour l'oppression
» de leurs concitoyens les armes qu'ils avaient reçues pour
» leur défense..., ils sont déclarés incapables de servir. Ce
» jugement, ratifié et confirmé par la municipalité, sera
» rendu public, puis affiché dans les corps de garde et les
» carrefours. »

Ils étaient deux coupables, un fusilier et un caporal. Les faits étaient graves, la pénalité devait l'être aussi ; mais alors les coupables étaient-ils bien devant la juridiction compétente ?

Les passions de parti se sont-elles quelquefois mêlées à ces divisions ? Il serait hasardeux de répondre : jamais. Voici un fait qui n'en est pas exempt :

Un citoyen s'était présenté pour être admis à la compagnie de chasseurs de la première division : on le refusa. C'était le droit du juge ; mais, ce qui outrepassait ce droit, c'était de dire que ce refus entraînait l'incapacité du service dans le centre de la garde nationale. Après de longs débats, 43 voix contre 24 approuvèrent cette décision.

Le commandant en fut irrité, et, aidé de quelques gardes nationaux, attacha les épaulettes au citoyen éliminé et prononça d'autorité son admission.

Il ne s'en tint pas là : il rédigea et fit insérer immédiatement au procès-verbal la protestation que voici textuellement : « Je reconnais pour non entaché et mériter l'es-
» time publique, tout citoyen garde national ou de toute
» autre classe, rejeté par le scrutin d'assemblée, corps
» militaire, civil, corporation, si c'est son règlement, et je

» requiers que la présente protestation soit jointe au ju-
» gement prononcé par l'assemblée générale, lequel, n'ex-
» primant que le vœu de la majorité de l'assemblée, doit
» être confirmé par le corps municipal pour avoir force de
» loi. » — Alexandre Berthier, commandant en second.
» Ouï la protestation de M. le Président de l'assemblée, ont protesté aussi : Gillet, Coste, Bouché, Haracque, de Tourmont, de Villars, de Belairmont, Desbuissons et Cornu, secrétaire. »

La protestation était fondée, mais non l'acte par lequel Berthier et quelques autres, substituant leur volonté à celle de l'assemblée, déclarèrent agréer celui qu'elle venait de rejeter, à tort ou à raison, mais par une procédure entièrement régulière. Toutefois en ne considérant cet acte que pour ce qu'il valait dans ces temps où l'on n'était pas d'une extrême sévérité sur l'application des règles de la compétence, on ne peut que féliciter Berthier d'avoir, de son initiative et même sous une forme extra-légale, relevé un acte qui blessait la raison autant que la justice.

Berthier avait en grand souci le prestige de la garde nationale. Il y avait en ce temps là, à Versailles, une troupe de comédiens qui, sous le titre de délassements comiques, mettait en scène les petites infortunes de la vie du garde national, ce qui faisait la joie des badauds ; il fit défendre de se servir de l'uniforme de cette milice.

Pour lui inspirer, au contraire le sentiment de la dignité, il fit aux gardes suisses qui, appelés à un autre service, n'avaient pu assister à la fête du 7 mars, une harangue tendant à les consoler d'avoir ainsi perdu l'occasion d'être applaudis par la population versaillaise.

Le compte rendu de cette fête, harangue, proclamations et discours, avait été imprimé et adressé à toutes les gardes nationales de France; depuis et chaque jour, on recevait des remerciements et des félicitations. Berthier les portait avec empressement à la connaissance de sa milice dont il entretenait ainsi le feu sacré.

Il avait obtenu, pour les cérémonies officielles, un ordre

de marche ainsi conçu : « Le commandant marchera à la
» gauche et sur la même ligne que le maire, de manière
» que celui-ci terminera la marche du corps municipal et
» que le commandant ouvrira celle de l'état-major, afin
» qu'aux yeux du peuple, l'harmonie et l'union qui doi-
» vent régner entre les deux corps, soient aussi marquées
» qu'elles sont profondément gravées et inaltérables dans
» les cœurs de ceux qui les composent. »

En possession d'une grande autorité sur la garde nationale et dédaigneux de ce qui touchait à sa personne, il considérait pour rien les injures des journaux ou de toute autre origine. On disait qu'il avait été insulté à l'Hôtel-de-Ville. Interrogé là-dessus, il répondit qu'un individu s'était à la vérité beaucoup échauffé en lui parlant, mais que pour lui, il ne s'en plaignait pas, l'uniforme n'ayant pas été atteint.

Il ne laissait passer aucune occasion de retenir sur Versailles l'attention de la cour et du roi ; les adresses, les médailles qui étaient destinées à perpétuer le souvenir de la fête du 7 mars, furent offertes au roi et à la reine par une députation dont il était naturellement le chef ; on lui adjoignit le lieutenant-colonel Rousseau, puis un garde national de chaque grade au-dessous, jusqu'à un simple fusilier ; ces députations étaient toujours parfaitement accueillies. Un peu plus tard, on en offrit une à Lafayette et une à Berthier lui-même.

On compléta les cadres de la garde nationale en nommant Haracque lieutenant-colonel à la place de Lecointre ; Locard, major de la première division ; de Tourmont, lieutenant-colonel de la deuxième division, etc.

Pendant que ces choses se passaient à la garde nationale, le Conseil municipal faisait un règlement en 21 articles pour la tenue de ses séances ; un de ces articles portait que Berthier serait admis à y assister ; il n'y avait rien à dire à cela ; son service de commandant pouvait l'y appeler. Mais qu'allait-il faire dans ce triumvirat royal en compagnie d'Archambault et de Périgord ? Lecointre et quelques autres le signalèrent comme contraire aux décrets de l'Assemblée nationale et conclurent à ce que Berthier, commandant de la garde nationale et commissaire du roi, fût mis en demeure d'opter : il ne fut pas tenu compte de cette conclusion.

Lecointre voulait porter l'affaire devant les sections. Il demanda, avec Richaud l'aîné et dix autres citoyens, leur convocation. Le maire opposa d'abord un défaut de forme. Ils se retirèrent pour y obvier, se présentèrent de nouveau et obtinrent la prise en considération de leur demande ; mais ce fut tout.

Il était évident que l'administration allait être observée de près, et qu'elle ne serait pas libre de se soustraire à un contrôle, peut-être ennuyeux, mais autorisé par le régime nouveau. Elle commençait à prendre l'habitude, devant une question gênante, de déclarer qu'elle ne pouvait exécuter que les décrets *sanctionnés* ou *acceptés* par le roi ; c'était régulier, mais un peu agaçant aussi pour les autres ; il ne manquait pas de décrets, même sanctionnés, qui la forceraient dans ses retranchements.

C'est aussi par un faux fuyant que la municipalité de Versailles s'en tira avec la municipalité de Troyes, qui lui avait envoyé une délibération dont voici l'objet : elle avait arrêté de n'admettre aux assemblées pour la formation des districts, aucun commissaire porteur d'ordres ministériels et de ne recevoir que ceux qui tiendraient leur mission de l'Assemblée nationale ; une copie imprimée de cette délibération avait été envoyée à un grand nombre d'autres municipalités avec invitation d'y adhérer et d'en prendre chacune une semblable.

Cela troubla celle de Versailles, qui n'était pas d'esprit à prendre une attitude si décidée : elle répondit qu'il y avait là une équivoque qu'il appartenait au Comité de Constitution de dissiper ; heureusement le décret du 29 mars, sanctionné, y pourvut.

Il n'est pas besoin de faire remarquer que dans la province on avait bien compris la portée de la création de trois commissaires royaux ; l'effet était manqué.

Ils s'annoncèrent, le 26 mars, au Conseil municipal : on envoya une députation pour les recevoir et les introduire.

« Ils ont chacun, séparément, dit le procès-verbal, les
» commissions à eux données par le roi, datées à Paris,
» le 6, et signées Louis, et par le roi de Saint-Priest, etc.
» Il a été arrêté que les dites commissions seraient trans-
» crites sur le registre destiné à l'enregistrement des dé-
» crets de l'Assemblée nationale.

» Sur les conclusions du procureur de la Commune, il a
» été fait également transcription sur le registre, de l'ins-
» truction spéciale de même source, qu'ils avaient reçue le
» 14 pour l'exécution du contenu de leur commission. »

Il y avait loin de là à l'accueil réservé par la municipalité de Troyes aux commissaires de l'Aube; mais l'accueil de la municipalité de Versailles n'était qu'affaire de politesse; nous cesserions de nous y intéresser, si nous n'y voyons engagé un homme dont nous cherchons à mettre en relief les faits et gestes de ce temps, par opposition à ceux qui ont caractérisé son rôle ultérieur, dans les affaires publiques.

La municipalité de Versailles mit les commissaires royaux en rapport avec les municipalités des onze communes du canton; c'étaient : Bois-d'Arcy, Buc, Le Chesnay, Les Clayes, Fontenay-le-Fleury, Guyancourt, Montigny, Rocquencourt, Saint-Cyr, Velizy, Versailles, Viroflay.

L'ingénieur Lemasson présenta à la municipalité une carte enluminée du département avec les divisions projetées; la municipalité puisa dans ce travail les renseignements dont les commissaires royaux avaient besoin pour l'organisation du canton.

Le maire de Versailles n'avait obtenu de d'Angiviller qu'un simple accusé de réception pour la dernière démarche au sujet du Grand-Maître : il fit une tentative auprès du prince de Condé et lui exposa les hautes considérations qui s'attachaient à l'abandon de son usufruit au profit de la ville. Saint-Priest ne tarissait pas en atermoiements. « Le roi, disait-il cette fois, est rempli des meil-

» leures volontés pour Versailles, mais il est le roi de
» tous ses sujets, et il ne peut donner à sa bonne ville ce
» qu'il faudrait donner à toutes pour être un père juste et
» équitable. »

Et il ne se trouvait personne pour répliquer à Saint-Priest et au roi, que c'était justement parce que Versailles n'avait pas reçu sa part du patrimoine commun, que, lancée sans dot dans les aventures de la vie communale, elle était aux prises avec des besoins inouïs, sans moyens d'y satisfaire ; ce qui créait pour cette ville déshéritée une situation exceptionnelle et contraire aux sentiments de justice, d'équité et d'impartialité dont le roi se faisait honneur comme père de ses sujets [1].

Cette affaire entre les mains du roi avait le tort de toutes les autres ; il n'en résolvait aucune, les laissait en suspens par un effet de sa nature, et surtout parce qu'on entretenait dans son esprit l'espoir chimérique de reconquérir son ancienne autorité ; d'où cette conclusion qu'il fallait engager le moins possible le présent, pour n'avoir pas su faire dans un avenir prochain œuvre de restauration si grande.

Peut-être est-il juste d'observer que ses hésitations à l'égard de l'hôtel du Grand-Maître, avaient encore une autre cause ; c'était l'usufruit de cet hôtel attaché à la charge du grand-maître des cérémonies dont jouissait le prince de Condé. Coste, le maire, avait cette pensée, quand il demanda au prince son désistement par la lettre rappelée ci-dessus.

Puisque le roi possédait à Versailles tout ce qui n'était point propriété privée, il percevait les loyers d'un nombre considérable d'immeubles occupés par des industriels ou des marchands. Il éprouva, dans cette conjoncture, ce qui arrive aux simples particuliers, quand les affaires ont cessé d'être prospères, et que les industriels ne font plus

[1] Voir notre exposé, chapitre II, p. 64 et suivantes, sur la nécessité d'une dotation pour la ville, à son avènement à la vie municipale.

leurs frais : les demandes en réduction de loyer affluèrent à l'Hôtel-de-Ville ; ces demandes s'appuyaient généralement sur un précédent remontant assez haut dans l'histoire. Après la mort de Louis XIV, survenue en 1715, le jeune roi son successeur, n'habitant pas Versailles, il s'était produit tout à coup dans cette ville un vide dont souffraient les industries qui faisaient leur profit de la présence de la cour dans la ville royale. En 1716, ne pouvant plus tenir, elles réclamèrent et obtinrent la résiliation de leurs engagements. Pareille situation se présentant, les industriels espéraient qu'ils seraient traités semblablement.

Le Conseil n'eut pas de peine à dégager sa responsabilité ; il renvoya les réclamants à se pourvoir devant les représentants de la maison du roi.

Ce qui regardait bien la municipalité, c'étaient les impôts ; ils suscitaient des réclamations, non pas seulement des locataires du roi, mais de la plus grande partie des industriels de la ville. Les aubergistes et les limonadiers ne faisaient plus rien, ou fort peu de chose. Les cuirs et les huiles, frappés de droits considérables à l'entrée, étaient en pleine stagnation ; il fallait modifier et même remplacer ces droits. La répartition des contributions de 1790 n'était point encore faite. Le Bureau intermédiaire de Saint-Germain restait provisoirement en relation avec la ville pour le règlement de ce qui concernait les contributions ; la municipalité se mit à l'étude de ces affaires et des conditions où elles se présentaient, afin de leur donner la suite dont elles étaient susceptibles.

Les affaires des pauvres ! c'étaient celles-là qui lui tenaient fortement au cœur ; nombreuses et variées, elles méritaient une étude toute particulière. Persuadée que pour remplir sûrement la tâche délicate de secourir les malheureux, il fallait les connaître, la municipalité prescrivit une enquête générale dans la ville, invita les administrateurs des bureaux des pauvres à produire, dans la huitaine, des renseignements précis répondant aux questions qu'elle formula en 10 articles principaux, indépendamment des comptes spéciaux des recettes et dépenses. Les sections récemment créées devaient apporter au soulagement de la misère un utile et large concours, mais elles n'avaient pas encore pris position, et, en attendant, il fallait utiliser les moyens dont on disposait.

La municipalité se prononça d'abord sur l'incompatibilité des fonctions d'officier municipal et d'administrateur des maisons de pauvres, réservant cependant aux premiers la faculté d'assister aux séances des seconds ; pour resserrer les liens qui doivent unir les uns aux autres, elle prit l'initiative d'une visite qu'elle fit immédiatement en corps aux membres du bureau de charité.

Les ouvriers du canal continuaient lentement leur travail ; on n'avait pas d'intérêt à y mettre plus d'activité ; l'art de conduire des travaux de charité semble être de mettre beaucoup de temps à ne rien faire ; il serait mieux de les rendre profitables, mais cela est difficile, paraît-il ; on n'en connaissait pas le moyen chez nos ancêtres ; on ne l'a pas mieux connu en 1848, et de notre temps, le connaît-on bien? cela est au moins douteux.

Dès qu'il y a quelque part une agglomération d'ouvriers, là aussi viennent s'établir des industriels qui, sous prétexte de subvenir aux besoins de leur consommation, soutirent sou à sou le peu qu'ils gagnent. La municipalité ne laissa pas ouvrir de débit de vins sur le canal et fut approuvée par le prince de Poix.

Terrane, receveur du grenier à sel, informé que la taxe de cette substance venait d'être réduite par décret, de six à trois sols la livre à partir du 1er avril, demandait quelle conduite il avait à tenir ; le décret était connu ; mais avait-il été sanctionné? La municipalité envoya le demander à Saint-Priest ; elle craignait, disait-elle, du tumulte ; on était au 3 mars, franchement elle aurait bien pu, vu l'urgence, y mettre moins de scrupule.

Elle fut également obligée d'en référer à Necker pour une affaire qu'elle se jugeait hors d'état de décider parce que celle-ci se résolvait par de l'argent ; c'était celle des soupes. Necker avait décidé que la distribution en serait supprimée à partir du 1er avril.

Emue de cette décision, elle fit à Necker une lettre aussi touchante que possible, pour le maintien de la charité exercée sous cette forme, encore indispensable à des malheureux sans ouvrage ; et afin de l'attendrir, elle lui proposait une recette plus économique encore que les précédentes ; c'est un trait d'histoire locale qu'il faut mettre sous les yeux de notre génération. Voici donc comme elle raisonnait :

En supprimant la soupe au pain, la dépense diminuera de moitié. Il y a en magasin 100,000 livres de riz et la consommation du mois ne montera qu'à 6750 livres ; en fait de soupe sans pain, il y aura à dépenser pour un mois de 31 jours :

30 livres de graisse à 2 liv. 5 sols........	69 liv.	15 s.
28 livres de sel à 6 sols la livre, 8 liv. 8 sols.	260	08
Caramel, par jour, 8 sols...............	12	08
Journée de gens à faire la soupe et à la distribuer, 2 hommes à 20 sols par jour.......	62	»
1 homme et une femme à 15 sols...	46	10
Environ 4 cordes de bois à 48 livres.....	192	»
Total....	643 liv.	11 s.
Riz comme ci-dessus, 6750 livres à 3 sols	1,687	»
Total pour un mois...	2,330 liv.	11 s.

Ces détails, tout misérables qu'ils paraissent, sont instructifs et attendrissants ; ils prouvent d'abord que la municipalité de Versailles, dix mois après l'explosion de 1789, n'avait pas à sa disposition deux mille livres pour faire la soupe à une partie de ses pauvres, et que, pour ne pas les laisser mourir de faim, elle était obligée de démontrer à Necker ce qu'il en coûterait au ministre des finances, occupé à la recherche de solutions bien autrement graves ; en effet, il s'attendrit et laissa faire l'ingénieuse municipalité de Versailles, ayant trouvé *le nec plus ultra* de l'économie dans l'art de faire la soupe pour les gens qui n'ont ni pain ni asile.

Et dans cette recette, quel autre enseignement encore ? comme l'économie politique est une science nécessaire et lumineuse quand il s'agit de déterminer la part que prend le pauvre en comparaison du riche, dans les impôts tirés des substances vulgaires, comme le sel, mais indispensable, en rapport inverse de sa vulgarité, à la nutrition de l'indigent !

Là, en effet, où il y avait pour 69 livres 15 sols de graisse, il entrait pour 260 livres 8 sols de sel, substance condimentaire que la gabelle vendait au public pour un prix équivalent à cent fois celui de revient. L'abaissement de la taxe réduite à 3 sols, à partir du mois d'avril, allait réduire aussi de moitié, c'est-à-dire, à 130 livres 4 sols la part contributive de ce condiment dans la dépense. Mais, en nous reportant seulement à six mois en arrière, le sel était à 12 sols la livre [1], et alors, pour la même soupe, il aurait fallu pour 520 livres 16 sols de ce condiment ! Quel régime que celui de la gabelle ! cela seul valait une révolution.

L'Assemblée constituante n'avait pu effacer d'un seul trait de plume toutes les institutions de la vieille monarchie qui se heurtaient à la raison et à la philosophie, et, d'ailleurs, en beaucoup de cas, il fallait procéder avec ménagement. Elle avait, par exemple, suspendu la faculté de prononcer des vœux monastiques ; elle venait de les abolir tout à fait. Cela ne se passait pas sans récrimination, dans une ville où continuaient de subsister des croyances religieuses d'une certaine vivacité. Ainsi, voici des jeunes filles de la ville qui se mettent en tête d'aller, en procession,

---

[1] La réduction du sel de 12 sols à 6 sols par livre datait du 1er octobre 1789.

à l'église Sainte-Geneviève de Paris et, pour donner plus d'éclat à cette manifestation, elles demandent pour escorte un détachement de la garde nationale. Le Conseil municipal, dont un prêtre était membre, dut se faire violence pour repousser cette demande et le fit dans la forme qui lui parut la moins dure, c'est-à-dire par un ajournement indéfini.

Un autre jour, elles s'assemblèrent au Grand-Commun, cette fois avec les honneurs d'un détachement de la garde nationale qui leur fut gracieusement accordé. Le conciliabule n'a pas laissé de procès-verbal de sa séance ; le sujet en était cependant très intéressant, et ce n'est pas médire que d'ajouter qu'il avait dû être, ainsi que ses amendements, raisonnablement discuté : il s'agissait de se concerter sur un don patriotique. Il eût été curieux de voir comment une assemblée de jeunes filles avait fourni sa note et fait sa partie dans le concert patriotique qui s'entendait d'un bout de la France à l'autre, au grand renom de l'honneur national.

Plaçons à la suite de ce charmant souvenir ce que nous savons des offrandes qui, sur d'autres points, faisaient écho à celles des jeunes Versaillaises.

L'élan était donné, il détermina partout de généreux mouvements. Un grand nombre d'industriels, parmi les traiteurs, marchands de vin, étaient ruinés. Ceux qui avaient échappé au désastre, se cotisèrent, réunirent 3,000 livres et les offrirent au Conseil municipal avec l'affectation que voici : 1,800 livres pour secourir les malheureux confrères, en mai, juin et juillet, et 1,200 livres pour distribution de bons de pain aux pauvres. Le Conseil municipal faisait à ces générosités le plus vif accueil. Le maire les louait dans une allocution dont le procès-verbal enregistrait soigneusement l'expression, pour être ensuite livrée à la publicité.

Mesdames Victoire et Adélaïde, qui habitaient le château de Bellevue, à Meudon, n'avaient pas perdu l'habitude d'envoyer leurs offrandes aux pauvres de la ville. La municipalité crut, avec raison, que cela méritait un témoignage de remerciement ; il fut décidé que le maire, accompagné de quelques-uns de ses collègues, remplirait cette mission. La députation revint charmée du bon accueil qu'elle avait reçu et des promesses pour l'avenir, lesquelles, avaient dit les princesses, « seraient continuées » aussi longtemps qu'elles en auraient les moyens ».

Les bienfaits, d'où qu'ils vinssent, étaient reçus avec effusion et il en vint de nombreux côtés ; la municipalité y reconnut qu'elle ne restait point isolée, en voyant que le monde aisé n'abandonnait pas le monde des indigents et donnait aux intermédiaires un témoignage d'encouragement précieux en regard des besoins que l'avenir réservait.

Le Spectacle était une voie pour faire le bien ; mais nous avons vu qu'elle n'était pas ouverte à la municipalité, et que, de plus, elle était tenue de protéger les droits acquis par les autres. Rue de l'Orangerie, un petit théâtre donnait des représentations ; il ne devait guère porter ombrage à celui de la Montansier ; encore fallait-il veiller à ce qu'il ne lui fît pas de tort, et aussi à ce qu'on n'introduisît pas sur la scène le costume de garde national.

Un autre lieu de divertissement était ouvert rue d'Anjou : A l'enseigne de « l'Epée de bois ». C'était un jeu d'*Arbalète,* il était autorisé « à la condition de ne pas » jouer d'argent ; qu'il ne se passe ni bruit ni tumulte » et sur l'observation que ces délassements sont même » nécessaires aujourd'hui pour ramener le peuple à son » ancien état ! »

Les voitures de la cour, ce n'étaient point les véhicules réservés ni aux usages ni aux cérémonies de haut lieu, mais tout bonnement une entreprise privilégiée dont la création remontait à Louis XIV [1] ; l'exploitation s'en faisait par des fermiers qui versaient au receveur du domaine royal de Versailles 12,000 livres. Le roi se trouvait de fait le messager de son peuple de Paris à Versailles, Saint-

---

[1] Lettre-patente, août 1685.

Germain et autres lieux de résidence de la cour, et cela lui rapportait, comme on voit, net et sans risques, un assez joli denier.

La Révolution en avait un peu dérangé le monopole : elle avait fait naître des loueurs de carrosses qui ne le prenaient pas en grande vénération. L'adjudicataire se pourvut par requête au bailliage et au département de police de Paris ; il obtint gain de cause contre ses concurrents. Lafayette, la municipalité de Versailles et Berthier donnèrent successivement des ordres pour faire respecter la sentence.

Au mois d'avril, les voitures de la cour jouissaient encore pleinement de leur privilège, lorsque Du Buat, un homme de loi, en demanda l'abolition. Un arrêté municipal du 2 décembre 1789 l'avait maintenu par ce motif que l'Assemblée nationale avait autorisé la perception provisoire de tous les droits attachés au domaine et que le service des voitures de la cour devait être, jusqu'à ce qu'il en fût autrement statué, maintenu dans l'exercice de son droit. Le mémoire de Du Buat concluait à ce que l'arrêté précité fût rapporté.

Si ce mémoire fut lu, comme il est dit, dans la séance du 16 avril, le procès-verbal n'en fait pas mention. Peut-être fût-il reconnu que le privilège attaqué, virtuellement aboli par la Révolution, allait tomber de lui-même dans quelques jours, par les effets de la constitution d'un état civil pour la royauté, et fût-il jugé inutile d'en faire l'objet d'une mesure particulière; en effet, cette question ne reparut plus devant la nouvelle municipalité, qui ne le regretta pas.

Une affaire, qui n'est revenue que trop de fois devant la municipalité sans avoir trouvé de solution, même de nos jours, c'était celle de la Voirie : elle avait occupé la monarchie qui y avait affecté des terrains où l'on avait construit des bassins. Le service se faisait alors d'une façon primitive : deux fois par an, à Pâques et à la Toussaint, on déversait le trop plein dans le rû de Marivel, à la seule condition d'avoir crié : gare ! aux habitants des trois communes d'aval, Viroflay, Chaville et Sèvres. Le cri sinistre ayant retenti, les riverains savaient ce qu'ils avaient à faire.

Il existait alors, dans la dépendance du domaine de Porché-Fontaine, un étang dont la municipalité versaillaise pensait user comme d'un épurateur [1]. Il était menacé d'être comblé ou étanché. On s'adressa au prince de Poix pour qu'on fît du maintien des eaux dans cet étang, une condition de bail à passer avec le fermier du domaine. Mais cette combinaison ne réussit point ; toute mesure concertée avec les personnages de la cour, qui ne recevait pas une exécution immédiate, avait grande chance de n'en recevoir jamais.

La police, à cette époque, commençait à ne plus suffire à sa tâche. On ne signala cependant que quelques rixes dans la rue et quelques arrestations, dont celle d'un aliéné auquel Lafayette s'intéressa et qu'on envoya à l'Hôtel-Dieu. L'état-major de la garde nationale s'en plaignit et fit demander, par une députation envoyée à la municipalité, des modifications dans le service de la police.

L'attitude un peu trop expectante de la municipalité devant la police, n'était pas le fait d'un défaut de surveillance, mais d'une abstention presque forcée : elle ne l'avait pas organisée et ne la payait pas, puisqu'elle n'avait pas de finances ; elle laissait, en attendant mieux, la responsabilité d'une direction pour laquelle elle n'avait ou ne croyait pas avoir l'autorité ordinairement très respectée, celle que donne l'argent dont on paie les services rendus.

Quant à l'extérieur, c'était différent ; elle avait reçu mission spéciale de surveillance : la police de la pêche, de la chasse, des bois et autres propriétés royales, n'éprouvait pas d'accrocs. Elle fit veiller de plus près à la circulation sur les voies publiques. Les bruits qui tendaient à troubler la tranquillité, elle les démasquait et en démontrait l'insanité ; mais elle semblait faire reposer le maintien

---

[1] Lettre du 8 avril.

de l'ordre bien plus sur la garde nationale que sur la police, et quand il y avait un coup de main extraordinaire à donner, c'était au commandant qu'elle le demandait.

Par réciprocité, l'assemblée générale de la garde nationale ne reconnaissait pas, pour cette garde, d'autre juridiction que celle de la municipalité; elle l'avait formulé dans un arrêté que celle-ci approuva avec empressement. L'incompatibilité du service de police avec celui de garde national avait été également prononcée par l'une et approuvée par l'autre; c'était d'ailleurs conforme à la jurisprudence en vigueur, puisque la loi suprême de la garde nationale était un règlement arrêté par la municipalité; mais il y avait dans cette façon de procéder une intention transparente : c'était d'écarter tout contact avec le bailliage qui subsistait encore, qui était destiné à disparaître bientôt, et auquel on ne voulait laisser aucune occasion d'intervenir dans les choses qui intéressaient le régime nouveau; il y avait, de plus, un autre motif dont nous aurons plus bas la raison.

Il fallut pourtant encore, cette fois, donner au bailliage des adjoints pour l'aider à terminer sa judicature, suivant que des décrets l'avaient prescrit; la municipalité désigna : 1° Bourlet fils aîné, premier valet de chambre du comte d'Artois, rue Satory, 89 ; 2° Rollet fils, mercier, même rue, 9 ; 3° Morel, ancien officier du roi, rue de la Paroisse Saint-Louis, 4 ; 4° Fontaine, pourvoyeur de la vénerie du roi, avenue de Paris, 12.

Tout cela était provisoire. C'est au même titre qu'une autre loi, des 28-30 décembre 1789, disposait que les officiers municipaux à élire exerceraient par provision, les fonctions de la juridiction contentieuse et volontaire dans les provinces où ils étaient en possession de les exercer. Il en était ainsi de tout; mettre tout en harmonie avec le principe, c'était l'œuvre de la Révolution. Pour si peu qu'on la suive dans les détails de cette œuvre, on voit à quelle multitude de choses elle avait à toucher, et alors on a une idée plus exacte de son immensité et du temps qui était nécessaire pour son accomplissement.

Les excentriques de notre temps n'ont pas inventé l'art de donner à leurs élucubrations des tendances ou des formes fantastiques. Un matin du mois d'avril 1790, le premier jour peut-être, les Versaillais pouvaient lire en s'éveillant une affiche haute en couleur, annonçant la publication prochaine d'un journal sous le nom de *Bouche de fer ;* ce nom était à lui seul un programme. Le commandant fut chargé d'une enquête : on sut seulement que l'affichage avait eu lieu la nuit, sous la protection de quatre fusiliers demeurés inconnus. Le journal ne parut pas, personne ne fut broyé sous la dent du terrible minotaure; après tout, l'annonce n'était peut-être qu'une de ces grosses malices que la saison fait éclore; on n'y pensa plus le lendemain.

Mais les esprits furent tenus longtemps éveillés par une lutte qui s'était engagée entre Berthier et Lecointre et dont l'objet était l'exercice à feu. Entre antagonistes, tout devient un sujet de dissentiment. Berthier ne voulait pas d'exercice à feu parce que c'était Lecointre qui en avait eu le premier l'idée ; Lecointre y tint davantage parce que Berthier s'y opposait. La municipalité repoussa d'abord la demande de Lecointre, mais celui-ci revint avec une pétition revêtue de quatre cent cinquante signatures, demandant la convocation des sections et invoquant l'application de l'article 62 du décret du 14 décembre. Le président du conseil consulta Lafayette, qui mit un temps assez long à répondre, et, quand il le fit, ce fut pour dire que le cas ne s'était pas encore présenté à Paris.

Le Conseil municipal, ne voulant pas opposer une résistance plus longue, permit l'emploi de 100 livres de poudre, mais le Conseil général des notables, convoqué pour en délibérer, émit seulement l'avis qu'il y avait lieu d'en référer au Comité de Constitution.

Des mémoires furent publiés, où les sarcasmes allèrent leur train. Lecointre et ses amis disaient que l'exercice à feu était une conséquence forcée de l'institution de la garde nationale, puis qu'ayant à défendre la ville, elle ne le pourrait que quand elle saurait faire usage de ses armes.

On l'avait tenté sur la butte de Picardie, avec des munitions dont les gardes nationaux avaient fait les frais, mais les détonations avaient pu effaroucher les bêtes fauves, ce qui a déplu au commandant très attentif à la conservation du gibier réservé aux plaisirs du roi. On pouvait s'exercer ailleurs, par exemple, à la butte Montbauron. Que la municipalité préfère et désigne cet endroit ou tout autre, peu importe, pourvu que la garde nationale ne soit pas condamnée à rester dans l'ignorance du maniement des armes à feu.

Berthier se défendait d'avoir été mu, dans sa conduite, par le désir unique de ménager les plaisirs du roi. Si cela était, il ne le nierait pas. « Quel est le bon citoyen, s'é-
» criait-il, non pas seulement de Versailles, mais de toute
» la France qui n'aurait pas d'égard aux plaisirs d'un sou-
» verain qui est l'adoration de ses peuples et l'admiration
» des autres ? Si c'est un tort, il l'aura toujours et il aura
» avec lui tous les bons Français ». Ainsi parlait le futur prince de Wagram. Il ne crut pas néanmoins ces raisons assez solides pour se dispenser d'en donner d'autres. Il était le chef de la garde nationale et, à ce titre, il avait le droit de juger si le degré d'instruction était tel qu'on pût sans danger passer aux exercices à feu. Tous n'étaient pas aptes à ces exercices. Il y a donc un choix à faire et il n'avait pas été fait. Les exercices commandés par Lecointre ont eu lieu aux frais de ceux qui y avaient été appelés. Mais si l'on admettait cette exception, que deviendraient ceux des gardes nationaux qui ne pourraient supporter cette dépense ? Le droit invoqué par les réclamants veut que tous, sans distinction de fortune, soient mis en présence des mêmes moyens de se préparer à la défense de leur patrie ; et voilà pourquoi il n'était pas bon de permettre aux uns ce qui était interdit aux autres.

Avec de tels moyens à sa disposition, Berthier pouvait bien négliger sa tirade pour le roi, qui restera toujours, aux yeux du grand nombre, un sujet de contraste avec la seconde période de son existence. Lecointre aurait bien pu les pressentir, et ne pas persister à vouloir présider à des mouvements de la garde nationale, sans la participation et contrairement aux ordres de leur chef supérieur. Mais Lecointre, qui blessait la discipline sciemment, il faut le croire, avait de graves motifs de ne pas reculer devant ce moyen extrême, ayant avec beaucoup d'autres, le soupçon que sous le commandement de Berthier, les forces de la milice versaillaise pouvaient être entraînées d'un moment à l'autre, dans un mouvement contre-révolutionnaire.

Le différend fut porté, toutefois, devant le Conseil général ; voici comment il fut jugé, sur le rapport d'une commission spéciale :

« Considérant que la subordination qui ne fait de toutes
» les volontés qu'une seule volonté, de toutes les forces
» qu'une seule force, est l'objet que la municipalité ne
» doit jamais perdre de vue, nous concluons à ce que la
» conduite du commandant soit approuvée. »

Moins d'un mois après cette décision, Berthier déclarait à la municipalité que la plus grande partie de cette milice était parvenue à un degré d'instruction suffisant pour passer à l'école de l'exercice à feu. Le Conseil municipal autorisa l'emploi de 100 livres de poudre, et désigna, pour lieu d'exercice, la butte Montbauron.

Par ordre du roi, des instructions avaient été publiées le 21 mars pour accélérer la confection des rôles des impositions ordinaires, dans les villes et communautés de l'Ile-de-France. Ces instructions étaient signées d'un agent du fisc, Lambert, qui ne s'était pas encore déshabitué de ce langage rogue et comminatoire qui était dans les habitudes des fiscaux, n'ayant pas les yeux bien ouverts au jour de la Révolution. Les officiers municipaux étaient traités de haut comme des vilains qui n'avaient qu'à se dépêcher dans leur besogne, et se garder de *tout retardement sauf de quoi, ils seraient garants et responsables vis-à-vis les receveurs particuliers des finances de la totalité des sommes dues par la commune.*

Bien d'autres dispositions auraient pu blesser et décourager les nouvelles municipalités qui venaient d'être installées dans un tout autre esprit : en vérité, si celles-ci ont pu regretter quelque chose des temps passés, ce n'étaient ni la politesse, ni l'urbanité des agents fiscaux de la royauté ; et la royauté qui avait à se faire accepter des peuples régénérés avait bien tort de se laisser représenter, dans cette délicate transition, par des fonctionnaires si rebelles aux mœurs polies du monde nouveau.

C'était aussi une grande nouveauté de voir parmi les contribuables, des princes, des nobles ; par égard pour ceux-ci on aurait dû adoucir les rudesses de la forme fiscale ; la municipalité de Versailles, consultée, avait jugé en effet qu'on y comprendrait : les princes et les princesses du sang, les Récollets, individuellement, les Augustines en corps collectif, les fabriques des églises pour leur revenu. Quant aux impositions des frères laïcs et des sœurs, elles étaient portées à la charge de la ville. Il résultait bien de là qu'il y avait quelque chose de changé dans l'ordre administratif de la France et qu'il fallait aussi en changer les formules d'administration. Les officiers municipaux de Saint-Germain s'en apercevaient bien, mais ils ne savaient comment se tirer de la difficulté ; la municipalité de Versailles communiqua à sa voisine ses modèles et la raison de leur adoption, en ce qui touchait la famille royale.

Le prince de Poix demanda si l'on ne pourrait pas exempter les gardes du corps de la capitation : la réponse fut négative.

Voici l'origine de deux institutions de la ville fort importantes, la Bibliothèque et le service attaché aux édifices communaux et à la viabilité municipale : personne peut-être ne leur connaissait des commencements si modestes.

Chambert, un des officiers municipaux, présenta au Conseil, dans sa séance du 28 avril, un ouvrage en deux volumes in-8°, au nom de son frère qui en était l'auteur, et qui occupait au Châtelet l'emploi de greffier. Cet ouvrage avait pour titre *Démétrius,* ou l'*Education d'un Prince,* sujet emprunté comme *Télémaque,* à l'antiquité grecque. Il n'arrivait pas fort à-propos et, depuis, il ne s'est pas racheté de son infortune originelle.

La seconde œuvre fut offerte par Coste, le maire lui-même en était l'auteur, c'était : *Du service des hôpitaux militaires rappelé aux vrais principes.* Les hôpitaux ne chomèrent pas depuis : quelle amélioration le livre de Coste a-t-il introduite dans leur service ?

Le Conseil fit un excellent accueil à l'une et à l'autre : de plus, le maire, et c'était Coste, écrivit à l'auteur de *Démétrius* une lettre de remerciement.

Néanmoins, voici deux ouvrages qui vont figurer sur les rayons de la bibliothèque municipale [1] et garder les places pour d'autres : il y a donc une bibliothèque, il faut un bibliothécaire. Le Roy, qui avait été celui de Louis XVI, fut prié d'accepter cette charge pour la ville ; il la remplit gratuitement.

Le Conseil, en veine de création, pensa qu'un jour viendrait où il faudrait un édifice pour loger l'un et l'autre ; il nomma :

Premier architecte de la ville, Heurtier, inspecteur général des bâtiments du roi ; deuxième architecte de la ville, Fouacier, également inspecteur des bâtiments du roi.

Tout procédait du roi : il était alors difficile qu'on touchât à quelque chose qui ne fût pas du roi ; c'était une grande hardiesse que d'avoir, en de telles conditions, pensé qu'il fallait deux architectes au moins pour un avenir peu éloigné, tandis qu'on n'avait pas encore l'arbre déjà légendaire de Lafayette, pour abriter la municipalité. Les destinées de Versailles ne faisaient donc plus doute dans l'esprit de ses administrateurs : cette foi les honore.

La municipalité élabora en 13 articles un règlement pour la tenue des foires de mai et d'octobre ; la première était toute prochaine et on avait déjà décidé qu'elle se tiendrait

[1] Ils y sont toujours.

sur la place Dauphine. D'après ce plan, les baraques devaient occuper d'abord la place et, en cas d'insuffisance, la rue de la Pompe jusqu'à la Grande-Fontaine, puis la rue Dauphine jusqu'à l'hôtel des Grèves. Le règlement ne contient que des dispositions ordinaires ; la durée de la foire fut fixée à quatre jours ; à dix heures du soir les boutiques étaient fermées et les lumières éteintes. Elle ne fut pas favorisée par le temps ; on la prorogea d'un jour à cause de cela. 291 marchands s'y étaient installés, dont 193 domiciliés et 98 forains.

Le choix de ces emplacements avait suscité des réclamations ; une députation fut chargée de les présenter à la municipalité. L'avenue de Saint-Cloud était, pour la foire de mai, le champ traditionnel, mais la députation, édifiée par les raisons qu'on lui avait données, n'avait plus insisté.

Les trois commissaires royaux, directeurs désignés des élections de mai, avaient mis la plus grande partie du mois d'avril à s'y préparer. Berthier annonça qu'ils avaient obtenu l'enregistrement de leur commission dans vingt-quatre chefs-lieux de canton. La formalité du serment accomplie à Versailles, ils déposèrent pour être transcrit au registre de la municipalité, l'acte de convocation des sections, avec des instructions dont voici des extraits textuels :

« Nous, commissaires nommés par le roi et députés par
» Sa Majesté pour surveiller et diriger l'exécution du dé-
» cret de l'Assemblée nationale, tant sur la formation des
» assemblées primaires et d'électeurs que d'administra-
» tion de département et districts, etc..., nous nous em-
» pressons de convoquer les assemblées primaires qui
» nous ont fait parvenir la liste de leurs citoyens actifs et
» nous ont mis dans le cas de remplir les formalités pres-
» crites par nos instructions...

» A cet effet, nous convoquons l'assemblée primaire de la
» ville de Versailles pour le lundi 3 mai 1790, à sept heures
» du matin, et les treize sections se rendront où MM. les

» officiers municipaux voudront bien les prévenir de se
» réunir...

» Les assemblées nommeront le nombre d'électeurs pré-
» sents qui doivent procéder au choix des membres d'admi-
» nistration et du district de cette ville.

» C'est du sein de cette première assemblée que sorti-
» ront les électeurs qui nommeront ceux qu'ils croiront
» les plus dignes de l'administration qui leur sera confiée.

» Elle réfléchira sans doute sur l'importance de ce pre-
» mier choix, et elle se rappellera les paroles mémorables
» de Sa Majesté, que les personnes d'un esprit sage mé-
» ritent la préférence dans les affaires publiques et na-
» tionales et qu'il est rare que les honnêtes gens ne soient
» les plus habiles. »

Les officiers municipaux ne firent, pour la convocation des sections, d'autres changements que ceux-ci : la 7e fut convoquée en la salle des dames de charité, à la mission de la paroisse Notre-Dame, au lieu de la salle Baudouin, et la 10e au bureau des jurés priseurs, rue de l'Orangerie, au lieu du Jardin-Royal.

Les dispositions ainsi réglées, voici l'ordre suivi pour les opérations du 3 mai.

Le nombre des habitants de Versailles était compté pour 50,400, dont 6,180 figuraient au tableau des citoyens actifs ; ceux-ci, aux termes de l'article XVII, section 1re du décret de janvier, avaient à nommer un électeur par cent inscrits et, par conséquent 62 électeurs pour les 13 sections ; mais le tableau forçant un peu le chiffre, l'a porté à 65.

Onze communes qui, avec Versailles formant le canton dont la ville était le chef-lieu, avaient à nommer ensemble pour 686 citoyens actifs qu'elles possédaient, 7 électeurs, en sorte qu'il y en avait 72 pour la totalité du canton.

La répartition fut faite ainsi qu'il suit :

VERSAILLES.

1re section : citoyens actifs, 522 ; électeurs, 6. — 2e section : 555 cit., 6 él. — 3ᵉ section : 480 cit., 5 él. — 4ᵉ section : 552 cit., 6 él. — 5ᵉ section : 721 cit., 7 él. — 6ᵉ section : 319 cit., 3 él. — 7ᵉ section : 353 cit., 4 él. — 8ᵉ section : 353 cit., 4 él. — 9ᵉ section : 656 cit., 7 él. — 10ᵉ section : 378 cit., 4 él. — 11ᵉ section : 508 cit., 5 él. — 12ᵉ section : 519 cit., 5 él. — 13ᵉ section : 264 cit., 3 él.

Totaux pour Versailles : citoyens actifs, 6,180 ; électeurs, 65.

COMMUNES DU CANTON.

Bois-d'Arcy : citoyens actifs, 48. — Buc, 92. — Le Chesnay, 60. — Les Clayes, 35. — Fontenay-le-Fleury, 50. — Guyancourt, 70. — Montigny-le-Bretonneux, 33. — Rocquencourt, 46. — Saint-Cyr, 97. — Velizy, 13. — Viroflay, 144.

Totaux : citoyens actifs, 688 ; électeurs, 7.

Ensemble, citoyens actifs, 6,888 ; électeurs, 72.

CHAPITRE VII

PREMIÈRES FINANCES — AUMONERIE

MAI-AOUT 1790

Correspondances. — Assignats. — Souscription à trois millions de biens nationaux. — Enumération des droits féodaux abolis. — Mendicité. — Rapport de Dutillet de Villars. — Don du roi. — Fondation de l'Aumônerie ou Bureau de bienfaisance. — Rollet. — Les ecclésiastiques. — Clausse. — Liste des membres de l'Aumônerie. — Le quart du revenu. — Spectacle. — Occupation du rez-de-chaussée au Grand-Maître. — Assemblées primaires. — Elections au département. — Argenterie des trois paroisses. — Moulins. — Fête-Dieu. — Ateliers de Picardie. — Contributions de Beauce, formalités surannées. — Anniversaire du serment du Jeu de Paume. — Du 14 juillet. — Fédération à Versailles, à Paris. — Rixes à Montreuil. — Récoltes ravagées à Gally. — Ateliers du canal fermés définitivement. — Le département. — La municipalité. — La dotation (suite). — Aides en 1789. — Bureaux de la mairie. — Garde nationale. — La chasse dans le grand parc. — Le droit de chasse. — Braconniers arrêtés. —Versailles, le roi, la cour. — Récollets en rumeur. — Rassemblements. — Industrie. — Fêtes des 15 et 25 août. — Infirmerie. — La dotation. — Adresse nouvelle de la municipalité.

> « Rien ne laisse dans le cœur de l'homme une plus douce impression que le souvenir persistant d'une bonne action. »
> (Dutillet de Villars, *Rapport sur la mendicité*, p. 249.)

Les actes de l'Assemblée nationale ne parvenaient à la connaissance officielle des municipalités, avec la sanction royale, que longtemps après leurs dates respectives. Les communications avaient lieu par divers intermédiaires, tantôt par Saint-Priest, tantôt pour Hauteclair. Jusque-là, ils restaient comme non avenus pour la municipalité ; il fallut un certain temps pour régulariser les rapports de la Commune avec le pouvoir central.

Le 1er mai, il était venu d'envoi de Saint-Priest une longue série de documents parmi lesquels se trouvaient des décrets sur les droits féodaux, les contributions patriotiques, les dettes du clergé mises à la charge de la nation et les assignats.

Les premiers assignats avaient été décrétés les 19 et 21 décembre 1789 ; le décret du 17 avril 1790 en avait déterminé le nombre, la forme et la fabrication, « pour avoir cours de monnaie entre toutes personnes et dans toute l'étendue du royaume ».

Ils avaient pour gage les biens ecclésiastiques dont la vente avait été autorisée jusqu'à concurrence de (400,000,000) *quatre cents millions de livres*, bénéficiant chaque jour d'un intérêt fixé à 5 0/0 l'an, qu'on réduisit ensuite à 3 0/0 ; les porteurs étaient admis à payer avec ce papier les biens achetés, et les municipalités autorisées à en acheter suivant leurs moyens. Versailles n'avait aucun moyen ; mais la ville ne se reconnaissait pas comme condamnée à une impuissance perpétuelle ; elle comptait sur la faculté de se faire cautionner par des capitalistes solvables, et souscrivit trois millions pour achats à faire dans les limites du département.

Les dîmes avaient été abolies, mais la perception en fut prorogée pour cette année 1790 encore, afin de subvenir aux frais du culte, dont le salaire avait été supprimé.

On sait ce qu'était la dîme, mais l'imagination la plus féconde ne parviendrait pas à recomposer l'ensemble de ce qu'on appelait les droits féodaux, ni à retrouver les noms baroques sous lesquels ils étaient dénommés. L'Assemblée nationale a travaillé, en séance générale, du 24 février au 15 mars, à la rédaction de son décret portant cette dernière date, où tout ce qui était connu sous la qualification de droit féodal est énuméré, classé, aligné avec un soin dont il faut encore aujourd'hui lui savoir gré, car il n'est pas un mot de la langue fiscale et féodale qui ne soit un trait de lumière éclairant ce régime et nous aidant à juger la profondeur et l'étendue de sa perversité [1].

Le décret est divisé en trois titres ; le premier : *Des effets généraux* de la destruction du régime, a 13 articles ; le deuxième : *Des droits seigneuriaux qui sont supprimés sans indemnité*, en a 39 ; le troisième : *Des droits seigneuriaux rachetables*, en a 9 ; de telle sorte que voilà sanctionné, le 23 avril 1790 par le roi, un décret qui a dans son ensemble 61 articles où les curieux pourront trouver l'énumération de *cinq à six cents noms* plus ou moins compréhensibles aujourd'hui, désignant des droits du seigneur sur son vassal et formant autant de liens qui tenaient celui-ci dans sa dépendance.

En même temps, la municipalité recevait, et cette fois de la part de Hauteclair, une autre série de décrets qui ordonnaient l'élargissement des accusés ou condamnés des cours prévôtales, mettaient les logements militaires à la charge de tous les citoyens sans exception ; qui portaient la suppression de la gabelle, des droits de marque sur les cuirs, sur la fabrication des amidons, sur les fers, sur les huiles. D'autres décrets statuaient que les Juifs étaient mis sous la sauvegarde de la loi ; qu'il serait différé de pourvoir aux cures vacantes.

Ainsi, on était en veine, non de démolition, la chose était faite depuis un an, mais de numérotage et de classement d'une bonne partie des matériaux qui provenaient de la destruction de l'édifice féodal.

L'Assemblée nationale constituante a fait dix pages d'histoire, auxquelles Louis XVI a mis son sceau et sa sanction, très librement, il faut le dire à son honneur, qui sont la contrepartie de la déclaration des droits de l'homme et le plus sûr obstacle au retour de la postérité vers un passé si odieux.

---

[1] *Collection générale des décrets rendus par l'Assemblée nationale* avec la mention des sanctions et acceptations donnée par le roi, mai 1790, t. II. Paris, chez Baudoin, imprimeur de l'Assemblée nationale, rue du Four-Saint-Jacques, n° 31, p. 182 à 199.

Opposons à ce désolant tableau de l'humanité opprimée celui de l'humanité secourue dans sa pauvreté et ses souffrances. C'était véritablement à Versailles qu'il y en avait de beaux exemples, à Versailles où la plus noble et la plus absorbante des fonctions municipales jusqu'alors, était l'administration de la charité.

Les soupes, vu la saison, avaient été suspendues, sinon supprimées; on cherchait d'ailleurs à réformer le régime en cours qui, sur beaucoup de points, semblait défectueux. Sur la proposition de Le Roy, bibliothécaire, et sur le rapport de Le Roy, notaire, la municipalité réduisit à un seul bureau de charité les trois bureaux de paroisse et acheva d'imprimer ainsi une direction unique au mouvement charitable dont les Versaillais étaient animés ; la seule mais féconde richesse commune, nous dirions presque communale, que la ville possédât encore.

Un autre membre de la municipalité, Dutillet de Villars, avait été chargé de faire une étude sur l'indigence et particulièrement sur la mendicité. Il le fit dans un beau rapport[1] qui fut lu et applaudi au Conseil municipal, le 14 juin, et le 28 au Conseil général.

Il est rempli, pour la plus grande partie, de considérations philosophiques d'un ordre élevé, auxquelles la postérité semble n'avoir pu ajouter rien de plus concluant. « La mendicité, y est-il dit, errante, vagabonde ou fixe, ne doit pas être tolérée dans une société sagement organisée. Cela étant, il y a obligation pour cette société, vis-à-vis des déshérités de la fortune, d'assurer à ceux qui sont valides du travail et, aux infirmes, un asile; mais ce devoir incombe à chaque groupe de population vis-à-vis des malheureux qui ont pris naissance au milieu d'elle; autrement, il arriverait que certains centres se verraient envahis à la décharge des autres, ceux-ci étant exonérés de la nécessité et quelquefois de la douce consolation de venir en aide au malheur ; car il estime que rien ne laisse dans le cœur de

---

[1] Ce rapport, vraiment remarquable, a été imprimé par Blaizot et vendu au profit des pauvres. Les archives de la ville n'en possèdent qu'un seul exemplaire.

l'homme une plus noble impression, que le souvenir persistant d'une bonne action.

» Il regrette, à ce point de vue, que les institutions aient retiré des attributions de la femme le droit et le devoir de *statuer* en cette matière ; c'est peut-être, dit-il encore, à raison de la tendance de la femme à se laisser entraîner par sa sensibilité, alors que le cas à résoudre exige de la fermeté et de l'énergie, mais il n'en croit pas moins à l'excellence de son intervention dans l'administration de la charité. Il termine par une pressante et vive invocation aux femmes des classes riches ou aisées, en faveur de celles qui sont déshéritées de la fortune, et il met sous leurs yeux le tableau séduisant des heureux effets de leur intervention. »

Il a fait, pour Versailles, la statistique de l'indigence. Il a trouvé :

Sur la paroisse Notre-Dame :	Valides (hommes et femmes)..........	890	2.070
	Infirmes et enfants..	1.180	
Sur la paroisse Saint-Louis :	Valides (hommes et femmes)..........	1.277	2.625
	Infirmes et enfants..	1.348	
Sur la paroisse Saint-Symphorien :	Valides (hommes et femmes)..........	263	747
	Infirmes et enfants..	484	
	Total à secourir..................		5.442

Voici maintenant la *fortune des pauvres* [1] :

Paroisse Notre-Dame. — Tant en produits de maisons, qu'en différentes parties de rentes, legs pieux, aumônes du roi et de la cour, quêtes faites à l'église, bois des pauvres...................... 47.266 l. » s.

Paroisse Saint-Louis. — Loyers de maisons, rentes, aumônes du roi et de la fa-

A reporter..... 47.266 l. » s.

[1] Expression du temps.

INDIGENTS — ÉTUDES SUR LA CHARITÉ

	Report......	47.266 l.	» s.
mille royale, aumônes diverses, legs pieux, quêtes à la dite paroisse et à l'église des Récollets, ci..........	34.947 l. 13 s. 4 d.		
de quoi il convient de déduire	1.836 16 4		
Reste net la somme de.	33.110 l. 17 s. » d.	33.110	17
Paroisse Saint-Symphorien.—Le revenu de cette paroisse semble très éventuel ; on estime cependant qu'il peut s'élever à....		5.000	»
Le total est de........		85.376 l. 17 s.	

Le rapporteur ne se dissimule pas qu'il y a aussi de l'éventualité dans la réalisation des autres ressources. Les princesses royales, par exemple, avaient avisé la paroisse Saint-Louis qu'elles ne pourraient pas, à l'avenir, continuer leur coopération à la fortune des pauvres ; les événements, imprévus encore à cette époque, justifièrent bien cette prévision et tarirent aussi beaucoup d'autres sources de générosités.

Mais, dans le monde où l'on s'occupait de réunir des ressources pour les pauvres, de suppléer à celles qui manqueraient, on avait imaginé qu'on y arriverait par un des moyens suivants :

1° Une contribution forcée ;

2° Une association de vingt propriétaires de maisons qui les offriraient pour gage d'un emprunt de 120,000 livres ;

3° Une souscription volontaire, un impôt forcé sur la capitation et une surcharge sur l'impôt indirect ;

4° Un accroissement de capitation sur les chevaux et les domestiques ;

5° Une contribution volontaire ou un emprunt autorisé par l'Assemblée nationale ;

6° Enfin, la prolongation, au profit des pauvres, de certains droits du régime féodal.

Examinant successivement ces moyens, l'auteur du rapport dit que la plupart ne peuvent se passer du concours de l'Assemblée nationale, du département, du district ; et il conclut que, puisqu'il s'agit d'aumône, elle doit être libre : « Point de taxe ni d'emprunts, point de voies de » rigueur : ils énervent, ils dessèchent la charité, et l'a-» mour des hommes, comme celui de Dieu, ne veut pas de » contrainte. »

Belles maximes sans doute ; mais où est le fortuné pays qui en tirerait les ressources susceptibles de faire l'équilibre aux charges de l'assistance publique? On devine bien que Dutillet de Villars donne la préférence au n° 5, c'est-à-dire à la contribution volontaire. En fait, la ville n'ayant point encore de finances, on ne pouvait guère opter pour un autre système.

Le rapport entre ensuite dans de longs détails pour établir une classification des pauvres, en raison de leur âge, de leur sexe, de leur état plus ou moins avancé d'infirmités, de leurs facultés, de leurs charges, etc.

« Il propose d'interdire la mendicité et fait l'énumération des mesures de police nécessaires pour en opérer, s'il y a lieu, la répression. Cela entraîne l'obligation de fonder des établissements pour le dépôt du contrevenant ou des invalides ; il ne recule point devant cette nécessité, la première qui s'impose à une société civile, libérale, démocratique, aspirant à faire oublier la société féodale qui vient d'être renversée.

» La municipalité représentant la commune entière, il lui appartient de dispenser aux pauvres les trésors de la charité publique ; mais occupée par trop d'objets également « précieux », c'est par délégation qu'elle doit agir, en conservant et en exerçant la haute surveillance sur le fonctionnement de cette délégation. »

Telles étaient les doctrines exposées par Dutillet de Villars, aux applaudissements, comme nous l'avons dit, de ses collègues. On venait d'arrêter l'unité de direction dans l'administration de la charité ; c'était une première satisfaction donnée, nous ne disons pas par anticipation, aux doctrines du rapporteur, mais à celles de ses doctrines qui étaient communes, depuis longtemps déjà, à la municipalité et qui ne demandaient qu'à être traduites en un règlement fondamental ou organique. L'application des autres aurait ses heures, successivement à mesure du possible ; ce ne furent pas seulement les classes riches, mais aussi les classes vivant de leur travail, qui se vouèrent noblement au soulagement des nécessiteux ; on n'avait garde à la municipalité de laisser s'épuiser en vaines démonstrations un si beau mouvement. On se mit à préparer un projet d'organisation de l'assistance ; nous verrons tout à l'heure à quoi il aboutit.

Le département commençait à s'émouvoir du nombre des ouvriers inoccupés, nombre qui allait s'agrandir encore par suite de la cessation des travaux du canal ; il désira en conférer avec la municipalité, mais, de cette conférence, il ne résulta rien d'utile, sinon qu'il fallait aller au roi. La municipalité s'était adressée déjà au Comité de la mendicité de l'Assemblée nationale, qui ne trouva rien à faire non plus. Sur le conseil de l'abbé d'Abécourt, un constituant, elle alla au Comité des finances, où elle ne réussit pas mieux. Elle demandait sa dotation partout, mais personne ne répondait ; le dossier était au district ; le district était en délicatesse avec la municipalité et ne se hâtait pas de lui être agréable ; sous prétexte d'avoir à faire l'étude de la question, il garda longtemps le dossier. Il tenait cette fois la ville et croyait user à son égard de procédés justifiés par ceux qu'il en avait reçus : triste réciprocité, si c'est bien de ce sentiment que naissaient les difficultés dont la ville avait, en définitive, à supporter les conséquences morales, et ses pauvres, les tiraillements de la misère.

On était en cette situation, nous dirions presqu'en cette extrémité, quand le maire reçut du roi une lettre qui lui annonçait un don de 3000 livres par mois *à prendre dans sa poche, pendant quelque temps* [1]. Cette petite somme

---

[1] Cette lettre ne fut ni transcrite littéralement, ni déposée par le maire Coste ; la réalisation de cette libéralité éprouva de grandes difficultés : quand le roi cessa de pouvoir puiser dans la poche, les agents du trésor

fut entrevue comme l'arche de la délivrance, tant l'angoisse était profonde. Le maire en informa immédiatement le département et le district : il l'aurait porté, s'il l'eût pu, à la connaissance du monde entier, tant il était heureux de l'événement.

Toutefois, quel usage en ferait-on? Le Conseil municipal réserva au Conseil général la décision à prendre sur ce point. Elle fut que la somme serait distribuée en bons de pain, la raison étant, qu'employée aux travaux, on ne pourrait y faire participer tous ceux qui se trouvaient dans le besoin.

Le roi, qui se montrait généreux, n'était cependant pas riche ; son chapelain et clerc de la chapelle du château ne recevait plus rien depuis quelques mois : poursuivi pour le paiement de ses contributions arriérées, il justifia qu'il était sans argent et on le laissa tranquille. Les autres employés du roi n'étaient pas mieux payés. Où allait donc l'argent du roi ? Les frères des écoles chrétiennes, qui étaient encore à la solde royale, « avaient été réduits à » implorer le secours de leurs familles... »

Philippe de Noailles avait notifié à la ville qu'à partir du 1er juillet, il ne paierait plus l'infirmerie royale, les Récollets, les Invalides, *l'illumination* de la ville, le bailliage, et tout ce qui regarde la charité et les pauvres. Ainsi le voulait le décret de l'Assemblée nationale qui avait enlevé au roi la perception du revenu de l'Etat et lui avait accordé une liste civile fixe : c'était forcé en effet, mais il fallait mettre la ville en mesure de pourvoir aux charges qui allaient retomber si lourdement sur elle et statuer sur sa dotation.

On était enfin au moment de compléter l'organisation de la charité publique.

Le maire présenta son projet sous le nom d'*Aumônerie*. Rollet préférait celui de *Bienfaisance,* mais la majorité

---

voulurent voir la lettre. Coste, qui n'était plus maire, fut invité à la produire, mais ne la retrouva plus.

se prononça pour l'autre dénomination ; question de titre, simplement ; Rollet qui s'était mis au plus près de celui que la postérité a fait prévaloir.

Le sujet comportait un grand nombre de questions de principes qui avaient été savamment étudiées.

Le maire avait, par exemple, proposé de laisser les titres des biens appartenant aux pauvres, en la possession des administrateurs de l'Aumônerie ; Rollet soutint que la garde de ces titres appartenait à la municipalité. En vain, d'autres membres firent-ils remarquer que les administrateurs en éprouveraient de la gêne pour toucher les revenus. — Ils se feront délivrer des copies certifiées, répondit-on ; il ne faut point que par une considération de si mince valeur, on détourne de sa vraie place la source destinée à alimenter la bienfaisance qui s'exerce au nom de la municipalité. Cette opinion l'emporta.

Sur la proposition de Clausse, le Conseil adopta à l'unanimité un article portant que les legs faits aux pauvres, sans désignation particulière, appartiendraient à l'Aumônerie générale, nonobstant tout règlement contraire dont la révocation sera demandée. « Cette proposition, dit Clausse, se justifie sur ce qu'il existe maintenant des lois qui attribuent ces sortes de legs au Bureau de Charité de Paris, sous le prétexte qu'il donne des secours aux pauvres de la généralité. Il n'y a plus de généralité, mais les lois subsistent, et il est prudent de prévenir une interprétation qui blesserait les pauvres de Versailles. »

Le titre II du projet traite de la composition de l'Aumônerie générale. L'évêque et les curés de la ville feront-ils de droit partie des administrateurs de l'Aumônerie ? Un membre s'éleva contre la disposition et il en donna pour raison, les abus possibles de leur influence. Je suis de cet avis, dit Rollet ; ce privilège est contraire à l'abolition des ordres. L'évêque et les curés seront ou non dignes de confiance : dans le premier cas, ils seront élus ; dans le second, il n'y aurait qu'à gémir sur leur privilège. Demallemain défendit le privilège et Rollet lui objecta qu'il faudrait alors l'étendre aux ministères protestants, aux rabbins et à toutes personnes qui, dans la ville, exercent un ministère spirituel.

L'argumentation de Rollet était sans réplique ; cependant l'évêque et les curés furent déclarés membres de droit de l'Aumônerie.

Le trésorier serait-il spécial ou celui de la commune ? On considéra que ces fonctions étant gratuites, il ne serait point exigé de cautionnement ; que d'ailleurs le fonds de roulement dans la caisse serait toujours très peu important, et n'impliquait qu'une très légère responsabilité : par conséquent, la gestion de la caisse pouvait être remise à un trésorier spécial, dispensé du cautionnement.

La présidence fut l'objet d'une discussion prolongée. Rollet proposa d'en exclure l'évêque et les curés. « Je » vous avertis, dit-il, qu'au moyen du privilège que » vous leur avez accordé, ils sauront se succéder sans in- » tervalle dans la présidence, et vous connaissez leur » influence. » Plusieurs membres se récrièrent contre cette exclusion qu'ils regardaient comme injurieuse, mais un membre non désigné proposa d'arrêter que les président et vice-président ne seraient nommés que pour un an, après quoi il faudrait laisser passer une année avant que les anciens titulaires fussent rééligibles, et cet amendement fut adopté.

Une dernière question mérite de nous arrêter, c'est celle de savoir si les officiers municipaux, ayant droit d'assister aux assemblées de l'Aumônerie, auraient, le cas échéant, celui de demander qu'avant de passer outre à une délibération, jugée par eux inopportune, il en fût référé au corps municipal.

La discussion ayant été reprise le lendemain, plusieurs membres qualifièrent ce droit de *veto suspensif* et le considérèrent d'un effet tel que personne ne voudrait, à cette condition, accepter la charge d'administrateur de l'Aumônerie. Cette observation parut juste et l'on s'entendit pour admettre une rédaction disant qu'en cas d'une affaire importante, il en serait référé au corps municipal, ce qui voulait dire que la délibération prise en pareil cas ne serait exécutoire qu'après avoir été approuvée par la municipalité : ce qui était bien et suffisait.

Il ne restait plus qu'à coordonner les détails et cela fut fait avec une entente non pas absolument irréprochable, mais très remarquable du sujet.

Le règlement de l'Aumônerie, qui fut le premier essai d'organisation d'un bureau de bienfaisance, un véritable coup de maître, se trouva composé de 4 titres et de 52 articles, tous très courts et réductibles encore ; on en dirait autant du personnel de l'Aumônerie qui se composait de 52 citoyens actifs ; mais, dans une institution quelconque, on n'arrive pas du premier coup au meilleur cadre ni à la formule la plus simple. Le nombre de 52 aumôniers est un multiple de 13, nombre des sections de la ville, auxquelles on voulut ménager une participation égale à l'administration de l'institution. La nomination des administrateurs fut déférée au Conseil général de la commune. Il y eut un président, un conseil de trente membres, un directeur, un secrétaire, un trésorier, organes essentiels à la vie de l'institution. Le Conseil général procéda, le 25 septembre, à l'élection des membres titulaires et suppléants de l'Aumônerie, qu'on désigna par la suite, sous le nom d'*aumôniers* [1]. En voici la liste :

Première section. — Titulaires : Lesseps [2], porte-manteau du roi, rue Neuve ; Leclerc, menuisier, rue Sainte-Elisabeth ; Loir, boulevard du Roi ; Durand, bourgeois, rue de Maurepas. — Suppléants : La Grèze, La Bouche, Quatremer.

Deuxième section. — Titulaires : Dorival, bourgeois, rue de Clagny ; Saladin, négociant, rue des Fripiers ;

---

[1] Registre du Conseil général, p. 206, séance du 25 septembre 1790.

[2] C'est la première fois que cet illustre nom se rencontre dans nos annales ; il s'y rencontrera souvent par la suite. Contentons-nous de dire que celui-ci appartenait au grand-père de Ferdinand de Lesseps. Nous verrons aussi à son tour, très prochainement, apparaître celui du père ; nos lecteurs trouveront ci-après quelques détails sur l'origine et la famille d'un enfant de Versailles qui est une des plus grandes gloires du XIXe siècle.

Durier, contrôleur des aides, avenue de Saint-Cloud. — Suppléants : Yvanowski, Morel, négociants.

Troisième section. — Titulaires : Bonnet, commis, rue de la Paroisse ; Delder, officier du roi, boulevard du Roi ; Simonet père, rue Neuve ; Duminil, bourgeois. — Suppléants : Mahieu, Gaucher.

Quatrième section. — Titulaires : Ducis, fayencier, rue des Deux-Portes ; l'abbé Lebœuf, rue de la Pompe ; l'abbé Raynal, rue de la Pompe ; Lemoine, boucher, rue de la Pompe. — Suppléants : L'herault et Bordin, Petite-Place.

Cinquième section. — Titulaires : de Montfaucon, place Dauphine ; Bouvier, médecin, rue des Réservoirs ; Bernard, limonadier, rue des Réservoirs ; de Quincerot, écuyer de Monsieur, rue des Réservoirs. — Suppléants : Gouffet, vins en gros, Petite-Place ; Simon.

Sixième section. — Titulaires : Testard, chirurgien, Grandes-Ecuries ; Remy, chapelier, rue Saint-Pierre ; Rathelot, avenue de Saint-Cloud ; Mercier, médecin, rue Saint-Pierre. — Suppléants : Bizot fils, Flotte.

Septième section. — Titulaires : Genty, épicier, avenue de Saint-Cloud ; Pinçon, chirurgien, rue du Chenil ; Guillot, menuisier, rue Montbauron ; Carré, épicier, avenue de Saint-Cloud. — Suppléants : Joyminy, Duclos.

Huitième section. — Titulaires : Briaut, charpentier, avenue de Paris ; Lapeyronie, commis aux Affaires étrangères, avenue de Paris ; Letellier, commis, avenue de Paris ; Paumier, bourgeois, Hôtel-de-Ville. — Suppléants : Fontaine, Devalz.

Neuvième section. — Titulaires : Lebas, officier du roi, rue des Bourdonnois ; Castel, commis, rue Saint-Médéric ; Rollet père, bourgeois, rue Saint-Médéric ; Thierry, rue des Bourdonnois. — Suppléants : Thielley, l'abbé Courtallon.

Dixième section. — Titulaires : Farnoux, pourtour du Marché-Neuf ; Salmon, apothicaire, rue Royale ; Lavigne, bourgeois, rue Saint-Antoine ; Raffat-Dupré, rue Saint-Antoine. — Suppléants : Lefèvre, l'abbé De l'Isle.

Onzième section. — Titulaires : Colinet, rue de l'Orangerie ; Rémond, rue du Potager ; Philidor, commis de la Marine, rue des Tournelles ; Guy, maître de pension, rue des Tournelles. — Suppléants : Lebœuf ; Bonnet, bourgeois, rue de l'Orangerie, encoignure de la rue Saint-Honoré.

Douzième section. — Titulaires : l'abbé Isnard, rue Satory, n° 83 ; Castel, avocat, rue des Bourdonnois ; Costard... Calmels, apothicaire, rue Satory. — Suppléants : Villeminot ; Meunier aîné, rue des Récollets.

Treizième section. — Titulaires : Martin, ancien apothicaire du roi, rue du Grand-Montreuil ; Barbet, bourgeois, rue de Vergennes ; Guignard, marchand de bois, rue du Grand-Montreuil ; Foulon, bourgeois, rue Emard. — Suppléants : Bougarel, chirurgien, rue du Grand-Montreuil ; Tardif dit Delorme, entrepreneur, butte de Picardie.

Organisée ainsi qu'on le voit ci-dessus, l'Aumônerie obtint pour siège de ses réunions la grande salle de philanthropie dépendant du Grand-Commun ; elle y fut solennellement installée par la municipalité, dans le courant de septembre.

Après cet exposé de l'organisation de l'assistance, nous revenons à ce que nous pouvons appeler le menu des affaires municipales, qui n'est pas non plus sans intérêt.

Le Conseil maintint au maire la garde contre laquelle Lecointre avait protesté ; cette garde était fournie par la milice bourgeoise, déjà bien fatiguée par les autres services.

Depuis 1777, le roi accordait 300 livres à l'apothicaire des pauvres de la paroisse Saint-Louis. Prévenue que cette allocation allait être supprimée, la municipalité écrivit au prince de Poix que cette ressource était plus que jamais nécessaire, et elle resta acquise au moins provisoirement à la Caisse des Pauvres.

On avait encore, en cette année 1790, conservé la coutume d'un service commémoratif à célébrer le 8 mai en l'église Saint-Louis, à la mémoire de Louis XV ; la municipalité devait y assister en écharpe, mais elle n'en avait pas. C'était bien là l'objet d'une dépense municipale, et la ville n'avait rien ; il fut résolu que cette dépense resterait personnelle ; à cette condition, Bougleux, qui était marchand drapier, fut chargé de décorer ses collègues pour la cérémonie et pour les autres qui suivirent.

Le décret du 20 mars, sanctionné le 20 avril, portait que la police administrative et contentieuse serait faite provisoirement au nom des corps municipaux. Le Conseil fit un règlement pour la tenue des audiences ; il les fixa au mercredi, à onze heures ; le maire y présidait avec quatre officiers municipaux pour assesseurs, le procureur de la commune et deux huissiers audienciers.

La souscription patriotique du quart du revenu avait fait un bon chemin ; elle s'élevait alors à 1,142,367^l 14^s 6^d. Extrait en fut fait pour être mis en recouvrement, par le receveur des impositions ordinaires de Versailles, sans que la souscription cessât de rester ouverte pour les déclarations nouvelles qui surviendraient.

La salle de spectacle de la Montansier faisait relâche depuis longtemps. C'était contraire à son privilège qui l'obligeait à le tenir en activité permanente. La municipalité le lui rappela, en lui faisant remarquer que les élections devant attirer beaucoup de monde à Versailles, c'était le moment de travailler ; mais elle n'était pas, sans doute, en mesure de satisfaire à cette sorte d'injonction.

Jaymond, attaché au spectacle d'Audinot, boulevard du Temple, à Paris, s'entendit avec la directrice d'une représentation pour le jour de la Pentecôte, et sous réserve du quart de la recette pour les pauvres ; il fut de 131^l 12^s 6^d, somme considérable pour ce temps-là.

Pour le lundi et le mardi de la Pentecôte, qui étaient alors aussi des jours fériés, Vital-Anglade, maître menuisier de la rue du Vieux-Coche, obtint la permission de faire jouer la comédie chez lui.

Ce n'était pas une médiocre affaire que d'avoir à tenir en haleine, pendant une série de trois jours où tout travail était interdit, une population que la municipalité avait pour devoir de protéger contre les périls de l'oisiveté : elle ne put donc qu'applaudir aux efforts de Vital-Anglade et de ceux qui, comme lui, tentaient d'offrir aux oisifs des amusements non réprouvés par la morale, mais elle dut bien comprendre combien il était désirable, suivant le vœu des cahiers, et notamment de celui des chirurgiens et médecins, d'opérer une large réforme de la liste des « *fêtes religieuses qui occasionnaient l'oisiveté et la débauche* ».

Au Grand-Maître, les choses étaient toujours en même état. L'abbé opposait la force d'inertie, ne tenant aucun compte des réclamations de la municipalité, sous quelque forme qu'elles fussent présentées. Cependant le prince de Condé venait d'autoriser les représentants de la ville, qui se sont empressés de l'en remercier, à occuper tout le rez-de-chaussée de l'hôtel. Cela ne détermina pas la reddition de la place, pas plus qu'une députation envoyée à Saint-Priest, et il fallut soutenir, jusqu'à la fin du mois, un véritable siège pour avoir place nette. Alors il devint nécessaire de pourvoir à plusieurs petits travaux pour lesquels l'intervention d'Angiviller était indispensable; par exemple, exhausser le mur du jardin du côté du midi, lequel était si bas que le public l'enjambait et passait par dessus ; combler un bassin devenu sans objet, puisqu'il n'y avait pas de tuyaux pour y amener l'eau ; le comblement en était désiré pour faciliter les exercices militaires, etc. Cela ne fit pas une bien grande dépense et, ajoutée à celle de 38^l 10^s qu'avait coûtée l'installation du 29 janvier, on n'arriva pas à un énorme total. La municipalité avait bien la parcimonie des gens qui ne sont pas chez eux, et préfèrent se priver plutôt que de souscrire à une dépense, même urgente, chez les autres.

Elle abolit, au Poids-le-roi, une coutume qui remontait

au temps de sa fondation, la perception d'un droit sur les marchandises entrant dans cet établissement : une petite légion de portefaix en vivait ; la ferme du Poids-le-roi percevait 7 sols par sac, au moyen de quoi elle faisait la part des portefaix. Leur rémunération fut mise à la charge des fariniers à raison de 2 sols par sac déchargé et mis en pile.

Les assemblées primaires ayant terminé leurs opérations, les délégués de ces assemblées furent convoqués en assemblée départementale, le 15 mai. Les commissaires du roi jugèrent à propos d'ouvrir ces nouvelles et dernières opérations par une messe du Saint-Esprit, à laquelle ils invitèrent la municipalité de Versailles. Le curé de Saint-Louis, Jacob, y prononça un discours dont l'impression fut votée par l'assemblée des électeurs.

La lenteur des travaux avait jeté les commissaires royaux dans l'embarras : un grand nombre des électeurs, qui étaient venus de loin, qui ne s'étaient pas pourvus d'argent pour un long séjour, demandèrent à être défrayés du logement et de la nourriture ; autrement, ils seraient, disaient-ils, forcés de s'en aller. Un électeur du district de Pontoise l'avait formellement déclaré et d'autres étaient disposés à l'imiter.

Berthier et Grouchy, en l'absence du troisième commissaire, en référèrent au Conseil général de la commune qui, ne voyant pas d'autre moyen de sortir de la difficulté, déclara se porter caution jusqu'à concurrence de 4 livres par jour, pour les électeurs dépourvus d'argent, à désigner par les commissaires royaux, en attendant que d'autres mesures fussent prises. On envoya immédiatement Chambert et Niort à l'Assemblée nationale pour avoir solution de la difficulté. « Vous avez plus écouté les » sentiments de vos cœurs que consulté les principes de la » Constitution », leur répondit-on. Et, en effet, il n'était pas nécessaire d'aller chercher si loin cette réponse. Les citoyens honorés du mandat d'électeur devaient faire les frais de cette fonction, la première qui leur fût devenue un peu onéreuse, et d'ailleurs, de courte durée. Que serait-ce à l'avenir ?

Savary, président de l'assemblée électorale pour le département, avait fait la même demande et reçu la même réponse, et les électeurs avaient, disait-on, refusé l'indemnité de 4 livres par jour. Les élections ne s'achevèrent pas moins dans les conditions prescrites.

Haussmann, officier municipal, ayant été élu membre de l'administration du département, Amaury, le premier de la liste des notables, passait de droit à la municipalité.

La municipalité supportait difficilement de ne pouvoir s'opposer aux assemblées des sections, quand elles étaient provoquées sur l'initiative de 150 citoyens actifs. « 150 signatures, disait-elle au comité de Constitution, rien de plus facile à obtenir dans la grande ville de Versailles ; c'est trop peu. Il peut en résulter trop facilement un dérangement de la masse et des troubles », et elle insistait, sans s'expliquer autrement, sur la nécessité de mettre aux réunions des conditions plus sérieuses : elle venait d'éprouver des échecs à l'occasion des différends sur la question des exercices à feu. Mais les idées sur la part du peuple dans la gestion de ses affaires allaient en s'élargissant chaque jour ; la municipalité était mal venue à vouloir les réduire.

A cette époque, plusieurs attentats commis la nuit firent sentir la nécessité de l'éclairage pendant l'été. Une sentinelle fut battue, un citoyen assassiné par un soldat sémestrier ; les auteurs en furent arrêtés et jugés. Chambert et Le Roy, notaire, allèrent à Verrière, de la part de la municipalité, pour traiter avec un entrepreneur de réverbères. Mais on ne trouvait pas suffisant d'éclairer Versailles et ses abords ; la sécurité publique exigeait que la route de Versailles à Paris fût éclairée sur toute son étendue ; la municipalité n'ayant aucun pouvoir au delà des limites de son territoire, en renvoya l'affaire au ministre Saint-Priest.

Le journal de Prudhomme, *les Révolutions de Paris,*

publia, dans son numéro 44, un article qui blessa vivement de Montfaucon, le commandant Berthier, le major Rousseau et l'état-major de la garde nationale. Le comte de Montfaucon était accusé de tenir chez lui, à Versailles, un club aristocratique fréquenté par certains personnages au nombre desquels les personnes qui viennent d'être désignées. Ces imputations causèrent une grande rumeur dans la ville. Une députation de la garde nationale alla trouver le journaliste et rapporta une lettre signée « Bertrand, garde national » qui avait été insérée dans la feuille parisienne ; on n'avait pas trouvé le pseudonyme, auteur de l'injure ; le procureur de la commune, qui fit aussi des recherches, ne fut pas plus heureux : l'affaire en resta là.

A la garde nationale qui avait ses assemblées, comme à l'Hôtel-de-Ville, on continuait de s'occuper des grandes et des petites affaires ; on traita d'une fédération avec Chartres qui en avait pris l'initiative ; on défendit à qui n'en avait pas le droit de porter l'uniforme ; on porta à la connaissance de tous les gardes nationaux une lettre de Lafayette qui complimentait Berthier et tous ses hommes pour avoir préservé de dévastations les bois environnants ; on rectifia, en en rejetant la faute sur un vice de rédaction, le propos d'un commandant qui aurait dit que la garde nationale devrait marcher sur l'ordre d'un commissaire de police. Tout ce qui pouvait blesser la susceptibilité de cette garde nationale était écarté avec soin ; mais la municipalité n'avait pu cependant se dispenser de prendre la défense d'un officier municipal, qui avait fait son devoir en homme d'honneur et qui néanmoins avait été blâmé dans une adresse de l'assemblée de l'état-major à la garde nationale ; elle rappelait très sagement cette milice au devoir et à l'exécution de la loi, en ajoutant qu'aucun emprisonnement ne devait être fait que sur son autorisation préalable.

Berthier avait proposé qu'il fût interdit de se faire remplacer à prix d'argent dans le service de la garde nationale ; Flotte combattit cette proposition et la fit échouer devant le Conseil général.

On discutait, avons-nous dit et on délibérait, à la garde nationale, comme dans une assemblée municipale ; c'était une violation du principe qui veut que les corps armés s'en abstiennent : cela ne devait durer heureusement pour l'honneur du principe que peu de temps encore, mais, en fait, pendant que cela dura, il n'en était pas résulté d'abus très regrettables.

Les bons mouvements se produisaient partout et on faisait argent de toutes pièces. Les marguilliers des trois paroisses se proposèrent, en ce temps, d'envoyer à la Monnaie pour 32,000 livres d'argenterie qui n'était point nécessaire au culte. Ils demandèrent l'autorisation d'affecter au soulagement des pauvres, non le capital, ils n'en avaient pas le droit, disaient-ils, mais les intérets de la somme, et cette autorisation leur fut donnée par le Conseil général.

On était alors, quant aux subsistances, dans une période relativement facile, les farines étaient en baisse. Le 6 mai, la municipalité de Versailles annonçait à celle de Paris, à titre d'acte de bon voisinage, que le pain se vendait trois sous la livre, ou trente-six sous le pain blanc de 12 livres, et il y eut encore quelques jours après, de légères réductions.

Les travaux du canal étaient presque terminés. Heurtier, l'architecte de la ville, annonça qu'il restait, sur les fonds alloués pour ce travail, un excédent au moyen duquel on pourrait exécuter, dans l'intérieur de la cité, des ouvrages jusqu'à concurrence de 450 livres par semaine. Cette bonne nouvelle venait à point. On étudiait un plan de travaux pour deux mille ouvriers ; on avait jugé la butte de Picardie propice à l'installation d'un moulin à vent, mais la rampe d'accès avait huit à neuf pouces d'inclinaison par toise ; il fallait l'adoucir. Après en avoir référé aux députés du Bureau de Saint-Germain, et pris les conseils de l'ingénieur en chef Lemasson, on y mit les ouvriers sous la conduite de Villonne, entrepreneur des travaux de nettoyage de la ville.

On établit un autre moulin à vent à Villepreux, mais sans autre participation de la ville que pour l'approbation qu'elle donna au plan.

Il fut proposé d'en construire un troisième à la Minière, avec l'eau pour moteur, et à l'endroit où vingt-quatre ans auparavant, il en existait un sous le nom de « Moulin-du-Val » ; mais il fut objecté que cette usine pourrait servir de refuge aux braconniers, et cette prévision jointe à ce qu'il fallait préalablement opérer des échanges de terrains entre le roi et un propriétaire de Guyancourt, fit que le prince de Poix n'en permit pas l'établissement. La municipalité, qui avait insisté avec des raisons bien au-dessus de celles du représentant du roi, ne fut pas écoutée.

La souscription du quart du revenu s'éleva, à la fin de mai, à 1,269,459 livres sur laquelle le receveur avait déjà perçu 86,007 livres.

La juridiction de la municipalité était sollicitée de bien des côtés à la fois, pour des affaires qui n'étaient point de sa compétence ; elle s'en défendait le plus qu'elle pouvait. Elle ne put cependant se refuser à examiner la position de quelques employés qui donnaient leur temps presque tout entier au service de l'artillerie, sans avoir reçu de rémunération quelconque ; elle leur alloua 400 livres chacun, à la condition que, pour l'avenir, le commandant ferait régulariser cette situation.

Le bailli, lui-même, était obligé de s'adresser à la municipalité quand, par des circonstances imprévues, ses opérations réclamaient une protection extraordinaire ; il demanda huit hommes de renfort à l'occasion d'une instruction criminelle qu'il poursuivait.

La grande affaire du moment fut la procession de la Fête-Dieu. La municipalité ne manqua pas de faire tapisser les rues où cette procession devait passer. La garde nationale et la garnison y donnèrent leur concours et, elle-même, après en avoir délibéré, décida qu'elle assisterait en corps à la procession de la paroisse Saint-Symphorien.

Une affaire d'apparat, ayant une lointaine analogie avec la précédente, avait éveillé la susceptibilité de la garde nationale. Le roi, en venant à Saint-Cloud, était escorté par un détachement de la garde de Paris; c'était un empiètement sur les droits de celle de Versailles, puisque Saint-Cloud était du département dont cette ville était le chef-lieu. Mais il fut sagement observé que, puisqu'il en était ainsi, c'est que probablement le roi l'avait ordonné, et, dans ce cas, il était mieux de s'abstenir que de risquer, par une réclamation intempestive, d'aller à l'encontre de ses volontés; on ne pouvait guère être plus conciliant.

Le pain reçut encore une fois un léger adoucissement dans la taxe, motivé par les approvisionnements et la perspective des récoltes prochaines. La contre-partie était malheureusement que le nombre des ouvriers inoccupés s'accroissait toujours. La province envoyait sur Paris des désœuvrés qui, ne trouvant rien à faire, ricochaient sur Versailles où, disait-on, on avait organisé des ateliers pour les ouvriers manquant momentanément de travail. Cette bonne réputation de la ville devenait gênante. La municipalité était débordée; elle ordonna qu'un bureau fût ouvert pour l'enregistrement des sédentaires et des arrivants. Elle tint conseil avec le concours de Lemasson, Tardif Delorme et Villonne.

Ce conseil, réuni le 6 juin, décida que les ateliers de charité n'occuperaient que cinquante ouvriers choisis parmi les pères de famille ayant le plus grand nombre d'enfants; il ne leur assura qu'une journée de vingt sols jusqu'à la fin du mois.

Sur quels fonds cette dépense sera-t-elle imputée? Les membres présents souscrivirent personnellement et le montant de leur souscription s'éleva à 384 livres; on compta, et avec raison, sur le contingent des membres non présents, puis sur une bonne part de la réserve des fonds de la reine; mais quand on reçut des renseignements du Bureau de la paroisse Notre-Dame, on reconnut qu'il ne restait déjà plus qu'une petite partie de cette réserve, l'emploi du reste avait été fait précipitamment, dans la paroisse, sans égard pour les engagements pris. Quel régime que celui qui mettait les administrateurs d'une ville aux prises avec de pareilles nécessités !

Au moment même où les représentants de la ville se résignaient à ces sacrifices personnels, un mouvement d'insubordination et de révolte éclatait dans les ateliers de la butte de Picardie; un détachement de chasseurs en triompha aisément; le promoteur du mouvement fut connu et arrêté.

L'organisation primitive du Bureau municipal fut remaniée pour faire des attributions une répartition plus en rapport avec les convenances ou les aptitudes spéciales des membres; il n'avait été rien dit, en premier lieu, du registre des opérations du Bureau municipal; on n'en avait point tenu; mais, cette fois, il fut bien stipulé que le Bureau tiendrait, en bonne forme, un registre de ses actes, et cela se fit ainsi qu'il était dit.

Remarquons toutefois, qu'au commencement de juin, comme à l'origine de la municipalité installée il y avait trois mois, il ne fut pas question, dans ses arrangements, du service de l'instruction publique : c'est qu'au temps où nous sommes arrivés, la municipalité n'avait aucune attribution de fait à l'égard de ce service. On chercherait vainement jusque-là, dans ses délibérations, la moindre mention attestant qu'elle a été appelée ou portée d'elle-même à s'immiscer dans la précieuse affaire de l'enseignement. Ne lui en faisons pas un reproche, elle n'était pas en possession de tous ses droits, et principalement de celui qui est la clef de tous, du droit d'administrer les finances de la ville, dont elle ne tenait pas encore le premier fil.

Mais l'instruction de la jeunesse n'était pas pour cela négligée; à cette époque même, la municipalité donnait ses soins à l'ouverture d'une école privée de jeunes filles, sous la direction d'une demoiselle Lecocq, rue Royale, n° 20. Nous aurons à faire ultérieurement le tableau des écoles publiques ou privées qui distribuaient l'instruction aux enfants de la ville.

Elle autorisa aussi l'ouverture d'un Vauxhall national au coin de la rue Champ-Lagarde et des Condamines, de quatre heures à neuf heures du soir, à la charge d'une garde suffisante pour assurer le bon ordre ; et d'un bal, rue des Missionnaires, avec permission d'y donner de l'*artifice de table* seulement *sans feu élevé* et en se conformant aux règlements de police.

S'il était difficile pour la municipalité de Versailles d'entrer en pleine possession de ses droits, il ne l'était pas moins dans les conseils du roi d'abjurer les vieux usages, les vieilles formules des temps féodaux, et de faire acte de pouvoir souverain, comme il convient chez un peuple libre, en langage clair, simple, précis, allant droit au but, et débarrassé de ces protocoles aussi vains que verbeux, dont étaient accompagnés chacun de ces actes.

Ainsi le 8 juin 1790, sous l'empire d'une constitution non promulguée encore, mais connue dans ses dispositions fondamentales, il y avait quelques mesures à prendre pour assurer la rentrée des contributions directes et indirectes de localités de la Beauce, de la Normandie, du Perche et du Thimmerais ; cette rentrée avait sans doute éprouvé quelques difficultés. On fait choix pour cela d'un commissaire des guerres, nommé Pouniès, et on lui remet ce que, dans le langage du temps, on appelait des *provisions,* c'est-à-dire des pouvoirs débutant ainsi :

» De par le roi,
« Notre amé et féal, connaissant votre capacité, votre
» sagesse et le zèle que vous avez apporté à l'exécution de
» nos ordres..... nous vous avons commis et député pour
» procéder au rétablissement de la perception des imposi-
» tions directes et indirectes....., vous donnant à cet effet
» tout pouvoir et autorité. Mandons à toutes les troupes de
» garde nationale, etc....»

Muni de ces pouvoirs, le commissaire du roi se présente devant la municipalité dont il reçoit le plus convenable accueil, exhibe ses pièces, fait un discours qui a nécessairement pour objet l'éloge du monarque ; après quoi il requiert la transcription de la commission sur le registre de la municipalité, emportant la déclaration conforme et de plus l'assurance d'un dévouement et d'un respect absolus pour la personne du souverain.

Au fond, rien de blessant, mais la forme était plus que surannée, il était bien temps d'approprier cette forme aux convenances du régime nouveau, non pas seulement pour l'avoir simple et purgée de toute réminiscence féodale, mais pour montrer au peuple qu'on en avait bien fini avec les usages anciens ; que le roi était de cœur avec la Révolution, puisqu'il en avait adopté les formules, et qu'il ne dédaignait pas, quand il parlait au peuple de la province, de reconnaître la nouvelle division géographique et administrative de son royaume. C'était peu, mais c'est dans la pratique des petites choses que la sincérité se révèle et, dès ce moment, la royauté avait un intérêt capital à ne pas laisser suspecter sa bonne foi.

Mais qu'était-ce, en réalité, cet émissaire qui, pour faire rentrer des contributions arriérées dans la Beauce, la Normandie, etc., avait besoin de faire préalablement enregistrer sa commission à la municipalité de Versailles ?

L'inventaire du grenier à sel donna un stock de 5,572 quintaux dont le receveur était chargé. Comme il excédait les besoins ordinaires de la consommation, on permit d'en livrer une partie aux cultivateurs à raison d'un sol la livre, à la condition d'en faire l'emploi pour l'amendement des terres.

Un particulier, dont le nom n'a pas été retenu, avait proposé d'établir une filature à titre d'atelier de charité ; la municipalité n'accueillit pas sa demande ; nous verrons plus tard, cependant, que ce fut une ressource entre les mains de l'Aumônerie ; mais alors il s'agissait sans doute d'un genre de travail conçu d'après des idées plus pratiques.

L'anniversaire du Serment du Jeu de Paume ne pouvait manquer d'être célébré avec un certain éclat. L'Assemblée nationale, cependant, n'en prit pas l'initiative. Mais quelques citoyens de Paris, munis d'une lettre de Charles Lameth, vinrent demander à la municipalité pour douze des leurs, l'autorisation *d'appendre aux voûtes* du Jeu de Paume un monument propre à rappeler le souvenir du fameux serment du 20 juin 1789.

Cette proposition embarrassa singulièrement l'administration municipale. Elle crut qu'elle pourrait, par une lettre, dissuader Charles Lameth de donner suite à son projet, ou bien obtenir, dans le cas contraire, qu'il serait exécuté sans bruit, avec le concours au plus de douze personnes. Voici ce qui arriva :

Le 20 juin 1790 était un dimanche ; les officiers municipaux sont extraordinairement assemblés à neuf heures du matin. Quelques heures auparavant, un grenadier de la garde nationale de Paris, accompagné de deux autres personnes, avait remis au maire un certificat signé : Dumonchel, secrétaire de l'Assemblée nationale, attestant que cette Assemblée « approuve un monument destiné à être apposé au Jeu de Paume » ; le grenadier est, en outre, chargé d'inviter le maire et les officiers municipaux à assister à l'inauguration du monument. La municipalité accepte.

Quelques instants après, elle est informée que les personnes qui escortaient ce monument s'étaient arrêtées à la grille de l'Hôtel-de-Ville et qu'elles avaient détaché une députation pour renouveler l'invitation du matin.

Le maire, à la tête du conseil municipal, sortant de l'Hôtel-de-Ville par le jardin du Grand-Maître, se rend en toute hâte au Jeu de Paume, et de là, va au-devant du cortège, lui fait les honneurs en la personne de Romme, depuis conventionnel, qui en était le chef ; après il est procédé à la pose et à l'inauguration du monument. « Il con-

» siste, dit le procès-verbal, en une plaque de cuivre en-
» cadrée de marbre vert antique, posé sur des pierres liées
» ensemble, provenant de la démolition de la Bastille ;
» ladite plaque portant cette inscription :

» Les représentants des Communes de France, consti-
» tuées le dix-sept juin mil sept cent quatre-vingt-neuf, en
» Assemblée nationale, ont prêté ici, le vingt du même
» mois, le serment qui suit :

» Nous jurons de ne jamais nous séparer et de nous
» rassembler partout où les circonstances l'exigeront,
» jusqu'à ce que la constitution du royaume soit établie et
» affermie sur des fondements solides.

» Placé le 20 juin 1790, par une société de patriotes.
» Gravé par Beaublé.
» L'inscription est contenue par quatre clous de bronze
» vert antique.

» Deux citoyens, l'un de Paris, l'autre de Versailles,
» pris au hasard dans l'Assemblée, ont posé les deux pre-
» mières pierres qui ont servi à sceller le monument. »

Naudé, un des membres de la Société, parlant au nom du président, rappelle en termes pleins de patriotisme, l'événement dont l'inscription est destinée à perpétuer la mémoire et invite l'assemblée à renouveler le serment civique. Coste, le maire de Versailles, s'écrie alors : « De
» grands intérêts doivent réunir tous les Français en un
» seul vœu. Vive à jamais la nation ! Vive son digne re-
» présentant ! Vive longtemps pour le bonheur de la
» France Louis XVI, le restaurateur de la liberté ! »

Le président de la Société dit qu'elle avait ajourné jusqu'à présent de prendre un nom et qu'elle se nommera désormais « *la Société du Jeu de Paume* » : il invite le maire et les officiers municipaux à faire partie de cette Société, à quoi le maire répond affirmativement en ajoutant qu'il est très agréable à la municipalité de développer des relations commencées sous des auspices aussi patriotiques.

Puis, l'abbé Joseph, secrétaire de la Société, émet, aux applaudissements de l'assemblée, le vœu que l'édifice du

Jeu de Paume, devenu le sanctuaire du mouvement patriotique, soit consacré à la divinité.

Un autre membre fait remarquer que l'escorte a rencontré sur son chemin un vieillard plus qu'octogénaire, accablé de misère et d'infirmités; qu'il lui semble bien d'appeler ce vieillard au nom de tous les pauvres, ses compagnons d'infortune, à prêter le serment civique devant l'inscription; et, pour que cette cérémonie fasse époque dans ses souvenirs, il propose une quête dont le produit tout entier, quel qu'il soit, lui sera remis. Le serment est prononcé, on fait la quête, et, pendant ce temps, plusieurs personnes remarquent dans l'assistance une femme très âgée et quelques autres pauvres non moins dignes d'intérêt. Par amendement au vœu précédent, elles proposent de les admettre à participer au produit de la quête, ce qui est adopté; ce produit est de 298 livres 8 sols, on le partage ainsi :

« 24 livres à chacun des pauvres : François Voilmons,
» veuve François Voiselet, Claude Couperon, Prudent
» Denis, Denis Puffet, Edme-Charles Leroi, A. Dubut; les
» 130 livres 8 sols restant sont attribués, par part égale, à
» Delsot, âgé de quatre-vingts ans, et à une femme Besson.

» Et le présent procès-verbal a été signé tant par les
» membres de la *Société du Jeu de Paume*, que par les
» maire et officiers municipaux, le procureur de la com-
» mune, le greffier et plusieurs citoyens de la garde natio-
» nale de Paris et celle de Versailles, du régiment de
» Flandre, celui de Lorraine, et autres armés et non
» armés; pendant lesquelles signatures, la musique du
» régiment de Flandre a exécuté différents morceaux qui
» ont été vivement applaudis. »

« Signé Romme, président de la Société du Jeu de Paume; Joseph, secrétaire », puis une longue suite d'autres noms parmi lesquels ceux de citoyens de divers départements, de Bordeaux, d'Angers, et, à la fin de cette liste, les signatures des membres du corps municipal de Versailles.

Après avoir défilé devant le monument, citoyens venus

de Paris et prêts à y retourner, citoyens de Versailles et officiers municipaux sont ramenés, musique en tête, entre deux haies de chasseurs nationaux, à l'Hôtel-de-Ville où le maire dans une brève allocution, après avoir complimenté ses hôtes, leur offre des rafraîchissements : on se sépare ensuite à la grille de la maison commune.

La cérémonie, quoique prévue, avait eu le caractère d'une véritable improvisation. De Tourmont, lieutenant-colonel de la deuxième division, attiré par hasard à l'Hôtel-de-Ville au moment où les citoyens de Paris s'étaient arrêtés devant la grille, reçut de la municipalité une réquisition de convoquer les gardes nationaux : il était alors onze heures du matin. A cette heure tardive, on ne pouvait compter sur le concours, en temps opportun, d'une fraction importante de la garde nationale, et, en effet, il ne parut à la cérémonie qu'un petit nombre de citoyens en uniforme.

L'absence de Berthier, le commandant en second de cette garde, que Lafayette commandait en chef, fut sans doute l'objet de commentaires désobligeants ; elle s'expliquait très bien, cependant, par cette considération qu'il n'avait pas été prévenu et qu'il n'était pas ce jour là à Versailles. Il en exprima, dès le lendemain, ses regrets dans l'assemblée de l'état-major, et fit, par l'intermédiaire de Romme, un don de deux louis pour être partagés entre deux pauvres octogénaires de Versailles.

Au fait, c'était une cérémonie toute privée qui venait d'avoir lieu, sans publicité préalable, sans éclat, entre citoyens dont quelques-uns étaient initiés au but qu'on voulait atteindre, où le concours du plus grand nombre fut un effet du hasard ; mais, en somme, cérémonie touchante par son objet et par les actes de bienfaisance ingénieuse qui en furent le couronnement.

L'Assemblée nationale, qui n'y prit officiellement aucune part, et la municipalité versaillaise, qui ne s'y mêla qu'après une grande hésitation, étaient animées d'un sentiment commun. Le Serment du Jeu de Paume, tout glorieux qu'il est, n'en était pas moins, au fond, un acte d'agression contre la puissance royale. La Constituante, qui voulait la conciliation, et la municipalité versaillaise, qui y croyait de toute son âme et qui avait de plus, pour Louis XVI une profonde vénération, tenaient à s'abstenir de toute démonstration désagréable au roi : l'une persista, l'autre ne céda que quand elle vit que la persistance la compromettait aux yeux de ses concitoyens.

Le bruit des fêtes passées ou prochaines ne couvrait pas les réclamations des locataires troublés dans l'exploitation des biens qu'ils avaient loués, en des temps plus calmes, et dont ils ne tiraient plus rien à cause des événements survenus depuis ; 150 d'entre eux s'étaient adressés par pétition au Conseil général, demandant son aide pour les dégager de leurs ruineuses obligations.

Le fait n'était pas contestable, mais que pouvait faire le Conseil ? Il n'avait qualité que pour connaître des intérêts communaux ; les actes entre particuliers étaient de la compétence des tribunaux ordinaires ; il était sans utilité de convoquer les sections, comme quelques-uns le demandaient. Le comité de constitution de l'Assemblée nationale consulté n'avait répondu que sur la forme et il n'y avait rien à en tirer pour le fond ; la difficulté ne pouvait pas se dénouer par une application rigide du droit ; on en était resté là après une longue discussion où Clausse, Chambert, Thibault, Niort, Haracque, Bougleux, le procureur de la commune avaient pris tour à tour la parole. Il s'en suivit, ce qui arrive toujours en cas semblable, qu'on décida d'en référer à l'Assemblée nationale; quatre commissaires, deux pour les notables, Clausse et Niort, et deux pour les officiers municipaux, le maire et Chambert, furent désignés pour porter la question à l'Assemblée.

Il se produisit alors, dans le corps municipal, un événement assez inattendu : ce fut la démission d'Emard, secrétaire greffier. Elle fut acceptée par le Conseil en des termes fort honorables pour cet homme dévoué qui avait mis à remplir les devoirs de la place, la ponctualité et la délicatesse désirables. Il était là depuis l'origine de la municipalité, c'est-à-dire depuis 1787. Simple et très modeste au commencement, sa tâche avait pris, par suite des événements, une énorme extension.

Quelle était sa véritable valeur, en outre de l'ordre qu'il sut imprimer à la rédaction des procès-verbaux et à la petite comptabilité dont il était chargé ? Rien ne le dit clairement, sinon qu'il était estimé de tous et qu'il laissait des regrets à la municipalité entière. Ancien commissaire de police, avant 1787, position à laquelle il venait de retourner, il avait bien le droit de préférer l'une à l'autre ; mais cette préférence n'en surprit pas moins la plupart de ses amis. Le Conseil général le remplaça par Descloseaux, patriote intelligent dont nous aurons à parler plus longuement dans la suite.

Les petits événements de l'époque tranchèrent un peu avec le calme du passé ; ils furent plus nombreux et plus accentués ; inutile d'en énoncer longuement la cause.

Le régiment de Flandre avait particulièrement le privilège des manifestations hostiles aux passions du jour ou aux objets qui les représentaient. Deux grenadiers de ce régiment avaient fait scandale en déchirant, l'un, la cocarde blanche, l'autre, la cocarde tricolore. Berthier envoya une députation de deux officiers pour dire à ceux du régiment de Flandre que ces incidents n'altéraient point, malgré les apparences ou tendances contraires, l'estime et l'attachement que lui portait la garde nationale ; était-il possible d'être plus débonnaire !

Une sentinelle suisse avait tourné le dos lorsqu'un drapeau passait. Le commandant du détachement, suisse aussi, qualifia cet acte : manque d'usage, et s'en rapporta au surplus à la garde nationale sur la punition à infliger au mal appris. On lui répondit : condamnation au repentir !

De tels exemples, et bien d'autres de même portée, n'étaient pas faits pour contenir la soldatesque dans le respect du régime nouveau. Ces faits, petits mais vexatoires, ne restaient point dans le secret de la camaraderie. Relevés au contraire par les exaltés, on s'en servait pour exciter et entretenir des animosités de partis qui faisaient peu à peu dévier la Révolution de son courant si calme à l'origine.

Dans un autre ordre, celui du clergé, et particulièrement du clergé de Notre-Dame, on n'était pas plus respectueux des décrets de l'Assemblée nationale et on affectait de ne pas répondre à ce qui était demandé touchant les biens ecclésiastiques.

Le Conseil municipal, pressé par le département et le district, fut obligé de déléguer Tavernier, Amaury et Ducro pour, avec le procureur de la commune, requérir le curé de la paroisse d'avoir à justifier des titres qui l'autorisaient à régir deux maisons des écoles chrétiennes, rue Sainte-Geneviève. Il en percevait les loyers sans en rendre compte. Nous avons vu d'ailleurs, ce qui n'était pas dit explicitement dans le rapport de Dutillet de Villars, mais ce qui était attesté par d'autres documents, qu'on ne s'était pas fait faute d'attaquer au profit unique de cette paroisse la masse des ressources qui était en réserve pour le service de l'assistance dans la commune entière ; ainsi se justifiait l'urgence de centraliser et de réglementer le maniement des fonds destinés à la bienfaisance publique.

Il y avait aussi quelque difficulté à contenir dans le respect de la règle et dans la concorde, les marchandes de la halle. Leurs querelles n'ébranlaient pas la paix du monde, mais elles étaient quelque peu étourdissantes : un règlement intervint à propos, énuméra les articles qu'elles avaient le droit de vendre sur leurs carrés respectifs, dans les limites déterminées. La police y tint la main, et la paix fut rétablie dans ce centre d'activité permanente et un peu tapageuse des affaires commerciales, où l'on ne peut véritablement pas imposer le silence ni le puritanisme monastique.

Les boulangers, dont on parlait peu depuis quelque temps, s'avisèrent de demander que, pour éviter des reproches, la règle fût pour tous la livraison du pain au poids. Qu'à cela ne tienne, leur répondit-on, à la municipalité : les usages de Versailles ne font pas obstacle à ce que cette condition soit remplie ; au contraire, la raison veut que l'acheteur en ait pour son argent, et il n'est pas nécessaire de le décréter. Le procureur de la commune fit observer que les amendes frappaient toujours les mêmes individus, et qu'il serait difficile de trouver une mesure qui les empêchât de recourir à la fraude, s'ils ne se sentaient pas retenus par leur propre conscience.

Les agents de police se permettaient d'opérer la saisie des pains en défaut. Le Conseil déclara que ce droit ne leur appartenait pas, mais à la justice ; le rôle des agents devait se borner à dresser des procès-verbaux ; en cas d'infraction, la justice ferait le reste.

Il défendit aux marchands de la halle de se rendre incommodes par des instances importunes, vis-à-vis des nouveaux arrivants ; il visait ici les fédérés qui affluaient à Versailles ; le Conseil pouvait faire une large application des recommandations platoniques qui n'imposaient aucun sacrifice d'argent à la ville ; mais il n'eut rien à dire aux habitants de Montreuil qui voulaient tenir leurs rues un peu propres, pour le passage des fédérés, les ateliers de nettoyage venant d'être suspendus faute de fonds ; toutes les facultés morales et financières des citoyens étaient, pour le moment, absorbées d'une autre façon.

Au commencement du printemps de 1790 [1], les municipalités se trouvaient organisées dans toute la France sur les bases adoptées par la Constituante : Versailles, qui avait procédé en grande pompe, à l'inauguration de la sienne, en avait fait un compte rendu très circonstancié, et l'avait adressé aux principales villes du royaume.

On était encore loin du 14 juillet de cette année 1790, date qui rappelait une des plus éclatantes journées de la Révolution, mais on en avait beaucoup parlé dans les comices électoraux, assemblés récemment pour le choix des

[1] Ce récit des solennités de 1790 a été publié dans le *Libéral de Seine-et-Oise* des 14 et 21 juillet 1883.

corps administratifs : l'idée de célébrer cet anniversaire, par une confédération du peuple français, représenté à Paris par des gardes nationaux, avait séduit les esprits, quand la Constituante en fit le sujet d'un de ses décrets.

Mais avant la réunion générale, un grand nombre de villes voulurent s'essayer à l'œuvre de l'union universelle, par des unions partielles, et appelèrent tour à tour chez elles les gardes nationales des villes les plus voisines, quelquefois même de localités très éloignées. Versailles reçut ainsi des invitations pour Saintes, Romans, Saint-Malo, Tours, Viviers, Poitiers, Rouen, Orléans, Chartres, Langres, etc., elle fut dans l'impossibilité d'accepter toutes ces invitations, mais elle se rendit à celles des villes les plus rapprochées.

Ces rapports fournirent aussi à beaucoup d'entre elles l'occasion d'échanger des adresses pleines de félicitations mutuelles, où l'une s'efforçait d'exalter chez l'autre les souvenirs et les sentiments qui semblaient s'accorder le mieux avec les siens propres. Les adresses, qui venaient de l'Ouest, avaient le plus souvent un accent de royalisme arriéré qui devait, suivant leurs prévisions, trouver de l'écho dans la ville royale par excellence ; les plus fervents amis de la Révolution s'en alarmaient ; mais l'esprit de Versailles était bien acquis au mouvement révolutionnaire ; seulement il n'allait pas plus loin alors que la royauté constitutionnelle ; dans cette mesure, il était profond et d'une grande énergie ; il s'était manifesté nettement pour une fête de fédération à Versailles, avant celle de Paris.

Lafayette venait de donner sa démission de commandant en chef des forces militaires de Versailles ; ce commandement n'était que de pure forme ; néanmoins la garde nationale se glorifiait d'avoir à sa tête le chef le plus populaire du temps ; sa démission causa une vive émotion dans la ville et fut suivie d'adresses et de manifestations qui auraient pu décider l'illustre général à la reprendre, si sa résolution n'avait été motivée par le rôle qui lui était donné dans la fédération nationale.

Berthier, qui exerçait de fait le commandement, se hâta,

en s'appuyant sur le règlement, mais sans en avoir référé à la municipalité, de faire procéder aux élections pour remplacer Lafayette. Le Conseil général trouva l'opération prématurée ; une des sections, la douzième, protesta en demandant que le choix du commandant en chef fût réservé à l'assemblée générale de tous les citoyens actifs. D'autres gardes nationaux tenaient pour la validité des opérations ordonnées par Berthier. La municipalité porta le différend à l'Assemblée nationale qui se prononça pour l'ajournement, par le motif que, l'organisation définitive des gardes nationaux étant prochaine, il était superflu de s'en occuper avant la promulgation du décret constitutionnel en voie d'élaboration. Berthier resta donc ce qu'il était auparavant ; le procès-verbal de l'élection n'avait pas été ouvert.

Au Conseil général de la commune, on ne tenait pas à une fédération pour Versailles ; le maire en avait combattu l'idée dans un discours énormément étendu ; son argument principal était tiré de cette considération, que la ville n'avait aucune ressource pour subvenir aux frais de réception des fédérés. Il proposait, pour en tenir lieu, de provoquer parmi les habitants l'engagement de recevoir chez eux, à leur passage, les gardes nationaux qui traverseraient la ville pour se rendre à Paris.

« Si vous adoptez ce plan, disait-il, il vous fournira, à
» vous et à vos familles, des jouissances bien supérieures
» à celle d'une fête publique qui ne flatte personne, et qui
» n'est quelquefois pas moins fatigante pour chacun de
» ceux qui la reçoivent, que pour chacun de ceux qui la
» donnent. Le spectacle de vos vertus domestiques, votre
» politesse, votre affabilité, l'empressement de vos soins,
» tout cela vous conciliera l'estime et la bienveillance de vos
» hôtes..., etc. » Le maire continue ainsi le tableau tout patriarcal des surprises et des jouissances inattendues qui doit résulter pour chacun des effets du hasard, et ce n'est vraiment pas sa faute si cette séduisante perspective a charmé ses auditeurs sans les convaincre.

Une assemblée qui avait eu lieu à la Vieille-Eglise s'était

prononcée pour la fédération et l'appuyait par une députation auprès du Conseil général; elle n'ignorait pas la pénurie des ressources municipales, mais elle ne tenait pas grand compte de ce côté de la difficulté. Elle disait, d'ailleurs, que la situation topographique de Versailles par rapport aux provinces de l'Ouest, la mettait dans l'obligation de faire des frais d'hospitalité pour les fédérés en route vers la capitale, et à leur retour dans leur département; elle ajoutait que la ville aurait ainsi toutes les charges d'une fédération sans en avoir les honneurs; en pareille éventualité, il n'y avait pas à hésiter.

Le Conseil, touché de ces considérations, renvoya l'affaire à la décision des sections qui votèrent pour l'affirmative, par 999 voix contre 167.

Il ne restait donc plus qu'à faire les préparatifs nécessaires et à lancer les invitations aux gardes nationales du département. Elles portaient que Versailles n'était en mesure de recevoir que deux députés pour cent hommes, quatre pour deux cents, six pour quatre cents, et huit quel que pût être le nombre excédant : elles furent également adressées aux villes qui se trouvaient, pour ainsi dire, en correspondance fraternelle avec Versailles.

On arrêta pour champ de la fédération le pourtour du bassin des Suisses et, pour disposer convenablement le terrain, on y mit les ouvriers de l'atelier de Villonne [1].

On arrive ainsi à la fin de juin.

La perspective d'une double fête de fédération fixée, pour Versailles au 11 juillet, pour Paris au 14, suffit bien pour absorber l'activité de la population versaillaise. Les citoyens donnent leur concours sous toutes les formes possibles, les uns par leur travail, les autres par leur hospitalité, tous avec le plus charmant empressement.

Les gardes du corps du roi disposent de 60 lits.

Le régiment de Flandre, qui n'a pas de lits à donner, vient offrir à la municipalité, avec ses hommages, 806

---

[1] Ouvriers nécessiteux entretenus par la ville, sous la direction de l'entrepreneur Villonne.

cartes ou bons de pain et mille sept livres en argent pour être distribuées aux indigents. La députation avait à sa tête le capitaine Demanay, et se présentait au nom du lieutenant-colonel de Valfonds et du régiment ; elle fit au maire, entouré des officiers municipaux, un discours qui respirait le plus ardent patriotisme et la joie de voir venir le jour où les Français de tous les ordres allaient confondre, en une seule expression, le sentiment dont ils étaient animés : « C'est pour cela que le régiment de Flandre, autant que cela était en son pouvoir et pour qu'il ne restât personne en dehors de ce mouvement, a voulu y faire participer les pauvres. »

Le maire remercia au nom de la ville le régiment qui se montrait si délicatement et si patriotiquement généreux ; il affirma, en outre, que le désir de la population était de le conserver près d'elle le plus longtemps possible.

Au sein de cette étourdissante agitation, on ne perdit pas de vue les plus minces détails. On avait interdit aux logeurs de demander plus de 30 sols par jour aux fédérés, et donné de salutaires avertissements aux vendeurs de denrées alimentaires qui avaient trouvé l'occasion bonne de surfaire leur prix ; on avait même affiché quelques noms. Les verduriers, offensés de s'y voir compris, accoururent à la municipalité pour défendre l'honneur de leurs femmes incapables, disaient-ils, de spéculer sur les circonstances qui amenaient les fédérés à Versailles. La municipalité fit le meilleur accueil à cette déclaration et prit un arrêté portant que les verduriers seraient biffés de la liste des noms mis à l'index.

Ce n'était pas là évidemment l'idéal de la liberté du commerce ; mais, comme on le voit, nos bons aïeux tenaient essentiellement, et il serait bien d'y tenir toujours, à ce que leurs hôtes pussent s'en aller sans avoir à dire que Versailles leur avait fait payer chèrement son hospitalité.

Enfin, le grand jour était arrivé ; les représentants des gardes nationales du département et les autres fédérés qui s'étaient rendus la veille aux Menus-Plaisirs, avaient arrêté le plan de la cérémonie du 11 juillet. Berthier avait été acclamé commandant général ; il passait avec son état-major tout entier à la direction des forces réunies.

Elles s'assemblèrent sur l'avenue de Paris, aux abords de l'Hôtel-de-Ville où le corps municipal se trouvait réuni lui-même, avant dix heures du matin. La nuit et la matinée avaient été pluvieuses ; mais le ciel commençait à se montrer plus clément, et la journée fut belle.

L'ordre du départ allait être donné, lorsqu'on s'aperçut que les gardes du corps du roi et des princes n'étaient pas présents. On dit qu'ils avaient été oubliés ; le procureur de la commune expliqua que cet oubli avait été quelque peu calculé. « On les aurait invités, dit-il, mais pourquoi le dis- » simuler ? On a craint que des souvenirs fâcheux ne vins- » sent jeter quelques nuages dans une fête dont l'union la » plus intime doit être la base. » Pendant que le procureur de la commune traduisait ainsi l'omission signalée, des officiers municipaux étaient allés chercher et ramenaient les *oubliés :* une partie du corps municipal alla à leur rencontre ; ils furent reçus dans les rangs des fédérés avec applaudissements.

Les gardes du corps introduits dans la fédération, on pouvait dire qu'il n'y avait plus personne en dehors, car on y voyait aussi des membres de la vieille noblesse, jusqu'à Mathieu de Montmorency, en uniforme de commandant de la garde nationale de Montfort-l'Amaury, le duc de Penthièvre, et d'autres encore : le clergé y était tout entier ; Talleyrand, le célèbre évêque d'Autun, allait être le grand pontife de la cérémonie religieuse.

La masse s'ébranle au bruit du canon, et se dirige vers le bassin des Suisses transformé en Champ-de-Mars. A son extrémité méridionale disposée en amphithéâtre, avait été préparée une plate-forme sur laquelle on avait érigé un autel. Le buste du roi Louis XVI était placé au sein de la verdure entremêlée de trophées militaires. Les troupes fédérées arrivent en deux colonnes, marchant d'un pas égal des deux côtés du bassin et se rendant aux places qui leur sont respectivement destinées, tandis que le corps administratif, les magistrats, les fonctionnaires et les invités vont occuper des banquettes réservées.

Une foule énorme de curieux venus de tous les points, même les plus éloignés du département, se presse dans les espaces laissés libres par la milice. Il y en a le long des rives de la pièce d'eau ; les gradins des Cent-Marches en sont garnis, ainsi que les parterres auxquels ils accèdent. c'est, selon les récits du temps, un spectacle de grandeur inouïe qu'offre l'agglomération de cette foule dans ce lieu enchanté. Qu'on regarde, soit au fond de l'immense bassin où est le noyau de la fête, avec les bois du coteau de Satory pour couronnement ou pour horizon, soit à l'autre extrémité, cette multitude de têtes échelonnées et émergeant les unes au-dessus des autres, sur toute la hauteur de la double rampe de l'Orangerie, et tout cet ensemble dominé par le corps principal du palais, on a devant soi un tableau extraordinairement saisissant. Quoi de plus féerique, si ce n'est la joie naïve de cette foule, que les déceptions n'ont pas encore éprouvée, et qui s'abandonne sans réserve à l'irrésistible courant du jour !

Le clergé arrive escorté d'une garde d'honneur ; le canon donne le signal de l'office divin. Talleyrand-Périgord, futur prince de Bénévent, officie. Pendant ce temps, un essaim de jeunes filles, douze jeunes citoyennes[1], dit le compte rendu, vêtues de blanc et ornées de l'écharpe aux couleurs nationales, sillonnent la foule et recueillent les offrandes destinées à laisser aux malheureux un touchant souvenir de la solennité.

La cérémonie religieuse terminée, le maire dépose sur le buste du roi une couronne civique et, se plaçant au centre des drapeaux des bataillons dominés par le drapeau fédératif, prononce le discours dont voici la substance avec quelques passages textuels.

Après avoir cité la formule du serment, en insistant sur

---

[1] Mlles Le Roy, Chambert, Tavernier, Leroux, Verdier, Pichard, Clausse, Cuillié, Masson, Berthier, Coste l'aînée, Victoire Coste et deux sœurs de charité.

les expressions de fidélité, de liberté, de fraternité, d'égalité civile et de plusieurs autres encore qui répondent aux sentiments dont les cœurs sont remplis en ce moment :

« Citoyens français, dit-il, ces mots sont sacrés, ils ren-
» ferment vos devoirs, vos droits, les avantages qui en ré-
» sultent ; »

Et s'attachant à définir chacun de ces termes, il exalte la dignité de citoyen désormais acquise à tout Français ; c'est le titre dont il s'honore le plus, car il n'y a plus de distinction autre que celle qui est fondée sur les talents, les services et la vertu ; cette dignité est liée intimement avec la soumission aux lois ; la nation désavoue les violences et les excès ; la loi réprouve l'arbitraire ; le roi ne veut que ce que veut la loi, c'est-à-dire, l'ordre sans lequel il ne peut exister de société.

Il conjure les dissidents, s'il en est encore, de s'éloigner, ou plutôt de se rallier sincèrement à la patrie régénérée ; il est temps d'arracher le masque de patriotisme à ceux qui ne sont pas patriotes de cœur.

Dans cette solennité qui précède de quelques jours celle où la France entière va consacrer son union, la commune de Versailles a voulu réunir le plus grand nombre de représentants des départements, afin qu'il pût être attesté par d'éclatants témoignages, que celui dont cette ville a l'honneur d'être le chef-lieu, est uni à la grande famille française par des liens inaltérables.

Le maire termine en invitant les assistants à se rapprocher de l'autel de la religion « qui n'est plus qu'un avec celui de la patrie », et, parlant du roi, il s'écrie : « Rappe-
» lez-vous, ô mes concitoyens, que c'est dans ce palais que
» prit naissance le prince qui donne l'exemple de toutes
» les vertus qui honorent l'humanité. Répétez à nos frères
» des départements éloignés ce que la renommée et la vé-
» rité leur ont déjà appris, que ce fut dans ce palais que,
» secouant les chaînes dont la flatterie et l'ambition cher-
» chaient à environner les rois de France, Louis XVI, en
» appelant la vérité auprès du trône, mérita le titre glo-
» rieux de *Restaurateur de la liberté des Français.* »

Une salve d'artillerie succède à ces paroles et la formalité du serment commence; le maire, la main droite sur l'autel, et s'étant rapproché de l'évêque Talleyrand, prononce la formule suivante :

« Nous jurons de rester à jamais fidèles à la nation, à la
» loi et au roi; de maintenir de tout notre pouvoir la Cons-
» titution décrétée par l'Assemblée nationale et acceptée
» par le roi; de protéger, conformément aux lois, la sûreté
» des personnes et des propriétés, la circulation des grains
» et des subsistances dans l'intérieur du royaume, la per-
» ception des contributions publiques, sous quelques
» formes qu'elles existent; de demeurer unis à tous les
» Français par les liens indissolubles de la fraternité. »

De toutes parts s'élèvent les cris de : *Je le jure ! Vive la nation, vive la loi, vive le roi !* Tous les fédérés échangent entre eux des témoignages de fraternelles affections. « Toutes les âmes, disent les documents de l'époque, éprou-
» vent les plus douces sensations; les larmes de joie et de
» bonheur coulent de tous les yeux ; c'est un moment d'u-
» niverselle et d'indicible émotion. »

Le chant du *Te Deum* termine cette solennité.

L'armée fédérée défile entre l'autel et le buste du roi; puis la marche s'ouvre pour le retour dans le même ordre que le matin, pour le départ ; elle arrive, à quatre heures du soir, à la grille de l'Hôtel-de-Ville où elle rompt ses rangs.

Deux procès-verbaux ont été dressés de cette belle et touchante solennité, l'un par les soins de la municipalité, l'autre par ceux de la garde nationale ; ils constatent l'un et l'autre qu'aucun accident de nature fâcheuse n'a troublé un seul instant la joie générale. Tous deux, mais celui de la garde nationale surtout, accusent de la part des narrateurs les plus consciencieux efforts pour arriver à donner à leur narration la couleur et le ton digne des hommes et des choses qui avaient concouru à former, en ce jour mémorable, le plus imposant spectacle qu'on puisse imaginer.

Le lendemain, 12 juillet, les commissaires et délégués de

toute origine se réunirent pour prendre congé les uns des autres. Les hôtes des Versaillais laissèrent dans le procès-verbal de cette réunion, qu'on croyait être la dernière, l'expression de leur reconnaissance et de leurs remerciements pour l'accueil délicat et inoubliable qui leur avait été fait dans toute la ville, « par leurs frères » et spécialement par le commandant de l'armée fédérée. Cette assemblée avait nommé une députation pour porter au roi un exemplaire du procès-verbal de la fête ; elle avait aussi prescrit le dépôt à l'Hôtel-de-Ville du drapeau fédératif.

On se quitta ainsi en s'ajournant au 14 juillet.

Il n'est pas, dans notre longue histoire nationale, de journée plus célèbre que celle du 14 juillet 1790 ; il n'en est point non plus qui exige moins une nouvelle relation, tant est grand le nombre des narrateurs de cette manifestation du peuple français ; mais, en fait de narration, il n'en est pas de plus simple et de plus éloquente à la fois que le compte rendu dressé par les soins de la commission dont Lafayette était le président. Pour nous, nous devons nous borner à relater succinctement la part que Versailles a prise dans la Confédération générale.

Elle était représentée, dans cette Confédération, par vingt-quatre députés à raison de un pour deux cents hommes de l'effectif de la garde nationale, avec dix suppléants en cas de besoin.

Coste, maire de la ville, y était appelé comme premier médecin des armées.

Lafayette, commandant général de la garde nationale parisienne, avait été nommé major général de la Confédération ; il en avait la haute direction. De longs préparatifs avaient été faits sur le Champ-de-Mars ; un autel y avait été dressé. Talleyrand y dit la messe, comme à Versailles, en présence du roi et de tous les confédérés ; le serment, les démonstrations d'amitié, de fraternité, les accents de joie la plus vive, rien ne faillit en ce fortuné moment à ce qui pouvait traduire la confiance et la foi dans l'avenir, d'un peuple nouvellement en possession de la liberté, et croyant de toute son âme à sa perpétuité. Les discours, et

Dieu sait combien il en fut prononcé, respiraient le même esprit, la même foi, les mêmes espérances. Le roi lui-même, en recevant les députations que lui présentait Lafayette, déclarait, sous l'empire d'une profonde émotion, qu'il attendait de leur manifestation le calme et le règne de la loi : « Le bienfait d'une constitution libre, ajoutait-il, c'est d'être » égal pour tous : plus on est libre, plus graves sont les » atteintes à la liberté. »

Puis arrivant à ses rapports avec son peuple : « Redites » à vos concitoyens que j'aurais voulu leur parler à tous, » que leur roi est leur père, leur frère, leur ami ; qu'il ne » peut être heureux que de leur bonheur, grand que de » leur gloire, puissant que de leur liberté, riche que de » leur prospérité, souffrant que de leurs maux. Faites sur- » tout entendre les paroles ou plutôt les sentiments de » mon cœur dans les humbles chaumières et dans les ré- » duits des infortunés... » et il continue ainsi en protestant qu'il veut être surtout au milieu des faibles, veiller pour eux, vivre pour eux, mourir, s'il le faut, pour eux.

Cette effusion de l'âme du roi dans celle du peuple dut être d'un irrésistible effet sur ses auditeurs. Hélas! pourquoi se trouvait-il alors, à toutes les frontières de la France, des gens non du peuple, mais de noblesse qui démentaient scandaleusement et glaçaient de si chauds sentiments. Un roi en avait-il jamais exhalé de pareils! Combien peu de jours suffisaient pour que tout cela, fraternité élevée à sa suprême intensité, amour d'un roi pour son peuple porté jusqu'à la passion, émotions qui n'avaient jamais été senties en aucun temps ni en aucun lieu du monde; combien, disons-nous, fallait-il de jours, après la plus sentimentale journée de notre histoire, pour que ces impressions fussent effacées du cœur du souverain et de celui de son peuple!

A Versailles, où l'on avait devancé Paris, le 14 juillet fut fêté comme dans toutes les autres communes de France. Le ciel, pluvieux le matin, s'éclaircit et resta beau le surplus de la journée. Bougleux tint la place du maire et présida aux cérémonies civiles. Berthier était lui-même remplacé par le major-général de Villars. Le corps municipal, les autorités civiles, les magistrats, les pages, la garde nationale, la garnison et généralement tous ceux des fonctionnaires qui n'avaient pas de mission à remplir à Paris, se réunirent sur la Place d'Armes ; le clergé s'y était également rendu.

Le président, après une courte allocution, prononça la formule du serment à laquelle tous répondirent: je le jure ! Le canon tonna, la musique du régiment de Flandre accompagna le chant du *Te Deum*. Puis, serment spécial des troupes, défilé et bénédiction à l'église Notre-Dame, où la municipalité s'était rendue avec les grenadiers et la musique ; le surplus de la milice avait rompu ses rangs.

Ainsi se termina, pour Versailles, cette seconde journée consacrée à la confédération. On avait, à l'occasion de celle-ci, comme on l'avait fait de la première, rendu à la liberté quelques détenus et distribué des secours extraordinaires aux nécessiteux.

Toutefois ce n'était pas fini encore pour Versailles. Ainsi qu'on l'avait bien prévu, les fédérés des départements qui s'y étaient arrêtés en se dirigeant sur Paris, ne pouvaient manquer de s'y arrêter encore en retournant chez eux. Puis il y avait ceux des fédérés qui avaient participé à la cérémonie du 11 juillet et qui tenaient à revoir les lieux où on leur avait fait un si cordial accueil. Enfin ceux de Seine-et-Oise qui, avec ceux de Versailles en tête, avaient figuré à la confédération nationale, avaient une bannière dont il fallait faire le dépôt en quelque lieu où elle serait religieusement conservée ; c'était naturellement à Versailles qu'elle avait sa place indiquée.

Le 20 juillet, jour convenu, une nouvelle armée de fédérés entre donc dans Versailles. Toutes les forces militaires de la ville sont sous les armes, la municipalité est à l'Hôtel-de-Ville ; les commandants de la fédération sont introduits dans la grande galerie ; un cortège se forme ; les fédérés, les troupes sont disposés en deux haies, de l'Hôtel-de-Ville à Notre-Dame. Miraux, âgé de soixante-treize ans, le plus ancien des gardes nationaux, accompagné d'un piquet d'honneur et portant la bannière fédérative, s'engage dans le défilé et se dirige, suivi du cortège, vers l'église où aboutit la double haie.

A l'entrée du chœur, le maire se retourne et adresse à la garde nationale la harangue suivante :

« Citoyens,

» Nous sommes prêts à terminer ces fêtes solennelles qui
» nous ont rassemblés au nom de la patrie. Pendant leur
» cours, nous avons juré plus d'une fois d'être fidèles à la
» nation, à la loi, au roi ; nous avons juré l'adhésion la
» plus formelle aux principes de la Constitution et l'atta-
» chement le plus inviolable aux conséquences de ce prin-
» cipe.

» Nos serments sont sacrés ; le temps de les remplir est
» venu. L'ordre public, Messieurs, doit être l'effet le plus
» immédiat de leur accomplissement. Tel a été l'objet des
» réformes que notre patriotisme a sollicitées ; tel est le
» but auquel doivent tendre tous nos efforts.

» Suspendons d'une main respectueuse aux voûtes du
» temple de l'Immortel, le symbole de nos serments ; mais,
» ô mes concitoyens, remportons dans nos âmes la résolu-
» tion inébranlable d'y rester à jamais fidèles. »

Après ce discours, le curé de Notre-Dame prononça aussi quelques paroles qui n'ont pas été conservées, mais qui étaient, dit le procès-verbal, accentuées de patriotisme.

La cérémonie religieuse accomplie, le cortège reprit le chemin de la maison commune comme il en était venu.

La ville fut illuminée le soir ; les gardes nationaux improvisèrent un bal en l'honneur de leurs frères d'armes qui avaient été littéralement enlevés et retenus par les habitants de la ville, rivalisant d'empressement à leur offrir encore cette fois la plus gracieuse hospitalité.

A la suite de ces fêtes, il y eut quelques frais à la charge de la municipalité, frais plus que modestes quand on les compare au mouvement que nous venons de raconter.

On voit, dans les comptes, qu'il y eut à payer 12 violons

qui reçurent chacun 6 livres et la musique du régiment de Flandre qui avait été colloquée pour 300 livres, mais, sur l'observation que cette somme récompensait insuffisamment un corps musical qui donnait à la ville un concours libéral et souvent répété, la municipalité y ajouta 150 livres.

Emard, comptable de la mairie, encaissa 8,000 livres du domaine et acquitta ces frais ainsi que les autres dépenses extraordinaires du trimestre.

L'affluence des ouvriers inoccupés devenait inquiétante.

Une quarantaine de vagabonds avaient ravagé, dans une seule nuit, la ferme de Gally, exploitée alors par une veuve Hédouin ; dans quel but ? Les moissons étaient mûres, mais pendantes et, en cet état, impropres à l'apaisement immédiat de la faim ; où s'arrêteraient ces actes de sauvagerie ? La municipalité ne put, pour y mettre obstacle, que requérir l'aide de la force.

Cependant elle fit venir un certain nombre d'ouvriers errants et chercha à les éclairer sur l'impuissance où elle était de les aider. Elle parvint à les en persuader et, pour contribuer à les faire mieux accueillir en d'autres lieux, « elle leur remit un certificat constatant le grand nombre d'ouvriers sédentaires qui n'avaient été entretenus ici, jusqu'au 10 juillet, que par les sacrifices personnels des membres du corps municipal ; mais, depuis plus de dix jours, ces sacrifices avaient dû prendre fin et il en résultait un nombre toujours plus grand de gens désœuvrés dont elle ne savait comment soutenir l'existence, en attendant des jours meilleurs. »

Le caissier Lacommune, qui avait manié l'année précédente de si grosses sommes, lorsque la municipalité s'occupait elle-même de la gestion du Poids-le-roi, n'avait plus d'emploi. Necker, qui s'intéressait à lui, le recommandait à la bienveillance de la municipalité.

Ces embarras, nés déjà ou prévus, causaient aux officiers municipaux de vives angoisses ; et le mois prochain, que seraient-ils quand l'atelier du canal, qu'on alimentait encore et bien au delà du temps fixé pour son existence, serait définitivement fermé! On afficha d'avance cette clôture. Les travaux qu'on faisait là avaient une si faible valeur, qu'on offrit une *indemnité* de dix sols par jour, soit une demi-paie à ceux qui voudraient se retirer immédiatement et pour le nombre de jours à courir avant le 15 août ; il ne s'en trouva qu'une douzaine !

On distribua six cents livres de riz aux indigents de la paroisse Saint-Louis.

La vente du tabac de contrebande persistait ; les vendeurs interlopes avaient bien de la peine à se laisser persuader qu'ils commettaient une infraction aux lois ; on ne le convainquit qu'en verbalisant contre eux et en les frappant d'amende. Les gardes nationaux non plus ne se faisaient pas toujours une idée bien nette de la moralité de la contrebande en fait de tabac. Il s'en trouvait de temps en temps qui refusaient de prêter main forte, quand elle était requise par les préposés, contre les fraudeurs surpris en flagrant délit. La municipalité rappelait cependant à ses administrés que l'impôt sur le tabac était une contribution publique, figurant au nombre de celles dont tous les citoyens et les gardes nationaux principalement *avaient, conformément aux lois, juré de protéger la perception*. En tout cas, la municipalité ne cessa de recommander une sévérité soutenue dans la surveillance ; les procès-verbaux qui, malgré cela, eurent à constater des infractions, furent adressés au département.

Les relations de la municipalité avec le département avaient commencé, comme avec le district, sur un ton aigre-doux. On se bornait, pour les envois à la ville, à les faire remettre par un porteur, comme cela pourrait se passer entre voisins, sans lettre ou note missive. La municipalité, qui avait déjà une certaine habitude des affaires, ne voulut pas accepter cette forme de communication ; elle tenait à l'usage des formes polies jusqu'à l'excès ; elle représenta au département que pour le bien de leurs relations réciproques, il semblait nécessaire d'y mettre un peu plus de cérémonie; elle ne se considérerait comme responsable qu'autant qu'elle serait officiellement saisie ou informée par le département.

Elle était dans son droit; mais était-il sage de le dire sur ce ton?

A une époque où les distinctions hiérarchiques, où les attributions des groupes administratifs étaient si insuffisamment définies, et, en tous cas, mises en pratique depuis si peu de temps, il était bien, pour ceux qui avaient une plus grande connaissance ou une plus grande habitude de ces choses, de l'enseigner aux autres; mais, au fond, la municipalité de Versailles avait un autre motif de se montrer raide vis-à-vis du département; nous le verrons bientôt. Ce début amena le département à prendre ceci pour règle : les décrets et autres imprimés à expédier par les procureurs syndics seraient signés par le secrétaire et certifiés par le procureur.

Le mois courant était particulièrement chargé de ces envois : il y avait un grand nombre de lettres-patentes du roi qui, comme toujours, arrivaient longtemps après que les décrets qu'elles sanctionnaient étaient parvenus à la connaissance du public. Parmi ces documents, on en comptait qui concernaient les cas d'arrestation des députés — les élections des juges consuls — les citoyens à inscrire sur les listes de la garde nationale — la saisie et la vente de meubles des communautés ecclésiastiques — la circulation des grains — les poursuites contre les brigands — les délits dans les forêts et les biens ecclésiastiques — les bois communaux à usance — l'importation prohibée des sels étrangers — les billets prorogés — les assignats — le vœu d'un commandant unique de la garde nationale par département — l'imputation des impôts non recouvrés de 1789, sur la réserve de 1790 — les patentes — l'abolition de la noblesse héréditaire — l'interdiction des titres de prince, de duc, de marquis, de comte ou autres — les foires franches, etc., etc.

Cette énumération, qu'il est superflu de pousser plus loin, atteste la quantité et l'importance des documents que la municipalité recevait comme imprimés, et l'intérêt qu'une bonne et prudente administration devait avoir à couvrir sa responsabilité, quant à la date précise à laquelle chaque document lui était officiellement notifié.

Elle recevait quelquefois des lettres injurieuses qui n'étaient pas toujours anonymes : mais les unes et les autres avaient un sort pareil ; elles étaient vouées au mépris et à l'oubli.

La souscription pour le quart du revenu donnait lieu à des interprétations ou à des difficultés d'exécution que la municipalité jugeait presque toujours avec le sens net de la solution que ces affaires comportaient.

Un retraité avait affecté, dans sa formule de souscription, trois années de sa pension montant à 1989 livres. Le receveur ne pouvait l'accepter pour argent comptant; le souscripteur en référa à la municipalité qui reconnut aussitôt son incompétence, mais elle vit clairement qu'une souscription reposant sur un pareil gage, n'était pas acceptable. Le ministre confirma cette opinion. Il y avait, dans la liste des souscripteurs, nombre de promesses qui n'étaient pas mieux gagées, en sorte que pour les esprits froids et avisés, le montant nominal des offrandes devrait subir une forte réduction devant la caisse.

On croit toucher enfin au moment décisif où Versailles va être dotée de finances municipales. Dans la séance du Conseil général du 27 juillet, Demallemain, un des officiers municipaux, présenta un rapport d'une netteté et d'une concision remarquables, qui aurait notre entière approbation, s'il n'avait omis, ce qui a été également omis dans la discussion, savoir, de conclure pour les droits de la ville quant au passé, et ne s'était occupé dans sa conclusion que de l'avenir [1].

La dotation de la ville, telle était donc la grande affaire

---

[1] Voir notre exposé sur les droits de la commune à son avènement au régime municipal, t. I, p. 64 et suivantes.

à régler avec l'Assemblée nationale. Suivant Demallemain plusieurs questions préliminaires étaient à examiner. Comment dans le passé, les impositions ont-elles été établies et perçues à Versailles? quel en était le produit? quels sont actuellement les besoins de la ville? et que faut-il demander à l'Assemblée? Il répond :

1° Que le revenu des domaines de Versailles se composait des droits domaniaux et du produit des impositions indirectes ;

2° Que ces impositions n'ont jamais été versées dans le trésor public et qu'elles sont restées affectées aux dépenses du château et de la ville.

3° Que le roi ayant toujours été chargé des dépenses de la ville, celle-ci n'éprouvant aucun besoin, n'avait aucun intérêt à se créer un revenu particulier qu'elle n'aurait pu administrer, puisqu'avant 1787 elle n'avait point de municipalité, et que les attributions qu'elle a eues depuis, se sont bornées, en matière de finances, à la répartition de l'impôt.

Mais comme la ville est tenue de pourvoir désormais à ses besoins, elle aura la libre disposition de ses impositions indirectes ; il arrivera une de ces trois choses : elles seront *égales, supérieures* ou *inférieures* à ses charges. Il importe de comparer les unes aux autres : voici, autant qu'on est en mesure de le faire, cette comparaison :

En 1789[1], les aides ont produit.........	321.727 l. 10 s. 2 d.
Les entrées...........................	390.735 4 »
Total...................	712.462 l. 14 s. 2 d.
Ajoutant les 10 sols par livre..........	356.231 7 1
Le total général est de...	1.068.694 l. 1 s. 3 d.
dont il faut déduire les frais d'assiette et de recouvrement..................	160.000 » »
Reste conséquemment...	908.694 l. 1 s. 3 d.

(Chiffres exacts fournis par le receveur des domaines).

[1] Voir, annexe C, produits des aides en 1788.

Les dépenses sont rangées en 4 classes :

1° Celles de la municipalité, estimées à ..	22.000 liv.
2° Celles de la garde nationale............	29.500
3° Celles de la police....................	15.400
4° Celles de l'entretien de la ville	127.400
Total...................	193.700 liv.

Mais ce sont là des dépenses fixes ; le rapporteur sait qu'il y a parmi les dépenses imprévues, des objets d'une grande importance, par exemple, l'achèvement de l'infirmerie, les enfants trouvés, partie de l'entretien de la machine de Marly, etc., etc.

« La détresse, ajoute-t-il, dans laquelle se trouve la ville rejette toute idée d'impôt nouveau ; il faut se contenter de faire à l'Assemblée nationale un exposé de l'état de choses actuel et s'en rapporter à sa sagesse sur ce qui doit former la dotation de la cité. »

La question était nettement posée ; néanmoins les orateurs ou les hommes d'affaires du Conseil ne se trouvaient pas immédiatement d'accord sur tous les points.

Le maire se bornait à insister sur les besoins présents et sur l'imminence des besoins plus grands, en raison de la cessation toute prochaine des travaux du canal ; il restait dans un ordre de considérations beaucoup trop vagues et trop étroites. Clausse voulait une large dotation, ayant pour point de départ et non pour base, les besoins connus, parce qu'il fallait se réserver le moyen de faire des épargnes en prévision de ceux à naître ; Rollet demandait ce à quoi on avait droit, ce qui était bien loin d'être une formule claire ; et Niort, par la raison que l'assemblée avait décrété « le maintien provisoire de *toute chose* », soutenait qu'il y avait à demander les droits d'entretien et d'aide. A cela, Coste, le maire, répondit que si la ville se bornait à demander ce qui était dans ses droits, ainsi qu'on venait de les définir, cela ne permettrait pas de faire face à ses dépenses. Rollet voulait substituer à l'expression *impôts indirects* celle de *droits domaniaux,* qualification que releva Clausse, en donnant la définition juridique de l'une et de l'autre expression, et en montrant que les droits domaniaux étaient essentiellement des droits de l'Etat.

La discussion se termina par l'adoption de la formule de résolution proposée par Demallemain.

Etait-ce bien à cela seulement qu'il était juste et sage de s'arrêter ? La ville n'avait-elle pas, bien évidemment, des droits rétroactifs à faire valoir, comme elle en avait sur le présent et sur l'avenir ? Lui suffirait-il tout juste de s'assurer des revenus pour l'entretien des services qui tombaient dès maintenant à sa charge ? où ces services se trouvaient colloqués, étaient-ils chez eux réellement, et avaient-ils un abri ou un espace suffisant pour leur libre fonctionnement ? Il s'en fallait de beaucoup, et alors n'était-ce pas le cas de le dire ? De tant d'hôtels inoccupés, impropres et inutiles au service de la nation, il était facile et juste d'en détacher quelques-uns pour constituer le patrimoine municipal de la ville, en faisant un peu tardivement, mais toujours opportun et réparateur un acte que nous avons dit être une conséquence forcée de l'érection de la ville en communauté municipale, à la condition de vivre et de s'administrer suivant la loi commune à toutes les municipalités de France ; cet acte, nous l'avons dit aussi, c'était la liquidation de son passé et la constitution de son patrimoine.

Mais, si quelqu'un y a pensé, personne n'en a parlé ? Nous savons pourquoi, et nous allons le dire. Nos ancêtres n'étaient pas absolument exempts de vues chimériques ou de préjugés. Mal préparés à l'exercice de la fonction municipale, ils n'en avaient encore appris ni tous les secrets ni tous les devoirs ; autrement, avec le talent et la volonté dont ils étaient doués, que n'auraient-ils pas obtenu à la place de cette dotation qui n'allait être qu'un leurre ! Mais sans précédents, sans guides, sans direction venant de plus haut, ils étaient créateurs en tout ce qu'ils faisaient. Combien de risques de se tromper ? Nous ne pouvons leur faire qu'un reproche, c'est de n'avoir pas deviné tout ce qu'il était bon de savoir, et ceux qui savent ont seuls une idée nette de la portée de ce reproche, c'est-à-dire, de la somme de connaissances qu'il aurait fallu réunir pour éviter de tomber en quelque faute. Ici, dans la circonstance où nous les voyons, hésitants, incertains, ils en ont commis une, grave et malheureusement irréparable, celle d'avoir insuffisamment étudié leur sujet et de l'avoir mollement soutenu devant l'Assemblée qui ne semble pas y avoir attaché l'importance qu'il méritait.

Les dernières fêtes avaient provoqué de bien douces mais bien peu durables émotions. Dans les hautes régions du pouvoir, on était bien vite revenu aux agitations habituelles. Necker, le ministre qui devait sauver les finances de l'Etat, était impuissant devant les causes qui les roublaient ; il fut obligé de se retirer et il devint nécessaire de recourir à une nouvelle émission d'assignats, quoique vivement combattue par une importante minorité de l'Assemblée. L'indiscipline des troupes avait amené dans l'Est des scènes de désordre ; l'émigration ne faisait que grandir et le roi était dominé par des incertitudes et des appréhensions rendues chaque jour plus vives : on continuait de lui préparer des moyens de fuir. Quand des manifestations comme celles qui venaient de se produire à l'occasion de la Fédération, ne laissaient pas autre chose comme résultat, en qui et en quoi pouvait-on raisonnablement avoir confiance ?

A Versailles, sur une scène plus petite, même lassitude, même opposition, même incohérence dans les agissements des corps administratifs. Les règles du fonctionnement de ces corps étaient nouvelles et encore méconnues du public. Quand, dans une commune rurale, on avait besoin d'aide, c'était à la municipalité de Versailles qu'on le demandait, et elle le donnait, sans que le département ou le district, qui ne disposaient d'aucune force, fussent intervenus. C'est ainsi que, sur réquisition, la garde nationale de Versailles était allée à Buc, Saclay, Velizy, Vauhallan, Orsay et ailleurs encore, rétablir l'ordre troublé par des attroupements de moissonneurs et par le pillage des glaneurs ; c'était bien, mais ce devait être concerté avec le district et le département.

De son côté, la municipalité relevait vivement l'irrégularité de transmission des dépêches qui lui venaient de l'un ou de l'autre de ces organismes. Au district qui avait demandé pourquoi la vente du pain au poids avait été repoussée, elle avait répondu que cela ne le regardait point.

Le district avait fait un placard destiné aux communes du canton ; il leur reprochait leur négligence dans le recouvrement des rôles ; Versailles avait sa part des reproches ; la municipalité la repoussa vivement comme imméritée. La souscription de la ville pour le quart du revenu s'élève à 1.350.000 livres, disait-elle ; est-ce qu'il n'y a pas là une preuve suffisante de son patriotisme ? Le directoire du district pourrait-il citer une ville de France, de même situation, qui eût à donner de son dévouement un témoignage de cette valeur ? Et si l'on ne peut faire aucun reproche à cette ville si généreuse, pourquoi afficherait-elle sur ses murs le placard qui la blâme ? La municipalité ne le fera pas.

« Nous espérons, écrit-elle à la fin de sa lettre, que vous
» recevrez nos observations avec autant d'intérêt que nous
» avons mis de confiance à vous les exposer. »

Au département on avait renvoyé une lettre en y joignant les observations suivantes :

« On refuse à M. Lecointre la communication qu'il de-
» mande, parce que le directoire du département étant
» seul en activité, elle s'écarte de l'exactitude de la cor-
» respondance officielle. — Si cependant, ajoutait-on, vous
» nous faites connaître, Messieurs, que votre intention est
» que les lettres souscrites par M. Lecointre seul, aient en
» tout temps le caractère d'une lettre du directoire du dé-
» partement de la Seine et de l'Oise, nous préviendrons la
» municipalité de Versailles de cette nouvelle disposition. »

C'était plus que subtil.

La correspondance demandait le déplacement des chanoinesses qui étaient aux Ursulines, pour faire place à l'administration départementale. Qu'importe le fond ? une lettre du maire au procureur général du département, qui ne s'en prenait qu'à la forme pour laisser de côté ce qui l'intéressait le plus, le fond, c'était, dans les termes que nous venons de citer, un oubli des formes et du style administratif dont Coste connaissait bien la valeur et dont il était habituellement un fidèle observateur.

Cependant les affaires qui ne passaient ni par le district ni par le département, étaient assurées de trouver, suivant qu'il y avait lieu, une prompte solution devant l'autorité municipale. A la veille d'entrer en possession d'un régime financier, elle commença par son personnel de la mairie, fit payer l'arriéré, et arrêta, pour l'avenir, l'organisation suivante :

1 secrétaire-greffier, au traitement de.....	3.000 liv.
1 principal commis du secrétariat.........	1.200
1 secrétaire du maire.....................	1.000
6 commis au traitement de 900 livres......	5.400
1 commis au secrétariat...................	600
3 garçons de bureau à 500 livres..........	1.500
1 placier sur le marché...................	800
Total...................	13.500 liv.

Elle appointait aussi deux inspecteurs de police à raison de 800 livres par an.

Ce n'était pas un service ruineux que la ville allait prendre à sa charge ; mais on savait bien qu'il faudrait, dans peu de temps, lui donner plus d'extension.

Elle autorisa le transfert au département du poste de la place Dauphine, et, informée qu'un vol venait d'être commis au Château, dans l'appartement de Vicq d'Azyr, qu'un autre, celui d'un cheval, avait pu l'être dans les écuries royales, elle jugea à propos de prendre quelques informations sur la manière dont les postes faisaient leur garde. Les envoyés aux grandes écuries lui rapportèrent qu'ils n'avaient point trouvé de sentinelles à leur place ; en pénétrant dans le corps de garde, ils virent tout le poste plongé dans le plus profond sommeil ; caporal et soldats ne s'éveillèrent que difficilement. Cela fut signalé au commandant en second, mais il resta comme impression que la discipline était bien négligée et qu'il y avait urgence d'y pourvoir.

A l'état-major, on venait de régler l'ordre des bataillons et le rang des compagnies d'après leur effectif actuel ; ce fut l'occasion de constater des vides nombreux, d'où la nécessité de remanier la distribution des postes de surveillance. On conserva ceux de l'Hôtel-de-Ville, du Marché-Neuf, de la rue Saint-Antoine, du Château, du Poids-le-roi et du District. Cette distribution exigeait 83 gardes nationaux tous les jours, sans compter ceux des barrières où il en fallait 63, soit en tout 146 pour le service complet de la ville. La charge était lourde, et malgré cela il se commettait de temps en temps des actes de désordre qui auraient pu être prévenus, si l'autorité morale des forces en surveillance avait répondu à leur déploiement ; l'étendue de la ville elle-même était une cause d'inefficacité des moyens en beaucoup de circonstances ; les habitants se faisaient-ils une idée exacte des conditions dans lesquelles devait s'exercer la police d'une grande ville ? C'est douteux, car on peut voir dans les actes de la municipalité que des habitants de la rue des Vieux-Coches (rue Saint-Simon) en étaient encore à demander au maire l'autorisation de faire un dépôt de fumier dans leur rue !

La garnison de Versailles allégeait un peu le service de la garde nationale, mais elle ne s'était jamais élevée à mille hommes ; Lafayette venait d'en prendre 200 pour Fontainebleau. Le vide qu'ils laissaient à Versailles se sentait bien devant la recrudescence du vagabondage, et l'ouverture de la chasse approchait.

La municipalité de Versailles montrait une attention opiniâtre à défendre ce qu'elle appelait les plaisirs du roi, et le roi s'était réservé la chasse dans l'étendue de ce qu'on appelait alors le Grand-Parc, enceint par un mur qui n'englobait pas moins que les territoires de huit communes autour de Versailles. La réserve du roi excluait pour tout autre, propriétaire ou fermier, l'exercice de la chasse sur l'une quelconque des communes enclavées. Cette exclusion causait un préjudice réel à ces communes et les plaçait dans une situation exceptionnelle qu'il était difficile de justifier, en regard des droits proclamés par la Constitution. On l'avait bien compris à l'Assemblée nationale, et, pour dédommager les communes sacrifiées, on avait imaginé de leur allouer une indemnité pécuniaire qu'il restait à fixer et pour quoi on recueillait des renseignements.

Mais dans les campagnes on ne l'entendait pas ainsi ; le droit de chasse était nouveau, donc on était impatient d'en jouir. Des habitants de Saclay, Saint-Aubin, Villiers-le-Bâcle et Toussus, réunis au nombre de 650, manifestèrent énergiquement leur résolution de chasser ; les officiers municipaux de ces communes accoururent à Versailles pour demander protection. Les huit *paroisses* du Grand-Parc se trouvaient d'accord pour une chasse générale fixée au 1er septembre. C'était, pour la municipalité de Versailles, une coalition de braconniers ; elle ne reconnaissait qu'au roi la qualité de chasseur. Elle ne savait plus quelle attitude prendre devant une si bruyante manifestation ; elle ne trouvait pas de décret qui traçât clairement ses devoirs. Elle craignait, disait-elle, des malheurs, qu'on employât ou non la force, et, dans une telle alternative, elle en référa immédiatement à l'Assemblée nationale, redemanda à Lafayette les 200 hommes qu'il avait envoyés à Fontainebleau, se recommanda à Guignard, ministre de la maison du roi, en faisant à tous une sombre peinture de sa position.

Ce n'était pas sans motifs un peu sérieux qu'elle était remplie d'alarmes. Quelques jours plus tard, il y eut dans le Grand-Parc, entre braconniers, gardes-chasse, gardes nationaux, grenadiers du régiment de Flandre, en tournées de surveillance, un choc qui n'eut pas en réalité une gravité considérable, mais dont la presse s'empara et fit une scène d'atrocités. Elle insinua que ces atrocités étaient à la charge de la municipalité de Versailles, puisque la force qui les avait commises obéissait à ses ordres. Un braconnier avait été amené à la municipalité, puis mis en liberté, à cette considération que le flagrant délit dans lequel il avait été surpris, le rendait justiciable de la justice ordinaire. Y avait-il autre chose de plus sérieux ? Rien ne l'atteste sûrement. Le directoire du département s'empara des récits des journaux et en fit le sujet, faut-il dire d'une dénonciation ou seulement d'un rapport à l'Assemblée nationale ? Sous quelque titre qu'on apprécie cet acte, il irrita profondément la municipalité.

Le maire en entretint e Conseil dans un langage plein d'amertume. Dutillet de Villars essaya de le calmer en faisant remarquer que dans les agressions de la presse, la garde nationale n'était pas mise en cause, mais seulement les gardes-chasse, et il en tirait cette conséquence que les auteurs et les complices des propos injurieux pouvaient se disculper par une négation. — On ne repousse pas une calomnie par une négation, répliqua vivement le maire. — Sans doute, dit Demallemain ; mais voyons avant d'agir. L'idée qu'il fallait y regarder de plus près ayant prévalu, le procureur de la commune donna ses conclusions dans ce sens. Le Conseil nomma une Commission de deux membres qui, après avoir recueilli quelques renseignements, alla au département d poser un réquisitoire auquel on ne répondit pas ; ce que voyant, la Commission menaça de se pourvoir devant l'Assemblée nationale en réparation d'injures.

Le temps mit, en quelques jours, un peu de baume sur ces blessures, ou du moins amena les parties à traduire leurs sentiments sous une forme moins acrimonieuse.

Le département fit un placard explicatif à côté duquel la municipalité en placarda un autre qui s'expliquait tout autrement. On s'aperçut sans doute que si la pensée des insulteurs allait droit à la municipalité, il y avait, comme l'avait dit de Villars et comme cela arrive presque toujours, assez de vague dans l'expression, pour que l'écrivain pût nier qu'il l'avait expressément visée. La vivacité des expressions, dans l'attaque et la défense, eut le mérite, paraît-il, d'opérer une sorte de décharge du fluide électrique dont les têtes se trouvaient des deux côtés pourvues à l'excès. Personne ne fut foudroyé. L'idée de la dotation reprit sa place dans les cerveaux plus libres ; il fallait le concert des deux corps administratifs sur cette intéressante affaire ; ils s'entendirent sans redevenir amis, mais ils firent trêve, au moins pour quelques jours, à leur guerre de tracasseries.

La querelle, dont le bruit retentit partout, à l'Assemblée nationale, à la cour, chez le roi, avait eu pour cause une faute que tout le monde avait commise, et en tête, l'Assemblée nationale. Elle n'aurait pas dû concéder au roi une réserve de chasse dont elle n'avait plus la libre disposition, puisqu'elle avait proclamé ce droit inhérent à la propriété, et que ni l'Etat ni le roi n'étaient propriétaires de toutes les terres comprises dans l'enclave des huit communes. La municipalité versaillaise apporta à défendre des concessions légèrement faites, une ardeur irréfléchie, et le directoire du département eut le tort grave de s'approprier contre une administration municipale dont il était le protecteur légal, une imputation que la presse avait fondée sur des faits travestis avec une malveillance odieuse. Quant au district, il faisait dans la mêlée cause commune avec le département sans motifs bien caractérisés, sinon qu'il était sous la dépendance du directoire départemental.

En réalité, deux principes étaient en opposition, celui de la Révolution représenté par les membres du district et du département, et celui de la royauté, par la majorité de l'administration municipale : deux principes ou deux partis, dont le premier manifestait qu'il était déterminé à faire échec à la puissance royale pour assurer la prédominance de la Révolution ; le second, ayant fait à la Révolution une large part pour sauver la royauté, mais ne dissimulant point que la plus haute de ses préoccupations était la personne du roi, d'où les plus avancés concluaient que, le cas échéant, il lui en coûterait peu de préférer le salut du roi à celui de la Révolution.

Tel était à peu près, dans ce temps, l'état des esprits à Versailles. De toutes les villes de France, c'était Versailles que le roi connaissait le mieux ; irrésolu et faible, il a dû chercher souvent, au milieu de ses incertitudes, à sonder l'esprit de son peuple ; il a bien pu se persuader que Versailles, ville de province par excellence, était l'image réduite de la France, Paris excepté. En voyant de quel amour il était l'objet dans la ville de son ancienne résidence, il a pu conclure pour toute la nation, et ce qui l'a fortifié dans ce calcul, c'est qu'il ne comprenait pas qu'il en pût être autrement d'un roi animé des meilleures intentions du monde ; il ne supposait pas que cela ne pouvait pas suffire et que ces intentions n'aboutissaient à rien, parce qu'elles étaient mal pondérées, ou si l'on veut, non secondées par un esprit de résolution capable de les mettre et de les tenir en activité aussi longtemps que leurs effets ne se seraient pas produits. Il n'y avait pas jusqu'à la cour et jusqu'aux partisans ou adversaires de la Révolution qui ne tinssent grand compte de l'opinion dominante de Versailles. Mais ceux qui étaient les représentants de cette opinion, quelle part prenaient-ils dans les desseins ou les conspirations qui se croisaient autour du roi ? Nous le verrons peut-être par la suite. Ils étaient alors très peu nombreux, mais ils n'en ont pas moins servi de prétexte à l'attitude prise vis-à-vis de la municipalité de Versailles, par l'administration départementale dont Lecointre était le chef nominal et l'âme.

La municipalité n'était pas vraiment en bonne veine : l'état-major de la garde nationale, qui était généralement pour elle plein d'attention et de respect, eut la mauvaise chance de lui faire une injure, mais sans intention vraiment coupable. Des citoyens, gardes nationaux, avaient déposé au siège de l'état-major une demande ayant pour objet 1,200 fusils, des canons et des munitions pour être mis à la disposition de la garde nationale. La demande était appuyée de considérations dont quelques-unes exprimant un doute sur le patriotisme de la municipalité. L'état-major prit une délibération pour appuyer la demande, et, en l'absence de Berthier, le major qui n'était autre que de

Villars, envoya le dossier à la municipalité. La pétition y était ; lorsqu'elle fut lue dans le sein du Conseil, elle provoqua une explosion de mécontentement facile à deviner. Le Conseil repoussa la proposition et ordonna son renvoi à l'état-major. Ici on resta stupéfait de la maladresse commise. On l'expliqua comme nous venons de le dire, et comme Berthier prit à cœur de la réparer, on accepta sans difficulté ses excuses, et on n'en parla bientôt plus.

L'agitation des masses avait pénétré dans l'asile ordinairement paisible des Récollets. Le maire écrivit au Révérend Père gardien une lettre sévère pour rappeler au devoir ces religieux turbulents. Il leur disait que le décret du 20 mars laissait la liberté de se retirer à ceux qui ne pouvaient s'accommoder du régime monastique, et qu'il était du devoir de ceux qui restaient de s'y soumettre sincèrement.

« On ne s'est pas encore occupé, disait le maire, de la
» question de savoir si on conserverait ou non cette mai-
» son ; mais soyez prévenus, Révérends Pères, que les dis-
» sentiments ne sont pas favorables à sa conservation.

» La maison ne peut continuer d'être respectée qu'autant
» qu'elle se respectera elle-même. »

C'était sévère, mais bien mérité. Si cette remontrance désarma ceux des Révérends Pères qui étaient un peu querelleurs, les événements ne permirent pas aux pacifiques de jouir longtemps du calme rétabli dans le monastère. Un peu plus tard, le Comité ecclésiastique de l'Assemblée nationale s'enquit de ce qui s'était passé. Le maire expliqua qu'il ne s'était agi réellement que de différends sur l'interprétation du décret du 20 mars, sans mouvement aucun d'insubordination. Cela étant, la sévérité de l'administration aurait été excessive.

Une petite émeute se produisit, tout près du maire, à la grille même de l'Hôtel de Ville ; elle se calma d'elle-même, mais il y avait là une cause de rassemblements que le Conseil jugea à propos d'écarter : c'étaient des marchands de brochures que les oisifs venaient lire et qui fournissaient les thèmes de discussions plus ou moins orageuses. On obligea les marchands à passer de l'autre côté de l'avenue, ce qui eut au moins l'avantage de laisser libres les abords de l'hôtel.

Les lecteurs en plein vent étaient pour la plupart des ouvriers manquant de pain, qui, sous prétexte de lire, se tenaient au plus près possible de la municipalité. Le maire les harangua, leur donna une copie des dispositions qu'on prenait dans leur intérêt, et les attroupements cessèrent.

A Montreuil, dans un établissement mal famé, se passaient aussi des scènes de désordre qu'il fallut réprimer; au cavalier Bernin, en tête du bassin des Suisses, mêmes scènes provenant des mêmes causes ; on les réprima partout.

Le colportage des *papiers incendiaires,* suivant l'expression usitée alors, était l'objet d'une grande surveillance. On épluchait ces papiers et on ne laissait aux colporteurs que ceux qu'on jugeait d'une parfaite innocuité. C'était bien là l'arbitraire le mieux caractérisé ; mais la liberté, c'était encore un nom, pas du tout un principe et moins encore, si c'est possible, une règle d'application bien définie ; et quand cette règle sera trouvée, il faudra les hommes qui s'en servent avec équité.

L'industrie de Versailles, si peu élevée qu'elle fût, se tenait difficilement debout, et comme elle était peu forte, elle était souvent attaquée. Une amidonnerie, établie rue du Comte-d'Artois (Saint-Martin), incommodait fort les voisins qui demandaient la suppression de l'usine. On ne la supprima point cependant, sous le mérite de l'engagement pris par l'industriel de faire les frais d'un ruisseau pavé pour l'écoulement de ses eaux, et de tenir enfermés les porcs qu'il nourrissait des déchets de son industrie ; à ces quelques détails, on sent bien que le voisinage d'une pareille industrie n'était pas agréable.

Une autre industrie, dont on aime aussi à se tenir au plus loin, était en grande souffrance depuis que le roi avait quitté Versailles, c'était la fabrique de chandelles :

le suif manquait. Le fondeur Chanteclair avait tenté de s'en procurer à Paris, mais ses voitures chargées furent arrêtées aux barrières, en vertu d'arrêtés municipaux de la ville de Paris. Il fallut réquisitoire du Procureur de la commune de Versailles et démarches multipliées pour obtenir la permission de passer. Comme on entendait bien la liberté du commerce, plus de quinze mois après qu'on avait fait une révolution au nom de la liberté !

La municipalité, qui avait tant de choses à faire, trouvait cependant le temps de se mêler de celles qui la regardaient bien peu. Elle avait remarqué que les années précédentes, on avait omis d'inviter la paroisse Saint-Symphorien à la procession instituée par Louis XIII. Les autres paroisses en prirent bonne note et le 15 août 1790, les trois paroisses de la ville participèrent à la solennité du jour.

Le 25 du même mois c'était jour de la fête du roi ; il était à Saint-Cloud. Une députation lui porta les vœux et hommages de la municipalité, fut gracieusement accueillie, et revint enchantée de la réception qui lui avait été faite par Loustaunau, ancien membre de la municipalité de 1787 et premier chirurgien du roi.

La célébration de cette fête ne fut marquée à Versailles que par le chant du *Te Deum* dans les trois églises.

Le comité d'imposition était dans l'intention, avait-on dit, de laisser à l'administration du domaine la perception du droit de contrôle sur les actes des notaires qui s'en émurent et s'entendirent pour une réclamation commune. C'était, disaient-ils, un droit tyrannique qu'ils proposaient de *commuer* en un droit de timbre extraordinaire sur le papier. Les notaires de Versailles développèrent devant le Conseil municipal les avantages de leur système et firent valoir qu'il était particulièrement intéressant pour la ville. Le droit de contrôle, c'était le droit d'enregistrement d'aujourd'hui, qui est tantôt fixe, tantôt proportionnel. On ne voit pas clairement comment un droit sur le papier pourrait être avantageusement substitué au droit d'enregistrement; les officiers municipaux d'alors le virent ou crurent le voir, puisqu'ils s'associèrent aux demandes des notaires, mais sans convaincre les législateurs.

L'entretien de l'Infirmerie, ou Hôpital, passait à la ville qui était mise bien plus vite en possession de ses charges que de ses revenus ; les administrateurs de cet établissement firent acte d'obéidence pour ainsi dire, avant même qu'il eût été statué sur la dotation de la ville.

Cette malheureuse affaire de la dotation n'avançait pas du tout; on était à la fin d'août et le directoire du département n'avait pas encore fait sortir le dossier de ses bureaux où on semblait s'acharner à la discussion de considérations accessoires plus propres à obscurcir qu'à éclairer la marche de l'affaire; voilà du moins ce que l'on disait.

Pendant ce temps, la municipalité avait perdu tous moyens de pourvoir à la moindre dépense. Chambert, un des officiers municipaux qui, avec Demallemain, faisait au département les démarches tendant à accélérer l'instruction de la demande, s'offrit, et son offre fut acceptée avec reconnaissance, de faire les avances urgentes et il commença par payer le quartier dû aux inspecteurs de police.

Eh bien ! si au district et au département on ne s'abstenait pas de mauvais vouloir vis-à-vis de la dotation, il y avait quelqu'un qui se trouvait encore plus coupable, et c'était, le croirait-on ? la municipalité !

La municipalité, qui réclamait sa dotation, qui ne pouvait plus marcher, qui en était réduite à fouiller dans la poche d'un de ses membres, pour payer ses agents de police, n'avait pas formulé catégoriquement sa demande ; elle s'était systématiquement et constamment refusée à toute démarche par crainte de blesser le roi.

Mais, objectait-on, le *désappropriement* offert par le roi autorise la Commune, qui n'a ni propriétés ni revenu quelconque, à demander une partie des droits d'entrée qui s'y perçoivent : qu'importe ! on était au 30 août; la municipalité ne put se décider à introduire dans une nouvelle adresse d'autres expressions que celles-ci :

« La ville de Versailles réclame avec confiance qu'il lui
» soit alloué, comme à toutes les autres villes du royaume,
» une dotation qui la mettra à portée de subvenir à sa
» charge. »

L'adresse entre ensuite dans l'examen des titres historiques qui recommandent la ville à la justice de l'assemblée. Les octrois ne lui suffisaient point alors qu'elle avait 10.000 pauvres et ouvriers sans travail ; les habitants qui ne sont pas à la mendicité, se sont épuisés par les efforts faits depuis dix-huit mois en faveur de ceux qui en vivent.

Et elle finissait ainsi :

« Les besoins de la ville de Versailles sont évidents : ils
» sont excessivement urgents. Sa demande est si modérée
» et si constitutionnelle que la municipalité, pour donner
» une preuve éclatante de sa confiance en la justice de
» l'Assemblée nationale, croit devoir se borner à cet exposé
» simple et respectueux. »

Et voilà son grand tort, la faute irréparable que les générations actuelles n'ont pas fini d'expier. Ne pas oser demander ce qui est dû, ce qui est nécessaire à une population de 50,000 âmes, pour avoir sa place dans la nation et y vivre de la vie communale, au même titre et dans les mêmes conditions que les autres villes ! n'avoir pas fait l'exposé détaillé de ces conditions, de peur d'offenser un roi, si digne qu'il eût été de respect et d'hommages, voilà la plus inexplicable des faiblesses qu'une administration municipale pût avouer. Fétichisme et pusillanimité ! Ces mots-là sont gros, mais ils sont mérités. L'occasion était unique ; la laisser échapper, c'était risquer de ne pouvoir plus jamais constituer le patrimoine municipal, tel qu'il convenait à cette grande cité, dont la magnificence pesait déjà d'un poids écrasant sur ses habitants ; elle intéressait la France entière, cette grandeur de Versailles. Il eût été si juste d'en mettre une bonne part à la charge du trésor public.

Le roi, en considération de qui la municipalité élue en 1790, s'est abstenue de produire à l'appui de sa demande les seuls arguments susceptibles de frapper l'Assemblée nationale ; le roi, disons-nous, n'avait plus même en ce moment à se sentir touché par ces arguments, puisqu'il avait accepté de passer sous le régime de la liste civile. La nation seule était intéressée à régler cette dotation ; ses représentants éclairés, comme ils auraient dû l'être, par ceux de la ville, ne pouvaient se refuser à la faire juste et suffisante. Qu'eût-ce été après tout qu'une dotation prélevée sur les ressources de la France et appropriée aux besoins d'un groupe de 50.000 âmes, nouveau-né à la vie municipale, sans revenu propre, sans propriétés d'aucune espèce ? presque rien et, en tous cas, une faible part de la fortune nationale retournant à la communauté dont elle avait été tirée et dont la royauté, depuis plus d'un siècle, avait fait indûment bénéficier le domaine royal, devenu, en 1790, le domaine public [1] !

Louis XVI, au moment où ces choses se passaient, avait déjà perdu, par sa faute et au préjudice de la nation, la plus grande part du mérite qui lui avait valu le dévouement presque héroïque pour sa personne des administrateurs de la ville de Versailles. Ce n'était déjà plus la personne d'un roi qui était en cause, mais celle d'un homme qui semblait obéir machinalement à toutes les impulsions qui se croisaient autour de lui ; combien cela pourrait-il durer, et quelle en serait l'issue ? A Versailles, non moins qu'ailleurs, on pressentait une effroyable crise ; et cela étant, on s'explique difficilement une abstention qui sans rien ajouter au péril dont la personne du roi était menacée, devait laisser la ville dans une situation financière si délicate.

[1] Le roi, dans sa lettre au président de l'Assemblée nationale, du 9 juin 1790, qui contenait l'exposé de ses besoins pour servir à l'établissement de sa liste civile, avait dit que son droit d'aides sur la ville de Versailles montait à 900,000 livres. (*Collection générale des décrets de l'Assemblée nationale*, juin 1790, p. 55.)

CHAPITRE VIII

LA CHASSE AU PARC

SEPTEMBRE–DÉCEMBRE 1790

La chasse. — Incidents. — Conflits. — Target. — L'Assemblée nationale. — Suspension. — Rassemblements de chasseurs. — Arrestations. — Intervention du département, — de Berthier. — Rapports en contradiction. — Apaisement. — Offrande du quart sur le revenu. — La générale. — Saint-Cyr. — Homme à pendre. — Agitations dans l'armée. — La garde nationale. — Révoltes à Metz, à Nancy. — Effets sur Versailles. — Infirmerie ou hôpital. — Aumônerie. — Le roi premier aumônier. — Froment, dernier bailli. — Traitements à fixer. — Maison de Saint-Louis. — Sœurs. — Tambours. — Dissentiments dans la garde nationale. — Un meuble déplacé. — Relations tendues. — Offrandes à l'Aumônerie. — Juges de paix. — Prud'hommes. — Comptable de la ville. — Prévisions en finances. — Biens nationaux à acheter par la ville. — Projet de secours repoussé. — Taxe du pain. — Ru de Marivel. — Agents salariés de la garde nationale, de police. — Médecins de l'Infirmerie. — Dépenses sans équilibre. — La municipalité et ses finances. — Réconciliation avec le département. — De Broglie. — Les devoirs hiérarchiques. — La garde nationale et son commandant. — Protestations. — Ordre de service annulé. — Le régiment de Flandre. — Indiscipline. — La municipalité et les sections. — Un membre du département. — Les indigents. — Violences morales seulement. — Election et installation du tribunal de district. — Fin du bailliage. — Un Récollet goutteux. — Correspondances de la garde nationale. — Travaux pour les désœuvrés. — Bois de Vaucresson ravagés. — Arrestations de délinquants. — Comptes de la ville. — Opposition inconstitutionnelle. — Sections. — Elections complémentaires de neuf officiers municipaux et dix-huit notables. — Nombreuses affaires. — Fin de 1790.

> « Le moyen de rapprocher les municipalités d'un même canton, c'est de les faire concourir pour un intérêt commun et de les accoutumer à n'avoir sur aucun objet un intérêt différent ».
> (*Discussion au Conseil général de la commune sur l'organisation des justices de paix*, p. 332.)

A l'ouverture de la chasse, le 1ᵉʳ septembre, la municipalité n'avait pas reçu les instructions qu'elle avait demandées pour le cas où les habitants des communes enclavées dans le grand parc persisteraient dans leur intention de se livrer au plaisir de chasser, sans souci de celui du roi. Le cas se produisit; il fut constaté par des procès-verbaux rapportés par le commandant de la garde nationale et par des détachements composés mi-partie de gardes nationaux, de chasseurs de Lorraine et de soldats du régiment de Flandre.

Les placards portaient que la force n'agirait qu'autant qu'elle serait appelée par arrêtés des municipalités intéressées; ailleurs elles n'auraient rien à faire. Il n'y eut que la commune de Fontenay-le-Fleury qui fit cet appel.

Dans deux séances que la municipalité, fort inquiète, tint le 2 septembre, elle déplora longuement ces excès; ce fut bien pis, quand on lui apprit que le second jour « les braconniers s'étaient répandus dans toutes les paroisses, en si grand nombre, qu'une seule municipalité en comptait plus de 600 sur son territoire ». Elle envoya à l'Assemblée nationale les procès-verbaux qui lui étaient parvenus, avec une adresse dans laquelle le rédacteur ne manquait pas de faire remonter au département la responsabilité de ces désordres, qu'il déclinait pour la municipalité dans un langage plein d'aigreur.

« Les braconniers qu'on avait pu arrêter, disait cette adresse, avaient répondu qu'ils étaient personnellement autorisés à chasser par le directoire du département et qu'ils reviendraient en plus grand nombre après avoir fait battre la générale à Versailles. »

Il s'agissait donc bien, selon la municipalité, d'une insurrection, non plus de braconniers mais de brigands, puisqu'ils ne s'en prenaient pas seulement au gibier et qu'ils avaient enfoncé les portes du Pavillon du roi. Ils n'avaient tenu aucun compte des avertissements publiés le 28 août par la municipalité de Versailles, encore bien que ces avertissements eussent été approuvés le 31, par l'Assemblée nationale et sanctionnés le même jour par le roi. N'en ayant tiré aucun résultat utile, la députation municipale posa la question suivante au Comité de Constitution :

« Une municipalité de chef-lieu de département ayant à
» se plaindre, en matière grave, de l'administration départementale, peut-elle être refusée à la barre de l'Assemblée nationale?
» L'avis du Comité, lui répondit-on, est que la gradation
» du pouvoir conduit la municipalité au roi : si le ministre
» s'écarte des décrets, c'est à l'Assemblée nationale qu'elle
» s'adressera. »

Prompte et vive comme l'avait été la question, la réponse disait admirablement tout ce qu'il y avait intérêt à savoir.

Pendant ce temps-là, le braconnage s'en donnait à cœur joie ; le gibier des huit communes était condamné à disparaître jusqu'au dernier, avant qu'on eût pu mettre en pratique la courte mais substantielle consultation à laquelle Target avait donné l'autorité de sa signature. Le roi fut amené, pour sauver ce qui en restait, à proclamer que l'exercice du droit de chasse dans le Grand-Parc serait suspendu jusqu'au 15 septembre.

Mais la décision royale n'avait fait qu'ajourner les difficultés ; le nombre des indisciplinés avait toujours grandi ; on le disait de trois mille hommes armés de fusils, de bâtons et de toutes sortes d'instruments. Chambert, Le Roy notaire et Menard furent députés à l'Assemblée nationale afin de demander d'urgence des mesures de salut pour les propriétés royales et même pour les propriétés privées. On alla voir le roi, le maire de Paris, les ministres, tous les personnages qu'on croyait susceptibles d'intervenir utilement en cette conjoncture délicate.

La municipalité signalait le danger à tous, même à ceux qu'elle accusait de l'avoir créé. Elle écrivait au département lui faisant un tableau un peu chargé et assombri avec intention, de ce qui se passait aux portes de la ville ; elle n'omettait pas d'attribuer cet état périlleux à la publication de la délibération du directoire, vraisemblement mal interprétée, ajoutait-elle, comme pour adoucir un peu la portée de pareilles imputations ; et, cela dit, elle le sollicitait d'employer pour dissiper les rassemblements, toute son influence vis-à-vis des habitants des campagnes.

Sous cette pression, l'Assemblée nationale vota un décret, sanctionné le même jour par le roi, qui autorisa la municipalité de Versailles et celles des autres communes de l'enclave du Grand-Parc, ou, à défaut, les corps administratifs à employer tous les moyens qui étaient en leur pouvoir pour repousser les attroupements et faire arrêter les coupables.

« Le maire de Paris et le commandant de la garde nationale de cette ville, dans le cas où ils en seraient requis, prêteront main forte à la garde nationale ou aux communes qui la requéreront. »

En même temps, le président, à la tête d'une députation de douze membres, était délégué auprès du roi pour lui exprimer, au nom de l'Assemblée, son respect et son dévouement, et aussi le regret avec lequel elle verrait Sa Majesté « faire le sacrifice des objets qui intéressent ses jouissances personnelles ».

En possession de ce décret, la municipalité le fit imprimer en placards, y ajouta ses propres instructions et mit en mouvement les forces dont elle disposait. On lui ramena un assez grand nombre de prisonniers, ce qui lui causa plus d'embarras que de satisfaction. Sur les réclamations des parents et des amis, on en mit immédiatement un certain nombre en liberté ; les autres furent successivement relaxés à mesure qu'ils étaient réclamés.

Parmi les réclamants, on vit le maire et les officiers municipaux de Châteaufort, qui arrivèrent à temps pour se faire rappeler au sentiment de leur dignité, non pour l'arrogance, mais, au contraire, pour le ton trop humble de leur langage « devant des hommes qui étaient leurs collègues ». La leçon était vraiment bonne à retenir : est-ce que les officiers municipaux de Châteaufort n'auraient pas trouvé, dans un passé tout récent, l'occasion de faire remarquer à leurs collègues de Versailles, qu'ils l'avaient assez malencontreusement perdue de vue pour eux-mêmes ?

Ce remue-ménage ne paraît pas, du reste, avoir eu des suites plus sérieuses pour les chasseurs improvisés. Le côté grave, c'était l'animosité qu'il avait fait naître et pousser fort loin entre la ville et le département, si bien que l'Assemblée nationale, poussée elle-même tantôt par l'un et tantôt par l'autre, était arrivée à ne plus savoir où était la vérité.

Le directoire du département, pendant que la municipalité s'agitait si fort, ne s'était pas tenu tranquille ; il avait cherché à infirmer, auprès de l'Assemblée nationale, les dires de ses adversaires, en assurant que « ceux qu'on
» avait présentés comme des brigands menaçant le Petit-
» Parc, le château et la ville de Versailles, n'étaient autres
» que les habitants des communes voisines, des citoyens
» honnêtes, induits en erreur, auxquels il avait été publi-
» quement annoncé que le roi avait permis de détruire tout
» le gibier du Parc ». Il annonce en outre que « le calme
» est parfaitement rétabli, heureux d'apprendre cette nou-
» velle satisfaisante à la France entière et à son chef au-
» guste, dont il serait à désirer qu'on respectât le repos et
» que les ennemis du bien public rendent le plus malheu-
» reux des hommes parce qu'il en est le meilleur ».

L'Assemblée nationale décréta que cette adresse serait imprimée et présentée au roi par son président.

Mais, le 29 septembre, suivant la rédaction que nous transcrivons textuellement, lecture est faite « d'une lettre
» du sieur Berthier, commandant de la garde nationale de
» Versailles, dans laquelle il demande à faire connaître la
» vraie cause des dégâts et des troubles arrivés dans le
» Parc de Versailles, et, comme cette lettre annonçait des
» faits absolument contraires à ceux que le directoire du

» département de la Seine et de l'Oise avait mis la veille
» sous les yeux de l'Assemblée,
   » L'Assemblée nationale décrète que l'exécution de son
» décret rendu hier sur la lettre du directoire du départe-
» ment, demeurera suspendue, et renvoie la lettre du di-
» rectoire et celle de Berthier au comité des rapports
» pour en rendre compte à l'Assemblée. »

Cette affaire des chasses du Parc avait-elle donc autant de gravité qu'elle faisait de bruit? Non, assurément; elle avait mis en mouvement deux partis qui avaient quelque chose à se dire et voulurent se le dire sur le dos des braconniers ou brigands du Parc ; au moment où nous sommes arrivés, fin septembre, il ne devait rester que bien peu de gibier dans l'enceinte qu'on voulait réserver au roi, car à la façon dont il avait été traqué dans le courant du mois, il n'y avait sans doute que de rares survivants parmi les pauvres bêtes, à peine pour la graine, suivant l'expression favorite des chasseurs. Les parties belligérantes, qui n'étaient pas descendues toutes sur le terrain, abandonnèrent, de lassitude, la lutte sans péril et sans gloire qu'elles avaient soutenue devant l'Assemblée nationale. Les autres, heureux ou bredouilles, qui avaient fait le coup de fusil, restèrent chez eux et l'affaire finit faute de combattants.

La municipalité crut qu'il était au moins de son devoir de remercier tous les personnages qui avaient pris parti pour elle dans cette période militante et riche de surprises : Lafayette, le maire de Paris, Guignard, Regnauld-de-Saint-Jean-d'Angely, Philippe de Noailles, gouverneur de Versailles, aucun ne fut oublié de cette municipalité polie, reconnaissante, mais un peu nerveuse et mal défendue contre la perfidie des premières impressions.

Affaire finie, avons-nous dit : non, elle ne le fut pas encore ce jour-là, mais apaisée du moins et ne faisant plus parler d'elle jusqu'au moment prochain où nous aurons à dire comment le sceau de la fin y fut adroitement apposé par un membre de l'Assemblée constituante [1].

---

[1] Page 339 ci-après, par de Broglie.

Le Conseil général de la Commune entreprit alors une tâche pour laquelle il semblait avoir une assez vive répugnance, c'était de reviser les déclarations pour l'offrande patriotique du quart du revenu ; ce travail exigeait un assez grand nombre de séances. Le premier jour, le nombre des membres présents fut insuffisant. Le maire en fut réduit à faire une convocation motivée en insistant auprès des notables pour les déterminer à se rendre aux réunions.

Ils exprimaient bien, en abordant ce travail, la cause de leur répulsion. Les événements avaient produit une perturbation énorme dans la valeur des propriétés et des revenus, de quelque nature qu'ils fussent ; et puis, par un patriotisme qui était l'honneur des Versaillais assurément, mais qui n'était peut-être pas assez prévoyant, les premières souscriptions avaient été portées si haut, que peu de villes en France, après Paris, avaient offert autant que Versailles. Comment concilier les estimations actuelles avec les précédentes ? Il y avait là une difficulté à résoudre. Les offres antérieures ne pouvaient pas être réduites ; il n'y avait pour le Conseil qu'à surtaxer celles qui étaient insuffisantes et à taxer d'office les citoyens qui, par un motif non connu, s'étaient abstenus de faire leur déclaration.

Voilà bien la règle à suivre, et le Conseil qui l'a vue, l'aborda désormais sans hésitation et la continua pendant dix-sept jours, c'est-à-dire jusqu'au 23 septembre, moment où l'opération fut terminée. Nous n'aurons pas le courage de la suivre dans ses détails : cela fatiguerait inutilement nos lecteurs. Mais admirons une fois de plus nos précurseurs qui travaillaient sans se lasser à sonder les fortunes et à chercher les bases d'un jugement en équilibre instable, juste aujourd'hui et faux demain, qui devait déterminer le degré où les souscripteurs arrêteraient leurs sacrifices. La revision des déclarations anciennes n'amena qu'un petit nombre de modifications ; les abstentions, auxquelles il a fallu suppléer, ont été, au contraire, nombreuses ; elles concernaient principalement des commerçants, des employés attachés au roi et aux princes, des fonctionnaires publics, et des gens de noblesse absents pour leur service ou émigrés ; on en juge par l'évaluation des revenus, quand on en voit passer un assez grand nombre de deux ou trois mille livres.

Dans l'intérêt de la salubrité de la ville, qui dépendait beaucoup, comme aujourd'hui, du système de vidanges, on adopta une pompe qu'on appelait *antiméphitique,* nom qui promettait sans doute plus qu'il ne devait tenir ; ce n'est que de nos jours qu'une partie de ce *desideratum* des grandes villes a été réalisé ; quand viendra le reste ?

Le district fit notifier à la municipalité qu'il lui appartiendrait à l'avenir de faire l'avance de la solde des invalides et des trois sols par lieue ou provisions attribuées aux soldats et aux mendiants. Pour ceux-ci c'était bien et c'est ce qui se fait encore. Mais pour les invalides, c'était une charge de l'Etat. La municipalité répondit qu'elle ne pouvait l'accepter, ce qui était une faute, car il ne s'agissait que d'une avance, et elle avait intérêt à retenir à Versailles une population aussi grande que l'étendue de la ville le comportait : elle eut bien le sentiment de s'être un peu trop hâtée dans son refus, car elle écrivit, quelques jours après à Guignard, ceci : « Si c'est *nécessaire, cependant, nous le ferons.* »

On entendit un jour battre la générale ; une vingtaine de chasseurs de Lorraine en état d'ébriété causaient du tapage dans la ville ; ils furent bientôt mis à la raison. Berthier eut à s'expliquer sur le déploiement de forces que cette répression avait occasionnée ; il répondit judicieusement que c'était le plus sûr moyen d'empêcher que le désordre se propageât. Le département en écrivit à la municipalité, en l'assurant qu'il était prêt à se concerter avec elle pour amener la tranquillité de la ville, mais celle-ci répondit que c'était chose faite et que l'accident n'avait aucune importance.

On voit comment la réponse aurait pu être exprimée, entre gens de moindre politesse.

En même temps, deux gardes nationaux racontaient qu'en passant à Saint-Cyr, ils avaient vu la foule menaçant de pendre un homme échappé de prison. On ne pouvait sans réquisition y envoyer la force armée. Deux commissaires y furent expédiés ; le fait était vrai, mais le calme s'était rétabli de lui-même et on avait laissé aller l'homme menacé du gibet.

La grande agitation du moment avait sa cause au dehors ; elle était venue du Parc et s'était manifestée au dedans de la ville par les petites scènes du cabaret se reproduisant plus nombreuses et plus violentes qu'en d'autres temps. La soldatesque s'y trouvait engagée. Les militaires raisonnables et pacifiques éprouvaient le besoin de se séparer des turbulents, et envoyaient à la municipalité des députations pour protester de leur patriotisme et de leur amour de l'ordre. Des chasseurs de Lorraine et des groupes du régiment de Flandre furent reçus cordialement en séance du Conseil municipal. Le maire les complimenta et les engagea à ne pas se laisser détourner du devoir.

La garde nationale elle-même, qui délibérait et discourait beaucoup trop, était loin d'être dans son ensemble en parfaite harmonie de sentiments et de tendances politiques. Des compagnies venaient aussi protester devant la municipalité contre ce que la majorité de cette garde avait approuvé, par exemple, contre l'adresse qu'elle avait envoyée à l'Assemblée nationale, en rectification des rapports du directoire du département, dans les affaires de chasse. Il y avait dans ces compagnies deux courants bien distincts. Il était périlleux de laisser subsister un pareil état de choses, car des chocs plus ou moins graves en résultaient nécessairement. Puisque les représentants de la nation attendaient de l'institution de la garde nationale une grande part de la force nécessaire à la consolidation du régime constitutionnel, il était déjà à regretter que l'organisation de cette force n'eût pas encore été décrétée et que, faute d'une discipline convenable, on la laissât s'affaiblir, pour ainsi dire, et s'épuiser en inopportunes délibérations.

L'armée elle-même, sur plusieurs points du territoire et principalement à Metz et à Nancy, donna l'exemple de quelques désordres qui ne furent pas réprimés sans peine et sans faire couler sans compensation du sang français. A Metz, les soldats ayant enfermé leurs officiers, pris les drapeaux et les caisses, tentaient de rançonner la municipalité. La garde nationale obéissant à Bouillé, général en chef de l'armée de Meuse, Sarre et Moselle, contribua à la répression de ces désordres. A Nancy, il y eut beaucoup de victimes parmi les gardes nationaux. L'Assemblée nationale, aussitôt informée, envoya des commissaires avec un décret sanctionné par le roi, portant des remerciements au directoire du département de la Meurthe, à la municipalité de Nancy, aux gardes nationales, au général des troupes de ligne, à l'officier Desilles qui s'était bravement mis au devant d'un canon pour empêcher de tirer sur la garde nationale. Le décret ajoutait que la nation se chargeait de pourvoir au sort des femmes et des enfants, veuves et orphelins des gardes nationaux tués en défendant l'ordre.

Ces événements déplorables causaient une vive émotion en France. La garde nationale de Versailles, transportée d'un noble mouvement, délégua à l'Assemblée constituante, une députation portant une adresse et des propositions pour l'érection d'un monument destiné à perpétuer le souvenir des actes de courage et de dévouement accomplis à Nancy, déjà reconnus par décret et recommandés aux hommages de la postérité.

A l'imitation de ce qui venait d'avoir lieu à Paris, où un service religieux avait été célébré en l'honneur des victimes, sur le Champ de Mars, la garde nationale de Versailles avait résolu d'en faire célébrer un au bassin des Suisses, lieu consacré par la fédération du 11 juillet ; mais à cause de la difficulté d'exécution, elle s'arrêta au choix de l'église Saint-Louis. La solennité fut fixée au 25 septembre, et elle se fit en présence des autorités, les magistrats du département en tête. L'abbé Petit, aumônier de la garde nationale, y prononça une oraison funèbre. Beaucoup de communes du département y avaient envoyé des détachements de gardes nationaux. Parmi ces communes, on comptait Orsay, Vauhallan, Saint-Lambert, les Loges, Jouy, Saclay, Massy, Palaiseau, Viroflay, Bailly, Châville, Noisy, Velizy, Le Chesnay, Amblainvilliers (ec. de Verrières), Longjumeau, Pecqueuse, Gif, Chevreuse, Saint-Remy-les-Chevreuse, Bures, Limours, Marcoussis, Marly, etc. La quête faite au profit des victimes produisit 1,580 livres 12 sols, somme vraiment considérable pour le temps, dans une ville qui avait à subvenir à tant de besoins locaux.

Voici enfin un décret qui statue sur la dotation de la ville : il est du 18 septembre, avec sanction royale du 21.

« L'Assemblée nationale, sur le rapport de son comité
» des finances, considérant que les articles constitution-
» nels relatifs à la liste civile et aux domaines réservés
» pour la jouissance du roi, mettent à la charge de la ville
» de Versailles les dépenses acquittées ci-devant sur le
» produit des octrois perçus par Sa Majesté, décrète, d'a-
» près l'avis du directoire du département de Seine-et-
» Oise [1], que la municipalité de Versailles sera chargée, à
» compter du 1er juillet dernier, de ses dépenses particu-
» lières et de l'entretien de ses établissements publics [2].
» Qu'en conséquence la municipalité sera autorisée à
» percevoir provisoirement à son profit, comme les autres
» villes du royaume et sous l'inspection immédiate et
» directe du département, les droits perçus ci-devant par
» le roi, à la charge par elle d'en verser les dix sols par
» livre au Trésor public. »

Voilà tout et c'était trop peu. Pour l'avenir, Versailles étant placée sur le même pied que les autres communes de France, il n'y avait rien à demander de plus ; mais le passé ne comptait donc pour rien, au jugement du législateur, ou du moins personne n'avait songé à le lui rappeler :

---

[1] C'est la première fois que le département est ainsi exprimé ; on disait auparavant : « de la Seine et de l'Oise ».

[2] Il y a aussi dans certains recueils : « de ses bâtiments publics ». On ne saurait trop insister sur l'attention qu'il faut donner, encore aujourd'hui, au décret précité du 18 septembre 1790.

pour le présent, la ville avait droit aux revenus que le roi percevait lui-même, à charge d'en verser la moitié ou dix sols par livre au Trésor public.

La portée de ce décret, simple déclaration de principes en apparence, transférait nécessairement à la ville la propriété des voies et moyens nécessaires à la perception du revenu dont il s'agit, même des bâtiments qui y étaient affectés, en quelque point de la ville qu'ils fussent élevés. Les administrateurs du temps ne le virent pas, ou bien ne s'en prévalurent pas; qu'en est-il résulté? c'est que longtemps après, la municipalité de Versailles se vit et se crut obligée d'acheter au domaine des édifices qui étaient les siens, notamment ceux de l'octroi, en vertu du décret précité du 18 septembre 1790.

Le seul effet utile dont l'administration municipale de l'époque se contenta, fut qu'elle se mit à approprier ses divers services municipaux au régime modifié. Les agents des contributions se trouvaient autorisés de haut à y travailler, ou plutôt à continuer le travail déjà commencé par prévision depuis un certain temps, car on s'y était mis comme à une chose que la force des événements avait déjà imposée avant qu'on eût formulé la règle de son application.

L'infirmerie qui venait également, bien plus par la force des événements que des décrets, de passer des mains du roi dans celles de la municipalité, était dans un état de délabrement auquel on ne pouvait plus différer de donner des soins efficaces. A qui incombait les frais de réparation? Au domaine, disait-on avec raison; c'est un établissement de charité pour lequel il percevait des revenus et qu'il était tenu d'entretenir. Sous le régime féodal, les seigneurs étaient obligés de faire et d'entretenir, à leurs dépens, tous les établissements de charité nécessaires dans l'étendue de leur domaine. Les pauvres, en prenant possession de l'infirmerie, devaient la recevoir « totalement achevée » aux dépens du domaine ». Que ne disait-on cela plus tôt ! Pour le moment, ce qui paraissait presser le plus, c'était la couverture de la chapelle ; comment la referait-on? Après avis des architectes, on décida qu'elle serait en cuivre. Il est aisé de conclure de là que la ville allait payer chèrement l'invincible répugnance qu'elle avait mise à évaluer les charges qui lui incombaient, pour avoir aveuglément pris possession de la gestion de ses finances ; et elle y allait de même dans ses autorisations de payer les dettes de la royauté.

L'Aumônerie, de création toute récente, continua de s'organiser ; elle n'avait rien attendu de ce qu'on avait appelé la dotation de la ville ; elle demanda seulement quelques additions à ses statuts. Pour laisser intacte ce qu'on avait également appelé, par euphonie, la *fortune des pauvres,* le Conseil général crut la caisse municipale assez riche pour se charger des frais de bureau de l'institution charitable. En fait, cela n'était pas compromettant et ne changeait rien à l'état des choses, puisqu'en définitive, la commune aurait payé indirectement la dépense. La paroisse de Saint-Symphorien, ou le quartier de Montreuil comme il convient de l'appeler désormais, n'avait point de place officielle dans le règlement primitif. On décida que jusqu'à nouvel ordre, le service de l'Aumônerie y serait fait par trois sœurs de charité et qu'en attendant leur installation, il y serait pourvu par les deux autres quartiers.

La société médicale, composée de tous les docteurs et médecins du civil, aussi bien que de cinq maîtres en chirurgie, reçut la mission, moyennant un traitement gradué, de donner ses soins aux pauvres. Un règlement en vingt-quatre articles en a déterminé les conditions ; ce règlement disposait en outre que la société se réunirait tous les jeudis à l'hôtel de ville.

Le Conseil général, ayant ainsi terminé son travail d'organisation de l'Aumônerie, décerna au roi, suivant son expression, la PREMIÈRE PLACE dans cette œuvre philanthropique, et envoya une députation pour présenter sa délibération au roi et à la reine.

Les dettes de la royauté, dont il était question ci-dessus,

comprenaient les mémoires de l'imprimeur Pierres pour fournitures antérieures au 1er juillet; celui-ci en demandait le paiement. Le Conseil général permit qu'une avance de 1200 livres fût faite sur les fonds municipaux, sans s'inquiéter de savoir comment il en serait couvert.

Froment, seigneur de Champ-Lagarde, des Condamines et autres lieux, à la mémoire duquel il a paru bon de dédier deux rues de cette ville, tandis qu'une seule aurait au moins suffi, Froment, disons-nous, le dernier bailli de Versailles, recevait 600 livres argent pour parapher les registres des entrées et en demandait le paiement à la municipalité qui, cette fois, eut le bon esprit de renvoyer le demandeur à se pourvoir devant le Domaine.

Le service de l'instruction publique, les écoles des frères, des sœurs, les sœurs de charité, étaient autant d'institutions qui passaient à la ville et qu'il fallut doter; Girault avait été chargé d'en faire l'objet d'une étude et d'un rapport.

Pour les frères, il avait proposé 600 livres; ce n'était pas excessif. Un membre fit toutefois remarquer que la vie commune leur permettait de faire des économies qui tournaient au profit non d'eux-mêmes, mais de leur ordre, et, par cette considération, il obtint que le traitement individuel des frères fut fixé à 500 livres, non compris le chauffage.

Menard, qui avait été invité à faire l'étude du service des sœurs, constatait qu'il y en avait huit pour le quartier Notre-Dame, neuf pour celui de Saint-Louis, plus une infirme ayant soixante ans de service à Versailles, la sœur Brigide Dubourg, à laquelle était bien acquis, jusqu'à la fin de son existence, le traitement d'activité. Le Domaine avait accordé à chacune « 300 livres argent, trois cordes de bois, cent vingt livres de chandelle ». Il faut entendre assurément que ces livraisons en nature se distribuaient par établissement et non par personne. Quant à la viande, « elle se prend, dit naïvement le rapport, sur celle fournie pour les malades, c'est-à-dire par un procédé absolument condamnable ». Le Conseil ne changea rien à ces dispositions.

A cette époque, un frère Clet des écoles chrétiennes avait, on ne voit pas pourquoi, causé des désordres dans un établissement dont il était un des membres enseignants. Sur les plaintes des frères Birin et Sophonie, et après instruction, la municipalité décida que le frère Clet serait envoyé à Carentan, où il y avait une maison de sa congrégation. Il promit d'obéir, mais sous divers prétextes, il rentra plusieurs fois, et, finalement il ne voulut plus s'en aller parce qu'il se disait autorisé à rester par le directoire du district.

Devant le département, la municipalité revendiqua son droit et sa compétence. Son arrêté portait ceci : « Attendu » que les écoles sont sous la dépendance de la municipa- » lité, invite le département à donner au district l'ordre de » s'abstenir de toute ingérence en cette matière et confirme » à Pile, inspecteur de police, l'injonction d'expulser Clet, » s'il est encore dans l'école des frères ».

Clet en appela au district; la municipalité expliqua l'affaire à l'Assemblée nationale, qui donna ses instructions au département, après quoi, le conflit cessa.

La Maison de Saint-Louis avait particulièrement à disposer d'un revenu de 1,200 livres sur le domaine ; en voici l'origine : Monsieur, frère du roi, avait fait cette attribution en échange d'un terrain qu'il avait enclavé dans son jardin près de la pièce d'eau des Suisses. Laisserait-on ce revenu à la jouissance exclusive de la Maison de Saint-Louis, à laquelle était affecté le prix du terrain détaché de son jardin? Les opinions furent partagées ; mais la majorité décida, enfin et très sagement, que l'entretien des écoles étant une charge publique de la ville, les ressources destinées à y pourvoir devaient faire une masse commune, et que, pour ne pas créer une exception, les revenus de chacune d'elles, le cas échéant, devaient entrer dans la masse pour être répartis, sans égard à leur origine, sur le pied de la plus parfaite égalité.

Les écoles des sœurs étaient rattachées au service de

l'Aumônerie. Celles de la place Saint-Louis avaient été établies sur l'emplacement de l'ancien cimetière donné par le roi, puis elles durent céder la place aux Missionnaires de Saint-Louis, moyennant une indemnité de 24,000 livres qui servit à acheter une maison pour l'agrandissement des écoles chrétiennes.

Les tambours de la garde nationale devinrent aussi parties prenantes à la caisse municipale ; ce ne fut pas sans opposition. « Les tambours, disait un des membres du » Conseil général, ne sont pas infiniment nécessaires à la » tranquillité publique », ce qui est toujours vrai ; mais il faut bien qu'ils aient de bons motifs d'exister ; car, de nos jours, on a essayé de s'en passer, et le ministre qui a succédé à celui qui les avait supprimés, s'est empressé de les rétablir. Les ministres durent si peu que la durée de la suppression n'avait pas déshabitué le public de son goût pour le *tapin*, et que, quand il a reparu, il a salué sa renaissance de joyeux hourrahs. Nos ancêtres avaient, en grande majorité, le même goût que les générations actuelles ; ils ont élevé le tambour à la hauteur d'un fonctionnaire municipal où il est resté depuis, en situation plus ou moins instable, selon les vicissitudes de la garde bourgeoise elle-même.

Cette garde qui, dans les temps dont nous rappelons les souvenirs, était si bien d'accord sur l'utilité du tambour et sur la caisse d'où il devait tirer son salaire, était travaillée par de profonds dissentiments sur l'ordre de son service. Ce service devenait très onéreux pour les compagnies dont les rangs s'éclaircissaient tous les jours ; il exigeait plus de 150 hommes par vingt-quatre heures ; les occasions de prendre les armes, de fournir les escortes, d'assister à des cérémonies, ajoutaient beaucoup aux exigences du service ordinaire ; le tour de monter la garde revenait presque toutes les semaines. Il y avait plus de quinze mois que ce régime était supporté avec patience et dévouement, mais il y avait aussi de nombreux intérêts qui en souffraient. Puis, à côté des citoyens qui étaient exacts, on en voyait qui l'étaient très peu ou qui, par un moyen ou par un autre, savaient se soustraire aux conséquences de manquements au service ; de là des récriminations incessantes. D'un autre côté, il était entré dans la garnison nombre de mauvais drôles qui se faisaient un insolent plaisir de braver les gardes nationaux ; les procès-verbaux rapportés à l'état-major en faisaient foi ; ainsi, le 4 octobre, une patrouille de la garde nationale surprit, à une heure indue dans un cabaret, deux soldats du régiment de Flandre et six chasseurs. Invités à se retirer, ces hommes se répandirent en invectives contre les gardes nationaux et l'officier de la patrouille. Beaucoup d'autres cas semblables pourraient être cités. Quelle punition était infligée aux délinquants? On ne le savait pas. Cela se passait en secret dans les casernes, en tous cas de façon inefficace, car c'était toujours ou souvent à recommencer.

Mais les gardes nationaux qui abandonnaient famille et établissement pour un service gratuit et qui avaient à défendre l'ordre contre ceux qui étaient payés pour le conserver, se sentaient offensés et découragés en face de perturbateurs en uniforme de soldats réguliers. Des jalousies, des haines, des idées de vengeance s'infiltraient ainsi dans les cœurs et quand le moment de leur donner cours devint favorable, l'explosion n'en put être contenue.

En attendant, un sourd mécontentement gagnait les compagnies ; habituées à délibérer, elles ne se gênaient point pour critiquer les ordres des chefs, et dans les réunions de l'assemblée générale de l'état-major, de longues discussions s'engageaient sur des sujets empruntés aux délibérations des compagnies, sans autre résultat que d'affaiblir un peu plus le sentiment de la discipline. Le commandant Berthier gardait, au sein de ses tribulations, une attitude dont le calme nous étonne ; il mettait à expliquer les mesures qu'il avait dû prendre, une patience inépuisable ; explications verbales, mémoires écrits, souvent imprimés, rien ne lui coûtait pour répondre aux accusateurs et éclairer ses gardes nationaux. Mais tout ce travail, qui témoignait d'une opiniâtreté indomptable et d'une rare intelligence, échouait devant l'incertitude où les esprits étaient refoulés, par les bruits venant de la cour, de l'Assemblée nationale, d'au-delà des frontières, et, par suite, de l'attente d'événements prochains aussi mystérieux que menaçants.

En cet état des esprits, un rien prenait d'énormes proportions. Le roi, disait-on, avait donné l'ordre de démeubler le Palais de Versailles. Il était facile de s'assurer sans déplacement de l'exactitude du fait ; on n'y pensa pas. La municipalité et la garde nationale le tinrent pour vrai et s'entendirent pour dépêcher au roi une députation à laquelle on laissa cette significative consigne : « Donner à la » démarche le caractère d'une douleur fortement pro- » noncée. » L'adresse fut rédigée par le maire ; les lamentations de Jérémie n'exhalaient pas des accents de douleur plus sombre.

« Je sais, répondit le roi, sur le ton de la plaisanterie, » qu'il y a encore de bons citoyens à Versailles : je suis » étonné qu'ils prennent l'alarme sur quelques arrange- » ments particuliers pour un meuble. »

De chez la reine où elle fut également bien accueillie, la députation rapporta cette réponse :

« Je compte toujours sur votre attachement pour le roi » et pour nous. »

Et voilà tout : c'était peu ou beaucoup pour un meuble déplacé.

Il n'y avait rien à conclure des paroles du roi qui avait été tout simplement facétieux ; mais de celle de la reine qui travaillait à la contre-révolution, on pouvait augurer que le moment était proche où le dévouement de ses amis allait passer de l'état platonique à l'action.

Les rapports de la municipalité avec le district et le département étaient demeurés très tendus. Un long mémoire pour la justification de la municipalité, dans le cours des événements du Grand-Parc, avait été envoyé au Comité des rapports de l'Assemblée nationale ; la décision en était attendue. Jusque-là, on ne résistait pas au plaisir de décocher un trait malin, si l'occasion s'y prêtait ; la municipalité polie jusqu'à l'obséquiosité vis-à-vis de ses correspondants amis, s'efforçait d'être mordante à l'égard du directoire du département, qui ne lui était, comme on le voit, que fort peu sympathique. Pourquoi cette persistance des hostilités ? L'autorité de l'administration départementale n'était pas parvenue encore à s'imposer à la municipalité ni à inspirer confiance dans sa durée ; cela provenait non de l'indignité de ses membres, mais des efforts qui se croisaient en tous sens dans le but de renverser la nouvelle division du royaume pour ramener la France à ses vieilles institutions. On ne se donnait pas la peine de ménager ceux dont l'existence passait pour être mal assise et de courte durée. C'était évidemment de l'attitude de la cour ou de ce qu'on en disait dans le public, que procédaient ces propos inquiétants, perfidement propagés, qui irritaient les uns contre les autres des partis populaires ne différant pas beaucoup entr'eux et méritant de s'entendre.

Parmi les communes rurales, Versailles avait une renommée de prudence qui lui avait créé une sorte de clientèle de consultants. Les communes qui éprouvaient quelque embarras pour organiser leurs services municipaux, venaient à elle et s'en retournaient avec d'excellents conseils ; il faut dire aussi qu'au district et au département, installés depuis un temps si récent, il n'y avait encore ni précédents ni archives à consulter, et qu'à la mairie de Versailles on avait déjà l'un et l'autre.

L'extinction de la mendicité était dès cette époque un problème qui occupait fort les esprits ; ce n'est pas la faute de nos ancêtres s'ils n'ont pu nous le transmettre tout résolu, mais par sa nature même qui est très complexe, il ne s'y prêtait guère ; c'est à peine si aujourd'hui, après un siècle d'études et d'efforts, on est parvenu à un commencement de solution.

L'équilibre social avait été tellement bouleversé à Versailles, et le nombre des pauvres était devenu si grand, qu'il n'y avait pas même à penser aux moyens de prévenir la mendicité ; l'Aumônerie venait d'être organisée ; on avait à la faire vivre; que devaient faire pour cela les cinquante-deux administrateurs que l'élection venait de placer en tête de cette belle institution? Se cotiser entr'eux et donner l'exemple de la charité à tous leurs concitoyens aisés? Ils n'y manquèrent pas. Dès leur première réunion, qui comptait quatorze absents, ils s'inscrivaient pour 2,390 livres, et, quelques jours après, ils en avaient 30,000. Quelle misère ne peut-on pas soulager dans une ville où le sentiment de la confraternité est susceptible d'un élan si prompt et si élevé !

Ceux qui recueillent ces dons en sont profondément émus et ne savent comment exprimer leur reconnaissance; ils proposent de publier les noms des souscripteurs et le Conseil général l'autorise, mais, avec cette réserve attentive et délicate, que les sommes partielles ne seront pas indiquées, de peur de mettre en évidence des contrastes et de donner lieu à des observations désobligeantes pour certaines. « Laisser à chacun la liberté la plus entière d'évaluer le coefficient de sa charité, sans avoir besoin de comparaison, voilà ce que le Conseil général trouve de plus respectable et c'est à cela qu'il s'arrête après une longue discussion. Quand viendra le moment, et il ne viendra que trop tôt, ajoute le Conseil, d'invoquer de nouveau la générosité des citoyens, on ne les trouvera que plus disposés, parce qu'ils seront plus libres, à renouveler leurs sacrifices. La charité, exempte de vanité et d'ostentation, ayant de plus la liberté pour auxiliaire, voilà une heureuse et noble conception de ce sentiment qui fut en effet si grand chez nos ancêtres, auquel il ne faut pas négliger de rendre hommage; nous aurons, à l'admirer souvent et sous d'autres formes.

L'institution des juges de paix, à laquelle s'attache le nom si honorable de Henrion de Pansey, est une des plus heureuses et des plus fécondes de la Révolution en bons résultats; la fonction fut d'abord élective, comme c'était alors la règle pour les emplois dans l'Etat; mais il fallait déterminer le nombre et les circonscriptions des juges; on voulut avoir l'avis des justiciables. Une déclaration du district estimait à six le nombre des circonscriptions pour le canton de Versailles ; le département invita les municipalités à s'en expliquer.

Il s'engagea là-dessus, au Conseil général, une longue et intéressante discussion ; le nombre de six juges parut tout d'abord excessif, puisqu'il ne fallait point avoir pour la ville des juges distincts de ceux des campagnes, par cette raison, dit très judicieusement un des membres du Conseil, « que la réunion en circonscriptions, dans lesquelles se trouveraient plusieurs conseillers, avec une partie de la ville, serait un moyen de rapprocher les municipalités d'un même canton, et qu'en les faisant ainsi concourir pour un intérêt commun, c'était les accoutumer à n'avoir sur aucun objet un intérêt différent ».

Un autre membre, appuyant cette idée, dit que ce serait aussi « diminuer un grand nombre de municipalités de campagne, qui sont des rouages gênant extrêmement les mouvements de la machine ».

Ces orateurs avaient bien le sentiment de ce qu'il y avait de mieux à faire et de ce qu'on a dû faire par la suite ; mais leur opinion ne prévalut pas alors. Le Conseil jugea que le décret d'institution des juges de paix faisait à la ville « ayant plus de 8,000 âmes de population », l'obligation d'avoir des juges distincts, mais qu'il suffirait d'en avoir deux pour Versailles et un pour la campagne, celui-ci résidant aussi à Versailles [1] : il s'arrêta à cette combinaison.

Quant aux prud'hommes réservés aux villes d'une population de 2,000 âmes et au-dessus, le Conseil n'eut à s'en occuper que plus tard.

Depuis que la municipalité était légalement mise en possession de ses revenus, le nombre des objets auxquels sa gestion devait s'étendre, s'était beaucoup accru. Il lui fallait un receveur et un payeur. Machelard, qui était déjà le receveur des aides et des octrois, se proposa et fut accepté pour

[1] On ne tarda pas longtemps à demander un troisième juge de paix pour la ville.

payeur des dépenses communales, sur mandats de la municipalité, sans autres remises que celles qui lui étaient acquises sur les recettes : ainsi se trouva centralisée dans les mêmes mains la comptabilité des finances municipales. Machelard avait des ennemis, sans doute, que cette chance irrita ; ils le dénoncèrent pour malversations, mais sans se faire connaître ; une enquête en démontra la fausseté et la municipalité stigmatisa les calomniateurs en donnant à son comptable les éloges qu'il n'avait cessé de mériter.

La Régie s'accommodait mal des dispositions du décret qui avait attribué à la ville le droit de percevoir, par ses propres délégués, les droits qui étaient perçus antérieurement par le roi ; elle prétendait qu'il lui appartenait de faire ces recettes et s'était pourvue auprès de l'Assemblée nationale afin d'obtenir la restitution de ce droit.

Boislandry en avisa la municipalité qui se défendit contre les prétentions de la Régie et obtint aisément gain de cause.

L'infirmerie venait accroître, dans une large mesure, les soucis et les attributions de la municipalité. Celle-ci n'avait encore aucune idée de ce service ; elle prit le sage parti de demander un rapport général sur la situation de l'établissement.

Le rôle de l'éclairage était établi ; il montait à la somme de 38,130 livres 5 sols ; il fut rendu exécutoire et mis en recouvrement, suivant les règles en usage.

On commençait à recueillir avec soin la mercuriale des grains et à l'envoyer au département. Les portefaix, supplantés par des Auvergnats faisant le travail à prix réduit, réclamaient bruyamment auprès de la municipalité, qui arrangea la chose et fit cesser le bruit.

Les maîtres de billards étaient, comme nous l'avons déjà dit, bien plus encore des maîtres de roulettes ; ils attirèrent plus que jamais l'attention des officiers municipaux, et la police eut ordre de les surveiller de plus près.

Les concessions dans les cimetières, les distributions de riz, tous les petits détails d'administration qui incombent aux municipalités des grandes villes, sur lesquels celle de Versailles n'avait eu que des vœux à formuler, faisaient à présent l'objet de décisions à prendre, qu'il fallait étudier de plus près, mûrir et combiner de façon à ne point s'engager au-delà de ce qui était juste et possible, en raison des moyens dont on disposait; c'était, en un mot, une ère tout à fait nouvelle qui était née pour la municipalité; elle était bien capable de s'élever à la hauteur de sa tâche ainsi agrandie, mais la transition était particulièrement difficile en ce que ses moyens financiers restaient beaucoup au-dessous de ses besoins.

Elle avait à compter sur quelques bénéfices à retirer de la revente de biens nationaux, mais il fallait attendre; elle avait souscrit, comme on sait, pour trois millions de livres; où ces biens seraient-ils pris? On ne le savait pas encore. L'opération n'était qu'un véritable jeu, car la ville ne comptait que sur des différences. Il était bien, cependant, de savoir où l'enjeu serait déposé. On avait envoyé de divers côtés plusieurs groupes de conseillers municipaux pour s'informer. Ducro et Bougleux, qui composaient un de ces groupes, avaient visité un grand nombre de domaines et proposé au choix de la municipalité les suivants, situés dans le district de Versailles :

La maison des Prieurs de Saint-Marc à Jouy, estimée.	40.000 liv.
La ferme dudit Prieuré.	43.708
Trente-cinq arpents de terres et vignes.	5.280
Abbaye de Gif, ferme de l'Amour.	21.010
— ferme de l'Abbaye.	50.460
— ferme de Gousson.	18.308
— moulin à eau.	14.793
Abbaye de Port-Royal, ferme de Manet.	130.410
— maison prieurale.	5.187
Ensemble.	298.556 liv.

Le tout calculé, en négligeant les fractions de livres, au denier 22 du produit évalué à 14,793 livres.

Menard, Verdier, Jouanne et Flotte s'étaient, de leur côté, livrés à des investigations pareilles, et proposaient de soumissionner les domaines suivants, situés au-delà des limites du district, savoir :

1º Ferme douairière de Cernay, estimée........	57.475 liv.
2º Ferme Robert.............................	34.637
3º Grand et petit moulin de Vaux............	28.290
4º Ferme des Petites-Hogues, couvent de Vaux-sur-Aufargis............................	48.400
5º Ferme de la Dolonnerie, Cernay...........	10.855
	179.657 liv.

Le Conseil approuvait et demandait la concession de ces biens ; il était loin encore de ses trois millions.

Ce n'était pas cette visée qui le touchait le plus. Il y avait dans le Grand-Parc d'autres biens nationaux dont il convoitait l'acquisition, non à son profit, mais à celui du roi ; il consacra une longue séance à l'examen de cette affaire ; il fit ses calculs, compara l'estimation des biens avec les ressources les plus hypothétiques qu'il put imaginer, en y comprenant même les souscriptions personnelles de ses membres, évaluées avec la plus folle exagération : il n'obtint qu'un total dérisoire et renonça avec une douloureuse résignation à un rêve très cher à la plupart de ses membres.

Le roi avait eu raison de dire, quelques jours auparavant, qu'il avait encore des amis à Versailles, et des amis singulièrement tenaces même ; il devait s'étonner, après tant de fautes déjà commises, de retrouver de pareils dévouements, ou bien d'étranges idées hantaient son cerveau. En tous cas, si les bonnes et sages idées y entraient quelquefois, elles avaient peine à tenir la place dominante et à s'y perpétuer.

L'organisation de l'Aumônerie n'était pas du goût de tout le monde ; le 3 novembre, une réunion de 150 citoyens, réunis en la salle Duménil, s'entendit pour demander l'assemblée des sections afin de délibérer sur un projet d'organisation de secours en faveur des pauvres. Le Conseil général, devant qui l'affaire fut portée, ne pouvait guère l'accueillir sans détruire sa dernière œuvre. Un de ses membres le repoussa dans une véhémente philippique, où il rappelait tout ce qui avait été fait jusqu'alors dans l'intérêt des pauvres, par l'administration de la ville. N'était-ce donc rien que d'avoir obtenu un sacrifice de 200,000 livres pour le canal du parc; 3,000 livres par mois que le roi devrait donner non pas du Trésor public, mais de sa poche, jusqu'à nouvel ordre ; 83,292 livres 2 sols 9 deniers provenant de sources diverses et distribués aux pauvres pendant les neuf premiers mois de cette année ? L'orateur demande quels éminents services ont donc rendus les auteurs du projet nouveau, pour oser condamner l'œuvre de l'administration et lui en proposer une autre plus efficace et plus secourable ? Et cependant, tant ils sont sûrs de l'approbation des sections, ils disent qu'ils acceptent l'épreuve demandée et le renvoi de l'affaire à leur examen !

Le Conseil accepte la conclusion des réclamants, mais sous réserve de n'en saisir les sections qu'après les élections nécessaires pour compléter la liste des notables et le corps des officiers municipaux.

Au commencement du mois de novembre, la taxe du pain était abaissée à 29 sols, et, quinze jours après, à 28 sols. Point de difficultés de ce côté. La municipalité put s'occuper de quelques petites réparations au Grand-Maître, pour en améliorer le passage réservé au public ; des mesures furent prises aussi pour assurer la régularité dans la vente du sel et la vérification des poids et mesures. On fit encore un règlement pour l'exploitation du jeu de billard.

Sèvres se plaignait fort des bassins de la voirie, dont le trop-plein se déversait dans le ru de Marivel. Renvoyée à Dutillet de Villars, la plainte revint devant le Conseil avec un rapport qui expliquait clairement l'état de choses. Le système se composait alors de trois bassins qui, placés à des niveaux différents, se déchargeaient les uns dans les autres, et qui, deux fois par an, comme nous l'avons déjà vu, les veilles de Pâques et de la Toussaint, étaient vidés à fond. On ne connaissait rien de mieux pour le moment; on était au commencement de novembre; on voit que c'était d'une opération de ce genre toute récente, que Sèvres se plaignait. La ville avait usé d'un droit consacré par l'usage et regrettait qu'il fût si incommode pour les communes situées en aval. Elle ne refusait pas de faire l'étude d'un système meilleur et de l'appliquer, si l'on pouvait en trouver un. En attendant, elle redemandait le rétablissement de l'étang de Viroflay qu'on avait desséché depuis peu, contrairement aux intérêts de la salubrité du moins à son point de vue, et à ses avertissements.

Cette étude a été stérile apparemment, car aujourd'hui elle dure toujours et les bassins de la voirie ancienne n'ont pas encore été remplacés par un système donnant aux habitants de Montreuil et de la vallée du ru de Marivel, les conditions de salubrité propres à calmer leurs appréhensions.

Il y avait dans la garde nationale des services à rémunérer. Le Conseil général les fixa comme suit:

1000 livres aux deux aides-majors généraux (Muteaux et Barbier);
1000 — à l'aide-de-camp (Lieuret);
800 — à l'aide-de-camp du commandant (Meurier);
500 — au garçon de bureau de l'état-major.

Passant à la police, le Conseil général attribuait pour traitement:

1200 livres aux inspecteurs et, tous les deux ans, 150 livres pour leur habillement;
150 — au sonneur de la police sur le quartier Notre-Dame.
200 — à celui du quartier Saint-Louis, qui, à ses fonctions de sonneur, ajoutait celle de servant pour peser le foin et la paille.

A l'infirmerie, il y avait deux premiers médecins, de la Saône et de Lameyran, qui touchaient le premier 2400 livres et le second 2000 livres. Mais de la Saône ayant cessé son service, depuis assez longtemps déjà, le Conseil attribua la première place à de Lameyran, en lui donnant pour adjoint Coste, fils du maire. Il invita au surplus le maire à lui présenter un plan d'organisation du service médical approprié aux besoins actuels de l'établissement.

En passant rapidement sur ces détails, on ne peut cependant leur refuser un moment d'attention, parce qu'ils nous présentent un côté nouveau de l'administration, d'un réel intérêt, puisqu'il s'agit de services salariés dans la commune.

On voit d'abord que deux organismes administratifs de composition différente exercent, quand l'occasion se présente, le droit de disposer des fonds municipaux et que l'un et l'autre le font sans se préoccuper le moins du monde s'il y aura « champ pour faire gerbe », ou selon le langage ordinaire, si les ressources disponibles permettront de subvenir aux dépenses. C'est déjà un premier vice de donner à deux assemblées distinctes la faculté de puiser dans la même caisse, mais c'en est un plus grand encore d'y puiser sans savoir seulement s'il y a quelque chose à en tirer.

Le corps municipal d'alors, qui comprenait le Conseil général, le conseil et le bureau municipal, était remarquable par son intelligence, mais il n'était pas financier et ne paraissait pas avoir une idée nette de la nécessité d'une méthode rigoureuse dans la gestion des finances. Le mécanisme budgétaire, la loi des exercices et des crédits n'étaient pas inventés ou, du moins, n'étaient pas encore mis en pratique. La municipalité étant sans traditions d'aucune espèce, on ne peut lui faire un tort de ne pas avoir inventé elle-même la meilleure méthode d'administrer. Mais comment l'idée ne lui est-elle pas venue de faire un aperçu de ses ressources et de ses dépenses annuelles, et de comparer l'un à l'autre ? c'était si simple. On ne comprend pas qu'elle ne soit pas venue à l'esprit des officiers municipaux de 1790, avertis par les dures leçons dont le roi payait si chèrement les frais. Cette insouciance dont ils avaient fait preuve, lorsqu'on avait voulu créer une dotation à la ville, ils n'en étaient point encore délivrés quand ils n'avaient plus à compter sur l'aide du roi ; ils ne seraient pas arrivés à une évaluation exacte sans doute ; mais une approximation suffisait et valait toujours mieux que l'inconnu. Quand ils tiraient pour ainsi dire à vue sur le trésor, le roi, qui était bienveillant pour la ville, n'aurait pas laissé protester leur signature; aussi longtemps qu'il avait le maniement des revenus de la ville, il payait. Mais depuis qu'il était réduit à sa liste civile, il était obligé de compter. La ville avait seule l'administration de ses finances, plus que modestes ; il fallait les ménager. Il semble que la municipalité ne s'inquiéta pas bien sérieusement de leur insuffisance; n'ayant rien fait d'efficace pour les élever à la hauteur de ses besoins, elle ne fit rien non plus pour distribuer celles qu'elle avait, avec une prévoyante économie; il faut renoncer à la tâche de l'excuser jamais de sa persistance dans son inertie systématique. Quand elle avait des droits où la personne royale était engagée, elle renonçait à les revendiquer plutôt que de courir le risque de l'offenser; funeste attitude qui ne se justifie point de la part d'une municipalité courageuse en d'autres circonstances et composée pourtant d'hommes dévoués et, pour la plupart, d'un grand mérite.

Elle avait aussi le défaut grave d'être peu conciliante, et elle en avait donné la preuve dans ses rapports avec le district et le département, dans la médiocre, nous pourrions presque dire, dans la ridicule affaire des chasses du Parc. Le Comité des rapports, à l'Assemblée nationale, avait été saisi de cette affaire, et sur les documents ou mémoires que les parties en cause avaient produits, il n'avait pas eu de peine à l'estimer pour ce qu'elle valait réellement et, cela étant, voici comment il s'y prit pour la clore : De Broglie, son vice-président, reçut la mission de notifier son appréciation, dans une lettre que le rédacteur sut rendre très persuasive et très concluante.

« Le Comité, est-il dit dans cette lettre insérée tout entière au procès-verbal de la séance du Conseil général, avait craint au premier abord, à cause de la vivacité des réclamations produites par les parties, d'être obligé d'en venir à un rapport dans l'Assemblée nationale, accablée de détails, et qui ne se serait pas vue enlever, sans répugnance, des moments précieux pour les consacrer à l'examen d'une affaire qui n'avait pas d'intérêt réel, puisque le calme était rétabli depuis longtemps.

» Le Comité avait vu avec plaisir que chacune des parties avait été guidée par des sentiments purs et patriotiques, et que, particulièrement, la municipalité de Versailles n'avait point borné sa surveillance à son propre territoire; que les municipalités circonvoisines avaient trouvé en elle les secours qu'elles ont réclamés; qu'elle n'avait craint ni dangers, ni fatigues pour amener le retour de la tranquillité publique, obtenu d'ailleurs par la prudence de ses ordres et la fermeté de sa conduite.

» Le Comité, dans de telles conjonctures, éprouve une vive satisfaction à féliciter la municipalité de cette conduite qui l'honore, et comme il la sait disposée à se prêter de bonne grâce à une prompte conciliation, il l'invite, au nom du patriotisme qui l'anime, à laisser dans l'oubli toute cette affaire, à resserrer de plus en plus les liens qui doivent unir entre eux les différents pouvoirs dont est formée la hiérarchie constitutionnelle et à continuer de mériter, par sa vigilance, par le sage emploi de son autorité, par sa soumission aux autorités supérieures, et surtout par l'union toujours si désirable, l'estime et la considération de tous les amis de la Patrie. »

La leçon, quoique adoucie par des éloges mérités, n'en était pas moins saisissante; elle fut bien sentie. Le Conseil ordonna purement et simplement l'insertion de la lettre de Broglie en son procès-verbal, sans y ajouter un mot. Mais le maire, en son nom et au nom de la municipalité, fit à cette lettre une réponse très convenable.

Une seconde lettre du même auteur et sur le même sujet, avait été lue également ; le procès-verbal le mentionne sans citer le nom du destinataire ; mais nous allons voir que c'était Berthier.

Ainsi se termina, dans le silence le plus absolu, cette bruyante et longue querelle où la municipalité avait apporté une ardeur quelque peu exagérée et finement jugée par de Broglie. A l'assemblée de la garde nationale, Berthier donna lecture de la lettre qui lui était personnelle et qui fut écoutée dans le même silence, interrompu seulement pour applaudir aux politesses adressées au commandant.

L'heureuse issue que le Comité des rapports avait donnée, par l'intermédiaire de son vice-président de Broglie, aux conflits nés des chasses dans le Grand-Parc, eut pour conséquence immédiate le rétablissement des rapports de la municipalité avec l'administration départementale ; voici comment il s'opéra. La municipalité communiqua au président du département le travail d'organisation de l'Aumônerie ; le président répondit par des remerciments avec la déclaration qu'il attachait un très grand intérêt au succès de l'institution. La municipalité, qui était en séance, la suspendit pour faire une visite à l'assemblée générale du département, et, à son retour, consigna en son procès-verbal qu'elle avait été reçue de la manière « la plus obligeante et la plus amicale ». La paix était faite cette fois, sincère et durable.

Berthier avait maille à partir dans les réunions de la garde nationale : il avait réorganisé son service à partir du 1er novembre, et n'avait réussi qu'à l'offenser en ce qu'il avait assigné au régiment de Flandre, un poste dans l'enceinte duquel se trouvait l'arsenal des munitions de la garde. La mesure n'était pas adroite ; elle accrut les inquiétudes dont les esprits étaient saisis. On contesta à Berthier le droit d'arrêter, de sa seule autorité, l'ordre du service. Il se livra à de longues explications pour se justifier et s'apercevant qu'il ne persuadait personne, il dit qu'après tout ses adversaires n'avaient qu'à déposer une plainte pour faire juger la question. On lui demanda si, dans un esprit de conciliation, il ne serait pas bien de soustraire l'arsenal à la garde du régiment de Flandre ; c'était bien là ce qui blessait l'assemblée ; elle vota à l'unanimité le rétablissement du service antérieur, qui était le moyen de rendre à la garde bourgeoise son arsenal. Ce qui étonne, dans le procès-verbal, c'est qu'il est mentionné que Berthier rédigea lui-même la résolution qui venait d'être votée et qu'il le fit en ces termes :

« L'assemblée générale, après avoir entendu le vœu
» d'une partie de la garde nationale sur le changement de
» service et en rendant hommage à MM. les officiers du
» régiment de Flandre,

» A arrêté et arrête que, vu la très prochaine organisa-
» tion des gardes nationales et troupes de ligne, la position
» actuelle ne déterminant aucun des pouvoirs respectifs de
» ces corps, non plus que la forme qui sera prescrite pour
» le mode de service,

» Une députation ira, dans le jour, prier la municipalité
» d'ordonner à M. le commandant de remettre les choses
» dans le même ordre où elles étaient ci-devant, tant pour
» ce qui regarde le poste de la caserne à la Place, que
» pour le service par compagnie au lieu du service par
» bataillon. »

L'assemblée vota aussi qu'une copie de cette résolution serait remise aux officiers du régiment de Flandre.

Berthier, en s'en faisant le rédacteur, avait donc opéré, dans la même séance, un mouvement complet de conversion, ou bien il avait craint qu'en abandonnant cette rédaction à un autre, elle fût autrement accentuée. Il avait, en effet, de vive voix et par un écrit soigneusement préparé, développé la théorie du service de la garde nationale et conclu finalement qu'il était de son droit, comme commandant en chef, de régler ce service suivant qu'il le jugeait convenable dans l'intérêt de l'ordre public.

Il insistait avec force sur la nécessité de l'obéissance et, à l'appui de son argumentation, il faisait la citation suivante, empruntée, disait-il, à un citoyen impartial :

« La liberté est une vierge chaste, vêtue des mains de la
» loy, elle n'est plus qu'une vile prostituée quand on la
» transforme en licence. »

Puis il finissait en disant : « Soyons en garde contre
» ceux qui, au lieu d'avoir toutes les vertus de la Révolu-
» tion, rejettent toutes les règles et dédaignent toute su-
» bordination [1]. »

Lecointre avait fait remettre à l'assemblée plusieurs pièces dont un imprimé ayant pour titre : Déclaration du Comité des recherches relative aux affaires du 6 octobre 1789. Lecointre, survenant en pareil moment, était un fâcheux pour Berthier, déjà mis en échec par ceux qui lui prodiguaient, peu de temps auparavant, leurs flatteries et leurs applaudissements.

La municipalité tint sans doute à rester en dehors des différends nés au sein de l'état-major ; ses délibérations n'en font pas mention, tandis que dans celles de la garde bourgeoise, c'est un sujet intarissable de discussions. Berthier lui-même était inépuisable en ses moyens de défense. La parole et les mémoires, il avait tout à son service et il s'en servait de façon immodérée, comme était l'attaque, sans doute ; mais de part et d'autre on évitait avec soin de spécifier. Quel était donc au fond la cause de cet acharnement ? Pendant ce temps absorbé par de stériles discussions, le service ne se faisait à la satisfaction de personne, pas même du régiment de Flandre, car de Valfonds, son commandant, écrivait à Berthier :

« 32 hommes sont fournis par le régiment pour la Place
» d'Armes ; ils doivent être commandés par un officier et
» non pas par un sous-officier.

---

[1] L'écrit de Berthier, qui est inséré *in extenso* au registre de l'assemblée de la garde nationale, pages 144 à 147, commence avec cette épigraphe :

« A mes concitoyens,
» Encore des calomnies, des dénonciations et de fausses interprétations ;
» Encore une justification ;
» Courage, fermeté, patience, persévérance ;
» Fidélité à la nation, à la loy et au Roy.
» Le commandant, etc., etc. »

» Les soldats se négligent, les patrouilles ne se font pas
» avec exactitude. C'est pendant l'hiver surtout que le
» service exige de la régularité et, d'ailleurs, il faut soula-
» ger autant que possible la garde nationale..., ce nou-
» veau titre, dit-il en terminant, nous fait réclamer avec
» instance ce que l'ordonnance prescrit. »

Rien en tout cela de bien grave, sans doute, mais au moment où nous sommes parvenus, rien non plus de ce qui se passe au régiment de Flandre [1] ne peut paraître indifférent.

La municipalité, à peine réconciliée avec le département, entrait en lutte avec les sections. La 2ᵉ avait pris un arrêté qui inculpait gravement le *chef des représentants de la commune*. Le Conseil municipal, considérant que les sections n'avaient d'autres pouvoirs que d'émettre des vœux, et que la 2ᵉ avait outrepassé ces pouvoirs en ordonnant l'impression et l'affiche de ses délibérations, en même temps que de l'écrit diffamatoire sur lequel elles étaient fondées, en ordonna l'annulation et la suppression. Mais, réfléchissant bientôt que la municipalité n'avait pas le droit peut-être de casser un arrêté de section, elle se contenta d'en déférer le jugement au directoire du département, en lui adressant le dossier avec les adhésions données par les 1ʳᵉ, 4ᵉ, 5ᵉ, 6ᵉ et 7ᵉ sections. Le département annula comme inconstitutionnelles les délibérations attaquées, mais cette décision ne rendit pas à la municipalité la prépondérance morale qui lui échappait et qui venait de subir un grave échec, car sur treize sections, elle en avait contre elle six du quartier Notre-Dame, lesquelles comprenaient ensemble plus de moitié de la population totale de la ville. La 12ᵉ section seule avait fait acte d'adhésion et offrit ses félicitations à la municipalité ; les autres ne comptaient

---

[1] Il avait été augmenté de cent hommes à la fin de septembre ; l'infirmerie de ce régiment était malsaine. La municipalité, sollicitée d'en mettre une autre à sa disposition, avait répondu qu'elle se prêterait gracieusement à la recherche d'un local plus sain, mais qu'il ne lui appartenait pas d'en faire les frais.

comme adhérentes que parce qu'elles n'avaient rien dit de contraire ; ce n'était pas là une grande garantie de fidélité et d'union.

La ville était anxieuse et même un peu turbulente ; il y avait à compléter la municipalité et le Conseil général ; on échoua en plusieurs essais d'élection, malgré les appels à la concorde appuyés de considérations très sérieuses.

Un des administrateurs du département, Belin de Balu, avait été entouré par une multitude menaçante de gens qui avaient faim et demandaient de l'ouvrage. Le département n'avait rien pour satisfaire à cette double demande, mais il requerrait la ville de le faire, et la ville répondait en montrant sa caisse vide, tandis que ses dépenses avaient déjà excédé ses recettes. L'incident dont avait souffert, dans sa dignité seulement, un membre de l'administration départementale, fut une occasion de recommander plus de surveillance aux gardiens de la paix publique et de réclamer à Faucon, receveur du domaine, le versement dans la caisse de la commune des revenus perçus en juillet, premier mois de recouvrement fait à son profit.

Est-il nécessaire de faire remarquer ici combien était défectueux un service financier qui mettait tant de retard dans ses opérations ; on était en novembre et la ville n'avait pas encore reçu le premier sol de ses revenus de juillet !

Cela vient bien à l'appui de ce que nous avons dit de l'indifférence de la municipalité à faire rentrer ses ressources, quand elles dérivaient d'une saignée, pour ainsi dire, faite à celles du roi, même après que le roi était autrement alimenté et qu'il trouvait, pécuniairement parlant, une large compensation dans son mode actuel de dotation comparé au précédent. Mais il est juste de dire que quand il s'agissait des pauvres, elle mettait une grande ardeur dans ses appels à la compassion de l'Assemblée nationale ; elle avait, en effet, demandé un secours *en rapport avec les misères à secourir*. Le département, qui donnait alors tout son appui aux efforts de la ville, pensait qu'il ne fallait pas compter sur plus de 7,000 livres, et il en concluait la nécessité d'établir une taxe pour les pauvres. Cette conclusion fut énergiquement combattue par le Conseil général. La souscription pour l'aumônerie avait donné plus de 30,000 livres : une contribution forcée n'aurait pas produit une somme si élevée, et comment frapper d'un impôt forcé une population qui venait de se montrer spontanément si généreuse? La situation de Versailles, aurait pu ajouter le Conseil avec à-propos, est la conséquence d'un fait national exceptionnel ; ce n'est pas à la commune de Versailles à supporter toutes les suites d'un pareil phénomène social ; ce qu'elle a pu faire, elle l'a fait ; le reste regarde l'Etat, et ce n'est pas 7,000 livres que l'Etat doit fournir, mais la somme nécessaire et suffisante au soulagement des misères, effets de la brusque perturbation produite par des événements qui intéressent la nation tout entière.

Le Conseil général a fait dans sa délibération une longue énumération des efforts de la ville pour venir en aide à ses pauvres, et prescrit, en outre, pour le département, la confection d'un tableau qui le rappellerait de la façon la plus exacte; mais, comme toujours, pas de conclusion, ou du moins, absence de vues justes sur la responsabilité de la nation quant à la détresse effroyable qui frappait la ville dans une mesure bien supérieure à ses forces.

Le résultat des élections pour la formation du tribunal du district ou de première instance, comme on dirait aujourd'hui, fut celui-ci :

Juges : Deplannes, La Salle et Gourdel ;

Suppléants : Meaux, Lelorrain.

L'inauguration du tribunal eut lieu le 25 novembre, en grande cérémonie, dans la salle des Menus-Plaisirs qui avait servi à l'ouverture des Etats généraux. C'est le Conseil général de la municipalité de Versailles qui présida à cette installation. La salle avait été ornée pour la cérémonie d'objets mobiliers empruntés au garde-meuble du roi ; elle fut précédée, comme c'était l'usage à l'époque, d'une messe solennelle pour laquelle on avait étendu très loin les invitations. Le cortège revint ensuite de l'église aux Menus-Plaisirs, et là des discours furent prononcés, le premier par le maire ; on dressa procès-verbal de l'installation.

L'ancienne institution du bailliage appartenait désormais à l'histoire : un des derniers restes des temps féodaux, le bailliage, disparaissait sans retour et ne laissait que des souvenirs assez confus de sa fonction et de ses services ; à l'origine, ses attributions étaient fort nombreuses ; mais quelle fut son origine et par qui fixées ses attributions ? Pas n'est besoin de le chercher. L'histoire n'est pas grandement favorable aux baillis ; elle en fait quelquefois de petits tyrans et quelquefois aussi de joyeux compères : le vaudeville en a tiré des personnages fort amusants sur la scène. La Révolution, qui les a remplacés par les tribunaux qui existent aujourd'hui, a investi la magistrature d'une dignité dont les temps anciens n'avaient pas le sentiment, qui imprime à ses membres une certaine raideur et les protège contre le rire aristophanesque : il ne leur manque peut-être que de devenir un peu plus accessibles au libéralisme démocratique.

Les baillis laissèrent un héritage qui ne fut accepté que sous bénéfice d'inventaire ; au moral, ce fut fort peu de chose. Au point de vue des archives, nous n'avons pas à les juger ; à la municipalité, cependant, et non au département, fut dévolu le soin de préparer la transition entre les deux régimes, de veiller à la conservation des minutes du greffe, et, ces arrangements terminés, la municipalité et les tribunaux échangèrent des visites et de nouveaux discours, où l'on se promettait de servir la nation, la loi, le roi avec fidélité et dévouement, « en même temps qu'on se félicitait mutuellement d'avoir à le faire si près les uns des autres, ce qui ajoutait à la reconnaissance pour les électeurs dont procédaient respectivement les pouvoirs ».

La municipalité, rappelée aux affaires courantes, eut à statuer sur celles-ci :

Elle maintint à 1 livre la journée de travail servant à évaluer la capacité électorale.

Un frère chérubin des Récollets, atteint de la goutte, avait besoin de feu ; à qui s'adresse-t-il ? A la municipalité ; celle-ci ne refuse pas, mais ne risque-t-elle pas de violer la règle du couvent ? Elle envoie deux de ses membres pour s'en assurer ; ce cas de conscience, nouveau peut-être, ne serait pas venu à l'esprit de tout le monde à cette époque surtout où le monde était assourdi par ces appels à la fraternité universelle ; mais la municipalité, présidée par le docteur Coste, ne fut tranquillisée que quand elle sut qu'en permettant au frère chérubin de se chauffer, elle n'offensait point les règles de sa congrégation.

En ce même temps, la ville était profondément émue au bruit d'un crime horrible qui venait d'être commis à Ris-Orangis, près de Corbeil, par cinq brigands inconnus et recherchés partout ; ils s'étaient emparés d'un sieur Ribotot, de sa femme et de sa fille, les avaient ligottés afin de dévaliser sans obstacle leur maison, ce qu'ils firent impunément, puisqu'ils n'avaient été ni reconnus, ni arrêtés.

Pour favoriser l'arrivage des grains sur le marché, la municipalité affranchit de droits d'entrée les avoines qui étaient destinées à en être exportées. Elle obligea les receveurs à stipuler en quelle monnaie les droits étaient acquittés à leurs caisses ; elle autorisa les maîtres de danse à faire danser chez eux, les dimanches et fêtes, jusqu'à dix heures au plus tard ; elle régla le service des huissiers pour les différents tribunaux de la ville.

La garde nationale avait fait trêve à ses discussions intérieures pour se livrer au plaisir d'échanger des adresses avec des villes de France souvent fort éloignées ; c'étaient des échos lointains, les derniers peut-être, du bruit qu'avait fait au printemps précédent la fête du 7 mars ; mais ils n'en étaient que plus complaisamment écoutés. Un mestre de camp de Clermont-Ferrand avait offert à la garde nationale l'expression de son admiration. Le procureur syndic du département et Berthier échangèrent des compliments conçus en termes non moins flatteurs pour les uns et les autres. La garde nationale reçut de Chalän, un des administrateurs du département, l'invitation d'assister, le 5 décembre, à une messe à célébrer en l'église Notre-Dame, à l'occasion d'un évêque qui venait d'être nommé.

Elle reçut encore la visite des juges du district.

Mais elle souffrait, d'un autre côté, des injures faites par des réguliers, qu'il fallait relever ou excuser ; d'un premier arriéré dans ses finances, qui remontait à la Saint-Louis de 1789, et d'un autre de date plus récente, qui avait sa cause dans les fêtes données aux fédérés à l'anniversaire du 14 juillet 1789. La municipalité, plus riche, aurait mis fin à ces tourments : mais comment oser lui demander un sacrifice quand elle était assaillie par les indigents !

On s'enfonçait de plus en plus dans la saison rigoureuse et chaque jour la misère était plus grande. La municipalité demanda, avec l'appui du département, par une adresse nouvelle à l'Assemblée nationale, 50,000 livres sur la contribution patriotique. La députation qui fut chargée de présenter cette adresse au Comité de mendicité, y rencontra Bassal, ancien curé de Saint-Louis, et Mahieu, curé de Fergis, deux des membres du Comité qui déclarèrent que Versailles, suivant ce qu'ils avaient appris, n'avait pas besoin d'être secourue. C'était à déconcerter les plus persévérants. La municipalité ne se rebuta point et modifiant sa demande, elle en porta le chiffre à 80,000 livres à employer en travaux utiles auxquels elle offrait de contribuer dans la proportion qui serait fixée par l'Assemblée nationale elle-même : il lui fut accordé 11,829 livres. Deux membres du département, dès qu'ils en furent informés, apportèrent cette nouvelle à l'hôtel de ville. C'était bien peu, mais c'était pourtant quelque chose. Chambert et Menard s'entendirent avec le département sur son emploi : Flotte avait fait près de l'Assemblée nationale les démarches qui ont précédé l'allocation du secours venant si à propos, quoique insuffisant.

On était, par d'autres intermédiaires, en instance auprès du district pour l'emploi de 500 ouvriers aux travaux déjà autorisés par l'Assemblée nationale. En outre, le roi venait d'accorder aux pauvres le produit « des bois morts à extraire du Parc et autres lieux environnants » : faibles ressources, mais qui ajoutées à celles qu'on avait déjà, permettaient de donner plus d'extension à la charité et qui contribuaient pour autant à adoucir les soucis dont souffraient bien réellement les généreux citoyens de la ville, à qui incombait la tâche d'en répandre et d'en faire fructifier les sacrifices.

La mission de Chambert et Menard eut ceci pour résultat : six chemins à construire dans les environs de Versailles ; le district fournira 500 ouvriers dont 300 pris dans la ville, parmi ceux qui ont le plus d'enfants ; on y fera porter l'outillage qui a servi sur le canal. Depuis ces temps éloignés, a-t-on trouvé mieux en cas de travaux à faire par des ateliers de charité ?

Il fut aussi décidé que pour l'infirmerie, les fournitures seraient payées tous les mois. Les fournitures, même celles du linge de toute espèce, furent mises en adjudication, sur un cahier des charges qui en détermina préalablement les clauses.

Le frère Clet, que l'on croyait bien loin, parce qu'il n'était plus à son ancienne école, somma par ministère d'huissier, la ville de lui déclarer en vertu de quel ordre elle avait agi en l'expulsant de l'école des frères ; l'incident ne mérite pas d'être relevé, mais c'est la réponse qui nous semble bonne à noter ; elle fut tout simplement une fin de non-recevoir fondée sur ce que le requérant avait droit de voir les registres des délibérations : ce qui était net et péremptoire.

Ce jour-là 15 décembre, la charge était battue dans les rues de Versailles. Un détachement de troupes avait été requis pour arrêter une bande de gens occupés à abattre du bois à Vaucresson. A son retour et au moment où il approchait du marché, il fut assailli à coups de pierres par des groupes de révoltés, et quelques-uns des prisonniers furent délivrés ; les autres, amenés à l'Hôtel-de-Ville, furent ensuite mis en prison à la disposition du procureur du roi.

La ville s'émut peu de ce mouvement tout à fait isolé et facilement comprimé, mais la municipalité se tint pour avertie qu'elle avait des désordres à redouter et demanda à La Fayette des cartouches pour les troupes de ligne.

Pour la première fois, il fut procédé à la vérification des comptes du receveur de la ville ; les frères Le Roy et Jouanne, qui en avaient été chargés, en déclarèrent la parfaite régularité.

La régie continuait ses démarches pour récupérer ses recettes et la ville les siennes pour les retenir. Mis au courant de la question, le département sut bientôt à quoi s'en tenir ; rien n'avait été changé aux conditions du passé, excepté en ceci : la municipalité avait vu des employés sans emploi utile, et les avait renvoyés, d'où elle avait réalisé une économie de 6,200 livres [1]. Les employés utiles, elle les rémunérait plus équitablement, en augmentant d'un tiers leur traitement comparé à ce qu'il était en 1787. Il n'était pas difficile, sachant cela, de comprendre pourquoi on avait pour le passé une si tenace vénération. S'il y a doute, ajoutait la municipalité, il n'y a qu'à demander que la vérification de la recette soit faite par des membres de la ferme générale ; c'est ainsi qu'on mettra fin aux critiques et même aux imputations dont la moralité est au moins suspecte.

En face de quelques-unes des sections de la ville, la situation de la municipalité était fort désagréable ; elle ne pouvait combler les vides qui s'étaient produits dans le Conseil général ou parmi les officiers municipaux sans

[1] La suppression comprenait : l'inspecteur général de la régie, le vérificateur, l'inspecteur, le commis ou régisseur, inutilités très onéreuses.

élections complémentaires, et les sections s'arrangeaient pour retarder leurs réunions ou pour opposer d'autres moyens obstructifs. L'accord qui existait alors entre les trois corps administratifs permit de dompter cette résistance ; les sections résistantes furent mises en demeure d'avoir, dans un délai déterminé, produit leurs procès-verbaux d'élection, faute de quoi, il serait passé outre : elles protestèrent. Examinées et jugées par le département, leurs protestations furent déclarées inconstitutionnelles. A la fin elles obéirent : les élections se firent ; les procès-verbaux arrivèrent au complet et de leur dépouillement on forma les deux séries complémentaires qui suivent :

Officiers municipaux : Demallemain, Gosset, Gastellier, entrepreneur, Couturier, Richaud l'aîné, Pacou, bourgeois, Sirot, marchand, Le Roy bibliothécaire, Amaury, limonadier.

Notables : Chapuy l'aîné, Coqueret, Duclos, Duparcq, Lebon, Gauchez, Flotte, Niort, Menard, Clausse, Bernard, Babois, Bluteau, Bournizet, Blaizot, Gousset, Fradiel, Jouanne.

Demallemain, Chambert, Gosset, Le Roy bibliothécaire et Girault furent choisis par leurs collègues comme membres du bureau.

Le 26 décembre eut lieu l'installation des nouveaux élus. Le maire dit quelques paroles de bienvenue, auxquelles répondit Gosset par celles-ci, qui faisaient allusion aux incidents exposés plus haut :

« Que ne dépend-il de nous de hâter le moment où nos
» sages législateurs rendront publiques les séances des
» corps administratifs ! Ce n'est pas assez d'être certains
» nous-mêmes de veiller avec ardeur aux intérêts de nos
» commettants ; il faut éviter l'ombre du doute et la pu-
» blicité seule écarte tout soupçon. »

Ces formalités remplies, l'administration municipale se hâta d'expédier les affaires ci-après, dont il suffit d'indiquer l'objet par un mot :

Thibout, greffier du bailliage, passa au même titre au tribunal du district.

Gilbert, ajourné en sa demande d'ouvrir une école, jusqu'à production de titre justifiant de ses capacités.

Les côtés de l'avenue de Paris sont, au lieu de la Place d'Armes, désignés pour le stationnement des voitures de louage.

Visite au nouvel évêque, cérémonie religieuse pour la proclamation le 7 décembre : service funèbre, le 18, en la mémoire du Dauphin, père du roi.

Règlement qui oblige les spectateurs du théâtre à se tenir découverts pendant que la toile est levée.

Allocations de :

110 francs au corps de garde de Montreuil ; 481 francs pour pruneaux à l'infirmerie ; 479 francs pour capotes ; 200 francs pour chauffage.

Refus de rembourser les droits d'octroi acquittés sur des fourrages qui ont séjourné dans les magasins d'un marchand, et dont il voudrait détacher une partie pour l'expédier à Paris.

Désignation de deux hommes pour l'entretien du corps de garde à raison de 20 sols par jour chacun.

Visite des chevaux des louageurs, pour s'assurer qu'ils ne sont pas atteints de morve ou de tout autre mal contagieux.

Visite aux ateliers de charité.

Autorisation accordée aux sœurs de charité de distribuer leurs étrennes de la façon accoutumée.

Lecture du rapport sur une action honorable accomplie par Pailleur, tonnelier ; il avait arrêté, n'étant pas de service, un séditieux qui lançait des pierres au détachement amenant à la prison les délinquants du bois de Vaucresson.

L'Assemblée nationale avait, par un décret du 2 novembre 1790, déterminé une forme nouvelle pour la promulgation des lois : la municipalité n'a commencé à les recevoir, sous cette forme, qu'à partir du 1er décembre, et c'est sous le même titre qu'elles ont été transcrites sur registres à ce destinés et conservés aux archives.

La loi du 2 décembre porte suppression de la rente de

5,544 livres aux paroisses de Notre-Dame de Versailles, de Marly et de Saint-Germain, suivant l'arrêté du Conseil du 11 mars 1722.

Enfin, par celle du 21 décembre, même mois, et sur la soumission faite le 11 septembre, par la municipalité, en exécution de la délibération du conseil général de la commune, en date du 6 juin, pour acquérir entre autres domaines nationaux ceux dont l'état est ci-annexé, « L'As-
» semblée nationale déclare vendre à la municipalité de
» Versailles les biens ci-dessus mentionnés, aux charges,
» clauses et conditions portées par le décret du 14 mai,
» et pour le prix de 408,820 livres, payable déterminé par
» le mandant ».

Il ne semble pas que la municipalité ait eu, avant la fin de l'année, connaissance de cette concession. Flotte et Menard ont été chargés, par délibération du 27 décembre, de suivre les affaires de biens nationaux qui intéressaient la ville. A Couturier et Gosset échut la mission d'examiner s'il n'y avait point quelque chose à faire pour ceux du Grand-Parc.

Un nouveau membre de la municipalité, Pacou, prit l'initiative de rappeler à ses collègues que les armoiries avaient été supprimées et qu'il était opportun de remplacer le blason ou cachet de la ville par ces mots : *Municipalité de Versailles*. Il lui fut répondu qu'il ne fallait jamais aller au devant de la loi, qui n'avait statué que pour les citoyens et non pour les villes, et le conseil dit qu'il n'y avait lieu à délibérer.

L'heure était venue de penser aux petits devoirs qui incombent aux membres des administrations publiques à chaque fin d'année : les étrennes, les gratifications, les visites, celles à faire, celles à recevoir, tout cela compte dans la vie municipale ; tout fut prévu et noté à son rang. En premier lieu, on tira au sort la députation qui présenterait au roi et à la reine les hommages de la ville; les sections y envoyèrent la leur « afin d'exprimer leurs sen-
» timents d'amour et de respect pour un monarque qui a

» fait leur bonheur ». Pour le maire et en son absence, on désigna une députation spéciale ; des membres de la 12ᵉ section furent autorisés à s'y joindre ; les visites au département précédèrent toute réception, puis la municipalité se tint à la disposition de ceux qui jugeraient bien de lui apporter leurs hommages ; elle reçut successivement :

Les membres du département, l'état-major de la garde nationale, la maréchaussée, les hommes de loi, les corps militaires, les membres de la police, les gardes du corps du roi, du comte d'Artois et de Monsieur, les chasseurs de Lorraine, le régiment de Flandre, l'aumônerie, le tribunal du district, Berthier, les administrateurs du district, les sœurs de charité de Notre-Dame, les curés, les récollets, les religieuses représentées par leurs suisses.

Ainsi se termina l'année 1790 : tous ces devoirs remplis, on allait pouvoir aborder l'année 1791 par des travaux plus sérieux ; il n'en manquait pas. Le premier et le plus important de tous était de savoir en quel état se trouvait la ville, en perspective des obligations qui lui étaient échues et des moyens d'y satisfaire.

Elle avait, depuis six mois, des revenus, mais personne ne savait quelle en était l'importance, condition détestable pour les administrateurs d'une grande ville. Les prédécesseurs de la municipalité actuelle n'avaient pas éprouvé entièrement l'embarras que produit cette ignorance ; ils savaient qu'ils n'avaient absolument rien ; ils n'en étaient guère plus à leur aise, mais il leur restait la ressource de tirer à vue, pour ainsi dire, sur la caisse du domaine, et ils n'encouraient aucune responsabilité, quand les dépenses faites étaient en souffrance ; les créanciers étaient renvoyés aux administrateurs de la maison du roi à qui incombait l'obligation de payer, puisqu'il percevait les revenus de la ville.

Pour la municipalité de 1790, ce fut un tout autre ordre de choses : ces minces revenus étaient mis à sa disposition avec le devoir de pourvoir aux charges de la commune ; mais elle ne connaissait ni les uns, ni les autres et, ce qui est assez surprenant, c'est que, composée comme elle l'était d'hommes instruits et pleins de dévouement, elle ne paraît pas avoir fait d'efforts sérieux pour y parvenir.

Les données lui faisaient défaut, il est vrai, mais pas toutes ; elle avait déjà réglé quelques services, ceux de la mairie, par exemple, de la garde nationale, des écoles, de la police. L'éclairage public étant couvert par un rôle spécial, cela ne présentait aucune incertitude.

Quant aux ressources, elles échappaient à toute prévision ; elles consistaient uniquement dans le produit des aides, c'est-à-dire, de l'octroi avec les taxes additionnelles. L'octroi et les aides, impôt de consommation essentiellement variable, étaient en décadence continue ; la population était en perte d'un quart, et parmi ce qui en restait c'était pour autant, au moins, des gens à la charité n'apportant, par leur consommation que bien peu de chose à l'ensemble du produit.

En 1788, cet ensemble s'était élevé, comme nous l'avons vu [1], à près de onze cent mille livres. Deux ans après, en faisant même bien grande la part des réductions correspondant aux différences de population, on pouvait encore espérer une recette passable : mais l'Etat s'était réservé la moitié de la recette brute, et la part de la ville lui arrivait diminuée des frais de perception et des non-valeurs.

Voilà un aspect sous lequel il est instructif d'examiner les moyens d'administration de l'ancienne monarchie : ces moyens n'avaient encore, en 1790, subi aucune modification ; il sera donc bien de donner quelque attention au compte ci-après que la régie des aides, suivant ses antiques errements, a dressé pour le deuxième semestre de cette même année 1790, le premier des taxes perçues au nom de la ville [2].

[1] Voir annexe A.
[2] Voir annexe F, ci-après.

APPENDICE

APPENDICE

Annexe A, chapitre II, page 66.

Produits de l'octroi en 1788. — Compte établi par la régie.

1° Recette.

Droits d'entrées...............	371.211 l.	14 s.	» d.
Gros et augmentation...........	81.698	19	3
Jauge et courtage	3.148	13	1
Droits d'étape	2.606	8	10
Eaux-de-vie....................	64.191	1	6
Huitième......................	170.730	3	10
Contrôle sur la bière...........	2.815	10	»
Annuels.......................	9.848	»	»
Amendes.......................	»	»	»
Dix sols pour livre	353.125	5	3
Remboursements................	24.417	»	»
	1.083.792 l.	15 s.	9 d.

2° Dépense.

Payements au domaine..........	961.108 l.	18 s.	6 d.
Appointements.................	89.749	»	»
Service extérieur	3.149	»	»
Honoraires du bailliage.........	1.000	»	»
Remises.......................	1.914	19	1
Gratifications sur le détail	14.263	11	6
Gratifications à différents employés.	600	»	»
Dépenses minutieuses...........	1.473	10	6
Frais ordinaires et extraordinaires..	7.850	19	6
Remboursements................	1.672	10	»
	1.082.782 l.	9 s.	1 d.

APPENDICE

L'excédant des recettes sur les dépenses est de 1.040 livres 6 sous 8 deniers, mais la note dont ces chiffres sont extraits ne s'en explique pas.

Nota. — On trouvera à l'Annexe F ci-après, des détails dont on tirera facilement les moyens de comprendre la cause et l'objet des taxes qui ne sont rappelées ici que très sommairement.

(Archives antérieures à 1790, série CC, 3.)

Annexe B, chapitre II, page 74.

Composition de l'Assemblée des Notables, 6 novembre 1788 et son installation à Versailles.

Voici pour les lecteurs qui s'y intéresseront, de brèves indications sur quelques-uns des notables logés en dehors du château.

Parmi les archevêques, tenant la tête de la liste, on avait logé : celui de Toulouse, chez M. Genet, rue Royale, 39 ; celui d'Aix, chez M. Galland, avenue de Paris, 39 ; celui d'Arles, à la poste aux chevaux ; celui de Bordeaux, rue Royale, 40, chez M. Desmarquet.

Parmi les évêques : celui d'Alais, à la poste aux lettres ; celui de Nevers, chez M. Letellier, rue de Satory, 3 ; celui d'Arras, chez M. Nogaret, rue du Chenil, 12 (Jouvencel).

Parmi les maréchaux : De Castries, chez M. Silvestre, rue Dauphine [Hoche], 18 ; De Broglie, hôtel de Luynes, rue de la Surintendance (Gambetta et précédemment de la Bibliothèque).

Parmi les princes et ducs : Prince de Robecq, à la garde-robe du roi, rue des Bons-Enfants (Peintre-Lebrun) ; de Mortemart, chez M. Letellier, avenue de Paris, 64.

Parmi les nobles : M. Latour-Maubourg, hôtel moderne, rue du Vieux-Versailles, 13 ; Comte de Rochechouart, hôtel d'Aumont, place d'Armes ; M. de Bouillé, hôtel des Ambassadeurs, rue de la Chancellerie ; M. d'Harcourt, rue de Noailles, maison Lemaître, 2.

Parmi les députés des Etats : l'évêque Comminges, chez le marquis d'Osmond, boulevard du Roi, 27 ; Guenau d'Aumont, chez Madame Jovin, rue Royale, 71.

Parmi les membres du Parlement : MM. de Nicolaï, hôtel d'Elbeuf, rue de la Chancellerie ; de Boisgibault, président, rue Saint-Antoine, 20, chez M. Benaux.

Parmi les membres des conseils souverains : Spon, Alsace, chez M. Fradiel, boulevard de la Reine, 9 ; de Malartié, chez M. Mathieu, avenue de Saint-Cloud, 15.

Parmi les intendants de province : de Montyon, hôtel des Fermes, rue Saint-François.

Lieutenant civil de Paris : Maugrand d'Alleray, hôtel de la Guerre, chez M. de la Luzerne.

Parmi les chefs municipaux des villes, représentant le Tiers-Etat : Le Pelletier de Morfontaine, prévôt des marchands de Paris, rue du Vieux-Versailles, 20 ; Tholozan de Montfort, prévôt des marchands de Lyon, rue Royale, 39 ; de Gaillard, maire de Marseille, rue de Maurepas, 14 ; vicomte Duhamel, lieutenant-maire de Bordeaux, boulevard de la Reine, 15 ; Huvino de Bourghelles, mayeur de Lille, rue de Paris, 16, (partie haute de la rue de la Paroisse) ; marquis de Bonfontan, premier capitoul de Toulouse, chez M. Puteaux, pourtour du Marché-Neuf, 4 : Maujean, maître échevin de Metz... ; Massimilian de Sanilhac, premier consul, maire de Montpellier, rue d'Anjou, 80 ; Gérard, prêteur royal de Strasbourg, rue de Satory, pavillon Letellier ; de Pujol, prévôt de Valenciennes, rue de Satory, 23.

Il y avait 138 notables appelés et sur ce nombre seulement 28 appartenaient au Tiers-Etat. Ceux-ci étaient sous divers titres, les chefs municipaux : échevin, mayeur, capitoul, prévôt, prêteur-royal, autant de noms dérivant de vieilles coutumes ou du vieux langage, que la révolution allait effacer et remplacer par l'appellation de MAIRE, unique et affectée à tous les administrateurs des centres municipaux, qui furent désignés aussi sous le nom de COMMUNE.

ANNEXE C, CHAPITRE II, PAGE 75.

Liste des Corporations avant la Révolution et de leurs syndics.

1 Apothicaires............ syndic A. Véré.
2 Bailliage.............. — Froment.
3 Bonnetiers............. — J. Jalabert.
4 Bouchers.............. — Delanoix.
5 Boulangers............ — Million.
6 Cabaretiers........... — Vallet.
7 Charpentiers.......... — Etanc.
8 Chirurgiens........... — N.
9 Cordonniers........... — Memberg.
10 Couteliers............ — Boulet.
11 Epiciers.............. — Guisier l'aîné.
12 Fondeurs............. — Desvignes.
13 Horlogers............ — Lemariez.
14 Maçons............... — Gohard.
15 Menuisiers........... — Dubot.
16 Merciers............. — Huard.
17 Musique du roi....... — Giroust.
18 Peintres............. — Lemarier.
19 Perruquiers.......... — Ybert.
20 Selliers............. — Boivin.
21 Serruriers........... — Denis.
22 Tailleurs............ — Corneille Hallevavre.
23 Tanneurs............. — Antoine Leroux.
24 Tapissiers........... — Monjardet.
25 Traiteurs............ — P. Giffriard.
3 Assemblées de paroisses, habitants ne faisant partie d'aucune des corporations.

28 Assemblées au total.

Annexe D, chapitre III, page 117.

Souscription au Bouquet du roi, pour le 25 août 1789.

De la Tour, brigadier des armées du roi, commandant en second de la garde bourgeoise de Versailles, homme de bon cœur, mais exalté, toujours prêt à se mettre en avant, mais peu mesuré dans son initiative, avait imaginé de venir en aide au roi au moyen de souscriptions individuelles s'élevant d'une fraction quelconque jusqu'à la totalité des revenus d'une année de chaque souscripteur. Il avait pour lui-même calculé que ses revenus s'élevaient à 26,000 livres, et dès le 12 mai, il avait déposé cette somme, sous le nom d'un des membres de la noblesse de la Prévôté et Vicomté de Paris, citoyen de Versailles voulant alors garder l'anonyme, au marquis de Boulainvilliers, à la charge de la remettre entre les mains du Comte de Clermont-Tonnerre, alors Président de l'Assemblée nationale.

Dans cet intervalle, de la Tour, toujours sans se nommer, fit imprimer à l'Imprimerie royale une série de quelques écrits, d'abord sans révéler son nom, puis en se nommant, lesquels, s'appuyant de la première et unique souscription de 26,000 livres, excitait, dans un langage empreint de la plus grande exaltation, les membres de la noblesse, les représentants de la nation française, les officiers de la garde nationale, etc., à suivre l'exemple de patriotisme donné à la France par un gentilhomme de cette Ville, pour aider le roi à libérer l'Etat.

Quand la garde nationale fut organisée et que lui-même fut nommé commandant en second de cette milice, il fit auprès des officiers la plus active propagande pour obtenir des souscriptions. Une liste imprimée, donne, après un préambule qui fait un pompeux éloge de l'initiative du gentilhomme innommé, les noms des souscripteurs avec le montant de la souscription de chacun.

La voici en abrégé :

	Sommes versées.	à verser ultérieurement.
1° Le Gentilhomme anonyme......	26.000 liv.	
2° Prioreau, commandant de la maréchaussée..........................	24.000	
3° Berthier père, pour lui et ses enfants...............................	20.000	
4° Lecointre, négociant, avenue de Saint-Cloud.........................	2.000	10.000 liv.
5° Rousseau, maître des exercices des enfants de France	»	1.800
6° Durupt de Baleine, en trois ans.	»	600
7° Micault de Vieuville, capitaine d'infanterie.........................	»	100
8° Bazire, porte-manteau du roi...	»	1.600
9° De Saint-Romain, premier commis du comte de Saint-Priest........	»	2.400
10° Chavet, officier des petits appartements du roi...................	»	1.200
11° Simonnet, sous-lieutenant de la compagnie Bazire....................	»	300
12° Peyronnel, commis de la pourvoirie du roi........................	»	100
13° Choin, commis des bâtiments du roi...............................	»	90
14° Lespicier de Villars, ancien major des chevau-légers, colonel de cavalerie et major du 4° bataillon de la garde nationale...................	150	»
15° D'Avrange d'Haugerauville	»	2.400
16° Borel de Calque, — verbale....	»	400
Totaux..........	72.150 liv.	20.990 liv.

Le notaire Le Roy certifie que la liste est conforme à son registre et qu'il a remis les 70,000 livres à M. le Président de l'Assemblée nationale le 2 octobre 1789.

Nota. — Il paraîtra, disait l'imprimé, tous les quinze jours une liste des nouveaux souscripteurs; mais le fait ne répondit pas à cette promesse ; la souscription du quart du revenu dispensa de la tenir.

Si l'on en excepte Lecointre, tous les souscripteurs étaient gens de cour ou d'épée : l'éloquence de la Tour n'avait pas fait beaucoup de prosélytes ; voici un échantillon de cette éloquence.

« *Bouquet du roi pour le 25 août 1789*

» Présenté par MM. de la Municipalité, l'Etat-Major, les
» Capitaines, Lieutenants, Sous-lieutenants, bas-officiers et
» fusiliers de la Garde bourgeoise de la ville de Versailles,
» résidence royale de Sa Majesté, composée d'une fleur nou-
» velle nommée : *Souscription patriotique,* dont le premier
» germe fut semé le 12 mai dernier par un habitant de cette
» ville, etc. »

La municipalité eut raison de trouver mauvais qu'on l'eût mêlée à cette folle démonstration ; ce qui dut la préoccuper davantage encore, c'était de sentir la garde nationale sous le commandement d'un chef, doué sans doute de sentiments généreux, mais dont les facultés mentales étaient évidemment mal équilibrées.

Deux discours, également imprimés, l'un au garde des sceaux, l'autre au roi, semblent indiquer qu'ils ont été prononcés en présence de l'un et de l'autre : mais cela n'est pas ; ce sont de simples projets, élucubrés par de la Tour, et qu'il a bien malencontreusement livrés à la publicité.

C'est encore à de la Tour, qui, heureusement ne fut pas maintenu à son commandement, qu'on dut de faire, avec une sorte de fracas, des recherches dans les écuries du comte d'Artois, situées entre la rue Neuve de Noailles et la partie correspondante de la rue Saint-Martin, afin de s'assurer s'il était vrai, comme le bruit en avait couru, qu'il y eût dans ces écuries « une usine dont le boyau aboutissait au-dessous
» de la salle de l'Assemblée nationale pour faire sauter les
» Etats ». Les recherches eurent, bien entendu, un résultat négatif, après quoi de la Tour recommanda à la Commission quasi-militaire qu'il dirigeait, la plus grande discrétion, etc.; pour donner l'exemple de l'observation de cette règle, il fit imprimer, toujours à l'Imprimerie royale, *son ordre* suivi du *procès-verbal négatif* de ladite Commission.

Annexe E, livre III, page 131.

Les 5 et 6 octobre 1789 d'après les archives de la garde nationale.

Les procès-verbaux du corps municipal n'ont rien rapporté, il est vrai, de ce qui s'est passé dans ces journées néfastes des 5 et 6 octobre 1789 ; la garde nationale était restée également sur la réserve. Le roi, assez mal informé, s'en étonnait et appréciait mal les motifs de ce silence.

Parmi la multitude d'écrits qui paraissaient journellement et qui reproduisaient de fausses accusations contre la garde nationale surtout, il y en eut un qui lui fit perdre patience : il était intitulé : *Précis historique de la conduite des gardes du corps ;* il émanait visiblement de quelqu'un de ce corps ou d'un rédacteur à sa dévotion. L'état-major de la garde nationale et les officiers s'assemblèrent et prirent une délibération qui avait pour but de repousser les imputations du *Précis historique,* ce qu'elle fit en un langage digne et modéré. L'assemblée disait « qu'elle était persuadée que les chefs de ce
« corps s'empresseraient de désavouer, comme ils y sont
» invités, et la publicité et la rédaction de cette brochure.
» Son intention, ajoutait-elle, n'est point de chercher à
» combattre les inculpations auxquelles elle ne pourrait
» répondre, sans entrer dans les détails dont elle ne craint
» point la discussion ; mais elle veut l'éviter pour ne pas
» troubler l'harmonie et l'union qui doivent régner entre
» toutes les classes de citoyens, tous également pénétrés
» d'amour pour la patrie et pour le souverain. »

Cet *arrêté,* suivant l'expression usitée alors, avait été pris sous la présidence de Berthier, commandant en second ; il fut publié par extrait avec sa signature comme garantie d'authenticité : la délibération avait réuni l'unanimité des officiers présents.

Mais les habitants de Versailles ne pensèrent pas devoir s'en tenir à une défense si modérée en la forme, et cependant très significative au fond : ils signèrent, à leur tour, en grand nombre, une adresse au roi, où ils dirent ce qu'ils savaient des faits incriminés pour en avoir été témoins.

Après avoir, en termes très respectueux, rappelé les diverses circonstances qui avaient troublé la bonne harmonie existant entre les troupes et la garde nationale, ils affirmèrent que ce trouble ne commença « qu'à l'époque où les gardes » du corps *traitèrent* le régiment de Flandre, en arborant la » cocarde blanche au mépris de celle que la nation avait » adoptée », puis, ils établirent cet état de trouble, en citant quelques faits survenus depuis.

Les femmes de Paris, disait l'adresse, étant venues demander du pain, il y en eut plusieurs de tuées et de blessées par les gardes du corps, qui les repoussèrent avec violence. Un des officiers desdits gardes ayant donné un coup de sabre à un fusilier de la garde nationale, eut le bras cassé d'un coup de feu.

« Les troupes étant restées sous les armes jusqu'à la nuit, » les gardes du corps et la garde nationale se tirèrent récipro- » quement des coups de fusil sans qu'on put distinguer de » quel côté était sorti le premier feu. »

Les femmes qui s'en retournèrent à Paris, rendirent compte de cet événement aux troupes armées qui s'avançaient vers Versailles et qui y entrèrent exaspérées et n'obéissant plus à leur commandant ; le régiment de Flandre, les suisses et les dragons restèrent neutres ; mais une partie de la garde nationale, au son de la générale qui fut battue sans ordre, se rendit sur la place d'Armes, et bien loin, dit encore l'adresse, d'ajouter aux malheurs des gardes du corps, elle s'empressa d'en sauver plusieurs, en demandant grâce pour eux.

« Le bruit se répandit alors qu'on voulait enlever le roi » pour le conduire à Metz et les grilles se fermèrent »

Enfin, l'adresse expose que la ville était si intéressée à la présence du roi à Versailles, qu'il était dans le sentiment de tous les citoyens de le conserver ; rien dès lors de plus absurde que de prêter aux habitants l'idée de commettre des actes de nature à lui faire désirer de s'en éloigner.

Un peu plus tard, le 16 novembre, une adresse émanant également de la garde nationale, fut présentée au roi par Berthier, à la tête d'une députation qui demandait le rappel près de la personne du monarque « d'un corps pour lequel » ils sont pénétrés d'estime et de sentiments d'une véritable » fraternité ».

(Série EE 4. Archives antérieures à 1790.)

ANNEXE F, CHAPITRE VIII, PAGE 356.

Spécimen des comptes de la régie, en fait de recouvrement de l'octroi, pour le 2ᵉ semestre 1790, le premier perçu au nom et pour le compte de la ville.

Compte de clerc à maître que rend Jean-Charles Machelard, directeur et receveur général des droits d'aides et entrées et autres y joints, à MM. les maire et officiers municipaux, de la recette et de la dépense.

RECETTE.

Chapitre premier.

1ᵉʳ article : Eaux-de-vie, vins et autres boissons. — Les droits d'entrées perçus aux huit barrières suivantes : avenue de Paris, avenue de Sceaux, avenue de Saint-Cloud, boulevard du Roi, Orangerie, boulevard de la Reine, porte de Satory, porte de Buc, savoir :

Eau-de-vie à 10 livres le muid.....	4.060 l.	
Vin de liqueur à 10 livres le muid..	12	
Vin ordinaire à 4 livres le muid....	34.801	
Cidre et poiré à 2 livres le muid...	3.295	
Bière à 2 livres le muid...........	635	42.803 l.

2ᵉ article : Bestiaux à pied fourché et chair morte.

Bœufs, 1.580 à........	12 l.	» s.	» d.	
Vaches, 80 à..........	8	»	»	
Veaux, 3.934 à........	1	10	»	
Moutons, 10.189 à.....	»	10	»	
Porcs, 1.686 à........	2	»	»	
Chair morte, 64.4221. à.	0	»	6	35.578

On a aussi la division par barrière.

3ᵉ article : Fourrages et bois.
    Avoine.... 11.456 setiers.

A reporter......   78.381 l.

COMPTE DE RÉGIE — RECETTE

Report......... 78.381 l.

Foin...... 589.328 bottes à 1 0/0.
Bois....... 6.998 cordes, par voie, 10 sols.
Fagots.... 377.738 à 10 s. 0/0.
Paille. 27.164

4ᵉ article : Passe-debout. — Droits perçus aux huit barrières par consignation sur marchandises déclarées pour transit et dont la sortie n'a pas été justifiée.. 1.443

Total du chapitre................ 106.988 l.

CHAPITRE II. — *Droits de gros et augmentation.*

1ᵉʳ article : Gros hors étape. — C'étaient des droits à raison du vingtième ou du sol pour livre sur les vins en gros, cidre, poiré et bière livrés à l'acheteur sans passer par l'étape ou la place destinée au dépôt des boissons mises en vente. En un mot, l'étape correspondait, pour les boissons, à l'étalage des autres marchandises sous les halles ou ailleurs. — Hors étape, les droits perçus ont produit, d'après la proportion précitée de 1 sol pour livre................................ 1.562

2ᵉ article : Gros sur étape (s'expliquant d'après ce qui vient d'être dit)......................... 1.778

3ᵉ article : Gros des lieux exempts. — Ils étaient perçus, dans différents lieux de passage, sur les boissons venant des pays exempts desdits droits. Indépendamment des bureaux de barrière, les bureaux d'Arpajon, Poissy, La Queue, Le Pecq, Le Perray, Essommes, les Généralités de Paris, de Châlons, Plat-Pays avaient le droit de percevoir ceux spécifiés au présent article, sauf à en tenir compte au lieu de destination : ils s'élevèrent, pour six mois, à............................. 15.966

CHAPITRE III. — *Jauge et courtage.*

Droits perçus sur les boissons vendues hors et

A reporter...... 126.294 l.

APPENDICE

       Report......... 126.294 l.

sur étape, et sur celles venant des pays exempts
sur le pied de 15 sols par muid d'eau-de-vie,
5 sols par muid de vin, 3 sols par muid de cidre
et poiré, bière, et pour le *droit de courtage*, 30 sols
par muid d'eau-de-vie, 10 sols par muid de vin,
6 sols par muid de cidre, poiré et bière.......... 1.720

CHAPITRE IV. — *Droit d'étape.*

10 sols par muid de vin et eau-de-vie, 5 sols
par muid de cidre, poiré et bière, déposé sur
étape 813

NOTA. — Il n'y a pas eu de bière à ce dépôt.

CHAPITRE V. — *Eaux-de-vie.*

Droit de 50 livres 8 sols par muid, au lieu des
droits de gros, huitième, augmentation et subvention ; perçu tant sur les eaux-de-vie arrivées
à Versailles, sans l'avis acquitté en route, que sur
celles qui l'ont payé au passage d'Arpajon, au
Pecq et Triel, distraction faite de 6 livres 5 sols
pour rentrée aux fermiers généraux, savoir :

   Bureau général............... 1.111 l.
   Arpajon...................... 2.028
   Le Pecq...................... 4.238
   Triel........................ 109

    Total pour ce chapitre.......... 7.486

CHAPITRE VI. — *Droit de huitième.*

Droit de 8 livres 2 sols par muid de vin, 4 livres
1 sol par muid de cidre, 3 livres 10 sols par muid
de bière, vendus en détail à Versailles et lieux
dépendants, divisés en six quartiers, savoir :

 1er quartier, Vieux-Versailles.... 5.159 l.
 2e — place Dauphine..... 5.124
 3e — Marché 8.168
 4e — Parc-aux-Cerfs..... 5.766

    A reporter...... 24.217 l. 136.343 l.

RECETTE

Report........ 24.217 l. 136.313 l.
5ᵉ quartier, avenue de Paris 6.760
6ᵉ — les Montreuils...... 3.770

Au total................. 34.747

Chapitre VII. — *Contrôle sur la bière.*

Droit de contrôle sur les bières brassées à Versailles, à 30 sols par muid, soit 348 muids 1/2, suivant les portatifs et les exercices............ 522

Chapitre VIII. — *Annuels.*

S'entend des vin, cidre, poiré et bière vendus sur un champ de foire, fête, réunion où ces boissons ont été portées. — Droit de 8 livres pour les vendants de vin, cidre et poiré, de 8 livres pour les brasseurs de bière, et de 4 livres pour les revendeurs, suivant l'état détaillé desdits annuels, au nombre de quarante-huit...................... 328

Chapitre IX. — *Amendes et confiscations.*

Contraventions et saisies montant à 277 livres 10 sols, réparties entre les employés. — Rien à la recette... »

Chapitre X. — *Dix sols pour livre.*

Perçus d'augmentation sur les droits accumulés conformément aux déclarations des 3 mars 1705, 7 mai 1715 et 1760, édits de 1745, 1763, et d'août 1781 et autres................................... 85.955

Chapitre XI. — *Remboursements faits à la régie.*

Par les fermiers généraux, conformément à l'arrêt du Conseil du 15 août 1788, qui ordonne que les cautions du sieur Mager paieront à la régie la somme annuelle de 12,000 livres pendant chacune des six années de son bail, en remplacement des

A reporter...... 257.865 l.

APPENDICE

Report........ 257.865 l.

droits de rivière sur les eaux-de-vie destinées pour Versailles, et qui se perçoivent dans les différents bureaux de la ferme générale; pour six mois...... 6.000

Résultat de la recette............ 263.865 l.

Résumé de la recette.

Droits d'entrées...........	106.988 l.
Gros et augmentation.....	19.306
Jauges et courtages........	1.720
Droits d'étape.............	813
Eaux-de-vie...............	7.486
Huitième..................	34.747
Contrôle sur la bière......	522
Annuels...................	328
Dix sols pour livre........	85.955
Remboursements faits à la régie par les fermiers....	6.000
Total pareil.....	263.865 l.

DÉPENSE.

CHAPITRE PREMIER.

Paiements faits sur mandats et ordres de la municipalité, de juillet au 31 décembre 1790, suivant état détaillé et vérifié .... 132.990 l.

CHAPITRE II. — *Frais ordinaires de régie.*

1er article : Appointements des employés :

Machelard, directeur et receveur général..............	4.000 l.	
Hennin, inspecteur général..	500	
Larsonnier, receveur du bureau général................	1.800	
Allais, receveur vérificateur..	1.000	
Viguier, commis aux écritures	450	
A reporter....	7.750 l.	132.990 l.

DÉPENSE

			Report.....	7.750 l.	....	132.990 l.
Ruellé, contrôleur général de la régie................				1.500		
Duriez, inspecteur des aides.				700		
Bazin, vérificateur des entrées				450		
12 commis à l'exercice des caves..................				7.200		
Noël, inspecteur des droits d'entrée................				350		
Gillos, receveur de l'étape....				750		
7	employés	avenue de Sceaux		3.515		
6	—	boul. du Roi.....		3.090		
5	—	av. Saint-Cloud..		2.315		
5	—	Orangerie.......		2.515		
8	—	avenue de Paris.		4.550		
4	—	porte de Satory..		1.665		
2	—	(Duplessis) porte de l'Etang.....		590		
4	—	boul. de la Reine.		1.900		
2	—	grille de l'Hermitage..........		800		
2	—	bur. de Montreuil		800		
4	—	porte de Buc		1.550		
2	—	grille du Dragon.		510		
1	—	portier du bureau général........		310		
1	—	grille Royale....		115		
1	—	porte de Bailly ..		102		
1	—	porte Saint-Cyr.		237		
1	—	porte St-Antoine.		200		
1 employé passage de la Comédie.........				110		
57				43.574 l.	43.574 l.	

2ᵉ article : Services extérieurs.

Commis du régisseur........	250 l.		
Directeur du Plat-Pays......	150		
Sous-chef du bureau du Plat-Pays..................	100		
A reporter.....	500 l.	43.574 l.	132.990 l.

Report......	500 l.	43.574 l.	132.990 l.
Garçon de bureau............	6		
Garçon de bureau de l'étape.	36		
Chef de bureau de la régie générale................	75		
Directeur et bureau d'Arpajon	500		
Receveur à Sèvres...........	37		
— à Choisy-le-Roi....	75		
— au Pecq...........	55		
— à Laqueue.........	25		
— à Poissy..........	15		
Total du 2ᵉ article...	1.324 l.	1.324	

3ᵉ article : Honoraires des officiers du bailliage.

Froment (le bailli)..........	300 l.	
Greffier, pour paraphe des registres................	75	
Procureur de la régie.......	50	
Huissier de la régie........	75	
Total du 3ᵉ article...	500 l.	500

4ᵉ article : Remises aux bureaux de passage, à 10 0/0.

Bureau de Poissy..........	21 l.	
— de Laqueue.........	200	
— du Pecq...........	200	
— du Perray..........	50	
— de Saint-Germain....	11	
Bureau d'Essonnes.........	12	
Généralités de Paris et Châlons, Plat-Pays...........	99	
Total du 4ᵉ article...	593 l.	593

5ᵉ article : Frais ordinaires et extraordinaires.

Rouannes et bougies, 1000 livres par an, pour six mois.........	500 l.		
À reporter.....	500 l.	45.994 l.	132.990 l.

DÉPENSE

Report......	500 l.	45.994 l.	132.990 l.
Scel des contraintes pour recouvrement des droits de huitième..................	17		
Ports de lettres.............	56		
Commandements aux cabaretiers...................	155		
Total du 5ᵉ article...	728 l.	728	
Total du chapitre II......		46.719 l.	46.719

CHAPITRE III. — *Remboursements et droits.*

1ᵉʳ article : Droits restitués sur bières sorties :
Verdier.....................	246 l.	
Sleiffer...................	80	
	326 l.	326 l.

2ᵉ article : Avoines achetées sur le marché et transportées hors ville 7.483

Total du chapitre........	7.809 l.	7.809
Total général............		187.518 l.

REPRISE. — CHAPITRE UNIQUE.

Restant à recouvrer sur vins en détail dans les six derniers mois, avec observation que cet arriéré de plus de six mois était déjà considéré comme irrécouvrable.........................	9.780
La dépense, y compris la reprise, est donc de..	197.298 l.
Report de la dépense, d'autre part.............	197.298 l.
La recette étant de.........................	263.865
L'excédant de la recette sur la dépense est de..	66.567 l.

C'était bien la balance du compte dont le comptable Machelard était débiteur envers la ville, après déduction de toutes les avances que la ville en avait reçues : on a pu voir par les détails dans lesquels nous n'avons pas hésité à entrer de quel poids pesait sur le produit de l'octroi le personnel employé à en faire le recouvrement. Nous ne nous étonnerons point, dans la suite, de voir la municipalité prendre à cœur d'introduire dans ce personnel les réformes dont la nécessité semble si évidente au premier aspect.

Du rapprochement que les mêmes détails nous permettent de faire, il y a encore d'autres inductions utiles à en tirer. Ainsi : pour les six mois de juillet à décembre 1790, la régie des aides, c'est-à-dire, l'ensemble de tous les revenus que la ville percevait à la place du roi, s'élevait à la somme de .... 263.865 l.

Dont il fallait déduire :
1° Les 10 sols pour livre réservés au trésor public .... 85.965 l.
2° Le remboursement des consignations sur boissons et avoines.......... 7.809
3° Les arriérés sur les vins vendus au détail, peu susceptibles d'être recouvrés 9.780

            103.554 l. 103.554

Restait pour la ville....... 160.311 l.

Tous les frais de perception étaient à sa charge ; en voici la longue énumération :

Frais ordinaires de régie, traitements, neuf employés, directeur, inspecteur, vérificateurs, receveur, douze commis à l'exercice des caves ; en tout vingt et un............. 17.950 l.
Cinquante-sept employés aux divers bureaux d'octroi.. 25.624

    Au total........ 43.574 l. 43.574 l.

Service extérieur, traitements ou indemnités aux employés de l'étape...... 1.324
Honoraires des officiers du bailliage pour paraphe des livres 500
Remises aux receveurs des bureaux de passage......................... 591

     A *reporter*...... 45.989 l. 160.311 l.

DÉPENSE — RÉSUMÉ

Report........	45.989 l.	160.314 l.
Frais ordinaires et extraordinaires, rouanne et bougies..................	728	
Total à déduire............	46.717 l.	46.717
Reste net pour le produit des aides...		113.594 l.

113.594 livres ! voilà ce qui restait en définitive à la caisse municipale, sur une recette brute de 263.865 livres !

Si on fait la part de chaque preneur dans cette masse, on y trouve que :

L'Etat pour............	85.965	y prend 0/00....	0.335
Les frais..............	46.717	—	0.178
La ville...............	113.594	—	0.440
Les remboursements...	7.809	—	0.035
L'irrécouvrable........	9.780	—	0.042
	263.865		1.000

Dans la somme de 160.314 restant après déduction des non-valeurs et part de l'Etat, la part de la ville est
pour mille de.................................... 0.710
Celle des frais de................................ 0.290
                                                    1.000

En résumé, voilà ce qui apparaît clairement des données et des rapprochements puisés dans le compte Machelard. Ce compte n'établit que la situation du directeur-receveur vis-à-vis de la commune, mais non celle de la commune vis-à-vis d'elle-même, soit la comparaison de ses recettes et de ses dépenses. Ce travail n'a pas été fait par la municipalité, qui n'en avait pas le goût et qui n'en sentait pas encore la nécessité. Elle a bien arrêté quelques comptes qui lui étaient présentés par Emard, son greffier et son comptable, mais à des époques arbitraires, sans périodicité fixe, sans aucun souci de la règle qui veut que les recettes et les dépenses proviennent de la même période. L'heure n'était pas venue encore de mettre en pratique la loi fondamentale de la comptabilité publique, qu'on a nommé la loi de l'exercice, et on s'étonne de ne trouver rien dans les délibérations du corps municipal de Versailles qui en rappelle même l'idée.

Ce que nous pouvons conclure des documents, sur lesquels nous venons de nous arrêter si longtemps, c'est que sur les 263.865 livres, produit brut des aides, la ville ne retirait pour six mois que.................................. 113.594 l.
En doublant cette somme on avait l'aperçu du revenu de la ville pour une année, soit.......... 227.188

Considérons cette somme comme un maximum, car il y avait probabilité, dès ce moment, fin de 1790, que des événements ne tarderaient point à troubler la situation présente et à réagir sur le produit des octrois; d'un autre côté, il était certain que l'agencement ou le mécanisme du service des aides serait incessamment changé. L'esprit de la Révolution ne comportait plus une organisation telle qu'elle apparaît de l'exposé qui précède. Un mécanisme qui exigeait, pour arriver à de si minces résultats, le concours de vingt et un employés de bureau, cinquante-sept agents, au total soixante-dix-huit employés dans l'enceinte de la ville, sans compter ceux qui étaient dispersés de tous côtés : Arpajon, Poissy, Laqueue, Paris, etc.), appelait de profondes réformes. Quelle serait la portée de ces réformes ? On n'abolirait pas sans doute les octrois municipaux, mais dans cette hypothèse, leur transformation serait-elle favorable aux finances de la ville. Si la municipalité y a pensé, elle a dû y trouver un sujet de plus pour ses appréhensions en regard d'un avenir très prochain.

FIN DU TOME PREMIER.

TABLE DES MATIÈRES

	Pages.
Dédicace	V
Préface	VI
Chapitre premier. — Versailles avant la Révolution (de son origine à 1787)	1
Chapitre II. — La première municipalité (novembre 1787 à mai 1789)	60
Chapitre III. — La garde nationale (mai à novembre 1789)	104
Chapitre IV. — Les drapeaux (novembre à décembre 1789)	143
Chapitre V. — L'Hôtel-de-Ville au Grand-Maître (janvier à février 1790)	168
Chapitre VI. — Premières élections constitutionnelles (mars et avril 1790)	202
Chapitre VII. — Premières finances. — Aumônerie (mai-août 1790)	246
Chapitre VIII. — La chasse au Parc (septembre-décembre 1790)	312

APPENDICE

Annexe A. — Produits de l'octroi en 1788. — Compte établi par la régie	359

TABLE DES MATIÈRES

ANNEXE B. — Composition de l'Assemblée des Notables, 6 novembre 1788 et son installation à Versailles...... 360

ANNEXE C. — Liste des Corporations avant la Révolution et de leurs syndics.................................. 362

ANNEXE D. — Souscription au Bouquet du roi, pour le 25 août 1789.. 363

ANNEXE E. — Les 5 et 6 octobre 1789 d'après les archives de la garde nationale............................. 366

ANNEXE F. — Spécimen des comptes de la régie, en fait de recouvrement de l'octroi, pour le deuxième semestre 1790, le premier perçu au nom et pour le compte de la ville... 368

VERSAILLES, IMPRIMERIE CERF ET FILS, RUE DUPLESSIS, 59.

www.ingramcontent.com/pod-product-compliance
Lightning Source LLC
Chambersburg PA
CBHW071901230426
43671CB00010B/1427